有一分热发一分光

存白

麦积山石窟考古研究新视野

夏朗云 著

文物出版社

图书在版编目（CIP）数据

麦积山石窟考古研究新视野 / 夏朗云著 . -- 北京：文物出版社，2023.9

ISBN 978-7-5010-8153-0

Ⅰ.①麦… Ⅱ.①夏… Ⅲ.①麦积山石窟—考古—研究 Ⅳ.① K879.244

中国国家版本馆 CIP 数据核字（2023）第 142760 号

麦积山石窟考古研究新视野

著　　者：夏朗云

责任编辑：许海意
封面设计：王文娴
责任印制：张道奇

出版发行：文物出版社
社　　址：北京市东城区东直门内北小街 2 号楼
邮政编码：100007
网　　址：http://www.wenwu.com
经　　销：新华书店
印　　刷：宝蕾元仁浩（天津）印刷有限公司
开　　本：710mm×1000mm　1/16
印　　张：21.25
版　　次：2023 年 9 月第 1 版
印　　次：2023 年 9 月第 1 次印刷
书　　号：ISBN 978-7-5010-8153-0
定　　价：96.00 元

本书版权独家所有，非经授权，不得复制翻印

自　序

　　2010年、2013年夏季的两次大雨水，冲出了两块石头，其上有古人的凿作，均与麦积山这块更大的石头有关。两块石头，分别拓展了麦积山古建筑和古地理的新视野，尤其是在地理上，新视野一词更合适。于是在本书收录对此两块石头上内容的考证后，想到命名本书为新视野。当然也受到文物出版社"考古新视野丛书"的影响。野有野的趣味，考古的优势便是在野中发现历史，在野中焕发文采。

　　第一块石头上的建筑构件，呈现了北周时期北方地区"重楣"结构的端倪，开拓了古建筑结构的新视野。第二块石头上的岩画，印证了我1996年《嶓冢山名考——嶓冢山·鲋鱼山·麦积山》一文中的观点。此文主要是由文献的角度开拓了麦积山古地理的新视野，新发现石头上的岩画地图，以文献与文物双重证据重新证明麦积山是古嶓冢山发祥地的说法。

　　地理是山野中石窟的背景，建筑是石窟的大结构和外貌。于是，以地理新视野为首，以古建筑的新视野为次，续以皇家因素、水陆画等新视野内容，编成这本考古札记。

　　记录的过程中，我和同事们曾在悬崖桩孔中见过白天酣睡的飞鼠和警惕性很高的闪着七彩异光的小蜥蜴，于是赶紧将它们抓拍下来，形成工作间隙的一种趣味。站在高崖半壁，纵目远望，心旷神怡。

　　当我们踏在悬空的脚手架上，往往脚下面即见钢管空隙间和周边处，显示出大地上翠绿的树丛。我们小心翼翼，在散花楼薄肉塑飞天上方，亦如同飞天般贴壁，虽觉危险，竟还时时颇有些刺激和兴奋，而悬崖下瑞应寺中人仰望时，不禁咋舌矣。

　　麦积山居，最感慨的，是与古人的重逢。在石窟悬崖最高处，晤对古人草书签名，辨认出南宋麦积山瑞应寺主持明觉大师手书其法名"重遇"时，恍惚中，此时此地此古物的状态，于七百多年后再与今人的重遇——考古不就是今人与古人重遇吗？佛教轮回不也是不断的重遇吗？考古就是一种轮回，在不断重遇中不断地刷新认识。

　　考察皇家因素时，记忆深刻莫过于乙弗氏题记的发现。史载西魏皇后乙弗氏与麦积山有关，但哪一件是乙弗氏的文物，却没有实际根据。直到2014年夏季的一天中午，不经意间路过凉爽的第135窟，在石立佛像身后，恍然自问，这尊立佛肘后的一处刻痕是不是字，是不是反写的"乙"字。正因这一字题记，这件立石像被断定为有关西魏乙弗氏的考古学标型器。

麦积崖上与古人的重遇不止这些。当体会到散花楼与北周太祖宇文泰的关系、体会到牛儿堂与隋独孤皇后和杨丽华的关系、体会到第127窟正顶部大飞行者画像与西魏乙弗皇后的关系时，均有一种探幽解密的畅快。

在调查麦积山瑞应寺所藏水陆画时，难忘的是，麦积山下村庄中的老人也是证据之一。老人绘声绘色回忆起孩童时和尚在他家屋中摆上彩画纸牌、在院中叠起桌椅的情形，为我们眼前特殊的纸牌水陆画增加了那村中夜晚的香火气。

通过走访水帘洞拉梢寺石窟、大足石窟、仙人崖石窟，本书也记载了石窟间加深彼此相关文物认知的过程，相关文物互证更能看清彼此的历史定位。

2004年偶阅《中国文物报》，看到故宫朱家溍先生征文所引起的讨论，涉及草书画押，兴趣所至，遂应征一篇登载。随后，报纸上出现了一篇反驳，将欲再讨论，此番征文活动已结束，但网上对我的观点有认可。

回顾自1987年来到麦积山的主要考古历程，1996年的《嶓》文，考证麦积山自古以来就是一座在《山海经》《禹贡》上著录的名山。2010年拙著《麦积山石窟考古断代研究——后秦开窟新证》（甘肃人民出版社），考证后秦长安皇家首次于麦积山的大规模开窟。2017年，对古岩画的考证，是对《嶓》文追加的一次有力佐证。于是更加相信，佛家选择在麦积山弘法、长安后秦皇家选择在麦积山开窟造像，麦积山独特深厚的地理背景，应是重要原因之一。同时，也初步认识到，其他后继的长安皇家——西魏、北周、隋皇家，亦选择在麦积山开窟造像，且规模越来越大，面貌越来越宏阔，位置越来越高，附带其他贵族和平民洞窟，众星捧月，星罗棋布，终于基本占满了麦积山崖面。

之前有所认识，麦积山石窟是中国四大皇家石窟（麦积、云冈、龙门、响堂）之最早者，应是中国皇家石窟初祖；如今，又有所深化：麦积山石窟还应是皇家朝代最多（长安的后秦、西魏、北周、隋四朝）的皇家石窟，故应是石窟长安模式的代表。

由皇家石窟，可理解麦积山石窟雕塑、绘画何以如此高超，麦积山石窟建筑何以如此宏阔。皇家能够使高技艺工匠集中于麦积山，能够使民众集体智慧结晶于麦积山，能够使高水平、高规格的作品出现于山野。皇家早已解散，帝王终归尘土，但假以帝王名号的文物上留下了精美的艺术。

考古探索除了是向学术界的汇报，也是对现代旅游讲解的服务。某游客、某导游或某记者的疑问，可以是我的琢磨点。我曾暂时回答他们，待考。但有一天考证出来，也许是几月、几年甚至是十几年以后了。因此我感觉，有时考古也是因人而作，承载着某种询问目光。

1987年，业师宿白先生曾赠言于我："有一分热，发一分光。"前几日，因麦积区融媒体记者要看我大学时暑期徒步考察大运河的文件，当翻阅旧笔记本时，又看到此赠言纸条，静静地开示于页间，谨取出标于此书前，愿与同好共勉。

2023年7月21日于麦积山

目　录

地　理

蟠冢山名考
　　——蟠冢山·鲋鱼山·麦积山…………………………………………（ 1 ）
麦积山在古岩画地图中示现………………………………………………（ 13 ）

建　筑

麦积山石窟第4窟庑殿顶上方建筑遗迹新发现
　　附：中区悬崖坍塌三窟龛建筑堆积遗迹清理……………………（ 30 ）
麦积山石窟第4窟散花楼外檐下仿木构件再勘察
　　附：新发现的散花楼中龛北周壁画建筑…………………………（ 52 ）
麦积山石窟第5窟牛儿堂崖阁仿木建筑结构新勘察 ……………………（ 75 ）

皇　家

麦积山石窟第133窟与西魏乙弗氏寂陵
　　——麦积山石窟第43窟与隋文帝神尼舍利石室 …………………（ 129 ）
麦积山石窟第127窟正顶部大飞行者与西魏乙弗氏 ……………………（ 155 ）
麦积山石窟第4窟散花楼与北周闵帝明帝武帝和王父宇文泰 …………（ 175 ）
麦积山石窟第5窟牛儿堂与隋独孤皇后和北周皇太后杨丽华 …………（ 192 ）

水 陆

麦积山瑞应寺藏清代纸牌水陆画的初步整理……………………………………（208）

麦积山瑞应寺清代小型纸像牌水陆画的用途……………………………………（226）

杂 类

北周佛像复古因素
　　——以麦积山石窟为例……………………………………………………（239）

释"天雄赫瀛"
　　附：有关题记订正……………………………………………………………（244）

摩崖题刻"麦积山"…………………………………………………………………（247）

"是无等等"今解……………………………………………………………………（249）

金刚台·紫金台·金台
　　——由大足石窟到麦积山石窟再到单铺背屏式造像的观察…………………（252）

拉梢寺石窟尉迟迥为谁开凿大佛
　　——兼谈未在麦积山开凿并采用浅浮雕塑的原因…………………………（283）

仙人崖石窟王予望题楹联释读校订
　　——兼考定麦积山无名楹联书者……………………………………………（302）

附 录

崇祯皇帝御押考释…………………………………………………………………（307）

麦积山寻古
　　——答天水电视台《行游天水》访谈　…………………………………（310）

后　记…………………………………………………………………………………（327）

嶓冢山名考
——嶓冢山·鮒鱼山·麦积山

嶓（音 bo）冢山，古代名山，见之于《山海经》及《禹贡》，但其名字的来历如何，即为何称嶓冢，未见述于古籍。

如果从字面上看，"嶓"字从"山"形，"番"声，而"冢"附后，则"嶓冢"有山形如冢之义。但是，凡山，或多或少有此义，此山何嶓独以冢名，笔者以为此绝非偶然。

一 嶓冢山即鮒鱼山

按《山海经·西山经》《禹贡》所记的古"嶓冢山"，汉水出于此山。[1]又按《山海经·海内东经》"汉水出鮒鱼之山"，[2]则嶓冢山、鮒鱼山为一山。

《禹贡锥指》亦曰："《山海经》云：'汉水出鮒嵎山。'盖嶓冢之异名也。"[3]笔者按，"嵎"为胡渭用的通假字（或另本经所用通假字），原经为"鮒鱼山"。

那么"嶓冢"之名，是否与鮒鱼有关呢。

二 鮒鱼即蝌蚪

《周易正义》载《易·井》："九二，井谷射鮒。"唐孔颖达《疏》引子夏

---

[1] "嶓冢导漾，东流为汉。"（汉）孔氏撰注、（唐）陆德明音义、孔颖达疏：《尚书注疏》卷5《夏书·禹贡》，第37页，载（清）永瑢、纪昀主编：《钦定四库全书》经部2，文渊阁四库全书原文电子版（CD），武汉：武汉大学出版社，1997年（下非特别指出，载《钦定四库全书》皆出此版本，只注在各部卷数，其余信息不再注出）。"又西三百二十里，曰嶓冢之山。汉水出焉，而东南流注于沔。"（晋）郭璞撰注：《山海经》卷2《西山经》，第4页，载《钦定四库全书》子部12。

[2] "岷三江，首大江出汶山……汉水出鮒鱼之山，帝颛顼葬于阳，九嫔葬于阴，四蛇卫之。濛水出汉阳西……"（晋）郭璞撰注：《山海经》卷13《海内东经》，第3页，载《钦定四库全书》子部12。

[3] （清）胡渭：《禹贡锥指》卷11下，第1页，载《钦定四库全书》经部2。

《传》云："井中蝦蟆呼为鲋鱼也。"[4]《说文》："蝦，蝦蟆也。"[5]

西安市东南有虾蟆陵，一作虾蟆陵。[6]则"蟆"通"蟆"，又虾即蝦[7]，故"蝦蟆"即蝦蟆，即虾蟆。又虾同蛤[8]。故蝦蟆即蛤蟆。

但这只是字面上的传承，内涵所指可能有所转变，即今蛤蟆，青蛙和蟾蜍的统称，有可能包括不了古蛤蟆所指。

《庄子·外物》："（庄）周顾视车辙中，有鲋鱼焉。"[9]乃有"涸辙之鲋，相濡以沫"之情景。如以今蛤蟆比作鲋鱼，则有悖于生活常识，因涸辙困不住蛤蟆。因此，今蛤蟆包括不了古蛤蟆所指。

那么古蛤蟆可别指什么呢，现实中有一例可以给我们启示。

河南陕县西门外有一泉名"蛤蟆泉"，《陕州志》云："水自石眼流出，内生蝌蚪，祷雨辄应。"[10]这似可理解为："蛤蟆可指蝌蚪。"且是其古义在民间的一种遗留，即古蛤蟆即蝦蟆，即鲋鱼，可指蝌蚪。

如此，我们对涸辙之鲋的困惑，便迎刃而解。因为"涸辙之蝌蚪，相濡以沫"之情景是常见的。故《庄子》之文印证了先秦时"蝦蟆可指蝌蚪"的情况。进一步说，先秦时"鲋鱼"可指蝌蚪。那么是否仅此孤例印证先秦时鲋鱼可指蝌蚪呢？不是的，还有别的证据可凭：

《庄子·外物》："夫揭竿累，趣灌渎，守鲵、鲋，其于得大鱼难矣。"[11]按文意，此"鲵""鲋"当指小的个体。如鲋鱼以今蛤蟆来比附之，依常识，蛤蟆却不会在灌渎中随水漂流，更不能被人守来。这样，则与文意中确实能守来，只是得不到大鱼相矛盾。但如鲋鱼指蝌蚪，则合于实际情况，更合于大小鱼差距悬殊的意思，更符合庄子多用强烈对比的文风。

又《山海经·中山经》："是多飞鱼，其状如鲋鱼。""来需之水……其中多鯩鱼，黑文，其状如鲋，食者不睡。"[12]

《山海经·南山经》："鸡山……黑水……其中有鱄鱼，其状如鲋。"[13]

---

[4]（魏）王弼、（晋）韩康伯注、唐孔颖达疏：《周易正义》卷5"井"，第48页，载（清）阮元校刻：《十三经注疏》第60页，北京：中华书局，1980年。

[5]（汉）许慎撰、（清）段玉裁注：《说文解字注》"蝦"，第671页，上海：上海古籍出版社，1981年。

[6]"虾蟆陵"条，《辞海》（1979年版）缩印本，第1860页，上海：上海辞书出版社，1980年。

[7] 虾繁体为蝦。

[8]"虾②（há）同蛤"，《辞海（1979年版）》缩印本，第1860页，上海：上海辞书出版社，1980年。

[9]（战国）庄周等著、（晋）郭象注：《庄子注》卷9《外物》26，第2页，载《钦定四库全书》子部14。

[10]"蛤蟆泉"条，载臧励龢等编《中国古今地名大辞典》，第1197页，上海：商务印书馆，民国19年（1930年）。

[11]《庄子注》卷9《外物》26，第3页，载《钦定四库全书》子部14。

[12]《山海经》卷5《中山经》，第2、15、16页，载《钦定四库全书》子部12。

[13]《山海经》卷1《南山经》，第8页，载《钦定四库全书》子部12。

《山海经·东山经》："……茈鱼，其状如鲋，一首而十身。"[14]

《山海经·北山经》："其中有鮥父之鱼，其状如鲋鱼，鱼首而彘（猪）身（孕腹）。"[15]

按：如以今蛤蟆来解释上文中的"鲋鱼"则牵强。

因为，"鱼很像今蛤蟆"很难理解。如果这样，则在经文中，对这些鱼的描述，抛开了与今蛤蟆具有相似之处的，且更像鱼的娃娃鱼鲵鱼，不说其状如鲵，而直指与今蛤蟆相似，那么这些鱼则简直更像今蛤蟆，甚至分别就是某种今蛤蟆，则不必说状如鲋鱼（状如今蛤蟆）了。

况且如此"鱼很像今蛤蟆"的说法，也不好解释所谓"彘身""一首十身"。因鱼如这样，整体不会如今蛤蟆。

如果"鲋鱼指蝌蚪"，则问题迎刃而解。蝌蚪本身形状如鱼，故可以与一些鱼相似。且其腹圆下垂如彘身，后拖一壮尾。如某鱼一首而十小尾，可看作"一首而十身"，而整体仍似一首一壮尾的蝌蚪，今水母、乌贼、章鱼等大头部生出若干较小的腕和触手（如尾）的这类水中动物还有很多，一首而十身的"茈鱼"或即此类，整体与蝌蚪有相似之处。

因此，《山海经》中"鲋鱼山"的"鲋鱼"义，指蝌蚪，得到了进一步证明。

宋陆佃《埤雅·释鱼》谓鲋鱼即鲫鱼，乃后出。[16]本文谨从春秋晚期的子夏言，参以先秦著作等推论，不采宋代说。

因此，鲋鱼山即蝌蚪山也。

于是，因上文已述，嶓冢山、鲋鱼山为一山，则嶓冢山即鲋鱼山，即蝌蚪山。

三 蝌蚪与嶓冢音近可对转

蝌蚪与嶓冢之名的缘起有关。

《尔雅·释鱼》："科斗：活东。"晋郭璞注曰："蝦蟆子（蛤蟆子）。"[17]蛤蟆子指蝌蚪。则"科斗"即蝌蚪。那么"科斗"与"嶓冢"是什么关系呢。

---

[14]《山海经》卷4《东山经》，第8页，载《钦定四库全书》子部12。
[15]《山海经》卷3《北山经》，第11页。
[16]"《吕子（吕氏春秋）》曰：'鱼之美者，洞庭之鲋'。鲋，小鱼也，即今之鲫鱼。"（宋）陆佃撰：《埤雅》卷1《释鱼》，第9页，载《钦定四库全书》经部10。按，（战国秦）吕不韦撰（汉）高诱注：《吕氏春秋》卷14《孝行览》第2《本味》2，第7页，载《钦定四库全书》子部10："鱼之美者，洞庭之鱄"。鱄非鲋，《埤雅》似误引。
[17]（晋）郭璞注、（唐）陆德明音义、（宋）邢昺疏：《尔雅注疏》卷10《释鱼》第16，第6页，载《钦定四库全书》经部10。

按科斗与活东，概古代时一音之转的关系，音转义同，今天读来也仍有相似之处。所以古字音至今，虽有其变，但应有保留相似之迹。相应，科斗与蟠冢，今天读来，也有相似之处。故它们的关系，虽不能说是音转义同，但也有可能为蟠冢系记科斗之音的情况。且"科"可入古韵"歌"部，"蟠"可入"元"部，音可对转；"斗"可入"候"部，"冢"可入"东"部，[18]音可对转。因此，古人可能从"科斗"音出发，参以山等意象，记作"蟠冢"二字。

四　汉水出鲋鱼山不讹

按"汉水出鲋鱼之山"载于《山海经·海内东经》"岷三江，首大江出汶山……"条中[19]。清毕沅校本中疑此段文字为《隋书·经籍志》《旧唐书·经籍志》所载晋郭璞注或撰的《水经》中的文字[20]。今袁珂先生也赞许，认为这段是其他书籍的掺入[21]。笔者认为，这段文字不管出于何书，当为郭璞时或郭璞之前，有研究价值的古记载无疑，郭璞等并未抛弃之。

《山海经笺疏》载："（《海内东经》笺疏）懿行案，汉水所出已见《西山经》蟠冢之山，此经（《海内东经》）云出鲋鱼之山。鲋鱼或作鲋隅，一作鲋鰅，即《海外北经》务隅之山，《大荒北经》又作附禺之山，皆广阳山之异名也，与汉水源流绝不相蒙，疑经有讹文。《北堂书钞》九十二卷引汉水作濮水[22]。水在东郡濮阳，正颛顼所葬，似作濮者得之矣，宜据以订正。"[23]故，郝懿行认为，《海内东经》此处的原经文似应是"濮水出鲋鱼之山"，怀疑"汉水

---

[18]《古韵三十部常见谐声表》："科为禾声，在歌部。蟠从采得声，在元部。斗声在侯部，冢声在东部。"《古韵十一类三十部》："侯部、东部同属于第四类。歌部、元部同属于第七类。"郭锡良等编：《古代汉语》，下册，第1033~1040页、1028页，北京：北京出版社，1983年。同一类音部中的字音可对转，故科与蟠可对转，斗与冢可对转。

[19]（晋）郭璞撰（注）：《山海经》卷13《海内东经》，第3页，载《钦定四库全书》子部12。

[20]"右海内东经旧本合'岷三江，首……'以下云云为篇，非，今附在后。""自'岷三江，首……'以下疑水经也。"（清）毕沅撰：《山海经新校正》，清乾隆四十六年毕沅灵岩山馆刻经训堂丛书本（孙星衍校）。袁珂：《山海经校注》，载《山海经海经新释》卷8，第487、332页，上海：上海古籍出版社，1980年。

[21]"珂案：毕沅之说是也。'岷三江，首……'以下文字确与经文无关，今从毕说，附在经文之后，祇存郭注，其余他家注释俱从略，不更分节次；略有校改，亦不更记出处。"袁珂：《山海经校注》，载《山海经海经新释》卷8，第332页，上海：上海古籍出版社，1980年。

[22]"颛顼葬于附隅。《山海经》云：'濮水出鲋之山，帝颛顼葬于阳，九嫔葬于阴。'"（隋）虞世南撰、孔广陶校注：《北堂书钞》卷第92《礼仪部》13《葬》32，中华典藏，类书文集，见https://www.zhonghuadiancang.com/leishuwenji/beitangshuchao/19493.html，2023.3.7。

[23]（清）郝懿行：《山海经笺疏》第13《海内东经笺疏》，第4页，海王邨古籍丛刊，北京：中国书店，1991年。

出鲋鱼之山",且认为鲋鱼山是东郡濮阳的广阳山。

笔者不苟同。按：鲋鱼山与颛顼葬地无关。

"汉水出鲋鱼之山"之下的"帝颛顼葬于阳，九嫔葬于阴。四蛇卫之"一句，非经文，而是注文。因错简或其他原因注文掺入经文的情况会发生。具体看，"岷三江……"这段文字中，述水之出入位置，别处均不详言山除位置之外的其他名堂，而在此鲋鱼山独载，为突兀之文，非其类耳。实际上，这句话如以注文目之并不突兀。此乃从别处移植来。《海外北经》载："务隅之山，帝颛顼葬于阳（郭璞注：'颛顼号为高阳，冢今在濮阳，故帝丘也，一曰顿丘。县城门外广阳里中。'），九嫔葬于阴，一曰爰有熊、罴、文虎、离朱、鸱久、视肉。"[24]《大荒北经》："附禺之山，帝颛顼与九嫔葬焉。……虎、豹、熊、罴、黄蛇、视肉、璇瑰、瑶碧，皆出卫于山。"[25] 大概作注者主观认为"务隅""附禺""鲋鱼"古字相通，故于务隅山、附禺山所属之文，摘其要注于"鲋鱼之山"下。比如取"务隅山"的"颛顼、九嫔葬地分阴阳"，取"附禺山"的"蛇"和"卫"。注者认为此"卫"为保卫——此义同郭注此文的众物为"在其山边也"——而记作"四面有蛇护卫"，以"四蛇"作为"务隅""附禺"两山众多之物的代表，注在"鲋鱼山"下。这也是注文往往具有综合性特点的表现。

故，因后出注文而校改原经文，主观认为鲋鱼山是颛顼所葬地，而改原经文"汉"作"濮"，否认原经文的"汉水出鲋鱼之山"，难有充足理由。

事实上，笔者也是受郝懿行启发而有上文。郝懿行《山海经笺疏》首次提出"汉水出鲋鱼之山"下经文"帝颛顼葬于阳，九嫔葬于阴"应为"注文"，曰："疑后人见鲋鱼与务隅山名相涉，因取彼羼入之耳。"[26] 此言极当。

但他虽在经文中去掉被怀疑为注文的一句"帝颛顼葬于阳，九嫔葬于阴"，却在《海内东经》笺疏中，肯定了注者把鲋鱼与务隅两山拉到一块且山葬颛顼的说法。于是他根据古字通用[27]，认为鲋鱼山与务隅山、附禺山为一山。故据"濮阳正颛顼所葬"，认为鲋鱼山在濮阳，"皆广阳山之异名也"，进而认为《海内东经》的"汉水出鲋鱼之山"经文中的"汉水"为讹文，当为"濮水"。这观点同《北堂书钞》九二卷引汉水作濮水一致。

---

[24]《山海经》卷8《海外北经》，第3页，载《钦定四库全书》子部12。
[25]《山海经》卷17《大荒北经》，第1页，载《钦定四库全书》子部12。
[26] 同注[23]。
[27]《海外北经》："务隅之山。""懿行案：务隅，《大荒北经》作附禺，《海内东经》作鲋鱼，《史记五帝纪索隐》引此经亦作鲋鱼，《北堂书钞》九十二卷又作附禺，皆声近字之通也。"《大荒北经》："附禺之山。""懿行案：《海外北经》作务隅，《海内东经》作鲋鱼，此经又作附禺，皆一山也，古字通用。"《山海经笺疏》第8、17，《海外北经》，第4页；《大荒北经》第1页，海王邨古籍丛刊，北京：中国书店，1991年。

笔者从水的角度，认为此观点也有误：

按《山海经》通行本承古至今于此处皆作"汉"。且古濮水并非出郝氏所谓"广阳山"或者"务隅山"，而是出于河、济，为沟渠质的小河，与务隅山，郝氏认为的鲋鱼山，关系勉强，因此难说"濮水出于鲋鱼之山"。濮水这类小渠，也难说能列到江、淮、湘、濛这些源流自成体系的大水之间。且在"岷三江"这段文字中，主序是支流列在主流后面。假如汉水处改作濮水，则濮水列于济水前，殊为不合理。故"汉"或为"濮"的观点，又一次难有充足理由。

且"汉"改为"濮"的想法，皆因为"鲋鱼"与"务隅"读音相近，被认作一山。但读音相近之山并非总为一山，如《西山经》有"符禺之山"，内容却与"附禺山""务隅山""鲋鱼山"大相径庭。故"汉"非关濮水，"鲋鱼"非关"务隅"，为什么非要把鲋鱼山拉到务隅山身上不可呢。

另外，"附隅"见《北堂书钞》，"鲋嵎"见《禹贡锥指》，"鲋鰅""鲋隅"见《山海经笺疏》，皆转抄字，无碍"鲋鱼"之为本字。

故"汉水出鲋鱼山"所言不诬，"鲋鱼山"乃"嶓冢山"明矣。那么，嶓冢与蝌蚪音近，反过来也更说明了鲋鱼可指蝌蚪的正确。嶓冢、蝌蚪、鲋鱼三位一体的意境，互相印证，道出"嶓冢"之名，从鲋鱼义到蝌蚪音，再落实到嶓冢字的来由。

五　麦积山即嶓冢山名发祥地

那么，什么是"嶓冢山"名现实中的发祥地貌呢？即现实中是否真正存在着一座鲋鱼山或蝌蚪山呢？有，那就是著名的天水麦积山（图1、2、3）。

麦积山头大根缩，形如麦垛，故名。其名始见于十六国或南北朝。[28]但命名者仅仅着眼于此山的主体部分，而忽略了主体部分附带着的山梁。此梁和主体部分同样，其山石裸露部分多。而梁的尾部渐渐不裸，可以生长草木，融入绿树草丛中。裸露的岩石使人们醒目地看到一个头大拖尾的蝌蚪形象。最重要的是，山的主体部分高大、明显、奇特，且自最高处渐渐向梁部收分，给人们的目光指示出尾部之所在，而其指示的方向确实有一带隆起山梁。即使山梁被树木掩住，仍有地形的隆起隐含着尾部的所在，故远观仍为一活脱脱蝌蚪形象。因此，先民在此片山区，农业生产不太发达，麦垛概念不强烈的情况下，看到此山，最有可能联想到山间溪水中常见到的动物蝌蚪而名之为"蝌蚪崖"。

---

[28]　"（东晋十六国时期）（玄）高乃杖策西秦，隐居麦积山。山学百余人，崇其义训，禀其禅道。"（南朝梁）释慧皎《高僧传·释玄高》8，CBETA电子佛典集成（CD），2004年（下引本库佛典，只标"电子佛典"，不再详注）。

图1 麦积山南面蝌蚪形

图2 麦积山西面蝌蚪形

图3 麦积山沙盘模型

实际上，麦积山主体部分附带着的山梁，有左右两条，故，此特殊的"蝌蚪"有两条尾，一条尾伸向东南，一条尾伸向西北，但从南、西面观之，均似蝌蚪，故不妨碍将附带着两条山梁的麦积山（麦积崖）称作"蝌蚪崖"。

那么今麦积山（麦积崖）的位置是否就是古"嶓冢山"的位置呢，回答是肯定的。

据《汉书·地理志》："氐道（今天水市与陇南礼县之间）[29]，《禹贡》养水所出，至武都为汉。""西（今天水市与陇南礼县之间）[30]，《禹贡》嶓冢山，西汉所出。"[31]

因《禹贡》："嶓冢导漾，东流为汉。"故知，养即漾水。故氐道有嶓冢山。而西县亦有嶓冢山，则一山跨二县。而《山海经》《禹贡》只说嶓冢出汉水、西汉水，并未限定嶓冢山的范围为一个地点的一座山峰所跨区域。据《山海

---

[29] 西汉、东汉时期氐道位置在今天水市与陇南礼县之间。中国历史地图集编辑组：《中国历史地图集》第2册《秦、西汉、东汉时期》"西汉"，第22、23页，上海：中华地图学社，1975年。
[30] 西汉、东汉时期西县位置在今天水市与陇南礼县之间。《中国历史地图集》第2册《秦、西汉、东汉时期》"东汉"，第50、51页，上海：中华地图学社，1975年。
[31] （东汉）班固 编撰：《汉书》卷28下《地理志》第8下"陇西郡"，第1、2页，载《钦定四库全书》史部1。

经·西山经》，嶓冢山向西三百五十里至下一山天帝山[32]。因《西山经》中此处的山与山之间无其他间隔的描述，则状态是山连山的，则嶓冢山向西三百五十里至下一山天帝山的状态，可表示嶓冢山本身东西跨度是三百五十里。《禹贡》记山更少，则其嶓冢山的东西跨度范围要更大。因此有理由相信，《山海经》《禹贡》所指的嶓冢山应包括今麦积山在内的，今天水市南部附近的广大群山，嶓冢山是一个广大山区的概念。民国《天水县志》也有相同的看法："汉水发源县南百里间，是知境南诸山当为嶓冢无疑矣。"[33]

以上是根据《汉志》所做的推论，但历代学者曾对此山的位置争论不休，皆因看到今汉水出处与《汉志》所载不符，即今天水市南部发源之水却流不到今汉水中，而流入今嘉陵江。但80年代刘琳先生的《华阳国志校注》[34]揭开了这个谜。他引《地理知识》载李健超文："原来嘉陵江上源由北向南流到阳平关附近，不是继续南流入四川，而是东流入汉江的。"[35]李健超此文，是根据他所发现的古河道立论的，故刘琳先生说"盖在战国以前，嘉陵江至阳平关附近东流入汉中。"[36]故战国以前汉水因地震分流为两水，即《汉书·地理志》所载汉水和西汉水两水。

故战国以前之嶓冢山，应排除其他地区后代附会的山（如陕西嶓冢山[37]），应是今天水市南部，渭水与嘉陵江上源的分水岭。而今嘉陵江上源仍称"西汉水"，也正说明了此今天水市南部渭水与嘉陵江分水岭正是古嶓冢山[38]。

而今麦积山（麦积崖）正处在这条分水岭上，这样，古人就有可能会用这座奇特的山崖来代表整个分水岭山区，即把今麦积山（麦积崖）作为整个分水岭山区的"精魂"。

---

[32] "嶓冢之山……又西三百五十曰天帝之山。"《山海经》卷2《西山经》，第4、5页，载《钦定四库全书》子部12。
[33] 庄以绥监修 贾缵绪总纂：《天水县志》卷之1《地舆志·山脉》，第3页，兰州：兰州国民印刷局，民国28年（1939年）。
[34] （晋）常璩撰、刘琳校注：《华阳国志校注》，第105、106页，成都：巴蜀书社，1984年。
[35] 李健超：《我国又一条电气化铁路——阳安铁路·从嘉陵江到汉江江源》，第1页，《地理知识》1978年第7期。
[36] 刘琳此"战国以前"应包括战国，故其书中下文说汉水在西汉时发生了变化。
[37] 《山海经》《禹贡》记载的嶓冢山可早至战国，符合古汉水水道。后来汉水水道变迁为，源头在陕西南部，后人据此附会出陕西境内的嶓冢山。
[38] 战国、两汉、西晋时期嶓冢山也在今天水市南部嘉陵江与渭河的分水岭处。《中国历史地图集》第1册《原始社会商西周春秋战国时期》"战国秦蜀"，第39、40页；第2册《秦、西汉、东汉时期》"西汉凉州刺史部"，第22、23页，"东汉凉州刺史部"，第50、51页；第3册《魏西晋时期》"西晋雍州秦州"第45、46页，上海：中华地图学社，1975年。

实际上，在这片嶓冢山区中，再没有发现比麦积山更为奇特的地貌了。故《山海经》《禹贡》（一般以为乃战国以降著作）中，以它为代表，为群山命名当不奇怪。况且这种情况在河南的熊耳山区、浙江的天目山区也出现，均是以特殊形象，一小部分的双峰、湖泊，来代表整个山区，并以此小名来作为大名的（图4、5）。

图4　熊耳山双耳雄姿

图5　天目山天目湖

最有说服力的是，这种情况在晚唐五代也曾发生在麦积山身上。《太平广记》引五代《玉堂闲话》云："麦积山者，北跨清渭，南渐两当，五百里冈峦，麦积处其半……"[39]此则明言，南北跨清渭、两当的，整个（东西）五百里山区被称为"麦积山"，人们以"处其半"之"麦积"（即麦积崖）为其代表而命其名。故知，以此"蝌蚪山"名冠于整个分水岭，在上古朴素思想中更有可能。且今天水当地方言说蝌蚪为"guǒzōu"，音近今"嶓冢"，估计其上古音与古"嶓冢"音也相似，故"嶓冢"可能系直接记古代此地方言的"蝌蚪"音。

根据以上论述可以推断，古嶓冢山的地理精魂或其名字的现实发祥地，当即今"附带山梁的麦积崖"。

六　嶓冢山冢字的来处

关于"麦积山""嶓冢山"，历史上还有一些相关的片断记载。这些片断可能反映了古人的某种认识而未言明，笔者试串列于右以为佐证。

乾隆年间《直隶秦州新志》："秦文公墓，东南麦积山下。"[40]民国《天水县志》因袭之[41]。按《史记·秦本纪》："（春秋时期秦）文公卒，葬西山。"南朝宋裴骃《集解》："徐广曰：皇甫谧（魏晋时期人）云：葬于西山，在今陇西之西县（今天水市与陇南礼县之间[42]）。"[43]故上述两记载矛盾。乾隆时修志者一定注意到了《史记》的《集解》，却坚持将秦文公墓记作"东南麦积山下"，定有所本。或乾隆前的古人曾如《玉堂闲话》所言，将整个今天水市南部附近山区统称为"麦积山"，这里面自然包括西县西山。于是乾隆前的古人可能曾记载了"秦文公葬于麦积山下"。乾隆修志人因袭之，但只注意到"麦积山下"而不明其广泛含义，就具体将秦文公墓记作"（秦州）东南麦积山下"即"麦积崖"下了。这记载，从一个侧面，似也反映了"麦积山"曾代表包括"西山"在内的大片山区。

按前文已知西县有嶓冢山，嶓冢山广大，其支脉隐然相连，则西县境内诸山当即嶓冢之属。西山在西县，当即嶓冢之属。既然秦文公葬于西山，那么，

---

[39]（五代）王仁裕：《玉堂闲话》，（宋）李昉等：《太平广记》卷第397《山（溪附）》"麦积山"，第3181页，北京：中华书局，1995年。

[40] 费廷珍纂修，胡釴编次：《直隶秦州新志》卷2《山川》附《陵墓》，第8页，乾隆二十九年（1764年）。

[41] 庄以绥监修，贾缵绪总纂：《天水县志》卷之1《地舆志·陵墓》，第25页，兰州：兰州国民印刷局，民国28年（1939年）。

[42] 三国魏时期西县位置在今天水市与陇南礼县之间，西县不属陇西郡，文中陇西为陇山以西统称（晋未设西县）。《中国历史地图集》第3册《三国西晋时期》"三国魏雍州"，第15、16页，上海：中华地图学设出版，1975年。

[43]（西汉）司马迁撰：《史记》卷5《秦本纪》5，第8页，载《钦定四库全书》史部1。

秦文公墓也可以说在嶓冢山了，上古为此山命名者或许知秦文公墓冢在此山中，（《山海经·西山经》《禹贡》大约作于战国，晚于秦文公时）则嶓冢之"冢"字，也许有此意而为之。

七　齐寿山为嶓冢山发祥地欠妥

民国《天水县志》将嶓冢山的具体发祥地位置，放在今天水市西南西汉水源头之地的齐寿山南支一段上[44]，其原因大概有：第一，此地是上文已述《汉书·地理志》"西，《禹贡》嶓冢山，西汉所出。"之地；第二，此段山符合《水经注》引《汉中记》载"嶓冢以东水皆东流，嶓冢以西水皆西流"[45]的情况；第三，齐寿山似如冢。

《汉中记》所记嶓冢山，似指后人附会的陕西嶓冢山，当与天水以南的甘肃古嶓冢山无涉。即使此《汉中记》有所本，则一山分东西水者比比皆是，仅从麦积山迤逦向东北、西南的一脉山看，其东水大致东流，西水大致西流，且东西之水流向汉（古汉水，今嘉陵江上源）、渭，比东西水大致东西流，且东西之水皆为汉（西汉水）水支流的齐寿山南支，更具有分水岭意义。山多有冢形，非独齐寿。齐寿山并非特别奇特，并非群山主峰。且"冢"可比附，"嶓"字何来。所以将此段山作为"嶓冢山"发祥地，从理论上看欠妥，从现实看也说明不了嶓冢山名的来由。

结语

综上所述，"嶓冢山"又名"鲋鱼山"，"鲋鱼"在先秦时可指"蝌蚪"。"嶓冢"二字是记古代"蝌蚪"音而来。今天水麦积山及其山梁的形状如"蝌蚪"，且其地望与古嶓冢山相合，是嶓冢山名具体发祥处。"嶓冢"是在依"蝌蚪"声的同时，托以"山"义，又有秦公所葬地之义，被上古地理学家创造出来的书面山名。

本文录自夏阳（夏朗云）:《嶓冢山名考——嶓冢山·鲋鱼山·麦积山》，《史学论丛》，第6集，兰州：兰州大学出版社，1996年。正文及注释有修订，增加了图片。

---

[44] 庄以绥监修，贾缵绪总纂：《天水县志》卷之1《地舆志·山脉》，第4页，兰州：兰州国民印刷局，民国28年（1939年）。

[45] （后魏）郦道元撰：《水经注》卷20《漾水》，第1页，载《钦定四库全书》史部11。

麦积山在古岩画地图中示现

麦积山下麦积镇朱家后川村所在的后川，距离麦积山直线距离约10公里，是一处山间溪川，溪岸上现摆放一块刻有古代岩画的较大石块。大石块质地为赭红砂岩，呈不规则的横长方体，面宽4.10米，残高2.24米，残厚1.95米，岩画在此大石块的1个较大较平的面上，呈不规则横长方形。此大石块早先长期卧于川底溪水边的泥土中，原溪边小道在此石上经过。2013年6月19日晚，大雨引山洪将大石冲得翻身，露出岩画。2016年5月中旬，被朱家后川村委会组织村民用起重机吊起，安置于附近净土寺山门西侧公路边的溪岸平台上（图1）。[1]

图1 岩画总貌

一 大石块原来位置

大石块滚落处的溪水，其岸上现有公路，公路侧有小平地，小平地后有石斜坡。在石斜坡上方为石崖。石崖西面有横长方形的岩石坍塌脱落痕迹（图2），

---

[1] 净土寺首座寂智、村委会杨江东书记邀往考察。

图2 崖上大石块脱落痕迹

其尺寸约等同于大石块的尺寸。因此大石块原应是石崖的一部分，基本呈较显眼的外凸状，其上岩画，古人仰首可观。

因坠落，大石块原下部边缘当有所残损。又因崖面上的脱落痕迹为横长方形，故岩画的2长边缘部分为上下部分。岩画1长边缘处，无外围空白面，为残损锯齿状。其他三边缘，皆为有外围空白面。故，无外围空白的1长边缘，应判断在坠落时，残失了其外围空白面，故此长边缘当位于岩画的下部。于是岩画原上下左右的位置就确定了，并按此位置摆放在溪岸平台上。

大石块脱落痕迹基本朝向西，故岩画应基本面向西，自身的左边缘基本朝向南，自身的右边缘基本朝向北。

二　岩画刻线形态

岩画均为阴刻，其右上侧处的线条，保留未完成的线条端头，表现出尚未连接的点（图3），表明其线条为钝器凿成，积点成线。且线条表面较为光滑，故应为先敲凿连成槽沟线，然后研磨修整槽沟线而成，线条有粗有细。

岩画各处，均是此种线条，故整个岩画应基本同时完成。

岩画右侧的大部分区域，主要为长线条分布区，长线条多有连接交汇，有呈发散状、迂回状，甚至呈封闭循环状态。画左侧的小部分区域，除了一条较深的长线条外，其他长线条较浅且模糊。线条上和侧面，附以某些符号，主要为12种。

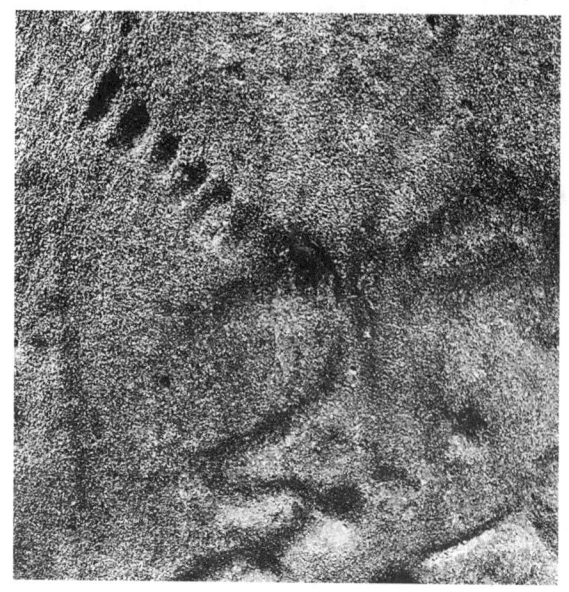

图3　积点成线痕迹

（一）基本方形符号

有4种。

1. 长方形，中填平行排列线。
2. "U"字形直角三折线，中围填不规则浅点。
3. 不规则方块，分大、中、小。
4. 不规则大方框，中有1小圆点。

（二）动物符号

仅1种，为蝌蚪。

（三）点线结合符号

有4种。

1. 勺斗状两点。弯曲如勺斗状线条，两端各有1中圆点。
2. 十字五点。其十字交叉处和四端处各有1小圆点。
3. 十字四点。其十字四端处各有1小圆点。
4. 长曲柄伞盖。1小圆点连线周围8小圆点，并连接1曲折线，曲折线端头三曲折处各为1小圆点。

（四）基本圆形符号

有2种。

1. 圆点，分大、中、小。
2. 大圆圈中间1小点，或大圆圈中间，1小点被发散线围绕，后者其一被遮挡下部一点。

（五）不规则符号

有1种，为并列的不规则椭圆形双圈（整体情况见表1）。

表1 岩画上的主要符号

1	长方形，中填平行排列线	
2	U字形直角三折线，中围填不规则浅点	
3	不规则方块，分大、中、小	

续表

4	不规则大方框,中有1小圆点	
5	圆点,分大、中、小	
6	蝌蚪,头部中间有1大圆点,颈部有1大方块	
7	勺斗线加两点。弯曲如勺斗状线条,两端各有1中圆点。	
8	十字线加五点。其十字交叉处和四端处各有1小圆点。	
9	十字线加四点。其十字四端处各有1小圆点。	
10	长曲柄圆伞盖。1小型圆点连线周围8小圆点,并连接1曲折线,曲折线端头三曲折处各为1小圆点。	
11	大圆圈中间1小点,或大圆圈中间,1小点被发散线围绕,后者其一被遮挡下部一点。	
12	并列的不规则椭圆形双圈	

三 岩画的地图因素

晋代制图学家裴秀提出绘制地图的六条原则:分率(比例)、准望(方位)、道里(距离)、高下(地势起伏)、方邪(地物形态)、迂直(河流道路的曲直)[2]。

---

[2] "制图之体有六焉。一曰分率,所以辨广轮之度也。二曰准望,所以正彼此之体也。三曰道里,所以定所由之数也。四曰高下,五曰方邪,六曰迂直,此三者各因地而制宜,所以校夷险之异也。有图像而无分率,则无以审远近之差;有分率而无准望,虽得之于一隅,必失之于他方;有准望而无道里,则施于山海绝隔之地,不能以相通;有道里而无高下、方邪、迂直之校,则径路之数必与远近之实相违,失准望之正矣,故以此六者参而考之。然远近之实定于分率,彼此之实定于准望,径路之实定于道里,度数之实定于高下、方邪、迂直之算。故虽有峻山钜海之隔,绝域殊方之迥,登降诡曲之因,皆可得举而定者。准望之法既正,则曲直远近无所隐其形也。"裴秀:《禹贡地域图序》,《晋书》卷三十五《裴秀传》,第7页,载《钦定四库全书》史部1。

从岩画的刻画形态（图4）看，其主体部分，位于整个横长方形右侧的大部分区域，此部分的形态大致为：其长线条基本呈发散状，多有迂回，甚至呈封闭循环状态。此种线条，似为沿着水道的道路，和有所延长并连通回环的道路，也有似不沿着水道的较直的道路，故有"迂直"的某种概念。其线条上和侧旁"方""圆"状的，分布于不同位置的符号，符合表示地点的含义，符合实物的缩小版，有"分率""方邪""准望"的某种概念。沿河道之路，有分支和粗细，符合河流自高细处向下粗处汇集的流动感，故有"高下""方邪"的某种概念。

图4 岩画描摹示意图

故岩画以其迂直、分率、方邪、准望方面的端倪因素，符合地图主体元素，推测是古代的岩画地图。

此古岩画地图，面朝西，岩画地图自身右端基本向北，左端基本向南，自带方向感，故更符合地图"准望"方面的某种概念。故，如果此岩画地图，以自然南北方向为图中南北方向的话，以俯视地图的角度看，其位于岩画地图上端部分，自然应该在东；位于岩画地图下端部分，自然应该在西。

这种"准望"方面的安排，是很可能的，因为，岩画地图是不可移动的，在识图方面，为方便实际地物与图中内容对应，古人应采用岩画地图方向与自然方向一致的做法。故，此岩画地图所示的区域应在岩画的周边。

四 岩画地图所附星图

岩画地图西南角区域，其刻画纹中，所刻道路不太深刻，并未认真刻出来，说明此处不是地图所要着重表现道路的区域，或者是，为了表现别物而故意虚化道路。确实，此处存在一些其他不类地标的较深刻符号，主要为"点"和"将点用线连成组"的特殊符号。

在西汉墓葬[3]，唐代的《敦煌星图甲、乙本》（图5、6）[4]及其他传世星图中，以点和以线连点，表示星官。因此，在后川岩画地图中，点或以点连线的刻画纹，应似天象符号，可能表示地图上所叠加的星官，各星官组成某种星图。

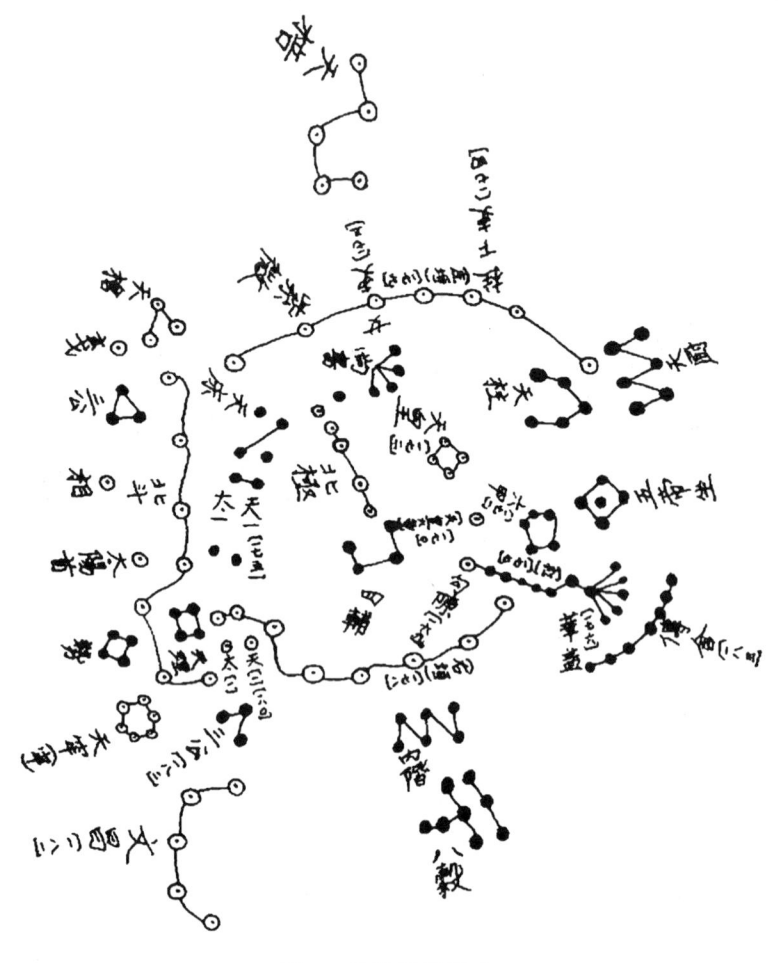

图5 敦煌星图甲本

---

[3] 陕西省考古研究所、西安交通大学：《西安交通大学西汉壁画墓》，西安：西安交通大学出版社，1991年。

[4] 席泽宗介绍：（甲本）星图绘制于唐，现藏伦敦大英博物馆。夏鼐介绍：（乙本）星图绘制于唐，现藏敦煌博物馆。夏鼐称前者为甲本，后者为乙本。席泽宗：《敦煌星图》，《文物》1966年第3期。夏鼐：《另一件敦煌星图写本——敦煌星图乙本》，《中国科技史探索》，上海：上海古籍出版社，1982年。

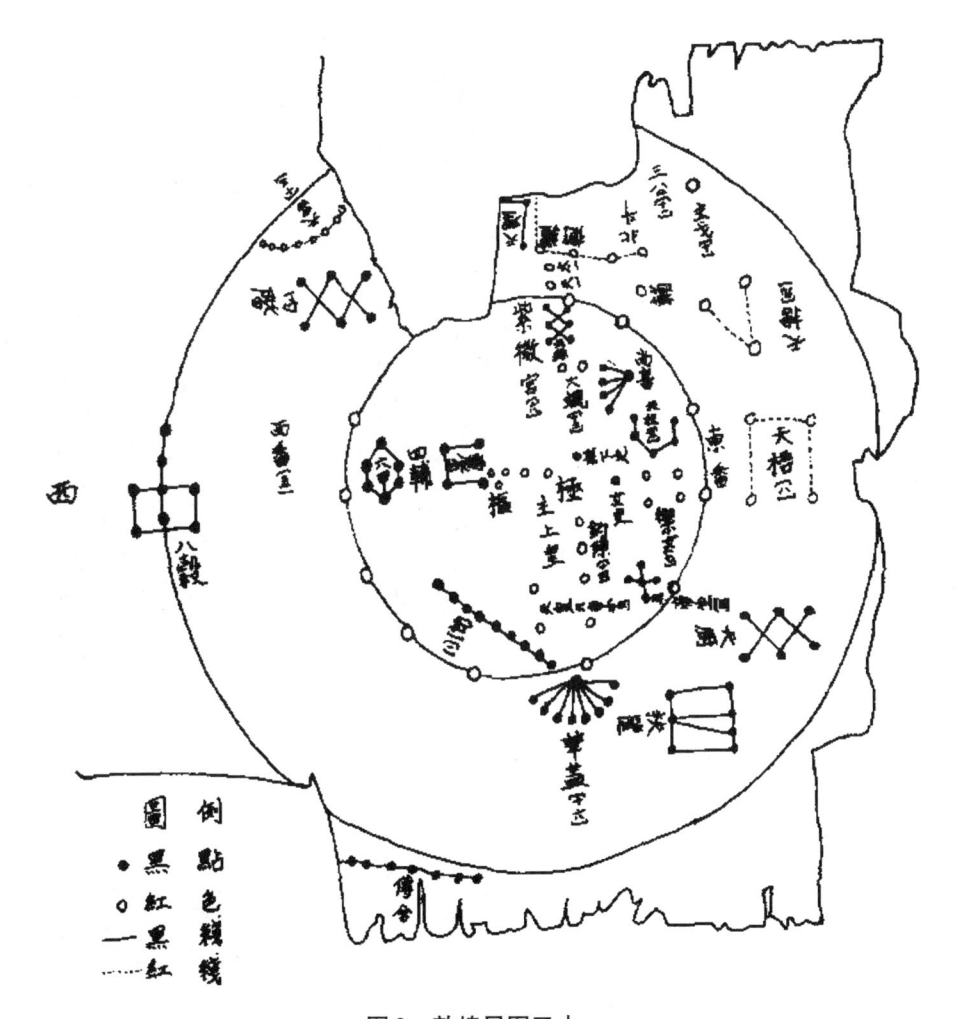

图6 敦煌星图乙本

《敦煌星图甲、乙本》，各有1紫微宫星图。此处为天区最尊，《史记·天官书》称为"紫宫"，《敦煌星图甲本》标作"紫微"，《敦煌星图乙本》标作"紫微宫"。岩画地图上的星图，似表示紫微宫中的某些星官。

（一）北斗

"勺斗线加两点"符号（表1：7，图7），可能表示北斗星座或南斗星座。虽然只在两头标星，但这样做，可以是一种省略形式。

在岩画地图自然方向中，此勺斗形斗口朝向北，符合北斗形式，故"勺斗状两点"符号，可为北斗。

此北斗形状，与我们仰视的北斗略有不同，形象上，其斗柄的朝向，与仰视的斗柄朝向呈相反状态。如果以从天盖上方俯视的角度看，如同观看天球仪（浑天仪）上的星图，则正符合。这种俯视投影图，叠加在地图之上，正好与地图所具有的俯视状态一致，表明星座与地图在俯视方面是相配一致的，是配套叠加的（下文中所辨识出的其他星官，均为俯视投影状态）。

（二）华盖

在北斗附近，在其斗口所对不远处，有"长曲柄圆伞盖"符号（表1：10，图8）。

此符号与《敦煌星图》中的紫微宫星图中，相同位置处的华盖星官，在形象（长柄上有发散状多星状）上基本一致。区别处在于，《敦煌星图》中的华盖星官上部的伞盖，呈侧视的扇形伞盖状，略有不同。

但圆伞盖的华盖星官，在北宋王安礼等重修北周至隋庾季才《灵台秘苑》中的"紫微垣（即上文的紫宫或紫微宫）"（图9）[5]中存在。

因此，后川岩画地图上的曲柄伞盖纹，应是华盖星官。其中，有些星在表示伞柄的曲线中省略了。因此，也佐证了，华盖星官附近的"勺斗状两点纹"，确应为省略了某些星的北斗星官。

图7　北斗与北极

图8　华盖星官的圆伞盖部分

---

[5]（北周）庾季才原撰，（北宋）王安礼等重修：《灵台秘苑》卷一，第13页，载《钦定四库全书》子部7。

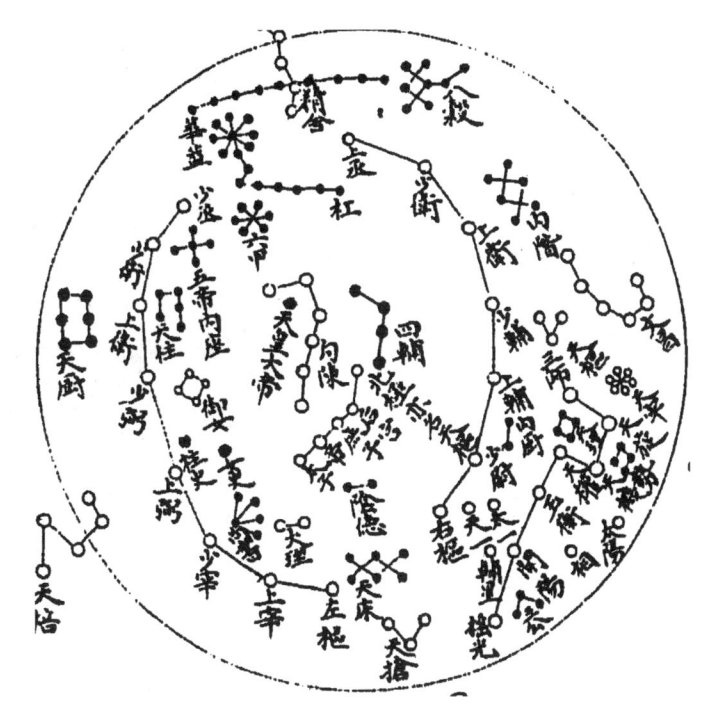

图9 《灵台秘苑》紫微垣

（三）五帝座（五帝内座）

位于北斗斗口一侧，在北斗和华盖之间区域，有"十字线加五点"符号（表1：8，图10）。

《敦煌星图甲本》中的紫微宫星图中，此位置有五帝座（亦称五帝内座[6]）星官，其形象与此"十字五点纹"基本一致，即五个（星）点的相对位置是一致的，只是连线不一致。连线在外围，呈方框，方框中心有一点。《敦煌星图乙本》中的紫微宫星图中，此位置的五帝座星官，其形象即"十字五点纹"。因此，岩画中的"十字五点纹"应为五帝（内）座星官。

（四）御女

大致在五帝座和北斗斗柄之间，有"十字线加四点"符号（表1：9，图10）。

《敦煌星图乙本》中的紫微宫星图（图6）中，此位置有御女星官，其四（星）点的相对位置与岩画中的"十字四点纹"基本一致，但无连线。前述

---

[6] 外围太微垣中亦有"五帝座"星官，为"五帝外座"，故中间紫微宫中的"五帝座"为"五帝内座"，一般均简记为"五帝座"。

《灵台秘苑》中的紫微垣（图9）中，此位置有御女星官，其四点的相对位置与岩画中的"十字四点纹"基本一致，但连线为"外框四点纹"形。

上述御女星官的四（星）点，与岩画中的"十字四点纹"基本一致，在与其他星官的相对位置，以及自身四点的相对位置方面也一致，故虽连线不一致，岩画中的"十字四点纹"，应是御女星官。

（五）北极

在岩画星图的中央区域，在"北斗斗口朝向"的一侧位置，稍偏向于斗柄端头，有1中型圆点（表1：5，图7、10）。

图10　五帝座（下）御女（上）北极（中）

《敦煌星图甲本》紫微宫中央一组星，标为北极星官（图5），位于"北斗斗口朝向"一侧。故岩画星图中央区域此中型圆点，很可能代表北极星官，是北极星官主星北极星。

总之，此岩画上的星图，主要是紫微宫内容，并以俯视的投影形式表示。

五　紫微宫星图与地图结合的主要作用

将天上最尊贵处的紫微宫星图，俯视状叠印在岩画地图的西南角，是合适的且有用意的。

因紫微宫在天区北部上方的最高处，呈现为朝向南部下方的俯视状态，故其俯视的正投影图，应当叠印在大地的偏南位置，于是，在地图南部区域叠印其俯视投影图是合适的。

叠印紫微宫于地图上的用意，推测是用于表示准望中的方向概念。因为，"北斗斗口朝向"一侧所示的方向，即为北方。故，虽然北斗叠印在地图的南部，但起到了"指北针"的作用。

这里，整体紫微宫星图，除了应有吉祥等用意外，其中的其他星官，主要用于衬托北斗。

岩画有此俯视星图，而不是如《敦煌星图》那样的仰视星图。这使得岩画中主体为俯视样的地图，更加得到肯定。此星图表示，岩画是叠印"天文方向图标"的地图。

岩画中的大圆圈中间一小点符号，和大圆圈中间，1小点被发散线围绕的符号同大，可为同类（表1∶11）。大圆圈中有发散线，因发散线可表示光芒，故可表示太阳。有光芒的两太阳，其一被遮掩下部，在岩画地图的东南区域的东侧，应为初升的太阳；释放全部光芒的太阳，在岩画地图的南部区域，是中午的太阳，这样可表示岩画的东南区域为阳气所升处，天已由夜入昼。大圆圈中间一小点的太阳，在岩画地图的西南区域的西侧，无发散线，可表示收缩光芒的夕阳，天将由昼入夜。故星图被安排在西南端是合适的。

遮掩初升太阳下部的起伏线及其相关的起伏线，当表示起伏弯曲的山脊。

六　岩画地图中的蝌蚪符号与麦积山

在岩画地图上的南偏东区域，有动物符号（表1∶6，图11），头向东南，尾向西北，大头附细尾，大头中间有一圆点。其头在腮部陡然增大，头部下直接附细尾，无四肢。在吻部有两须分向左右，细尾刻横纹。蝌蚪尾部有横斑纹者，虽一般蝌蚪无胡须，但稀有的角蟾蝌蚪有横向的胡须。此动物符号轮廓不类其他动物，且刻在岩画上的动物可表现其神异处，故可采用较稀有的有胡须蝌蚪形象。但不完全像角蟾蝌蚪的胡须，是将角蟾蝌蚪的胡须作神异状处理。故此动物符号的轮廓应为蝌蚪形。且此蝌蚪，在地图中显示在跨度较大的范围。

今麦积山（即麦积崖）所依托的群山，即后川岩画地点南面的群山，在先秦至汉代初期，被称作"鲋鱼（蝌蚪）山"或"嶓冢山"，今麦积山（即麦积崖）被认为是"蝌蚪崖"，麦积崖所依托的群山在五代时期也曾被称作麦积山。[7]

因此，如果将岩画地图中蝌蚪符号，视作麦积崖（蝌蚪崖）所在的群山（蝌蚪山，即群山概念的麦积山），是合适的。

现实中，后川岩画南面的群山主体，最高部分为天子坪，当地人又名天池坪，近山顶处有坪，有一直径约10米的圆池（雨涝时蓄水）故名（图12）。

图11　蝌蚪符号

---

[7]　参见本书《嶓冢山名考》。

由岩画地图上看，现实天池坪的位置，相当于岩画地图中蝌蚪符号的大头部位置，蝌蚪符号大头部中间的那一圆点符号，即应是表示天池坪上的天池。

天池坪处的山体由东南向西北延伸有一较长稍细的山梁。山梁夹于左右侧溪河水之间，长约30公里，也是周边地方的，由秦岭向北发出的最细长山梁。即现实中位于永川河东侧，"东南至西北"方向的，直抵渭河南岸的一细山梁，这正与岩画地图中蝌蚪细尾的方向一致。

图12　近山顶处尚未淤平的1圆池遗迹

因此，岩画地图上，蝌蚪这种动物符号，充作精心设计的形象化的地图图标。此蝌蚪符号，应当表示，广大群山概念的蝌蚪山。

现实中，上述长约30公里的细山梁，是所在小区域中最有特色、最具有截然性地理分隔意义的山脊。凡蝌蚪山向外延伸如细尾的山脊，均可视为蝌蚪之尾。如麦积崖，即蝌蚪崖，除了有伸向东南的尾以外，也有伸向西北的一条尾，使得在两个角度均可看作一蝌蚪。故地图中蝌蚪符号尾部方向，也与现实中蝌蚪崖的蝌蚪形象不矛盾。且现实中，此处细长山脊，是细长山脊所在小区域中，最有特色、最具有截然性地理分隔意义的山脊，故将它采用为地图上蝌蚪尾的主要方向。在地图上没有将此山脊画的足够长，即未将蝌蚪尾部画得太长，是照顾到蝌蚪形象，尾部不能画得太长所致。此为大山区概念的"大蝌蚪"形象在地图上的显示，麦积崖是更具象的"小蝌蚪"。

古代不用文字，以图画表示地形或地名，应是合理的。后川岩画地图中的蝌蚪符号，印证了麦积崖更早的人文地理形象为蝌蚪，印证了岩画南面麦积崖附近的群山，在古代曾名蝌蚪山、鲋鱼山、嶓冢山、麦积山。

七　岩画地图与现实地脉上的道路

岩画地图上，"蝌蚪山"以北的某些主要路况，符合现实的地脉所导致的古代路况，佐证了上述蝌蚪图标与麦积山的关系。

（一）对照

其一，岩画地图中，蝌蚪符号尾部西南侧，有一主干道路，符合现实。

现实中，符合上文所述向北偏西方向延伸的一细山梁之西南侧的一主干道路，即符合沿永川河的主干道。

其二，岩画地图中，蝌蚪符号靠近尾根部上，有一大方块符号连接一分支道路并向西北连接蝌蚪符号尾部西南侧主干道，符合现实。

现实中，在靠近南部群山处的上述一细山梁正脊附近的台地上，即基本在梁脊正上处，今有刘坪村等沿山梁的系列聚落，有道路向西北连接永川河的一主干道。此道路是民国以前，通向秦州城方向的骡马商道的一段。此道路在今大峡门之南的元店处，与沿永川河的主干道路连接。

其三，岩画地图中，刘坪村分支道路与主干道连接处的东南，在主干道的西侧，有并列的不规则椭圆形双圈（表1∶12，图13），与主干道基本平行，与现实符合。

图13 主干道西侧并列的不规则椭圆形双圈

现实中，此处为大峡门。已知，放马滩木板地图上，并列的半月形符号，即双半月形符号，其中间夹道路或水道，表示"闭"，即峡谷。故，岩画地图中的此并列的不规则椭圆形双圈，因相似于"双半月形符号"故也是"闭"，正与现实中的大峡门符合。大峡门东侧峡谷上方有沿河的古道，这正符合岩画地图中，两并排的不规则椭圆形所示的峡谷，不是夹在道路两边，而是在主干道的西侧的图示。

其四，岩画地图中，其东南部有一束如树杈状或水系状的道路，一大支分为南北两小支，北支分为三小支（近处的两小支在北侧并列）。北支末段的两小支在末梢处有道路相连状，南支的末梢与北支的末梢亦有道路相连状。这与现实符合。

现实中，康家崖东南侧，正有一支水，向东南分为南北两小支，伸向东南的四道岭山巅。北支苦道峡，南支上沟（沟口有上沟村故名，此沟末段主要分为南北两小支，北小支最远，民间称水进沟，南小支民间称炭窑子沟，故民间亦称此沟为水进沟）。"苦道峡"也主要分为三小支（近处的两小支在北侧并列），末梢小支为苦道峡最远支，仍称苦道峡，次远小支称鸡儿嘴峡，最近小支为大框榔梁沟。苦道峡、上沟及其各分支中，沿水道，均有民间小道或民国以前的骡马商道，通向四道岭山巅，与山外连接。苦道峡末段的两小支（鸡儿嘴峡与苦道峡）道路，在末梢处，通过四道岭上方的梁谷可互通。上沟的末梢（水进沟）与苦道峡的末梢道路，亦通过四道岭上方的梁谷可互通。这与岩画地图中，一束如树杈状或水系状的道路状态符合。

其五，岩画地图中，中部有回环道路。南环道路，基本东西向，后段有偏西南向部分。西环道路，基本为南向。北环西段道路，基本为东北向。北环东段道路，基本为西北向。东环道路，除了转折处外，基本为北向。回环道路中间，有东西贯通道路。且东西贯通道路中，更有一小回环道路。因此整体是大回环套小回环道路。这与现实符合。

现实中，后川至街子的路况，可与此岩画地图中大回环套小回环道路基本符合。

南环道路，即为后川沿溪道路，加上后川至陈山村的，先沿着斜向西南溪谷的沿溪道路，后沿着基本东西向山梁的"山脊上道路"，这三小段所连接成的一大段道路。此道路，为民间小道或民国以前的骡马商道。

西环道路，即为由陈山村下溪谷中沿溪南行，经到回沟、董湾村、杨何村至街子镇西南山脚的道路。此道路，为民间小道或民国以前的，通向街子方向的骡马商道。在陈山村处，即南环道路和西环道路的转弯处，在南环道路的近北侧，有两方形符号（其中一符号可能未凿完），可表示两村落或落脚据点。

北环西段道路，即由街子镇西南山脚处渐折向东北至街子镇十字街东端的道路。

北环东段道路，即为温泉宾馆附近的温泉村处折向西北至街子镇十字街道东端的道路。

东环道路，即为后川沿溪谷道路，即南环道路的东端，基本向北，再呈"S"状盘旋上下翻越虹门子隧道所穿过的山梁（与岩画地图中"S"状盘旋道正符合），再向北沿溪谷至杨家坪村、滩子头村，再沿滩子头村南头的杨家沟西向上山至黄家山村，再沿西北向的溪谷下山至温泉村的民间小道。笔者发现，在现代公路修造之前，滩子头村至温泉村，直接沿溪谷的民间小道，枯水时人可行，畜不可行，丰水时无路，不是常通路。黄家山至温泉的民间小道，也有从山脊上下来的路，但后段较陡峭而较少通行。

东西贯通道路，即为贯通东环、西环道路之间的道路。由东环路上的杨家坪村52路公交站处的溪谷口处，向西上行，经树林子村，再向西上小岭，再向西下溪谷，经王家庄村，再向西上小岭，再沿岭脊路，基本向西，经神林山（山又名神龙山、神农山，山下东侧、北侧有神林沟）腰的小山村，再沿神林山南侧山腰上的盘山道，至永庆村，再基本向西，与街子镇南的西环道路连接。

小回环道路，即东西贯通道路上，北部分支道路与主道再次走到一起，所围成的闭合性环道。北部分支道路西头，由神林山山脚处的东西贯通道路上，沿神林山北侧神林沟而行，再沿东侧神林沟南行，至神林沟中的王家庄村，与东西贯通道路再次连接，形成闭合性的小回环道路。此小回环道路，是围绕神林山形成的。

其六，岩画地图中，中部"回环道路"的"北环东、西段道路"的结合处，向西北伸出"主干并分支道路"。这与现实符合。

现实中，由今街子镇汇合东西道路，有一继续向西北的道路。其中，地图中，西北向的主干道上，第一条分支道路，向东北，为盘旋上东北山坡状，并连接一方块形符号所表示的村落。这基本符合现实中，街子镇东北山腰的八槐村的路况。地图中，西北向的主干道上，第二条分支道路，向西南，为盘旋上西南山坡状，并连接一方块形符号所表示的村落。这基本符合现实中，街子镇西南山腰的"段家坪村"的路况。地图中，西北向的主干道上，一方块形符号所表示的村落，可与现实中"柳家河村"符合。地图中，西北向的主干道上，第二条分支道路，向西北偏西盘旋状，并连接一方块形符号所表示的村落，这基本符合现实中，街子镇西北偏西向的山腰处的"朝阳村"的路况。此盘旋道分支一向西北的道路，通向一方块形符号所表示的村落，此村落可与现实中"徐家湾村"符合。地图中，西北向的主干道，渐转向北再转向东而去，也符合东柯河北流下游的沿河道路的大方向。转向东并最终向东北的盘旋道路，可表示向东盘旋上山的道路，或表示沿渭河南岸上山的道路（此处需对图细读）。

（二）说明

现实中，刘坪村基本在陈家山村之西，但岩画地图中，刘坪村（及其附近的道路和大峡门）偏偏标在了陈家山村之南偏东的位置。一是由于蝌蚪图标，作为图标，故不能画得如实际所跨范围般大，蝌蚪尾也不能画得过长，蝌蚪图标要缩小，只能向东南方的头部缩小，于是带动蝌蚪尾上的"刘坪村"图标也向东南移动了。二是要为"星图图标"腾出空间，因为刘坪村（及其附近的道路和大峡门）正位于星图所在范围内。为避免互相影响，权且借缩小蝌蚪图标，移动刘坪村的位置。制图者心中有数，故不影响读图大局。

八　岩画地图区域

因能与现实中麦积山，及麦积山下一处长约30公里细山梁对照，故，以此为基准，比较岩画地图与现实，并将地图西南部少量虚化区域考虑进去，可判断地图所示范围，主要是：东至放马滩一带；西至永川河以西一带；南至天池坪一带；北至街子镇东柯谷附近的渭河以北一带约1000平方公里区域。这是古蝌蚪山核心区以北的渭河以南区域，不包括整个蝌蚪山区。

此岩画地点，正当出入东侧山区之要冲。岩画地图对进山曲折道路有所指示，对出山低岭的迂回道路，有所条理。

九　岩画地图时代

岩画线条，均为磨制样，乃积点成线后而为。此石为粗砂岩，较松，用坚硬的石器、青铜器、铁器均可敲凿研磨而成。总体较朴拙，并残存未连接成线的串点，似用钝器（很可能是石器）敲凿磨制勉力而为者。这是一种较古朴的面貌。

此岩画地图上无文字。距离此岩画以东约8公里处的放马滩，其出土的战国后期木板地图上有处于初级隶书阶段的文字[8]。此岩画地图上，无文字，是另一种古朴面貌。

据上文，麦积崖曾被称作蝌蚪崖，麦积崖旁的南部群山曾被称为蝌蚪山。这片蝌蚪山，在南北朝时已将蝌蚪意象转变为麦积，而被称为麦积山。此后，"麦积"之名未变。这也说明，南北朝及其以后蝌蚪（包括鲋鱼、蟠冢）作为麦积山之名已消失。

而后川岩画地图上，用蝌蚪之形表示麦积崖周边的群山，而不用南北朝以后普遍流行的麦积之形。说明此岩画地图，应早于南北朝，不晚于南北朝之前的魏晋时期。即，"后川岩画地图"时代的下限，是魏晋时期，是魏晋及其以前物。

---

[8] 甘肃省文物考古研究所、天水市北道区文化馆：《甘肃天水放马滩战国秦汉墓群的发掘》，《文物》1989年第2期。雍际春：《天水放马滩木板地图研究》，兰州：甘肃人民出版社，2002年。

因此，后川岩画地图，是魏晋及其之前麦积山古地理的重要参考物。魏晋及其之前，麦积山已是一处名胜。另外，蝌蚪符号在魏晋及其之前古岩画上的发现，有力印证了古嶓冢山名称发祥于蝌蚪崖即发祥于今麦积山的看法[9]。

结语

麦积山下的后川岩画，可判断为附有星图的地图，是可与《敦煌星图》《放马滩地图》对照的魏晋以前的地图、星图。后川岩画地图，显示了麦积山下，放马滩至后川一带的东西、南北向道路，是一处古代山间孔道。其北斗符号，是指北针。其蝌蚪符号，是古代麦积山的身影。

本文录自天水市博物馆编《西戎文化的发现与研究学术研讨会论文集》，北京：文物出版社，2019年。正文及注释有修订，补充了图片。

[9] 同注[7]。

麦积山石窟第4窟庑殿顶上方建筑遗迹新发现
附：中区悬崖坍塌三窟龛建筑堆积遗迹清理

麦积山石窟第4窟，位于麦积崖东崖最高最显赫的位置上，其窟口外凿出巨大的仿木庑殿结构，面阔约31、高约16、深约8米，底部距东崖地面30余米，是麦积山石窟最为高大壮丽的崖阁式洞窟，开口方向正南，开凿时代较普遍认为在北周。

此窟窟口上方的附属建筑遗迹，主要为众多桩孔和其上的一个横槽（图1），位于整个麦积山石窟建筑遗迹的最高处，以前均未曾有过具体的报告。

图1　散花楼上方横槽和桩孔全景

我们在2007年初的工作中，因抽样采集第4窟上方桩孔的数据，故得以近距离观察最上方的建筑遗迹，进而不断有所发现，下面就经过和收获作一简要汇报。

一　勘察概况

为了抽样采集第4窟上方桩孔的数据，我们采取的方法是，搭一个小型竖井式脚手架，进行探察。

2007年4月初组织工人搭脚手架，从第4窟栈道上起架，于散花楼中间偏右侧处层层上升。

4月中下旬，第一个13层脚手架达到上部建筑遗迹的大桩孔处，然后再向上架一木梯，接近上部的石横槽（图2）。

图2　第一脚手架

通过第一个脚手架，除采集了建筑遗迹数据外，还在庑殿顶正脊处采集了2片原被加固维修工程所扰乱的琉璃瓦，并在石横槽处发现右侧（西方）几米远的石横槽底平面上，端坐1尊小坐佛造像。

由于发现小坐佛，于是决定搭第二架以探查小坐佛。所以在拆除第一架之后，在右侧另起架。

5月中旬，第二脚手架共起15层（图3），直达小坐佛。

在对小坐佛进行了现场考察之后，为便于保护和研究，我们将小坐佛搬迁下来，入藏文物库房。

图3　第二脚手架

在此期间，由小坐佛所在的横槽位置向东望去，在一直向东延伸的横槽的正壁上，隐约可见长方状白色泥皮，估计上面可能有相关题记。于是，在拆除第二架之后，继续于散花楼东侧搭第三架上去看长方状泥皮。

6月初，第三脚手架共起16层（图4），直达长方块泥皮。我们登临后发现了泥皮上的南宋墨书题记，并且还发现此处横槽中曾存在的小造像痕迹，即留在横槽正壁上用于粘附造像的泥皮。

通过上述调查，我们已知，散花楼上方最高处横槽内，在其东、西处，都曾各供奉着小造像，而我们从东部古人题记处向横槽中间看去，槽内正壁上，隐约有泥皮残片的迹象，虽然已不见古代小像，但可能有造像痕迹存在，于是我们在中间相应位置搭第4架上去考察。

麦积山石窟第 4 窟庑殿顶上方建筑遗迹新发现   33

图 4 第三脚手架

7月中旬，第四座脚手架在散花楼中部搭成，共16层（图5）。

图 5 第四脚手架

此次探查果然在横槽中部发现粘附三尊造像的泥皮，同时探察了此遗迹正下方庑殿顶正脊上方的泥塑字迹。

二 建筑遗迹

（一）横槽

横长方形，敞口向南，凿于散花楼上方最高处，也是麦积山石窟遗迹的最高处（图版1）。横槽沿起伏的石壁有所蜿蜒，但还是向裁直的方向努力。但横槽上方的崖面，古人没有进行修平处理，使得横槽内顶部的进深不同，有所参差。而横槽下方的崖面，有的地方被稍微裁直平整，于是，横槽底部的进深尺寸变化小一些（图6）。

图6 横槽

通过4座脚手架所在位置上所采集的横槽数据可知，横槽平均高1.07米、顶部平均进深0.7米、底面平均进深0.3米。

横槽的各壁均开凿得较为平整，尤其是正壁显得更平整。

横槽整体面阔在此次探查中无法获得，但肯定大于下部崖阁建筑的面阔，估计会超过32米。

（二）桩孔

1. 概况

在横槽下面，自上而下共分为大致水平的4层，最上层和最下层的孔较小，中间两层的孔较大。桩孔所在的崖面，岩石凸脊部分曾被人工稍事平整。

在20世纪七八十年代，麦积山石窟加固维修工程期间所绘的崖面的相关图纸上，所示此处的桩孔只有3层，未有最上层小桩孔的标示，皆因远距离仰视不明显所造成，故此次近距离勘察，上层桩孔也是一项新发现（图7）。

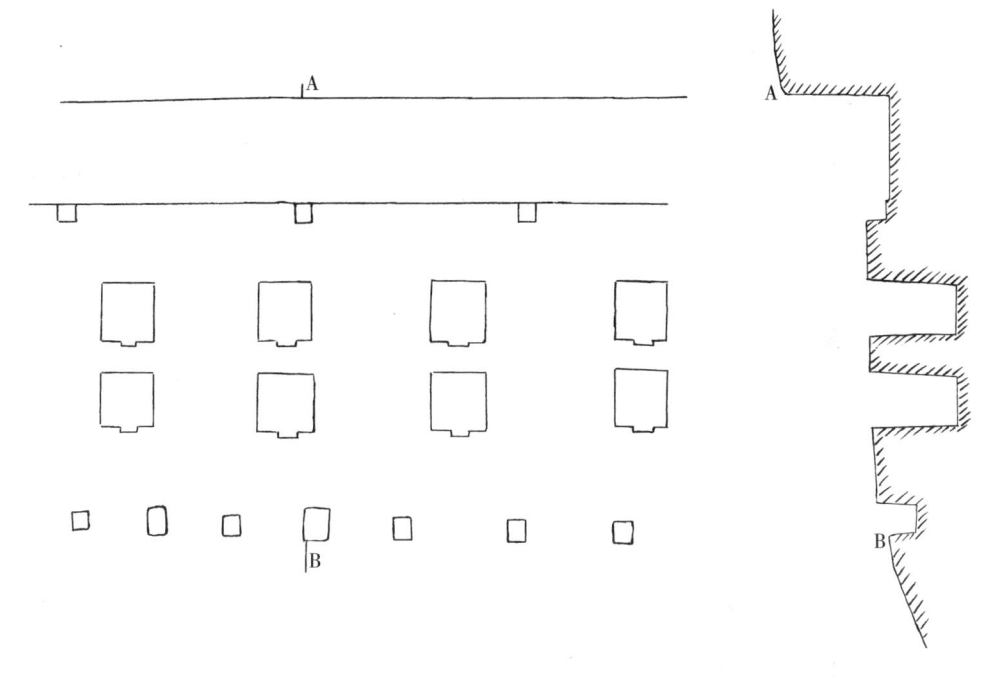

图7　横槽及4横排桩孔外立面、纵剖面示意图

2. 清理

较小的桩孔中基本现存无物，较大一些的桩孔中均有遗留物，主要是古代木头，其次是飞鼠、鹞鹰、小蜥蜴的粪便和它们的窝草等。大桩孔有的被古代木头塞得较满，有的塞得较少，有的无，但都存在悬崖动物的粪便，其中有的大桩孔中的粪便厚达0.5米。大桩孔中的木头均显得较为凌乱。

我们对某些大桩孔中的遗留物进行了清理，主要是将木头取下，将粪便打扫出去，揭露出大桩孔的内部具体结构。

3. 结构

第一层桩孔发现有两种形式。

I式：基本就凿在横槽底平面的外沿处，形状为有底无顶的簸箕形，即只有底平面和正、左、右壁面，平均尺寸为高0.2米、宽0.27米、深0.13米（图8）。

II式：凿在横槽底平面之下的外崖面上，距离横槽底平面约0.2米。纵向深入崖内较浅的长方形孔，目前只发现1个，位于小石坐佛位置的左下附近，高

0.2米、宽0.23米、深0.1厘米（图9）。

图8　第一层Ⅰ式桩孔　　　　　图9　第一层Ⅱ式桩孔

第二、三层桩孔因其均为大桩孔，为窟外建筑遗迹桩孔的主体部分，基本为纵向深入崖内的长方形孔，纵深稍内收，平均尺寸为高0.72米、面宽0.6米、深0.83米。

其具体样式，就目前所采集，主要有4个形式，均是以纵向深入崖内的长方形孔为基础的变化样式，在底平面上基本有深入到正壁的纵槽，纵槽平均高0.07米，宽0.17米，深0.83米。

Ⅰ式：在纵向深入崖内的长方形孔的底部正中处凿有1纵长方形槽，深入到正壁处（图10）。

Ⅱ式：在Ⅰ式桩孔底部与左壁面交汇的转角处，在孔内留出1纵向长方形石条（图11）。

Ⅲ式：在Ⅰ式桩孔顶部和左壁面交汇的转角处，在孔内留出1纵向长方形石条（图12）。

Ⅳ式：在Ⅰ式桩孔顶部和正壁的转角处，在孔内留出1横长方形石条（图13）。

大桩孔中的槽和石条，应该为楔子的位置所设，便利于更好地固定大木桩。

最下的第四层桩孔基本为纵向深入崖内，内部稍收的长方孔形，其平均尺寸为：高0.41米、宽0.3米、进深0.38米。

第一层桩孔的分布不规律，有的位置，如石槽最东等处甚至无，有孔处的孔距总体较为稀疏，平均间距约2.2米。

第二层桩孔与上面横槽底缘的平均距离为1.01米。

图10　第二、三层I式桩孔

图11　第二、三层II式桩孔

图12　第二、三层III式桩孔

图13　第二、三层IV式桩孔

第二层与第一层桩孔的层距为0.81米。

第二层和第三层桩孔的平均层距为0.3米。

第二层和第三层桩孔的平均东西横向间距为1.42米。

第四层与第三层桩孔的平均层距为0.8米。

第四层桩孔的东西横向平均间距为0.8米。

三　发现遗物

按发现先后顺序，主要有如下几种：

（一）琉璃瓦

瓦位于散花楼石凿仿木结构庑殿顶正脊平面上，第一脚手架经过此处时，工人们发现2瓦曾被扰乱，交错叠放，容易在施工过程中被碰掉，请求整理。鉴于此，我们决定采集下来。在采集的过程中发现1瓦的凹面有20世纪80年代刻画的字迹，此瓦覆盖着1小段盘曲的现代铁丝，因此字迹应是当时加固维修工程的施工人员用铁丝所刻。

其余未被扰乱的琉璃瓦尚存3片，凹面朝下扣于庑殿顶正脊上，上部均被白石灰泥覆盖固定，在白石灰泥之下也掺杂了少量黄泥。

瓦A，长0.355米，宽0.15米，厚0.02米（图14：1），凸面上绿釉，有微黄小泛点，凹面有粗麻布印痕。

瓦B，残长0.32厘米，宽0.145厘米，厚0.02厘米（图14：2），凸面上绿釉，少量釉面开裂。凹面粗麻布痕迹，上刻"公元一九八三年四月"9字，说明此字迹是20世纪80年代的施工人员，在行将完成麦积山石窟散花楼崖面加固维修之际的留题。

（二）坐佛

1. 位置

位于散花楼上部横槽的西部，端坐于横槽的底平面上，背倚横槽的正壁面，面向正南，是麦积山石窟中位置最高的1

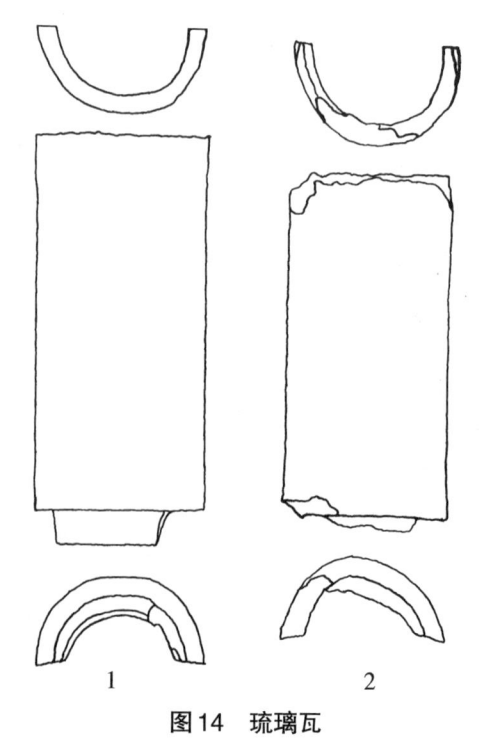

图14　琉璃瓦

尊佛，海拔1617米左右。古人用白石灰泥将小坐佛底座和背面粘附于岩石面上加以固定。此佛被粘附得较牢，因此得以在历次地震及风雨中稳坐最高层（图15）。

图15　横槽上的小石坐佛

2. 形态

青白石灰岩质，通屏残高0.303米，通宽0.201米，通厚0.08米。坐佛高0.162米，宽0.115米，厚0.043米。佛座高0.1米，宽0.151米，厚0.08米。莲瓣形背屏残高0.203米，宽0.201米，厚0.045米（图16、17、18、19）。

坐佛：磨光发髻，肉髻较高，广额大眼，鼻部残损，唯余鼻翼痕迹，嘴部亦稍残，嘴角尚清晰，面容长方丰健，下巴内收，脖颈挺拔，肩宽厚，挺胸收腹，头与肩紧贴莲瓣形背屏，结跏趺坐于长方形佛座上。坐佛身披袈裟，袒右式，但袈裟于右肩斜搭一角，并沿右臂外侧绕至右手腕处。袈裟上基本未凿出衣纹，右肩至右臂处的袈裟边缘也未凿出边缘带，只于腹、胸、左肩处凿出袈裟边缘带。袈裟之下的右胸处也未见凿出的内衣痕迹。佛双手掌心向内，抚于腹前，似作禅定印。佛双足在袈裟下不露，袈裟下摆在腿腹前分为对称的弧状三瓣于佛座平面之上，未超出佛座边缘，双膝平放于佛座上，由于佛座内高外低，坐佛的双膝也稍向左右方斜下。

坐佛身上和背屏上原来应有彩绘，现已风化殆尽，仅留微小的痕迹，可依稀辨认背光上花纹的范围。但在佛座的前面和侧面以及背屏的背后，在白石灰泥被揭露之后显露出淋漓在佛像上的鲜艳土红色。

图16　小石坐佛

图17　小石坐佛右侧　　　图18　小石坐佛正面　　　图19　小石坐佛左侧

此坐佛的形象有以下几处比例较大且明显：
①头颈部长度几乎等同于下部身体的长度，显得头较大；②肉髻的高度占发髻高度的2/3，显得肉髻较大；③阴刻线的眉，作弧状弯曲直抵耳朵前缘，阴刻线的眼下眶线作弧状弯曲直抵耳朵前缘，并与眉线汇合于耳朵前缘，形成一个封闭的眼眶图形，在这个眼眶中，再阴刻出上下眼睑，如此，显得眼泡部分较大；④双耳直垂到脖颈两侧的双肩上，上部较宽，加之被雕刻得较厚，显得方、宽、重；⑤整个佛像雕造得稍写意，某些地方的棱角稍明显。

（三）字迹

1. 墨书题记

东部石槽的正壁上，有东、西两块大致长方形的白石灰泥皮，其上均有墨书题记。东泥皮较大，高 0.85 米，面宽 1.8 米，且表面稍平整（图 20）；西泥皮较小，高 0.58 米，面宽 1.04 米，表面稍粗糙（图 21）。两题记所在泥皮间距 0.45 米。

图 20　东题记　　　　　　　　　图 21　西题记

东泥皮之上的墨书题记较多，几乎写满残存部分，字体大小不一，共 18 行，从东部开头部分的 7 行文字较大，中间的 5 行渐小，再后的 4 行更小，但最后两行又变得稍大了一些。

东泥皮残存题记试释读（"/"表示泥皮残边缘，两"/"之间无文字部分表示原文中行文章法上的空白）为：

/□三年□□/
/□（周？）直至□/
/□元年八月□/
/□五日□（修？）造□/
/□（完？）工匠□□（又？）□（于？）/
/本寺法眷僧众□/
/住持僧重遇□□（行？）赞□/
/□（普？）□□（普？）□（兹？）□（普？）□□□（普？）□□□/
/□（集？）□普世□□神重神□神光神□□□/
/神□（然？）神□（净？）神一神□　　　　/
/义忠□□□神□□道普□普□/

/普众　　　□□　　　　　/
/天水军天水县东柯社第六保税户□□在□李□同妻□/
/□（元？）男□（弟？丁？下？）曲祈应李文高妻□□□□□李□（三）□妻□/
/宗仇次□李世歌偈（谒）世间之亡过者超生佛界□□□/
/者福乐百年　　　　木匠　赵□（海？）□□匠刘□/
/　　　绍定元年八月□□记/
/　　　　今田丘□□□□□□□□/

西泥皮题记似有8~10行，因泥皮表面稍粗糙，因而字迹风化严重，模糊不清，只在倒数第二行开头依稀似为"大"字，其余均难以确定。

2. 泥质榜书

小石坐佛西边，于横槽的正壁上，现存粘附于岩石面上的宽石灰泥片所形成的线条，似为字的残存点画（图22）。

中部横槽内泥皮残迹的正下方，基本在庑殿顶中部正脊的上方，位于人工平整的石壁上，残存白石灰泥片"贴塑"成的"太平"二字（图23、24）。太字撇脚处稍残失，平字上横缺失。两字总面宽2米，高0.85米，泥片截面宽达0.2厘米，下部残存边框。此二字远远望去，如同散花搂上最高最醒目的匾额。

图22　石槽内白石灰泥质残字　　　　图23　白石灰泥太字残迹

（四）造像痕迹

西墨书题记所在的白石灰泥皮右下角处，附加了1白石灰泥皮，其下方亦有1小块白石灰泥皮，此两泥皮上均留有曾粘贴某平板状物的痕迹，上部痕迹高出横槽底平面0.46米，残宽0.26米，下部泥皮高出横槽底平面0.4米，自高0.12米，宽0.1米（图25）。根据横槽小石坐佛的粘贴情形，此两泥皮上的痕迹当是另一已脱落造像的背部或背屏痕迹，此造像也很可能是石佛，端坐于横槽的东部，面向正南。

横槽中部存在三处白石灰泥皮（图26）。中间一处泥皮高出横槽底平面0.6厘米，自身高0.25米，宽0.4米，有粘贴了某平板状物的痕迹。

左侧一处泥皮高出横槽底平面高0.65米，自身高0.1米，宽0.17米，有粘贴了某平板状物的痕迹。

图24　白石灰泥平字残迹

右侧一处泥皮大部分保留在横槽底平面上，面宽0.43米，进深0.3米，其靠近横槽正壁的左侧部分，有面宽约0.2米，进深约0.1米的无泥皮空白区域，另外在平面泥皮正上方的横槽正壁上，另有2块直径约0.04米的白石灰圆形泥皮（较模糊），高出横槽底平面0.6米，上下相距0.2米，有粘贴了某平板物的痕迹。

中间泥皮与左侧泥皮间距约1.2米，与右侧泥皮间距约0.5米。

结合横槽东、西部类似的粘贴造像情形，横槽中部三处泥皮，可能是三身脱落石造像背部或背屏与横槽正壁的附着物。

横槽中部三处粘贴造像泥皮比东、西部粘贴造像的泥皮，距横槽底平面的位置都较高一些。

图25　西题记旁脱落造像痕迹 　　　　图26　横槽中部脱落造像痕迹

结语

此次探查有如下几点初步认识：

（一）墨书题记的启示

东题记显示，南宋绍定元年（1228年）八月，麦积山完成了一项重修工程。

东题记泥皮，同西题记泥皮，同小坐佛所附泥皮，同横槽中其他处脱落造像的附着泥皮，同泥质字迹，散花楼残存的左右大石柱上的白石灰泥皮，庑殿顶上的白石灰泥皮，在质地和抹贴手法上完全一致，当为同时所造。因此，上述相关遗存，应是南宋绍定元年八月，于散花楼完成的同一工程中的遗存。

所以，横槽西部所发现的一身小石佛像，应该是南宋重修时所供奉，可能同时还在横槽中、东部位上曾供奉另外四身石造像，现已无存。

从西泥皮与已脱落的石造像曾粘连一体的情况看，西泥皮的题记，很可能涉及在横槽中供奉石造像的内容，惜模糊不辩。

东墨书题记起首处，在"三年"之前的残字，当为"庆"字，其上面已残掉的字当为"宝"字，因"绍定元年"之前，正是"宝庆三年"。这说明南宋对散花楼的重修，在宝庆三年（1227年）就已进行，到绍定元年八月，时间跨两个年头才完工。

东题记在"本寺法眷僧众"后有"主持僧重遇"字样，其中，"重遇"二字（图27）系草书，有别于周边大多数字体。正因为其写得非常率意，说明很有可能是重遇和尚的亲笔，乃其日常多草书签名之习惯性使然。

而从东题记的笔迹特征看，整幅墨迹可能为同一人所书，那么，此东题记为重遇所书或绝大部分为他所书的可能性就最大了。如此，西题记的起草和书写也不排除重遇和尚参与的可能。

从麦积山石窟现存南宋《四川制置使司给田公据》碑看，重遇在宋金交战之际曾主持麦积山瑞应寺，有皇帝封号，称赐紫明觉大师，因寺院田产之争赴临安打官司，于嘉定十五年（1222年）胜讼立碑。到宝庆三年（1227年）和绍定元年（1228年）这五六年时间中，内外环境均相对较为太平，于是才有重修散花楼之举。这个工程跨越两个年头，搭架到最高层，为郑重起见，重遇登临亲笔题记是可能的。但从字的大小不一看，可能由于年高等因素，重遇和尚开始书写时比较拘谨，字体较大而迟重，后来才定下神，字体渐小而规律，逐渐洒脱些了。

重遇名下题记中有个"赞"字，后面的有关俗家供养人的题记内容中有"歌偈"字样，故，此题记有可能涉及赞呗或唱偈之类的佛事活动。

那么，整个题记可粗略地分为四个部分，开头大字部分，表示重修过程的内容，其次记载瑞应寺法眷僧众和住持的供养内容，再次是记载麦积山附近俗家信众的供养内容，最后主要是工匠姓名及年月等收尾款题。

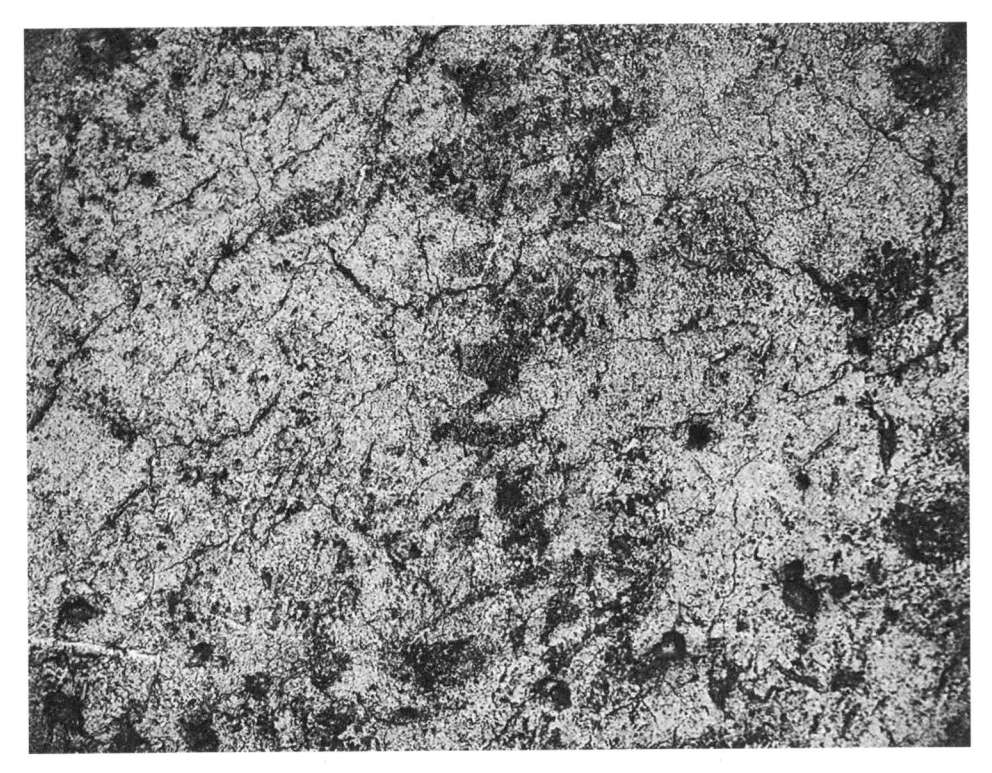

图27 草书"重遇"字样

在俗家供养人方面的内容中，开始为"天水军天水县东柯社第六保税户某某"字样。

其中"天水军"为嘉定元年（1208年），南宋于抗金前沿的天水地区设置，乃与州、府同级的军政合一建制，下统天水县，麦积山属之。"社"为南宋乡下的基层管理组织，下面还有更基层的"保"。此题记为南宋"军""县"施政建制，以及乡村"社""保"基层管理制度提供了第一手资料。

"东柯社"应在麦积山以北几十华里的东柯谷中，即大约在今天水市麦积区麦积镇街子乡及其附近一带。

南宋"税户"亦称"主户""物力户"，是拥有田地资产之人户，说明题记中的南宋俗家供养人，主要是东柯社的地主或富裕人家。

题记中多出现了"某某同妻""某某妻"字样，说明当时，麦积山石窟俗家女供养人成分亦不少，有家庭或家族供养的情况。

题记中对"世间亡过者超生"的追荐，当有不久前宋金战争的背景。

（二）横槽和四层桩孔的时代

横槽规模巨大，是麦积山上最大面宽的遗迹，因此不可能是宋代人只为在其上供奉五身造像而开凿，应是巨大的散花楼开凿时的遗迹，即北周遗迹。

同理，附属的大规模的四层桩孔的时代也应该是北周遗迹。

（三）桩孔和横槽所反映的历史功能

最上面的第一层桩孔均比较浅，各桩孔间距较长，应不是主要的承重桩孔。Ⅰ式桩孔的开口朝外朝上，这种桩孔对木桩的作用只是起到"搭附"作用。

所发现的Ⅱ式桩孔深度只有0.1米，面宽和高度却达0.2余米，也不适合对木桩牢牢地固定，故Ⅱ式桩孔也应是起到"搭附"作用。

第二、三层桩孔的特点是，其高、宽、深的尺寸明显较大，尤其深度是最突出的，这种深度明显是为了让深入石崖的大桩起到主要的承重作用，并且用上下同一位置的这样的大桩来双重承重，表明了在此处崖面上，古代可能建设了较大型的木构建筑。

第四层桩孔总体也稍小，稍浅，稍密，表明所起到的作用是辅助性的。

由于麦积山地区自古以来降水丰沛，雨季时，雨水顺着山崖流下的情况常见。同时，石凿庑殿顶周壁呈大敞口形，与上部天然石壁具浑然一体之势，容易导流崖壁上的雨水。为了防止雨水浸蚀洞窟内外设施，开凿时，古人在散花楼窟口外上方建造大型遮雨檐是完全可能的。其屋顶的一头探进大石横槽，被第二、三层木桩及其附属结构承接。

第一层桩孔稀少，也没有残损掉的迹象，说明许多木桩，可能原就直接搭附于横槽的下沿处，才能形成东西30余米的雨檐。

古人在雨檐的上部开凿横槽，且稍深，一为搭木桩，二为纳屋顶的上端，三也可起到便于在雨檐屋顶上的施工的作用。雨檐上部悬崖的竖状凸脊较多，雨檐因要稍裁直，一侧就必须深入凸脊内，如不扩大横槽垂直高度，某些相对于深入处，突出达1米有余的岩石将不便于施工。因此，横槽的高度被开凿达1米有余。工匠有意识地与规整的散花楼一致，将横槽壁面开凿得较为规整甚至平整。

北周大桩孔决定了其中北周木桩应较粗大，但探察所遇大桩孔内的残木较零碎，不太符合大桩孔的设计要求。故推测北周木构雨檐建筑，或者是没有建成，或者是早已残毁，因此其大桩孔或桩孔内的残木被后人再利用或扰乱。结合南宋重修，现存大桩孔内残木景象，可能是南宋人扰乱了北周残迹，临时利用，塞满短木固定不太粗的主桩的迹象。有的大桩孔中无残木桩或留少量木头，也应考虑为南宋人拆架后所为。

（四）小石坐佛的时代因素

此件石雕的肉髻、眼泡、双耳较硕大，头颈的长度等于坐身的长度，带有北朝早期甚至十六国佛像的因素，但袈裟等因素又只能与麦积山第74、78、70、71窟的北魏复法后乃至太和年间的佛像较相似。故此像也可能稍晚至北魏太和年间。此像应系民间粗成，古朴并且不太规范，未曾凿出袈裟下偏袒内衣。

同时，这种小坐佛的粗坯结构风格，在麦积山石窟和天水其他地区也多有出现[1]，具有此地区同时期石雕的某些共同地域特点。

小石坐佛上所施的颜料为浅红色或土红色，大部分在正面。在佛座下部，在泥皮揭露之后，可见颜料的淋漓之态，在造像的两侧和背后，亦可见到颜料稍许淋漓之点。此土红颜料在背屏上方残损处也有所淋漓，说明，在完整造像出现了多处残损后才淋漓上去，很可能是后人，或者是南宋重修时所为。

（五）瓦的放置

绿琉璃瓦放置的庑殿顶正脊的平面上，正处在悬崖上雨水痕迹较多的地方，即处在雨季时大量雨水流经的地方，而雨水流不到处的庑殿顶正脊上，并没有全面放置筒瓦，说明琉璃瓦的放置是为雨水而设，而非装饰。

同时也说明琉璃瓦为北周以后人，很可能为南宋人所放置。因为，北周始开窟时有雨檐的设计，无须为防雨水而放置瓦。

（六）小造像的供奉

根据横槽上遗存遗迹及其数量和尺寸看，南宋重修时，当在横槽底平面上供奉了5尊大小不等的小造像。因此，从统一规划的角度看，相对于西部1尊小石坐佛，对称的东部供奉了1尊稍大的小石坐佛。中部3小石造像的尺寸比东、西部的都大，其中应有上述5造像中的主尊佛。中部3小石造像可能是三坐佛，也可能是三立佛，更可能是一坐佛二胁侍（菩萨或弟子），或一立佛二胁侍（菩萨或弟子），胁侍或站或立，立的可能性大。于是，整个横槽上5身石造像构成1铺，或5佛1铺，或3佛2胁侍1铺。

5尊造像横向跨20多米，左、中、右大致对称分布，是麦积山石窟最上一层造像。

---

[1] 如麦积山石窟发现的一佛二菩萨小石造像，甘谷大像山石窟发现的小石佛像，均系民间粗成，多粗坯棱角状。

三处石造像分别被摆放在散花楼上方左、中、右三处竖状凸脊的下方。三处凸脊，可使小石造像免于雨水，同时也可能客观上诱导了南宋人实行左、中、右三部分共一铺的规划。中部3身造像的相对位置，之所以不对称，也很可能受到中部上方崖面，其竖状凸脊具体形态中，不对称因素的影响。

附：
麦积山石窟中区悬崖坍塌三窟建筑堆积遗迹的编号和清理

麦积山石窟的中部崖面（即中区），在古代地震中曾大面积坍塌，有许多洞窟建筑遗迹被埋藏在崖下的堆积中，在堆积外沿所形成的路基侧面，逐渐露出了3个窟龛和1个桩孔的建筑残迹，我们在2007年7月初进行了清理，从右至左续编号[2]为麦积山石窟第219、220、221窟。

一 现存状况

坍塌建筑距麦积山中区根部崖面水平距离约15米，坍塌时，建筑沿崖下缓坡向前扑倒，形成现在的位置。因此上述坍塌的窟龛和桩孔均呈口朝下，顶部朝麦积崖外侧，趴于缓坡的状态。三个窟龛在一完整的，坍塌厚度约2.8米的岩石上横向并列，方向为南偏西42°。第220、221窟距离较近，桩孔在第220窟右侧附近，三窟左右连续总长约5米（图28）。

（一）第219窟

窟口、甬道、前壁、窟底基本完整，左、右壁残存下部，正壁残存下部边缘，顶部无存，龛中间和窟内四角残存桩眼。

（二）第220窟

窟口、窟底基本完整，左、右壁残损，正壁和窟顶残失，窟底中后部残存一石质台基，左右壁中间残存桩眼。

（三）第221窟

窟口、窟底基本完整，左、右壁残损，正壁和窟顶残失，左右壁中间残存桩眼。

---

[2] 麦积山石窟在原来的194号之后，此前已新增编号至218号。

图28 坍塌三窟堆积的底平面、外立面及219窟堆积纵剖面图

（四）桩孔

孔口、孔底基本完整，左、右壁及顶稍残损，正壁残失。

二 复原状态

由于麦积崖头大根缩，此距离悬崖根部较远的堆积，应原系中区中上部崖面。因此，三窟及桩孔原在中区中上部崖面同层并列相邻，开口方向基本一致，也基本为南偏西方向（图29）。

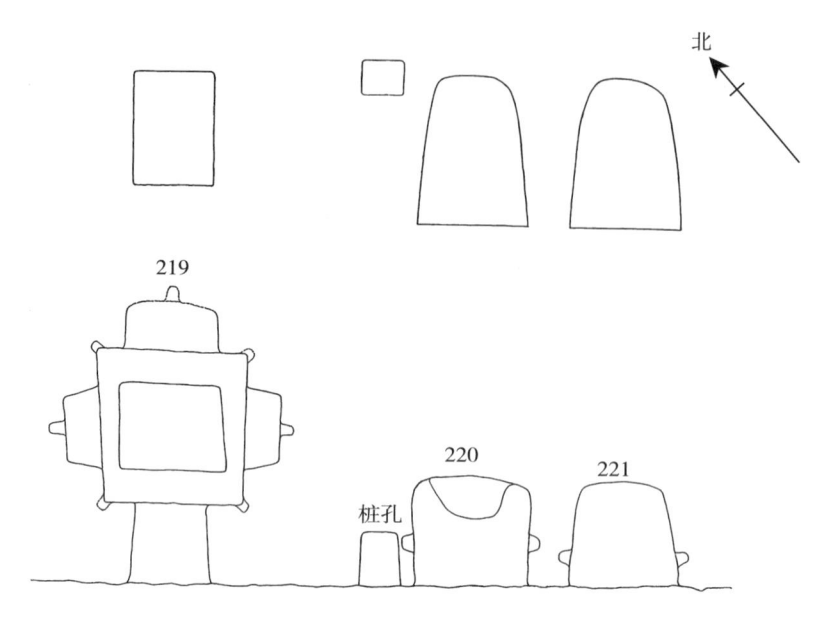

图29　坍塌三窟及桩孔的复原平面、外立面图

（一）第219窟

此窟原系平面基本方形，三壁三龛式洞窟，底部四周设低坛基，正、左、右壁中间开敞口龛，三龛底部高出底平面，前壁中间开长方形窟口和甬道。据窟内桩眼看，三龛内原塑坐像，窟内四角原塑立像（图29）。

尺寸：窟口宽0.62、深0.60、高0.85米。前壁宽1.06、高1.24米，正壁宽1.15米，左壁宽1.12米，右壁宽1.15米。左、右壁龛口宽0.60、龛内深0.27米。正壁龛口宽0.74、龛内深0.30米。窟内底坛宽0.25、高0.05米。此窟面阔约1.15、深约2.05、高约1.24米。

（二）第220窟

此窟原系平面圆角梯形的敞口平拱龛，口微收，正壁前塑坐像，左右壁前应塑立像（图29）。

尺寸：窟底外宽0.84、窟底内宽0.86、窟底深0.84米，窟高1.11米。

（三）第221窟

此窟原系平面圆角梯形的敞口平拱龛，口稍张，左右壁前塑像，正壁前亦应塑像（图29）。

尺寸：窟底外宽0.84、窟底内宽0.7、窟底深0.84、窟高1.11米。

（四）桩孔

长方形桩孔，内部稍收缩，宽0.30、高0.27、深0.41米。

三　初步认识

第220窟与第221窟距离最近处只有十几厘米，窟口的高度、方向、大小、形态基本一致，其他形制因素也有相似之处，因此，此两窟为一组双窟的可能性很大。两窟内均为一主尊二胁侍的塑像组合。第220窟内当为一坐像二立像的组合，第221窟内亦有可能如此。此两窟的窟形相似于麦积山石窟第70、71窟或第169、69窟这两组双窟，约在麦积山石窟北魏早中期的太和年间左右开凿。

第219窟窟内主要造像组合应为三坐像四立像，三龛中为三坐像，四角为四立像，主尊坐像应为佛，其余坐像为佛或菩萨或维摩诘，立像中有菩萨，其余或弟子或力士。此三壁三龛、四角四立像、四壁前低坛基的窟形，有自己的特点。就三壁三龛、四角四立像因素，可与麦积山石窟第81、84、112窟相似，就四壁前低坛基因素，可与麦积山石窟第102、123、141窟相似，上述举例的六个窟所属的时间段约在北魏晚期至西魏乃至北周。因此，第219窟的开凿时代，约在北魏晚期到北周这个阶段。

此三窟的坍塌位置，对应于中区的中部，说明中区的中部，曾被北魏太和年间左右的洞窟和北魏晚期以后的北朝洞窟分布。目前，在中区中部坍塌堆积中，还没有发现更早的窟龛遗存。这也从一个侧面反映中区中部有可能主要为稍晚期洞窟分布的区域。

本文录自麦积山石窟艺术研究所考古研究室（夏朗云执笔）：《麦积山石窟第4窟庑殿顶上方悬崖建筑遗迹新发现——附：麦积山中区悬崖坍塌3窟龛建筑遗迹初步清理》，《文物》2008年第9期。副标题及正文的小标题略有改动，调整了图片编号。

麦积山石窟第4窟散花楼外檐下仿木构件再勘察

附：新发现的散花楼中龛北周壁画建筑

麦积山石窟第4窟，其下部主体部分为石质崖阁，崖阁前廊后龛，位于东部半崖上，又称散花楼。散花楼为仿木结构的七间八柱庑殿形式，方向正南。现状为，中间6柱及其上方的殿顶前部坍塌。散花楼自高16米，前廊面阔30.48米，距离其下方的东崖地坪36.13米，学术界多认为其开凿时代为北周。

散花楼外檐下的仿木构件，以前已有复原研究[1]（图1），本次勘察着重公布新观察到的迹象，补记其结构。

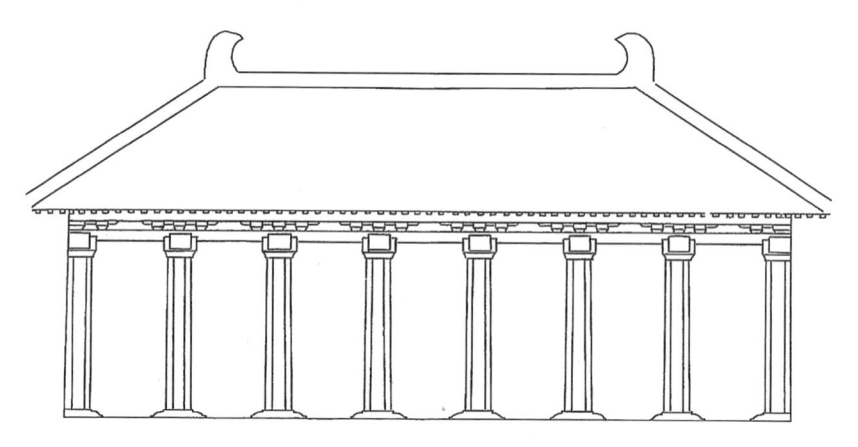

图1　散花楼以前勘察外檐下主要结构复原立面示意图

一　勘察概况

2007年5~6月，麦积山石窟艺术研究所考古研究室，搭脚手架，重点对散

---

[1] 傅熹年：《麦积山石窟所反映的北朝建筑》，《文物资料丛刊》1981年第4辑，《麦积山石窟所见古建筑》，载《中国石窟·麦积山石窟》，北京：文物出版社，1998年。

花楼庑殿顶上方建筑遗迹考察[2]，顺便也观察了散花楼两侧角柱及其附件。

2012年2、3月，考察中区崖前地面上散花楼坍塌堆积层中出土的散落的2件石构残块。

2012年5月，搭脚手架，对散花楼左、右角柱及其附件复查。

2013、2014、2015年，结合此前散花楼内北周壁画建筑的新发现，及其他北周建筑因素进行综合考察。

二　勘察内容

（一）散花楼左侧（图2）

1. 角柱

散花楼左侧崖体上，高浮雕出八棱八面石柱，其前、后、左、右4面较宽，其余4面较窄，左面全部与崖体相连，其余面露出，基本完整。柱高7.16米，上端面宽1.00米，下端面宽1.02米。右面上端宽0.57米，下端宽0.59米。柱下为覆莲座，高0.47米，直径2.08米。

柱上大部分石面被雕琢和打磨得较为平整，部分位置残存南宋重修[3]时所覆盖的泥皮。柱头右面的中间部分，有1片"工"字形石断碴皴面，中间较窄处断碴更凸出，超出同位置的柱面0.04米（图3），并覆盖有南宋泥皮残片。皴面边缘（除上缘）凿有小石槽，宽0.04～0.08米（下文中其他处的小石槽尺寸基本相同）。槽内壁凿痕粗糙。包含边缘槽的"工"字形区域，上部面宽0.44米，高0.34米；中部面宽0.40米，高0.46米；下部面宽0.44米，左边高0.42米、右边高0.36米。

2. 栌斗

位于左角柱柱头之上，左侧连接崖体，右、后侧石面可见雕琢打磨平整，顶部平面稍粗，应未凿完。栌斗上部侧面微向上开张。前部残损，前右下部残存南宋重修时的泥皮。欹部内凹，高0.25米，平部和耳部共高0.50米，通高0.75米。正立面从左崖中伸出上端面宽1.05米，下端面宽0.95米。右侧上端进深1.36米，底端进深1.16米，此即是整个完整左栌斗四面的上、下端宽度。

栌斗右面纵向中间上部，为栌斗上方现存横向构件嵌入栌斗部分残损所形成的断碴截面，截面为横长方形断碴皴面，宽0.74米，高0.17米，皴面左上部

---

[2] 麦积山石窟艺术研究所考古研究室：《麦积山石窟第4窟庑殿顶上方建筑遗迹新发现——附：中区悬崖坍塌3窟龛建筑堆积遗迹的清理》，《文物》2008年第9期。亦见本书前文。

[3] 此泥皮为白石灰质，与散花楼庑殿顶上方的南宋重修泥皮泥质一致，当为南宋重修同时所为。详见本书《麦积山石窟第4窟庑殿顶上方建筑遗迹新发现》。

断碴更凸出，超出于同位置的栌斗面0.05米（图4）。此截面应与柱、栌斗中轴对称，但其靠近石窟内部一侧存在较多，而不对称，应未凿完，以对称法测算，横向构件断面应宽0.62米。

图2　左角柱头以上相关遗迹

图3　左角柱头右面上的断碴侧面（下部为更凸的工字形皴面的窄处）

图4　左栌斗右面纵向中间的横、竖断碴皴面

此横长方形皴面中部，连接下面的，位于栌斗右面平部和斛部上的竖向断碴皴面，形成"T"形皴面。竖向断碴皴面微呈上宽下窄倒梯形，上部宽0.44米，下部宽0.40米，高0.53米，前竖边基本垂直，距离上方横长方形皴面的前侧0.10米，后竖边微向后仰，距离上方横长方形皴面的后侧0.20米。竖皴面的两侧边缘亦凿小石槽，石槽稍向上延伸至栌斗上方一点。槽内壁凿痕粗糙。靠近窟前侧的边缘槽内有木条，并被南宋泥皮覆盖（图5）。栌斗右侧的竖向断碴皴面，斛部附近更凸出，断碴超出同位置的栌斗右侧面0.02米（图4）。

包含边缘槽的"T"形区域，向下与柱头上包含边缘槽的"工"字形区域紧密衔接，大体形成上下"宽窄宽窄宽"的"王"字形轮廓的区域。

3. 梁首

位于左角柱栌斗上，石面粗糙未凿完，左侧连崖体。梁首高0.59米，从左侧崖体伸出面宽0.84米，向前超出栌斗0.21米。

4. 横向构件

位于栌斗、梁首之上，横向嵌入栌斗正中间，左端连崖体，右端残损，上部被现代水泥覆盖，露出部分石面粗糙未凿完，（加嵌入栌斗部分）残高0.61米，正立面残面宽1.32米，厚0.74米（即断面宽，其后端省略凿或未凿完，以与栌斗中轴对称法测量计算，厚即断面宽0.62米）。

栌斗顶部平面前部右侧处，在栌斗、梁首与横向构件交接的转角处，留有未凿完的石碴（图6）。

图5　左栌斗右侧南宋泥皮覆盖小石槽

图6　左栌斗顶部未凿完石碴

（二）散花楼右侧（图7）

1. 角柱

散花楼右侧崖体上，高浮雕出八棱八面石柱，其前、后、左、右4面较宽，其余4面较窄，右面全部与崖面相连，其余面露出，基本完整。柱高7.24米，上端面宽0.95米，下端面宽1.02米。左面上端宽0.57米，下端宽0.59米。柱下为覆莲座，高0.48米，直径2米。

柱上大部分石面雕琢和打磨得较为平整，部分位置残存南宋重修时所覆盖的泥皮。柱头左面的自上而下中间部分，有1片"工"字形石断碴皴面，中间较窄部分断碴凸起更高，超出同位置的柱面0.03米（图8），并覆盖南宋泥皮残片。皴面边缘（除上缘）凿有小石槽，槽上端稍超出柱头。槽内壁凿痕粗糙。下边缘槽及靠近窟内侧边缘槽有残损。包含边缘槽的"工"字形区域，上部面宽0.44米，高0.35米；中间部分面宽0.40米，高0.39米；下部面宽0.44米，高0.40米。

图7　右角柱头处相关遗迹　　图8　右角柱头左面上的断碴侧面（下部为更凸的工字形皴面的窄处）

2. 栌斗

位于右角柱柱头之上，右侧连接右侧崖壁，后部石面雕琢打磨稍平整。左侧面稍残损。左前角、左后角上部各被稍粗糙地凿掉0.2米见方的角，疑似开凿时或重修时搭木杆所致。前部表面上，残存南宋重修时的泥皮。欹部内凹，高0.27米，平部和耳部共高0.5米，通高0.77米。正立面从右崖伸出上端面宽1.03米，下端面宽0.93米。左侧上端进深1.34米，下端进深1.14米，此即是整个完整右栌斗四面的上、下端宽度。栌斗上部侧面，除栌斗后侧外，其向上的开张不明显。

栌斗左面纵向中间上部，为栌斗上方现存横向构件嵌入栌斗部分残损所形成的石断碴截面，在栌斗左侧残面上稍显轮廓。截面为横长方形，宽0.75米，高0.17米，截面中部断碴更凸出，超出同位置的栌斗左侧残面0.05米（图7）。此截面应与栌斗中轴对称，但其靠近石窟内部一侧较多而不对称，应未凿完，以对称法测算，截面应宽0.6米。

此横长方形皴面中部，连接下面的，位于栌斗平部和欹部上的竖向断碴皴面，形成"T"形皴面。竖向断碴皴面微呈上宽下窄的倒梯形，上部宽0.45米，下部宽0.40米，高0.53米，前竖边基本垂直，距离上方横向皴面的前侧0.15米，后竖边微向后仰，距离上方横向皴面的后侧0.15米。竖向皴面的两侧边缘亦凿有小石槽，均有所残损，靠近窟前侧槽的上部几乎残失。槽内壁凿痕粗糙。竖向皴面中的断碴，超凸出同位置的栌斗左侧面现象不明显。栌斗左前部从泥皮中裸露出的石面尚显粗糙，未打磨完工。

包含边缘槽的"T"形区域，向下与柱头上包含边缘槽的"工"字形区域紧密衔接，大体形成上下"宽窄宽窄宽"的"王"字形轮廓的区域。

3. 梁首

位于右角柱栌斗上，右侧连崖体，其上残存南宋重修的泥皮。梁首高0.62米，从右侧崖体伸出面宽0.86米，向前超出栌斗0.21米。露出石面尚显粗糙，尚未打磨完工。

4. 横向构件及两小斗

横向构件位于右角柱栌斗和梁首之上，承托2小斗，表面残存南宋重修泥皮。右端连崖体，左端有残损，其顶部大部平整。自高0.52米，残面宽1.31米，厚0.75米（表示厚度的断面应与栌斗中轴对称，但其靠近石窟内部的后侧较多，应未凿完，以与栌斗中轴对称法测量计算，应厚0.60米）。

小斗欹部内凹，高0.23米，平耳部共高0.30米。2小斗等高，上部在同一水平面上，共同承托1水平横替木。

左侧小斗，其左侧及左下侧残损，残面宽0.33米。其正下面的横向构件部位亦有残损，并被南宋重修泥皮修补。但可见左小斗的底部，稍悬空于其正下方横向构件水平延伸部分，故表明横向构件在左小斗的正下方处，原应有向上的凸起，作为承托左小斗的部分，现残失。

图9　小斗下方横向构件的卷杀凸起迹象

右侧小斗，位于栌斗中间上方，其右侧延伸连接至右侧崖体，呈现其右侧向右延伸向栌斗边缘处的面貌，面宽0.73米。右侧小斗左侧下面的横向构件部位，位于窟前侧处有向上高0.02米的卷杀凸起（南宋泥皮粗略包裹，前侧的卷杀凸起平缓，稍后侧泥皮整体提起，几乎左右横向抹平，不显卷杀），正托住右小斗底部（图9）。

左小斗及横向构件裸露石面虽平整，但未打磨完工。

5. 替木、垂直立壁、檐额枋、檐椽、方棱构件

两小斗承托的水平横向替木，仅存两小斗之间的部分，横向残长1.34米，高0.18米，嵌入小斗的耳高亦是0.18米，故替木上缘与小斗上缘齐平。

横向构件、两小斗、替木间，有内凹垂直立壁。

替木之上，为水平横向檐额枋，其右端连崖体，左端残损，横向残长2.21米，高0.63米。

檐枋上有内顶底面下的檐椽，残存3根，同内顶底面一致呈10°坡角向正前方下斜伸出，前部残。

每椽横截面为弧面在下，平面在上的半圆形（或上部省略凿的圆形），弧面嵌入下面的檐枋，每根椽的横向直径0.30米。左椽下部残损，残高0.14米。中椽、右椽完整高0.20米。前部均残损，左椽向前露出残长约0.13米，中椽向前露出残长约0.35米，右椽向前露出残长0.64米，每椽间隔0.36米。

与右椽右侧并排紧挨着，在内顶底面下，有1根从右侧崖体中露出左端部分的，边缘呈方棱的构件，并与檐椽以同样以10°坡角度向正前斜下方伸出，前部残。方棱构件

图10　右椽及其右侧的方棱构件

高 0.36 米，其下缘低于檐椽下缘 0.16 米（图 10）。

此方棱构件左端方棱部分右前侧的悬岩下，裸露出一规整平面，显示为某构件底面部分，亦是以 10° 坡角向正前斜下方伸出，前部残。此底面低于外檐内顶底面，正与其左后侧的方棱构件左端部分的底面等高可衔接，表明方棱构件为一个整体，从左端方棱露头处，具有向前、向右延展的平板状一体底面。

各构件原均覆盖南宋泥皮，除垂直立壁外，其他构件均有裸露石面，虽平整，但均未打磨完工。

（三）散花楼下

1. 第一坍塌残块（图 11）

20 世纪 80 年代，麦积山石窟保管所，对从散花楼下堆积层西坡上，散落于今麦积崖中区崖前地面上的 1 件建筑构件石残块，设围栏保护。

石残块残高 1.4 米，下部为残立柱头，上部为残栌斗，呈向东稍倾斜的竖立状，柱头和栌斗北侧有残附件。雕凿面虽平整，但未完全打磨完工。

柱，从残存 6 个转角平面看，其完整形态为规则的八棱八面石柱，东、西、南、北四面较宽，其余四面较窄，柱面宽 1.03 米。

栌斗，多处残损，栌斗平耳部侧面微向上开张。北侧底端面宽 1.10 米，敬高 0.27 米，平耳部共高 0.50 米。

图 11　第一坍塌残块

栌斗北侧中间有上下一体附件。①附件上部，向北侧伸出残长 0.35 米。附着面为从栌斗上沿垂下的"上大下小倒梯形"，高 0.17 米，面宽 0.6 米。附着面西侧残竖边呈垂直状，东侧竖边外仰。②附件下部，向北侧伸出残长 0.3 米。附着面亦为上大下小倒梯形，高 0.60 米，上面宽 0.5 米，下面宽 0.46 米。附着面西侧竖边垂直，比上方的倒梯形附着面西侧残竖边向东内缩 0.05 米。附着面东侧竖边外仰，与上方倒梯形附着面的东侧竖边方向一致地外仰，且完全衔接，自下而上一直通至栌斗上沿处。

柱头北侧面自上而下中间附件，向北伸出残长 0.33 米。附着面上端平，东、西两边垂直，下部残，面宽 0.58 米，残高 0.15 米，比上方的倒梯形附着面的东、西 2 竖边分别外凸 0.06 米，形成东、西侧外凸沿，外凸沿上均有 1 小块未凿完的石碴。

栌斗顶部以上，呈残块状，残高 0.40 米。在栌斗西侧面的中下部，还可见栌斗所承托附件的残迹。栌斗西侧右上方、左下方，残存未凿完的凸块。

2. 第二坍塌残块（图12）

2010年夏季大雨，从散花楼下方坍塌堆积层西侧坡面上，散落下来1石构件残块，止于第一坍塌残块东侧的中区崖前地面上。2012年4月，麦积山石窟艺术研究所移至第一坍塌残块东北侧6米处，设围栏保护。

残块高1.01米，主体是柱，呈立状。柱体为规则的八棱八面柱，其中，东、西、南、北为四宽面，其余为四窄面，上下残断。柱面宽1.03米。柱东、西面纵向中间下部，各残存1个附件。柱面雕凿平整，基本打磨光滑，但

图12 第二坍塌残块

附件虽平整，但尚显稍粗糙，未打磨完工。东侧附件向东水平伸出残长0.33米，上端有完整面，南侧中部有残痕，下部残。西侧附件仅残存断碴痕迹，断碴向西伸出残长0.11米。

两附件的附着面呈"T"子形，处在同一水平高度上，位置对称。"T"字上部横长方形宽0.58米，高0.40米；下部宽0.48米，残高0.30米。

以上两坍塌残块，其柱体、栌斗局部形状、尺寸，及石面追求雕凿及打磨平整方面，与散花楼上现存者基本一致，麦积山石窟其他洞窟中，均无此类，无疑应来自散花楼。

三 构件分析

以上勘察的内容中，从某些新注意到的现象，可启发我们试分析出如下构件：

（一）双层柱头间阑额

1. 散花楼上

散花楼左、右角柱，其石面基本被琢磨得较为平整细滑，但其柱头侧面存在"工"字形断碴皱面，且石碴高出柱面，反映了此处曾存在"工"字形断面的石质附件。原石质附件表面应琢磨得同柱一样平整细滑，至少要细整，但附着面边缘小石槽的内壁凿痕粗糙，说明边缘槽非在附件外（不凿及附件外侧）

所凿，而是在附件附着面内圈处所凿或稍超出附着面边缘外所凿。故附件的断面等于或稍小于左右柱头上的包含边缘槽的"工"字形区域（其综合尺寸，上、下部分同宽0.44、高0.34米；中间部分宽0.4、高0.46米）。

于是，此附件总体形态为，从柱头处横向伸出，上、下部分断面等宽，之间有较薄的构件衬垫。

凡是栌斗下柱头侧的附件，应存在两种身份：一种是角替，一种是阑额。

角替的功能为固定、衬托和装饰周边的大框架，一般不应厚于其所承托的构件。此工字形断面的柱头侧附件的进深厚度（考虑到边缘槽的因素约0.44米），大于上面所承托（同样应存在的）"T"字形断面附件下部的厚度（同样考虑到边缘槽的因素约0.40米），故不类角替；且目前未见南北朝时期的此类"工"字形断面的角替，因此，柱头侧附件为角替的可能性小，应为阑额。从其"工"字形断面看，附件应为双层柱头间阑额，其中间较薄部分是垫板。

因附着在八棱柱头的左、右面（面宽0.57~0.59米）上，故阑额附着面的宽度受到限制而较窄（等于或稍小于0.44米），比栌斗上所承载横向构件的断面宽（现存0.74~0.75米，按中轴对称法测算应0.60~0.62米）要窄。虽然窄，如上所述，仍应判断是柱间阑额。此种阑额，为阑额断面小于栌斗上所承载横向构件（栱或柱头方）断面的例子。[4]

2. 散花楼下

（1）第一坍塌残块上的柱头间阑额因素

柱头侧向附件，附着面上端平，左右侧垂直，似"横长方形"，且比位于其上方的栌斗侧的附件粗大，所以，此柱头附件作为"角替"的可能性小，作为"柱头间阑额"的可能性大。

（2）第二坍塌残块上的柱头间阑额因素

坍塌石柱的一端与其石附件的一端共同残损着地，断面呈"T"字形。由散花楼左、右角柱看，散花楼列柱的中、下部侧面均无石附件。于是坍塌石柱的石附件当在柱头处，表现为附件上端与柱头上端共同残损朝下的形态。如从附件及柱头朝上的角度看，残存附件的附着面应为倒"T"字形，似双层柱头间阑额"工"字形附着面的下半部。

（3）坍塌两残块合成的柱头间双层阑额因素

两残块各自的"疑似柱头间阑额"的附着面宽均是0.58米；两残块中各自的柱面宽均是1.03米。这种吻合，说明这两个坍塌残块原应是紧密联系的，原

---

[4] 傅熹年：《麦积山石窟所反映的北朝建筑》"石窟中建筑形象所反映出的几个问题"之"一、关于第4窟原状的推测和它所反映出的北周建筑"载："汉以来的建筑形式，其楣或阑额的断面都等于或大于栱或柱头方。"《文物资料丛刊》1981年第4辑。

应曾为一块，是散花楼中间某檐柱上部残段及其残附件，后来断裂成两块的。

两残块的疑似柱头间阑额附着面，前者似横长方形，后者是倒"T"字形，上下结合，可形成柱头侧上下部分等宽的"工"字形附着面，即可合成中间有垫板的双层柱头间阑额的附着面，表明两残块中似含有双层柱头间阑额因素。综合数据，两残块中疑似的双层柱头间阑额附着面尺寸是：上、下部相同，面宽0.58米，高0.4米；中部面宽0.48米，残高0.30米。比散花楼上的双层柱头间阑额附着面相应尺寸稍大。考虑其粗坯未修整完工的因素，就不矛盾，在大体上是一致的，故可确认此疑似阑额是散花楼坍塌的，尚未完工的双层柱头间阑额。因此，两坍塌残块，印证了散花楼出现双层柱头间阑额的判断。

又，第二坍塌残块石柱上的此种双层柱头间阑额的中间垫板残块，在靠近柱侧处未见特殊变化，无蜀柱痕迹。双层柱头间阑额垫板其他部位或有蜀柱，现未发现此种构件，暂认为无蜀柱状。

（二）横栱

散花楼左、右角柱栌斗上所托横向构件，嵌入栌斗高度（耳高）均为0.17米，此构件身份有2种可能，一是栌斗上的横枋，一是栌斗上的横栱。

左角柱栌斗上横向构件残损难辨。

右角柱栌斗上的横向构件，其右部有向上承托右小斗的卷杀凸起形态。虽然表面卷杀凸起幅度不大，但可能的原因是：原设计即为此种微卷杀凸起风格，石胎坯尚未细加工出更明显的凸凹，表面南宋粗泥有所抹平。这说明横向构件可推测为横栱。又观察左侧上方小斗之下的残损部分，其残存形态的空间，可包含卷杀凸起形态，符合横栱卷杀凸起处残损的状态。故初步判断此横向构件应为横栱。其右侧没入崖体，左侧伸出于栌斗左外，呈一斗二升面貌，与栌斗呈不中轴对称状。其顶部平面平整，两处卷杀边缘为圆弧状，但其左侧和左下侧的栱边部分残损。

于是散花楼左角柱栌斗上的横向构件亦应是横栱，与前者左右对称。其他中间檐柱栌斗上亦应有此类同比例的横栱，但与栌斗应呈中轴对称状。

同时，第一坍塌残块上，栌斗北侧上部附件，其断面高度为0.17米的部分，亦为横栱嵌入栌斗中间的部分，只是断面改造为上大下小倒梯形，倒梯形垂直边应为横栱的前侧（外立面垂直），后仰边应为改造的横栱的后侧。

（三）转角处斗栱正面的一斗二升

左、右角柱，其栌斗上的横向斗栱，亦是转角处斗栱。

散花楼右转角处斗栱，现状显露为栌斗上横栱托2个小斗（栌斗上方1个，左上方1个），为非中轴对称的一斗二升面貌，测量其高度为1.05米。且横拱上的右侧小斗，以及栌斗上的梁首，呈现从栌斗中轴处向右侧拉宽其面宽的面貌。左角柱栌斗上方的转角处斗拱及梁首的正向面貌，与散花楼右侧者相同，唯左右相反。

（四）一斗三升

中间六檐柱与角柱等大栌斗上，亦应出现与左、右转角处横栱同比例的横栱。此处应是中轴对称的一斗三升，与转角处一斗二升等高。其齐心斗和左、右两小斗体积相同，也与右转角处一斗二升完整左小斗体积相同。

右角柱一斗二升的右小斗，如果其面宽不向右侧延伸，而是与其左小斗体积一致的常态小斗，通过与栌斗中轴对称法测量，常态小斗面宽是0.57米。于是，可测量出完整的一斗二升从栌斗中轴处到其左侧的宽度，这亦是一斗三升半面宽，得出一斗三升面宽2.27米。

（五）人字斗栱补间

据前文已有数据综合测算，散花楼每间柱头间阑额横向长度平均3.18米，柱间阑额上沿至上方替木下沿的距离平均1.46米，柱头斗栱之间的间距平均1.91米，故柱间阑额、替木、斗栱三者所围的空间较宽裕，足以容下一个面宽为0.57米的小斗，及其人字栱，否则，柱头铺作之间的外檐下过于空虚。

（六）通长替木

散花楼右角柱斗栱上的替木为段落，不见替木的完整延伸状态。

上文分析铺作中应存在一斗三升和人字斗栱补间，小斗更密集，故替木应在诸小斗之上逐间连通，为通长的一条方子。[5]

（七）倒梯形断面附件

1. 栱眼壁

散花楼左、右角柱栌斗"平"和"欹"部侧面自上而下的中间，均有上大下小倒梯形断面碴皱面，其中，左栌斗处断碴超出同位置栌斗面稍明显，表明此处存在倒梯形断面的附件。右栌斗处断碴超出同位置栌斗面不明显，但结合左

---

[5] 傅熹年：《麦积山石窟所反映的北朝建筑》："石窟中建筑形象所反映出的几个问题"之"一、关于第4窟原状的推测和它所反映出的北周建筑"中，已推测："如果柱间有散斗，（替木）也可能逐间连通，成一条方子"。但因未能肯定有柱间散斗，在其第4窟散花楼仿木建筑结构复原图中，替木未表现成一条方子。《文物资料丛刊》1981年第4辑。

栌斗以及柱头处均存在断碴超出同位置栌斗面和柱面的现象，判断此处原也应存在倒梯形断面的附件。

此倒梯形断面位于窟前侧的竖边垂直，向上连接栌斗所托横栱断面的底部，连接点在横栱断面垂直前侧稍后。此垂直竖边向下，连接阑额上面，连接点在阑额垂直前侧稍后。因此，此倒梯形断面附件，位于窟前侧的状态，应是横栱与阑额间的"栱眼壁"。

散花楼坍塌栌斗北侧面的平部和欹部自上而下，同样有上大下小倒梯形断面的附件。附件西侧面呈垂直状，上接栌斗所承托横栱断面，连接处在横栱垂直前侧面稍后；下接阑额，连接处在阑额垂直前侧面稍后。故附件西侧面，是横栱与阑额间的栱眼壁。

另外，散花楼右转角处斗栱和替木间，有内凹垂直立壁，亦应是栱眼壁。

因此，散花楼各栌斗侧均应存在倒梯形断面附件，其前部为栱眼壁。各斗栱立面，均应存在栱眼壁。

2. 后仰壁

散花楼左、右栌斗侧倒梯形断面附件的后壁呈后仰状，后仰壁上接横栱下部。

散花楼坍塌栌斗北侧，亦存在倒梯形断面的附件，其东侧面向东仰，即是后仰壁。但此后仰壁上部，为横栱的后仰壁，表明此整个后仰壁向上延伸至栌斗上沿处（再向上处残），表明后仰壁不但在栱眼壁背后，还已经向上延伸至横栱嵌入栌斗部分的背后，再向上的状态因残不明。

从坍塌栌斗后仰壁向上至栌斗上沿处看，从统一设计角度看，散花楼此类后仰壁，均会统一设计上凿至栌斗上沿处。

现存散花楼左、右栌斗侧的后仰壁，均在横栱下方，尚未向上凿至栌斗上沿处，应未完工。

（八）半圆椽及角檐处平底方棱构件

右角柱上方外檐内顶下残存向正前下伸的椽3根，截面为上平下圆弧的半圆（或基本半圆，或是上部省略凿的圆椽），此半圆椽应为整个散花楼椽的样式。

在残存三椽右侧，紧贴右椽右侧，有方棱构件，与椽同向，比椽要粗大，自高0.36米，且其底端低于椽底端0.16米，并向右前侧延展其平板状底面，并与椽同向前下伸。又庑殿顶向檐额枋右侧外有长的挑檐，同时，檐额枋右端上方的庑殿顶处，又被艺术性地抬高，使得右角檐会更长，故角檐处可有短椽。故推测下部较低的方棱构件左端，可能与右椽同向朝前下方延伸一段距离，同时向右侧构建其底平板至庑殿顶角梁处，其底板之上缘，支撑庑殿顶角檐处，无檐额枋支撑其前部的，正前下伸的短椽。散花楼左侧亦有左前挑角檐残迹，亦应对称存在同样的平底方棱构件。

如角檐处不设短椽，平底方棱构件或单独补角。但平底较低可上托椽，设短椽的可能性大。

上述分析，已初步凸显和推导出，本次勘察新补充的，散花楼外檐下外立面的主要构件有：①有垫板无蜀柱的双层柱间阑额，②中间6柱上的一斗三升，③转角处斗栱正面一斗二升，④人字斗栱补间，⑤栱眼壁，⑥通长的一条方子替木，⑦正前下伸半圆椽，⑧角檐处正前下伸平底方棱构件。

四　佐证

（一）北周安伽墓宴饮图石雕建筑

北周大象元年（579年）安伽墓围屏宴饮图建筑（图13）列柱上方出现了一斗三升（右角柱之上的右小斗金色脱落或漏绘）、人字斗栱补间。其角柱上的转角一斗三升，在右柱头上本应作正面一斗二升面貌，却艺术化地作全面三升表现，但据左角柱上的转角一斗三升看，理论上，左、右角柱上正面，均应为一斗二升面貌。[6]

图13　安伽墓围屏宴饮图建筑石雕

---

[6]　陕西省考古研究所：《西安北郊北周安伽墓发掘简报》，《考古与文物》2000年第6期。陕西省考古研究所：《西安发现的北周安伽墓》，《文物》2001年第1期。

斗栱间未透出后面的物体，应存在栱眼壁。其右角柱柱头侧有横向构件，其上部逼近栌斗之侧，但大部在栌斗下方。其左角柱柱头处的此横向构件形式，已完全在栌斗下方，说明此横向构件应是"单层柱头间阑额"。

（二）北周史君墓石堂

大象二年（580年）史君墓石堂建筑（图14）列柱上方出现了一斗三升上再加三升、人字斗栱补间。其角柱上还出现了正面的一斗二升上再加二升结构。斗栱间均存在稍凹的充实平面，应为栱眼壁。其栌斗下柱头侧有单层阑额结构，并且，其上方，还有1层插在栌斗上的横枋，横枋与单层阑额上下结合，"貌似"双层阑额，之间还有蜀柱，其间未镂空，有稍凹的平面，应为垫板。[7]

图14 史君墓石堂建筑北立面

（三）散花楼前廊平棊壁画建筑

散花楼前廊右侧顶部平棊中内外2幅北周壁画建筑中均有回廊，回廊外檐下出现如下构件，以外幅为例（图15）：

1. **垫板**

建筑无栌斗，在柱间双层横枋之间无蜀柱，用翠青色矿物颜料彩饰，区别于双层横枋及柱的较简淡的颜色，应表明中间彩饰部分为一实物构件。

---

[7] 西安市文物保护考古所：《西安北周凉州萨保史君墓发掘简报》，《文物》2005年第3期。

图15 前廊顶部壁画建筑

双层横枋与柱、檐额枋颜色一致，表明，双层横枋为主框架结构，较为凸出厚重。那么，双层横枋之间翠青彩饰部分，当是凹进去较薄部分的垫板。此双层横枋，与无蜀柱有垫板的双层柱头间阑额相似。

2. 人字栱补间

柱间双层横枋与檐枋之间存在人字栱补间，人字双叉微曲但较挺直，出现双叉脚前端基本垂直，钝脚尖在上的样式。也有一侧叉脚尖如此，另一侧叉脚尖贴于横枋上的形态，若以左右叉脚应对称论，此画中叉脚尖贴于横枋上的形态应是未完工样。

3. 栱眼壁

人字补间后的物体，均未透出，表明存在栱眼壁。

（四）新发现的散花楼中龛北周壁画建筑

2011年6月，麦积山石窟艺术研究所考古研究室，搭脚手架观察散花楼内壁画，在最底层北周壁画中新注意到一幅建筑图，2014年11月，又对此图进行了复查。

建筑图位于散花楼内七佛龛的中龛（第4龛），在其四角攒尖顶右坡前侧，是明代重修壁画[8]下，从底层北周壁画中渗透出的一座木结构小殿堂轮廓图（图16），高0.45、宽0.55米。建筑顶部大体可辨认出歇山顶，其正脊两端有鸱尾（明代以淡青色彩饰殿脊和鸱尾、悬鱼）。檐角端和前檐中间，悬挂浮塑宝铎。此宝铎浮塑，与此龛顶部最底层壁画中其他的浮塑风格一致。此龛顶浮塑中有坐佛薄肉塑[9]，与散花楼前廊前壁北周飞天薄肉塑风格一致，故可进一步确认此建筑图时代为北周。小殿堂柱底部分模糊外，还可辨认出其他部件。

图16 新发现中龛北周壁画建筑

1. 单层檐椽

外檐呈仰视角度，其角檐处悬挂的宝铎位置，标明出檐非长，檐椽应是

---

[8] 散花楼七佛龛各龛内顶均曾被统一彩饰，其第6龛前壁右上角单粗墨线榜书框中墨书："大明崇祯六年八月十五日开工妆彩，贴金画匠陇州南乡梨林里侯家嘴居住信士候荣、相弟兄二人侄侯执印三人，十月二十妆贴工完满，吉祥如意。"表明重修时间。麦积山勘察团：《麦积山石窟内容总录》"编号：第〇〇四号（散花楼、上七佛阁）"，《文物参考资料》1954年第2期，已记散花楼"七个列龛内部壁画，全部为明代重绘"。

[9] 麦积山勘察团：《麦积山勘察团工作报告》、《麦积山石窟内容总录》"编号：第〇〇四号（散花楼、上七佛阁）"，《文物参考资料》1954年第2期，已记散花楼前廊正壁和龛内顶部均存在薄肉塑。

单层。

2. 回廊

内圈立柱之外，有外立柱围绕形成回廊，立柱上部微收。内圈建筑及回廊面阔均为3间，进深均为2间。

3. 转角斗栱

回廊右角柱柱头上方，模糊可辨栌斗。栌斗上面显示有左右分叉，外部大体圆弧上举状结构，应理解为栌斗上的栱，且其上的左右两小斗可辨。栱上部基本平伸，小斗下似微有卷杀，栱中间部分，及其以上的齐心斗部分有残损。于是，回廊右角柱柱头铺作应为一斗三升结构。其他柱头上，模糊有一斗三升结构，虽不清，理论上应有，其中左侧回廊中间外柱上的一斗三升稍清楚些。

此建筑图的视角，大体相同于北周安伽墓宴饮图建筑，故其一斗三升，相同于北周安伽墓宴饮建筑上一斗三升的表现形式。其角柱上的转角一斗三升，在右柱头上本应作正面一斗二升面貌，却艺术化地作全面三升表现，但据左角柱上的转角一斗三升看，理论上，左、右角柱上正面，均应为一斗二升面貌。

4. 双层柱头间阑额

回廊右角柱处，较清晰显示栌斗下方的柱头侧，有"双层柱头间阑额"，其他相应处均可辨认出有此种阑额。

此双层柱头间阑额，其上下层之间无蜀柱。阑额后也未透出内圈建筑柱的形象，可推测双层阑额之间有垫板，因此明代在此处也填有淡青色的彩绘。

5. 人字斗栱补间

在回廊右角柱左侧双层阑额上面，檐枋下面，露出大半个人字补间，其双叉微曲但较直，左叉右侧边缘稍清晰，左脚尖处模糊。右叉脚稍明显，脚尖处贴于阑额上，与散花楼前廊平棊壁画建筑人字栱此类叉脚一致，是未修改完工状。故，此建筑原人字栱叉脚的样式应如散花楼前廊平棊壁画建筑的人字栱完整样，双叉脚前端垂直，钝脚尖在上。

此人字栱上部有一模糊色块，应为一小斗，可形成人字斗栱补间。且结合角柱头铺作的一斗三升结构，此人字栱上方亦应有一小斗。其他处的双层阑额上方，隐约亦似有人字斗栱补间，理论上也应有。

此壁画小殿堂存在人字斗栱补间迹象，佐证了散花楼存在人字斗栱补间的推论；并据此进一步判定散花楼斗栱上的替木应是通长的一条方子，并且此小殿堂壁画建筑上虽模糊不可见，但理论上也可有通长的一条方子替木。

6. 栱眼壁

外斗栱的空隙间，明代复饰有淡青色，色彩有透脱现象，故底层有物当能渗透出，但其中并未有透出内圈建筑立柱的迹象，推测北周原作亦应存在不透明的栱眼壁。

如此，可示意出散花楼中龛北周壁画小殿堂外檐下的主要结构（图17）。

图17 中龛北周壁画小殿堂外檐下构件示意图（柱脚模糊仅标示大致位置）

上述佐证表明，散花楼崖阁自身所显示的外檐下主要构件面貌，在北周不是孤立的。其中，有垫板无蜀柱的双层柱头间阑额、一斗三升、转角处正面一斗二升的斗栱，人字斗栱补间、栱眼壁在其他北周建筑图像上均出现，故在北周散花楼崖阁上的出现是合理的，并从中确认散花楼替木应是通长的一条方子。加之本次勘察的正前下伸半圆椽和正前下伸平底方棱构件，可重新作散花楼外檐下主要结构复原立面示意图。其中，横栱取微微向上卷杀凸起意；残损的横栱栱边的复原，参考安伽、史君墓建筑图中的栱边，作圆弧状；人字叉脚的形态，参照散花楼前廊壁画人字叉脚的完整形态，叉脚前端基本垂直，钝脚尖在上；檐椽及角檐处的平底方棱构件前部残，不明其前端面貌，均暂取露出椽头状（图18）。

图18　散花楼本次勘察外檐下主要结构复原立面示意图

五　几点认识

（一）第4窟未完工

散花楼上左角柱栌斗顶部粗糙，栌斗顶部与梁首、横栱交接处的石碴，是未凿完的遗留。第一坍塌残块上，存在多处未凿完的石碴。散花楼右栌斗前部及其上方斗栱等附件，以及坍塌残块，基本为粗坯状，还有待于进一步修削成型及打磨瘦身。左、右栌斗上的横栱后侧，均未凿完。后仰壁亦未统一凿完。总之，崖阁石作工程尚未最终完工。

由散花楼石作未完工，还应注意到散花楼壁画亦未完工。前文已论及，散花楼前廊北周壁画建筑中的人字叉脚，有未完工的不对称状；另外，此壁画建筑周边的人物上，欠缺一些定稿线。散花楼前廊正壁上部的7幅飞天壁画中，左侧5幅上均有薄肉塑，右侧2幅相应位置壁面上却无薄肉塑帖附。细察此两幅壁画相应位置壁面均平整，或光洁完整，其上涂有表示裸露身体轮廓的底色（底色上无绘画线条），上无脱落痕迹，故应不存在薄肉塑脱落现象[10]。并不是古人设计此两幅时不设薄肉塑，应是未来得及在已涂有轮廓底色的相应壁面上帖附薄肉塑。7幅飞天壁画之间壁面的泥皮上，在北周时甚至未及涂底色，更未画。又，前廊左侧梁尚未及画，右侧梁刚开始画出梁下的一部分。

---

[10] 麦积山勘察团：《麦积山石窟内容总录》"编号：第○○四号（散花楼、上七佛阁）"，《文物参考资料》1954年第2期，记此处薄肉塑脱落。

以前尚不能肯定散花楼上方，第4窟北周雨檐建筑部分的未完工现象[11]，此次勘察，有上述较多的未完工现象佐证，可肯定之。

（二）第4窟开凿时段在北周灭法之前

1. 未完工因素

第4窟学术界较普遍认为是北周洞窟，主要因散花楼内底层塑像、壁画等文物的时代风格，较符合北周的普遍风格，以及散花楼总体的大型规模与北周庾信《秦州天水郡麦积崖佛龛铭》的描述较为符合。

而上述第4窟的未完工状态，也与北周背景符合。能使大型如麦积山第4窟停工的事件，必然是大事件。北周有武帝灭佛事件，虽无大规模的破坏现象，但也必会使得公开的佛事活动停止，尤其是，会使得影响比较大的大规模佛教洞窟的营造停工。因此可理解，有北周风格的、类似北周庾信描写的、曾停工的第4窟工程应是北周工程，在北周建德三年（574年）灭法之时，于接近于完工时被迫停止。

未完工形态在散花楼及雨檐石构件上的持续保存，亦证北周复法后也未再衔接完工（其已经基本完工，应是未再衔接完工的原因之一），并表明，后代也未曾对散花楼石质建筑做大的改动。

2. 人字栱因素

北周安伽墓（579年）的人字栱，双叉更外张，上脚尖呈锐角上翘状，接近于唐代人字栱形态，比起散花楼人字栱（双叉外张度不强，上脚尖钝），其风格符合在散花楼阶段之后。于是，佐证了上述散花楼开凿较早，在灭法（574年）前的观点。

3. 一斗三升因素

北周散花楼崖阁和散花楼龛内壁画上建筑上仅有微微卷杀凸起的单层一斗三升，北周安伽墓（579年）、北周史君墓（580年）一斗三升卷杀凸起渐高，后者还出现了一斗三升上再加三升状，属于花样翻新貌，建筑风格符合晚于散花楼阶段，亦佐证散花楼的开凿，早在北周灭法前的推断。

（三）中原北方地区初期重楣

规整的柱头间双层阑额，主要形式是紧接在栌斗下，在柱头侧，上下层紧密对等结合的双重一体结构，在横向结构中较为独立和突出。此结构在唐代长

---

[11] 本书《麦积山石窟第4窟庑殿顶上方建筑遗迹新发现》。

安殿堂建筑中最为成熟和流行，阑额又可称作楣，故称之为"重楣"[12]。这种重楣在隋唐之前的中原北方地区罕见。此次散花楼崖阁勘察及附带散花楼壁画勘察发现，北周散花楼，不但有"重楣"的大型石作遗存，楼内还有"重楣"的壁画建筑，故散花楼应视为隋唐之前中原北方地区，在建筑中实行重楣的一个重要实践场所。

重楣在唐代长安的流行，反证了隋唐之前重楣出现于长安佛教圈内麦积山石窟中的合理性。麦积山北周的重楣，是唐代长安重楣之前的里程碑。

（四）其他

1. 散花楼柱、栌斗表面多见打磨细整状态，不利于敷泥，尚亦未发现上有北周泥皮。又散花楼内壁画下的敷泥石面多为粗糙状，故散花楼外檐下石构件原设计可能大多为打磨细整状，不敷泥。

2. 散花楼呈现出列龛前有前廊形式，同时，散花楼前廊及新发现的龛内北周壁画建筑，均富有廊道，这些因素，佐证了麦积山石窟第168窟（东门）和第3窟（千佛廊）这两廊道式崖阁洞窟，是散花楼所在的北周第4窟附属廊道的判断[13]，此3个窟原为1个窟。

3. 散花楼角柱栌斗上方的（角）梁首和（角）小斗的面宽较大，或尚未来得及将其凿小，或古建筑原型上即如此。

4. 散花楼左、右角柱头及栌斗上断磋皴面边缘小石槽的形态风格基本一致，应为同时所凿。视槽所处的位置，其功能应为：在栱眼壁断磋的前、后部和阑额断磋的前、后、底部嵌入木板，复原或再造栱眼壁和阑额，掩饰其断磋。另，在断磋皴面边缘上，或者更好是在边缘内圈凿槽嵌木，能更好地恢复和装饰石作原貌。在此过程中，会顺便将栱眼壁、柱头阑额断磋区域中间原先较长的断磋修短，或者基本等高于周边的平整石面。

小石槽的形态中，有稍宽且长度基本一致的短促节段，近似长方形卯口状。角柱柱头下方左、右面上，亦存在与石槽中的卯口类似的卯口（"工"字形皴面下方至柱础上，上下垂直一串，左角柱3个，右角柱4个），可能与上方小石

---

[12]"重楣二百一十六，按《周易》：'乾之策二百一十有六。'故置二百一十六条。所以规模《易》象，拟法乾元，应大衍之深元，叶神策之至数。"如西安大雁塔西门楣初唐石线刻佛殿等，柱头间双层阑额形式即为重楣，已流行中间垫板加蜀柱的更成熟形式。（清）董浩、阮元等奉敕编：《全唐文》卷13《高宗》3"定明堂规制诏"，中华典藏APP。

[13] 同注[1]。

槽同时或其后仿凿，其功能当为安装阑额之下柱间的木件[14]。

左角柱栌斗上，南宋泥皮覆盖小石槽，说明小石槽要早于南宋重修散花楼时的宝庆三年[15]。凿小石槽或是在北周开凿时，对局部坍塌的柱间构件的修理行为。但因槽内壁粗糙，不太类似北周开凿时的规整状态，故凿小石槽更可能是在隋代地震坍塌之后[16]至南宋宝庆三年之前这段时间内对柱间构件的重修行为。如是对柱间构件的重修行为，因中间石柱已塌毁，就必须在重修时新建木柱，同时或其后，在木柱和左、右石柱上凿卯以安木附件，或可能一并以木构为骨架，修补了坍塌的散花楼顶部。

> 本文录自敦煌研究院麦积山石窟艺术研究所考古研究室（夏朗云执笔）：《麦积山石窟第4窟散花楼外檐下仿木构件再勘察——附：新发现的散花楼中龛北周壁画建筑》，《文物》2017年第11期，略增订。

---

[14] 傅熹年：《麦积山石窟所反映的北朝建筑》"石窟中建筑形象所反映出的几个问题""一、关于第4窟原状的推测和它所反映出的北周建筑"，记"卯口是安木枋装门窗或壁板用的"。《文物资料丛刊》1981年第4辑。

[15] 傅熹年：《麦积山石窟所反映的北朝建筑》："石窟中建筑形象所反映出的几个问题""一、关于第4窟原状的推测和它所反映出的北周建筑"，记载被宋代泥皮覆盖的小石槽及下方的卯口"不能晚于宋"。《文物资料丛刊》1981年第4辑。麦积山石窟艺术研究所考古研究室：《麦积山石窟第4窟庑殿顶上方建筑遗迹新发现——附：中区悬崖坍塌3窟龛建筑堆积遗迹的清理》，《文物》2008年第9期（亦载于本书），记载了南宋重修泥皮的具体时间。

[16] "开皇二十年十一月戊子，天下地震，京师大风雪。……仁寿二年九月，陇西地震。""开皇二十年十一月，京都大风，发屋拔树，秦、陇压死者千余人。地大震，鼓皆应。净刹寺钟三鸣，佛殿门锁自开，铜像自出户外。"《隋书》卷2《帝纪》第2《高祖》下，第18页；卷23《志》第18《五行》下《常风》，第14页，载《钦定四库全书》史部1。除此，隋代麦积山无地震记载。又察，位于散花楼下方的隋代风格第13窟大像，系支撑散花楼的崖壁坍塌后，依其断碴所造，第13窟隋文化层延伸在散花楼下，由巨大坍塌所形成的大凹间里，故知散花楼至迟当在隋代，其中间6柱和顶前部塌掉，具体应在开皇二十年（600年）和仁寿二年（602年）的连续地震中。

麦积山石窟第5窟牛儿堂崖阁仿木建筑结构新勘察

麦积山石窟第5窟（牛儿堂），位于麦积崖东崖上方西端，是前廊后龛（后室或主室）的崖阁式洞窟，学界基本认为始凿于隋代[1]。崖阁在洞窟前部，是仿木结构殿堂的前部（未凿出殿堂外顶），形成主室之前的崖阁式横向前廊（简称崖阁前廊），虽多有残损，但可辨原外立面作三间四柱（左侧、左中、右中、右侧方柱）的面貌。崖阁自高9.42米，面宽16.22米，下距窟前地坪56.35米。前廊由左至右残损渐重，其中，前部地面、右前角部地面、四柱础、左2柱大部、右2柱全部、顶右前角部、右壁前部坍塌（图1）。

以往，对牛儿堂崖阁建筑结构的认识，主要来自两次实测勘察。一次是1953年，由中央文化部社会文化事业管理局组织的麦积山勘察团的勘察（以下简称"中央文化部勘察"），有关牛儿堂崖阁建筑遗存现状内容，主要是精练的记述及实测图。另一次是1972年，由国家文物局组织的麦积山石窟加固维修工程初步加固方案勘察组的勘察（以下简称"国家文物局勘察"），有关牛儿堂崖阁建筑遗存内容，主要是简要的记述及对"中央文化部勘察"实测图的再核对整理。基于此，对残损的牛儿堂崖阁面貌，先后已有5种复原示意图。第一种，为局部面貌的仰视复原示意图，未作复原说明。第二种，为全面的外立面复原示意图，对残失柱础的复原等，未作说明。后来又有3种局部或全面的复原示意图，逐渐对前阶段的复原有修改，对修改也均未作说明。故以往勘察，在记

---

[1] ①麦积山勘察团：《麦积山石窟内容总录》，《文物参考资料》1954年第2期，第5窟的"建造时代"条空缺（其他窟多有此条），壁画内容的记载中有"大龛门壁，栱顶部分，由下仰视可见残存的装饰画……这些壁画都是魏晚期作风的"，故记此窟建造时代可至"魏晚期"。关于年代的划分，见于麦积山勘察团：《麦积山勘察团工作报告》，《文物参考资料》1954年第2期规定，"我们把西魏归入魏晚期的范围（迁洛阳后到西魏灭亡）"。故上述《总录》中记牛儿堂的建造时代为，北魏迁都洛阳后到西魏灭亡这段时期。②傅熹年：《麦积山石窟中所反映出的北朝建筑》，《文物资料丛刊》第4辑，北京：文物出版社，1981年，在牛儿堂勘察内容中，标其年代为"隋窟"。③麦积山石窟艺术研究所编：《麦积山石窟内容总录》中有"第5窟，修建时代：隋、唐（宋、明重修）"，记牛儿堂的始凿时代在隋代。此后学界基本认为牛儿堂始凿于隋。载麦积山石窟艺术研究所编著：《中国石窟·麦积山石窟》，北京：文物出版社，1998年。

录内容和复原说明方面，存在过于简略或省略现象，其复原图未被学界普遍接受（以上简述，下文另有专述，见于"以往主要勘察"和"以往复原面貌"两部分）。此后，无其他的对牛儿堂崖阁仿木建筑结构的实测勘察，故有必要再做一次实测勘察，补充记录内容，补充以往勘察在复原方面的未作说明处等。

图1 牛儿堂崖阁残存面貌

为此，本次勘察在记录和复原证据方面，着重注意五方面：①更多的尺寸采集，②更具体的结构观察，③牛儿堂崖阁壁画建筑，④麦积山石窟其他相关崖阁，⑤麦积山石窟以外的相关建筑证据，⑥牛儿堂崖阁未完工迹象。

一 以往主要勘察

（一）中央文化部勘察

麦积山勘察团编《麦积山勘察团工作报告》，发表于《文物参考资料》1954年第2期，精练记述了牛儿堂崖阁，介绍当时的勘察工作及测绘内容。麦积山勘察团编《麦积山勘察团工作日记（摘要）》，发表于《文物参考资料》1954年第2期，介绍于1953年8月10日"测绘牛儿堂完成"。麦积山勘察团编《麦积山石窟内容总录》，发表于《文物参考资料》1954年第2期，文中有对牛儿堂崖阁结构的精练记录。

麦积山勘察团、西北历史博物馆、北京人民英雄纪念碑兴建委员会编《麦积山石窟》(文化部社会文化事业管理局，1954年)，主要内容为麦积山勘察团的重点摄影、临摹、测绘成果。其中，有牛儿堂测绘图5帧，发表在郑振铎《序》的配图中：①实测图五，麦积山石窟测绘图，第005号，断面"甲—甲"(图2)；②实测图六，麦积石窟测绘图，I，第5号，平面图(图3)；③实测图六，麦积石窟测绘图，II，第5号，石刻斗栱透视特写(图4)；④实测图七，麦积石窟测绘图，III，第5号、石刻斗栱特写(图5)；⑤实测图七，麦积石窟测绘图，IV，第5号，廊顶仰视特写(图6)。

图2 "中央文化部勘察"牛儿堂断面图

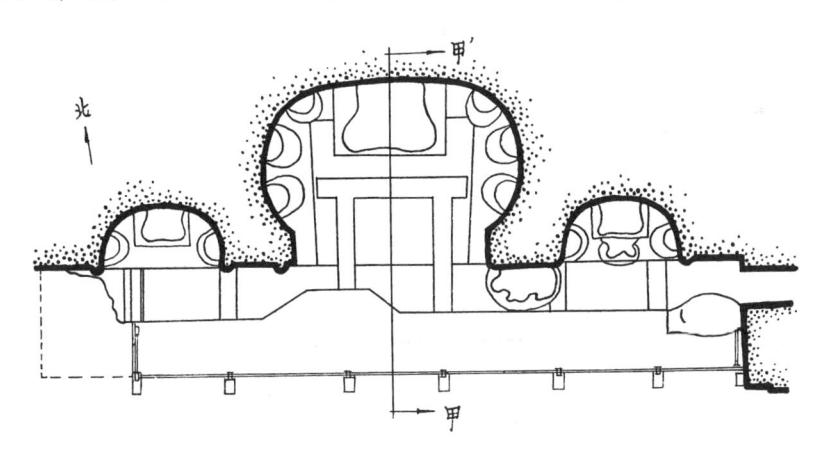

图3 "中央文化部勘察"牛儿堂平面图

关于牛儿堂崖阁建筑结构，五帧测绘图重点显示有：崖阁地平面；方柱；柱头间单层阑额；柱头栌斗上横栱，横栱悬挑臂端头顶部有陡坡卷杀小凸起，小凸起顶面宽，稍小于所承托小斗底面宽；左中方柱与左中梁首中轴对称；左中梁首基本正向前伸，左中梁首前部为稍上翘的四角攒尖形(挑尖形)，左中梁首后部顶微高于，所相交横栱(左中横栱)陡坡卷杀凸起顶。左侧横栱与左侧崖体连接，其靠近崖体的平顶承托左侧小斗；各小斗同高，左侧小斗与左侧崖体连

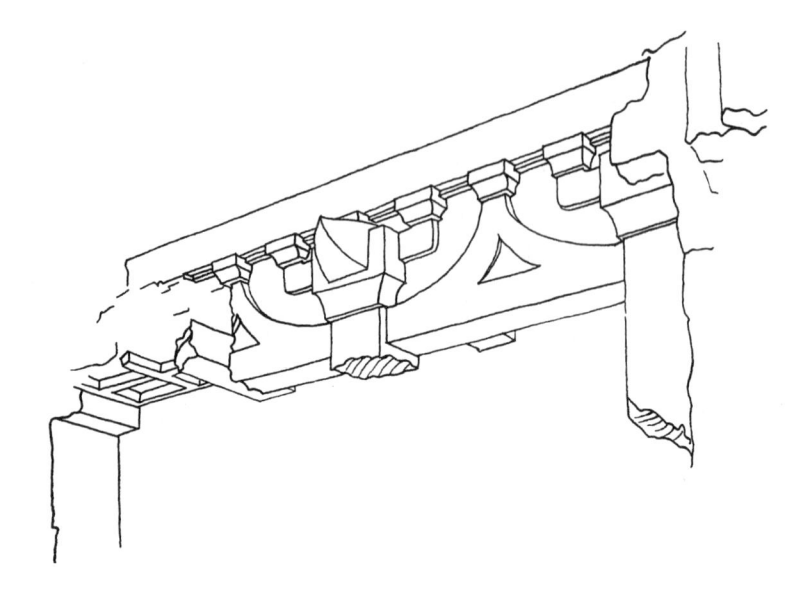

图4 "中央文化部勘察"牛儿堂石刻斗栱透视特写图

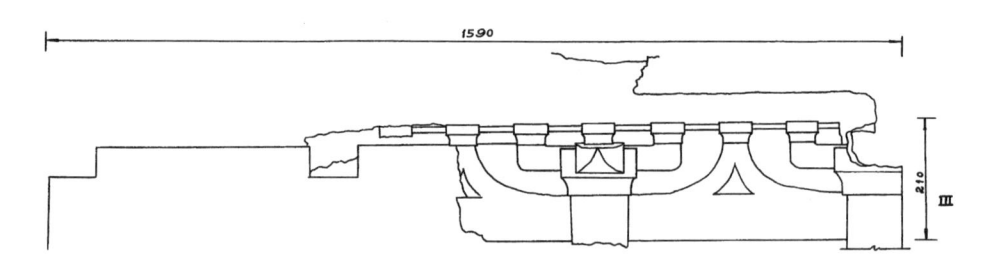

图5 "中央文化部勘察"牛儿堂石刻斗栱特写图

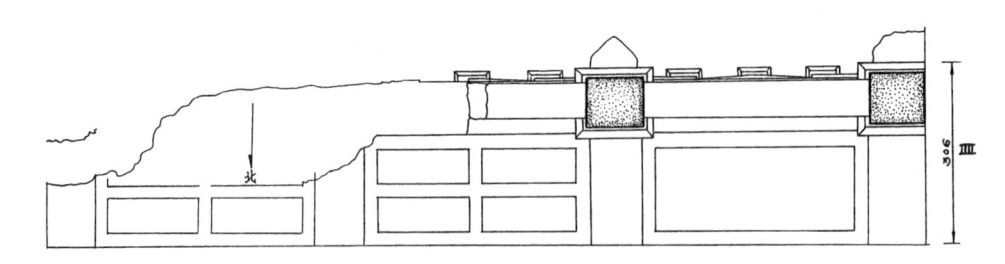

图6 "中央文化部勘察"牛儿堂廊顶仰视特写图

接，面宽较其他小斗大，其他小斗同宽；人字斗栱补间，人字栱叉脚尖下贴阑额，脚尖未分上下脚尖；各斗栱承托通长替木，通长替木承托檐额枋；檐额枋的高（"石刻斗栱透视特写"图，参考"石刻斗栱特写"图，对檐额枋的高作了初步复原）稍大于阑额的高；崖阁左边框在栌斗左侧处未延伸上去，而是向右位移至栌斗上方处再向上延伸，与上部石作的水平边缘衔接，最终在"石刻斗栱透视特写"图中，复原为在栌斗上方处向上延伸，与水平状上边框衔接；前廊内顶部，梁的断面为长方形；前廊内顶部右侧大部是平棊顶，顶左侧小部是平顶。

檐额枋与小斗关系，显示为两种状态（未见取舍说明）：①"石刻斗栱特写"图显示，檐额枋下缘嵌于小斗中；②"石刻斗栱透视特写"图显示，檐额枋位于小斗上方稍后缩。

左中梁首与相交的左中横栱关系，显示为两种状态之一（未见取舍说明）：①梁首后部叠压在横栱中部上，高于横栱中部顶，并微高于横栱的陡坡卷杀凸起顶，梁首后部直接承托一小斗，梁首后部顶面宽，较大于小斗底面宽；②梁首为一斗三升中间所出梁首（把头绞项造结构的梁首），横栱叠压在梁首上，横栱中间有承托一小斗的大凸起，大凸起顶面宽较大于小斗底面宽，横栱大凸起顶与梁首后部顶，等高等宽齐平吻合。横栱大凸起顶与梁首顶，因是粗坯顶（下文"构件遗存"一节中有述），故微高于横栱陡坡卷杀小凸起顶（因直接承托小斗，不存在粗坯顶故微低）。横栱大凸起的两侧面为垂直面，与梁首后部的两侧垂直面，对齐吻合。

（二）国家文物局勘察

1. 傅熹年《麦积山石窟中所反映出的北朝建筑》（简称"傅文"）

发表于《文物资料丛刊》第4辑，文物出版社，1981年3月。傅文"后记"载："1972年夏，国家文物局为加固麦积山石窟，派祁英涛、姜怀英、李哲元三同志作实地调查，拟定加固初步方案"，傅熹年"当时下放天水工作，承祁英涛等同志和麦积山保管所张学荣所长见召，得以协助工作。为了制定方案，曾经测量了一些重要洞窟，把有窟廊的洞窟重新制图"。后记中还提到对第5窟的勘察未再制图，而是"利用保管所原有测图，重新核对尺寸"。

由后记所载"工作中，大家对各窟建筑上的特点和时代进行过初步分析，不过忙于制定加固方案，未暇在这方面进一步总结整理"看，此次勘察应集体形成了加固初步方案，但未形成古建筑研究方面的集体署名成果。

傅文"后记"又载："近年张学荣同志多次催促，希望能把这方面材料介绍出来，祁、姜等同志工作繁忙，只好由我勉为其难，根据当时测稿、笔记和图纸再加核对，重新制图，对所表现建筑资料做稍详细的介绍，并对其中所反映的建筑史上的问题，略识管见。其中遗漏或不妥之处希望祁英涛、姜怀英和张学荣等同志补充纠正。"表明傅文是依据"国家文物局勘察"所形成的成果，是尚希其他共同勘察同志指正的个人署名成果。

傅文"一、石窟和窟廊"之"VII、第五窟"一小节内容，为第5窟牛儿堂崖阁建筑勘察的文字记录，约500字，较"中央文化部勘察"对牛儿堂建筑的记述稍详细，但字数尚不多，仍属于简要记述。文中记"（牛儿堂）此窟未详测，仅以原麦积山勘察团的测图（即上述傅文'后记'中所谓'保管所原有测图'，应包含上述'中央文化部勘察'的5帧牛儿堂测绘图）与实物做了核对，改正后重新绘图。"此重绘图，为傅文的"图二八，麦积山石窟005窟平立剖面图"（图7）。

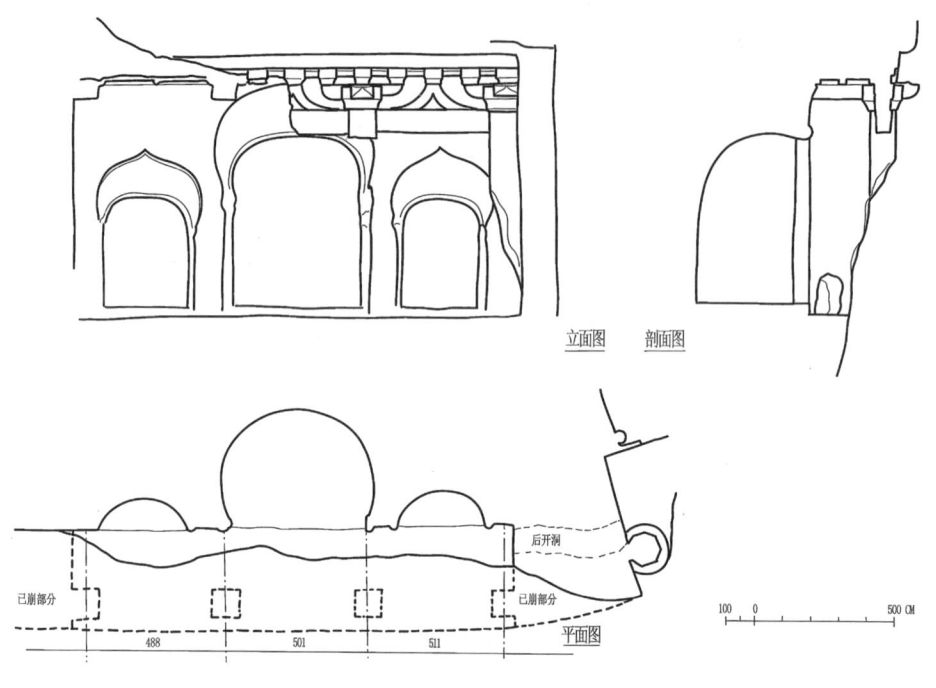

图7 "傅文"牛儿堂平、立、剖面图

此重绘图，基于"中央文化部勘察"的牛儿堂测图，在表现牛儿堂崖阁结构上，修改处主要为：（1）方柱由未明确向上收分，修改为明确略向上收分。（2）横栱顶部，由端头处有卷杀凸起，修改为无卷杀凸起的通平顶。（3）左侧梁首由形态未绘出，修改为绘出左侧梁首，且左侧梁首与左侧崖体连接，左侧梁首面宽大于中间梁首面宽，左侧梁首与其下方侧柱不中轴对称。（4）梁首与相交横栱关系的修改，有两种可能：①同于"中央文化部勘察"测图所表现的，横栱中部上叠压梁首状，但梁首顶由微高于横栱顶，修改为梁首顶与横栱顶等高齐平。②或者，由梁首叠压横栱状，修改为横栱叠压梁首状，形成柱头一斗三升中间出梁首结构（即把头绞项造），梁首顶与横栱顶等高齐平。(5)檐额枋与小斗的关系，由檐额枋下缘嵌有小斗或檐额枋前垂面位于小斗上方稍后缩，修改为，檐额枋前垂面位于小斗上方稍前凸。(6)由檐额枋的高稍大于阑额的高，修改为檐额枋的高小于阑额的高。(7)栌斗左侧的崖阁左边框，由未延伸上去，修改为向上延伸，并与崖阁上边框连接。崖阁左边框由不确定其方向，修改为向右上方微倾斜。

"傅文"在重新绘图的同时，还对牛儿堂崖阁残失处，进行了平面和外立面的复原（下文另有专述，见于"以往复原面貌"一节）。

2. 祁英涛《中国早期木结构建筑的时代特征》（简称"祁文"）

发表于《文物》1983年第4期。此文"三，封建社会早期木结构建筑的时代特征""（五）寺庙林立"一节中，谈到"南北朝后期的北齐北周大檐额的做法逐渐被柱头间分间置阑额的方法所代替"时，举例"（麦积山石窟）第5窟（牛儿堂）"，认为此窟"属北周或隋，窟檐已改为阑额的做法"，并对牛儿堂崖阁外立面有所复原（下文另有专述，见于"以往复原面貌"）。

"祁文"中的牛儿堂崖阁论述及复原方面的内容，未提及勘察依据，但因作者是祁英涛，故判断应多是基于上述1972年夏，祁英涛、姜怀英、李哲元、傅熹年为骨干的"国家文物局勘察"，是此勘察的又一个人成果。

二 以往复原面貌

（一）第一时段复原面貌

刘敦桢主编《中国古代建筑史》（简称"刘史"），中国建筑工业出版社，1980年10月。其第99页"第四章，两晋、南北朝时期的建筑""第七节，建筑的材料、技术和艺术"中"图72，南北朝建筑细部，栌斗上承梁尖，甘肃天水麦积山5窟"，将牛儿堂崖阁的时代标在南北朝时期，图中的牛儿堂面貌非遗存的残损面貌，表现为"牛儿堂崖阁仰视角度的左上偏中间的局部复原面貌示意图"。"刘史"此图，因发表时间最早，应是"第一时段复原面貌示意图"（图8）。

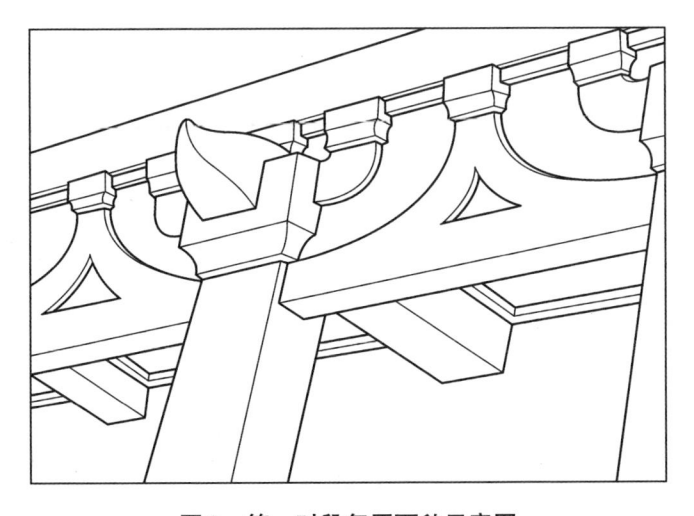

图8 第一时段复原面貌示意图

"刘史"未提及此图的勘察依据。对照以往勘察，显然，"刘史"此图来自于上述"中央文化部勘察"的牛儿堂崖阁5帧图。具体制图步骤是：以"石刻斗栱透视特写"为底图，参考另4图，复原出残柱的延伸部分，并调整出更仰的视角，显露出复原的左侧廊内顶，另将斗栱处原较模糊的相互结构，修订得特点更突出，最后裁剪周边，使只显示牛儿堂崖阁左上偏中间的局部。

"中央文化部勘察"的牛儿堂崖阁5帧测图，导出了"第一时段复原示意图"，故后者所显示的建筑结构要点，与前者在相应处相同。不同处是：①后者复原出方柱，表现为上下开凿趋势统一的延续方柱状；②后者还复原廊内顶全部是平棊顶（廊内顶左侧，由遗存的平顶，复原为平棊顶）。

"刘史"未就上述复原做相应的说明。

（二）第二时段复原面貌

傅文"图二八，麦积山石窟005窟平立剖面图"（图7）中，其"立面图"对因坍塌而残失的下边框进行了复原，图示为"下边框与崖阁地面齐平"。其平面图，对因坍塌而残失的4个柱础部位进行了复原，图示为"柱础顶面与崖阁地面齐平"。以平面图中的柱础复原为主要支撑点，傅文还复原了牛儿堂崖阁的整体外立面，见"图二一 麦积山石窟东崖各窟廊建筑雕刻复原示意图"中的牛儿堂崖阁部分，即是"柱础顶面与地面齐平"样的"牛儿堂崖阁外立面复原示意图"。此图复原内容较全面，按发表时序，是"第二时段复原面貌示意图"（图9）。

图9 第二时段复原面貌示意图

此"第二时段复原面貌示意图"主要显示：①崖阁地平面；②三间四柱面貌；③向上略收分的方柱，方柱整体上下开凿趋势统一，柱础顶面与崖阁地面齐平，四柱同高，中两柱稍宽，左右两柱稍窄；④柱头间单层阑额；⑤柱头一斗三升中间出梁首（把头绞项造）；⑥梁首前部为稍上翘的四角攒尖形（挑尖形），各梁首基本等高、等宽，正向前伸，侧梁首与侧崖体连接，各梁首基本与各支撑柱中轴对称，各梁首顶低于横栱顶，高于栌斗顶；⑦横栱顶部通平无卷杀凸起，侧横栱与侧崖体连接；⑧侧小斗与侧崖体连接，侧小斗高与其他小斗相同，面宽较其他小斗大；⑨人字斗栱补间的人字栱叉脚尖贴阑额（脚尖未分上下脚尖）；⑩斗栱承托通长替木，通长替木承托檐额枋；檐额枋下缘嵌于小斗中。檐额枋的高小于阑额的高；⑪边框大致呈两侧边微向上收分的等腰梯形，下边框稍低于崖阁地面。

"第二时段复原示意图"相对"第一时段复原示意图"，在对应结构上的变化有：①横栱顶部，由有卷杀凸起，变得无卷杀凸起；②梁首顶部，由微高于或等高于横栱顶部，变得低于横栱顶部；③檐额枋与小斗的关系，由下缘嵌于小斗中或位于小斗上方稍后缩，确定为下缘嵌于小斗中；④檐额枋的高，由稍大于阑额的高，变得小于阑额的高。

傅文"图二八，麦积山石窟005窟平立剖面图"显示，牛儿堂横栱顶与梁首顶等高齐平、侧梁首宽于中间梁首、檐额枋位于小斗上方稍前凸、下边框与崖阁地面齐平，但傅文"牛儿堂外立面复原图"即"第二时段复原面貌示意图"，却显示为①梁首顶低于横栱顶、②侧梁首与中间梁首基本同宽、③檐额枋下缘嵌于小斗中、④下边框稍低于崖阁地面，且未说明缘由，也未说明"柱础顶面与崖阁地面齐平"的复原依据。

傅文还记载牛儿堂崖阁窟廊（即前廊）各间的面阔（面宽）数据："自西向东，逐间面阔为488、501、511厘米。"即右次间面宽4.88米、明间面宽5.01米、左次间面宽5.11米。此数据显示，牛儿堂崖阁左右次间面宽之间有0.23米的差距，牛儿堂崖阁遗存不是接近规整的中轴对称结构。傅文对此未作说明，由此可理解为此非精确中轴对称结构作为遗存原样，可保持在牛儿堂崖阁的复原结构中。但，是否认为牛儿堂崖阁的木构原型为非精确中轴对称结构，傅文也未作讨论。

傅熹年《麦积山石窟所见古建筑》，发表于《中国石窟·麦积山石窟》，文物出版社、平凡社，1987年5月（日文版），1998年6月（中文版）。此文与傅文基本相同，有关牛儿堂崖阁内容未变，只是将傅文"图二一 麦积山石窟东崖各窟廊建筑雕刻复原示意图"改图名作"图1 东崖各窟廊建筑塑像复原（示意）图"，两图内容一致，包含相同的上述"第二时段复原面貌示意图"。

《高等学校教学参考书·中国建筑史》，中国建筑工业出版社，1982年7

月。其165页"图7-10 南北朝建筑细部"中,对牛儿堂崖阁面貌的复原,沿用刘史的上述"第一时段复原面貌示意图",未采用傅文"第二时段复原面貌示意图"。

(三)第三时段复原面貌

祁文在讨论牛儿堂窟檐仿木结构时,有附图"图一九 4.麦积山第5窟(北周?)窟檐",非遗存的牛儿堂残损面貌,表现为"牛儿堂崖阁右上部外立面复原示意图",按发表顺序,是"第三时段复原面貌示意图"(图10)。

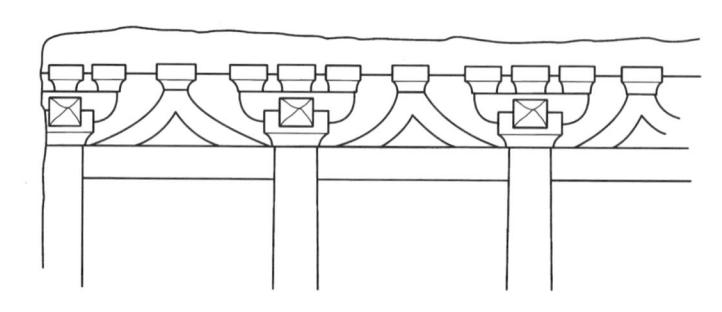

图10 第三时段复原面貌示意图

"第三时段复原面貌示意图"相对"第二时段复原面貌示意图",不同处主要有:①去除通长替木;②檐额枋的高增加,基本等于阑额的高;③右侧小斗,与右侧崖体分离,并与其他小斗同大,右侧小斗下的侧横栱,继续向右侧崖体方向延伸,并连接右侧崖体及右侧边框。由殿堂建筑一般中轴对称看,左侧小斗处为对称样;④各梁首面宽缩小。右侧梁首与侧崖体分离,右侧梁首面宽与中间两梁首面宽一致缩小。由殿堂建筑一般中轴对称看,提示崖阁总共有4梁首,面宽一致;⑤崖阁右侧边框,在侧栌斗以上部分,变得微向右侧崖体方向拓展了(由殿堂建筑一般中轴对称原则看,左侧边框为与对称样)。

祁文未作复原说明,同时也未说明相对于"第二时段复原面貌示意图"有所变化的原因。祁文"第三时段复原面貌示意图"无牛儿堂崖阁下部图示,同时也回避了对牛儿堂崖阁残ູ失柱础部分的复原和说明。

《高等学校教学参考书·中国建筑史》,中国建筑工业出版社,1986年7月第二版。其第168页"图7-10 南北朝建筑细部"中,对牛儿堂崖阁面貌的复原,沿用刘史"第一时段复原面貌示意图",未采用傅文"第二时段复原面貌示意图"和祁文"第三时段复原面貌示意图"。

(四)第四时段复原面貌

傅熹年《中国早期佛教建筑布局演变及殿内像设的布局》(简称"傅论"),

发表于《中国古建史论丛书·傅熹年建筑史论文集》，文物出版社，1998年9月。在其所举例的"中国木构佛殿形式的洞窟"中，谈到"麦积山004窟外观七间八柱，表示是七间的佛殿，顶上雕出梁和天花板，其下雕七座并列的帐"时，"附图二 天水麦积山石窟004、005窟立面复原（示意）图"，图中包含"牛儿堂崖阁外立面复原示意图"，按发表顺序，是"第四时段复原面貌示意图"（图11）。

图11 第四时段复原面貌示意图

"第四时段复原面貌示意图"，是以"第二时段复原面貌示意图"为基础的修改图，修改处为：梁首不再作挑尖状，而是将梁首正面图形，由原含攒尖交叉线的长方形，修改为空白长方形。

傅论未对复原依据做说明；对修改后的梁首前端是什么具体形态，即是垂直截去形（长方体状梁首）还是其他形状？似为前者，但未做说明；对第二时段傅文未作说明的牛儿堂崖阁残失柱础复原为柱础顶面与崖阁地面齐平状等，也无追加复原说明。

因作者是傅熹年，故判断此"第四时段复原面貌示意图"仍多是基于1972年夏祁英涛、姜怀英、李哲元、傅熹年为骨干的"国家文物局勘察"，此次复原又有所调整而已。

（五）第五时段复原面貌

傅熹年主编：《中国古代建筑史》第二卷（简称"傅史"），中国建筑工业出版社，2001年12月。其293页"第二章，两晋南北朝建筑""第十一节建筑技术""图2-11-25，北朝'V'形建筑构架——全木构架，柱上承铺作及梁，阑额在顶柱之间；5.麦积山5窟隋代窟檐"，图示为"牛儿堂崖阁外立面复原示意图"，按发表顺序，是"第五时段复原面貌示意图"（图12）。

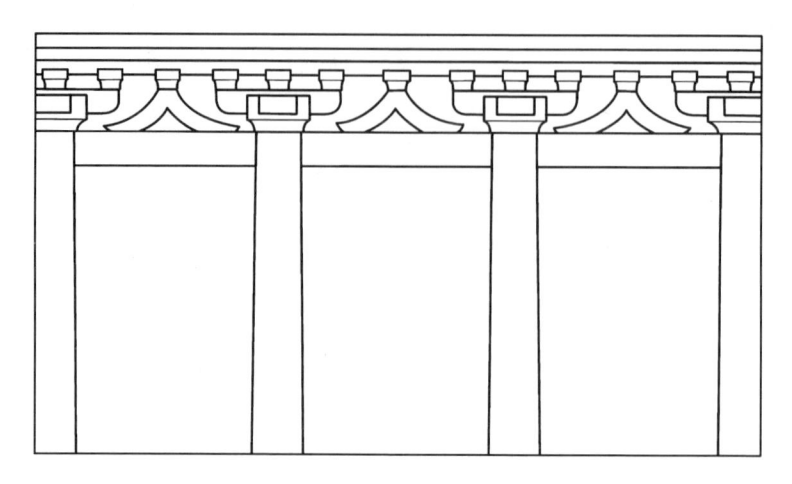

图12　第五时段复原面貌示意图

"第五时段复原面貌示意图"在"第四时段复原面貌示意图"基础上有修改，修改处主要有：①与第三时段去除通长替木的复原取得一致，将通长替木去除；②与第三时段复原面貌示意图中的"侧小斗与其他小斗同大且与侧崖体呈分离状态，且侧小斗下的侧横栱，继续向侧崖体方向延伸并连接侧崖体及侧边框"的复原取得一致，将侧小斗修改为与其他小斗同大且与侧崖体分离，且侧小斗下的侧横栱，继续向侧崖体方向延伸并连接侧崖体及侧边框；③将原基本同宽的各梁首面宽，不同程度缩小，形成（相等的）两中间梁首面宽，小于（相等的）两侧梁首面宽状态，侧梁首后端由原与侧柱基本中轴对称修改为与侧柱不中轴对称；④将原高于栌斗顶的梁首顶，修改为与栌斗顶等高齐平；⑤将原无上下脚尖的人字栱叉脚端，修改为出现了上下脚尖，上脚尖有尖锐角形和近直角的锐角形两种形态，但基本不上翘；⑥将原一檐额枋，修改为三层横长方形小构件相叠的构件组合，各层基本等高，构件组合的总高度，大于阑额高度；⑦将崖阁下边框，由原低于崖阁地面，修改为与崖阁地面齐平。

傅史对上述修改未做说明。并且，对三层相叠构件组合的前端，具体是什么形态，如是垂直面还是斜面？是上下在同一垂直面上？还是前后错落？也未做说明。也未追加其他复原说明。

因其主编是傅熹年，故判断"第五时段复原面貌示意图"亦仍多是基于1972年夏祁英涛、姜怀英、李哲元、傅熹年为骨干的"国家文物局勘察"，此次复原又有所调整而已。

傅熹年：《中国古代建筑十论》，复旦大学出版社，2004年10月。其中"麦积山石窟中所反映出的北朝建筑"一文，采用傅文有关牛儿堂崖阁内容未变，"牛儿堂崖阁外立面复原示意图"未变，仍为上述"第二时段复原面貌示意图"原样，未追加复原说明。

赵朴初倡编、周绍良主编《梵宫——中国佛教建筑艺术》，上海辞书出版社，2006年6月。其中傅熹年所撰"第三章 中国早期佛教建筑布局演变及殿内像设的布置"，采用上述第四复原时段《中国早期佛教建筑布局演变及殿内像设的布局》一文，有关"牛儿堂崖阁外立面复原示意图"的图式未变，仍为上述"第四时段复原面貌示意图"，也未追加复原说明。

上述五个时段复原面貌示意图，未被学界普遍认同。萧默主编的《中国建筑艺术史》（文物出版社，1999年6月）、罗哲文主编的国家文物局文物博物馆系列教材之《中国古代建筑（修订本）》（上海古籍出版社，2001年12月）、王其钧《中国建筑史》（中国电力出版社，2012年1月）等建筑史著作，在相关章节中均未采用上述五个时段复原示意图任何一种，因此也未介绍牛儿堂崖阁。

三　本次勘察概况

2012年5月，栈道上搭牛儿堂崖阁脚手架，注意到牛儿堂崖阁外立面和前廊内仿木构件的未完工迹象。2014年3月，栈道上搭牛儿堂崖阁脚手架，复查牛儿堂崖阁未完工迹象。2015年4月，观察牛儿堂崖阁下方的坍塌遗存，对比牛儿堂崖阁结构。2017年4月，无人机航拍牛儿堂崖阁外立面构件。2019年4月，栈道上搭牛儿堂崖阁脚手架，复查牛儿堂崖阁结构细节。7月，观察牛儿堂前廊内建筑壁画斗栱样式，对比牛儿堂崖阁斗栱样式。8月，观察麦积山石窟第43、30、28窟崖阁构件，对比牛儿堂崖阁构件。9月，观察牛儿堂、散花楼后室内建筑的完工状态，对比牛儿堂前廊。2020年，结合麦积山石窟以外的建筑图像因素进行综合考察。

四　建筑结构遗存

（一）牛儿堂上

1. 崖阁前廊内左右壁之间顶部

（1）顶

石作敷泥。右侧大部分为平棊顶，右前部坍塌。左侧小部分为平顶，完整。

（2）梁

石作敷泥。存左侧、左中、右中、右侧计4根平置纵梁承托顶，其中左侧、左中两梁完整，右中梁前端残损，右侧梁前段残失。四梁均与顶连接，侧梁均与侧壁连接。由泥皮残损处所露看，石作表面细整（本文以下所述诸石作，未做其他说明的，均为表面细整状）。各梁断面基本为长方形，侧面微向下收分，使断面微呈正倒梯形。各梁基本平行水平前伸，将前廊内左右壁之间顶部，分为明间和左、右次间计3间。

（3）各梁前端高

左侧、左中、右中梁的高度，前端、中间、后端均约为0.67米（凡敷泥构件尺寸，皆为含泥皮尺寸，泥皮厚度约0.005米）。右侧梁后端高0.63米、中间高0.65米，由渐大的发展趋势并参考其他梁前端看，其残失前端高，判断约为0.67米。故，各梁前端高应基本相等。

（4）各梁前端面宽

左中、右中梁面宽（以下梁的面宽，均取断面呈微倒梯形梁的底面处），前端、中间、后端约0.88米。左侧梁，于左侧壁露出，其面宽，后端0.90米、中间0.87米、前端0.84米。右侧梁，于右侧壁露出，其面宽，后端0.76米、中间0.8米，由面宽自后向前渐大的发展趋势看，残失的前端面宽，判断约0.84米。故，左中、右中梁，前端面宽基本相等，约0.88米，稍大；左侧、右侧梁，前端面宽基本相等，约0.84米，稍小。

（5）各间的前后端面宽

明间面宽，即左中、右中梁中线的水平距离，前端处4.82米、后端4.88米。左次间面宽，即左侧梁左端与左中梁中线的水平距离，前端处5.15米、后端5.11米。右次间顶部面宽，即右侧梁右端（右侧壁上端）与右中梁中线的水平距离，前端处因右侧壁前段残失而无法测量，后端5.01米、中间5.08米，由面宽自后向前渐大的发展趋势看，判断其前端处面宽为约5.15米。故，各间中，明间面宽稍小，左、右次间面宽稍大。其中，各间前端处，明间面宽4.82米，稍小；左、右次间面宽基本相等，约5.15米，稍大。

（6）各间顶

右次间为平棊顶，前部坍塌。明间为平棊顶，完整。左次间为平顶，完整。

（7）敷泥

梁、平棊顶、平顶，与前廊内顶部以下其他处，以及后室（牛儿堂中龛）内，均一体同层敷泥，并均已着底色。其中，右次间的梁、平棊顶，与前廊内顶部以下其他某些处，以及后室内全部，已经在泥皮底色上绘制风格一致的最底层壁画。

（8）泥皮内的顶状态

观察前廊顶敷泥的起伏，及残损泥皮中露出的石形，知泥皮内的各处石作遗存的状态不尽一致。其中，泥皮透出的右次间右侧平棊顶石作，基本规整；泥皮透出的右次间左侧平棊顶、明间平棊顶石作，为未完工的粗坯状（图13）；

泥皮透出的左次间顶的石作，为平顶形，其平顶面，与明间、右次间平棊顶的最下平面，处在一个水平面上。

图13 泥皮中透出的明间粗坯状平棊顶

2. 檐柱

石作。遗存2柱，方形，其下部、柱础、柱础所处崖阁地面残失。两柱顶端等高。柱顶端与前廊残存地面垂直距离7.00米。

左侧方柱，残存上部一小段，左侧连接左崖体。正面顶端面宽0.93米，右面顶端面宽1米，背面顶端面宽0.84米。正、右、背部，均基本向上微收分约0.5°，距离柱头顶端约0.30米处，稍渐向上向外卷杀状扩张至柱头顶端（与柱头紧杀状相反的柱头扩张卷杀状）（图14），扩张的水平向幅度约0.03米。柱正面的左侧边（现代水泥边框处），基本向上右微倾斜约0.5°（图15）。

左中方柱，残存少量柱头，正面存顶端痕迹（图16），左、右、背面存顶端以下少部分。正、背面顶端面宽1.01米，左、右面顶端面宽1米。左、右、背部，均基本向上微收分约0.5°，距离柱头顶端约0.30米处，向上至柱头顶端为"扩张卷杀"状，扩张的水平向幅度约0.03米。

3. 柱头间单层阑额

石作，背面敷泥。正面显示轮廓，背面不显轮廓，背面与其他构件的不显轮廓，背面通平一体。

遗存明间、左次间两处阑额，各阑额位于各间两柱头间，稍后缩于柱头正背面。

图14 左侧柱头右侧前沿"稍微扩张卷杀"状

图15 正面左侧柱上部、左侧一斗二升、左侧梁首、崖阁左边框局部、左侧柱头右沿"稍微扩张卷杀"状

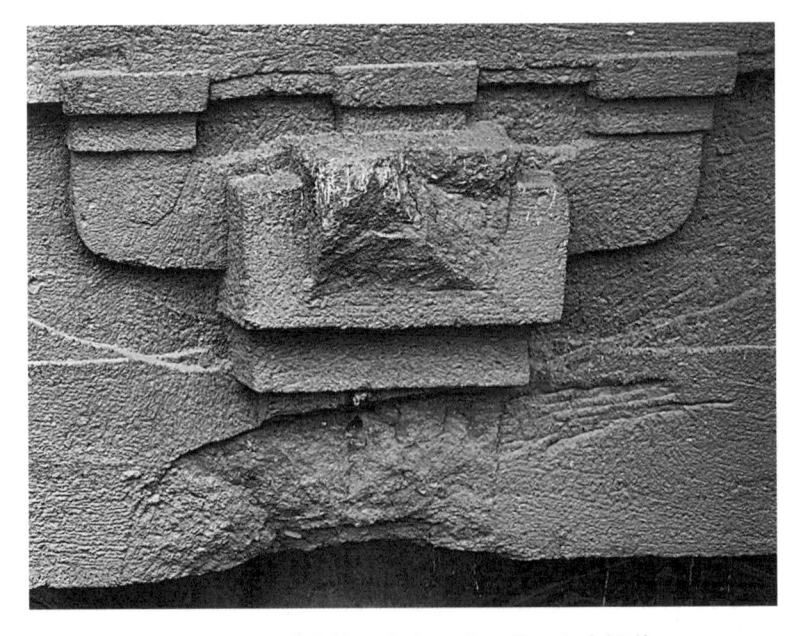

图16 正面左中柱、左中一斗三升、左中梁首

明间阑额，右部残。正面左上缘有未凿完断碴，断碴高于柱头。按凿痕趋势，上缘应与柱头齐平（图17），按上缘与柱头齐平，阑额高0.80米。

图17　正面明间阑额左上部、明间人字栱左叉下部

左次间阑额，基本完整，面宽3.81米。正面右上部，有1小片表层被凿除，表层厚0.03米（图18）。正面左上缘有未凿完断碴，断碴高于柱头，按凿痕趋势，上缘应与柱头齐平（图19），按上缘与柱头齐平，阑额高0.80米。

图18　正面左次间阑额右上部、左次间人字栱右叉下部

4. 柱距

左次间，两柱顶端的间距3.81米，两柱顶端中线间距4.78米。

5. 栌斗

石作。遗存3栌斗，栌斗顶面为粗坯状。

图19　正面左次间阑额左上部、左次间人字栱左叉下部

左侧柱头栌斗（左侧栌斗，图15），左侧与左侧柱一起连接左崖体，左一小部分没入左崖体，右大半部分露出，顶面（连带其上的梁首顶面）向左上微倾斜连接左侧崖体，欹、底面（连带梁首底面）向左下微倾斜连接左侧崖体，呈现出顶、底部（连带梁首顶、底部）由左崖体处向右侧的收分状。宽1.05米，深1.33米，右侧高0.92米，左侧高1.12米。

左中柱头栌斗（左中栌斗，图16），与左中柱中轴对称，宽1.33米、深1.33米、高0.88米。

右中柱头栌斗（右中栌斗），残存左后上角。

左侧、左中栌斗，各欹部等高，各底部外侧与柱头距离基本相等。左侧、左中、右中栌斗，分别承托前廊内顶部的左侧、左中、右中梁。

6. 横栱

石作，背面敷泥。正面显示轮廓，背面不显轮廓，背面与其他构件的不显轮廓背面通平一体。

存2横栱，左侧横栱、左中横栱同高，各悬挑臂高0.46米。两横栱各叠压栌斗、梁首上，承托小斗，组成左侧横向一斗二升（图15）、左中一斗三升（图16），横栱顶面为粗坯状，左侧横栱连接左崖体。

左侧横栱顶右部悬挑端上，有一承托小斗的陡坡卷杀小凸起，小凸起顶面宽0.46米，面宽稍窄于所承托小斗底。顶左部右侧上有一粗坯状、承托小斗的缓坡大凸起（粗坯尚无卷杀），大凸起顶面向左上方微倾斜连接左侧崖体，大凸起顶面宽约0.88米、右侧高0.52米、左侧高0.56米，大凸起顶面宽较大于所承托小斗底面宽。

左中横栱顶，在左右悬挑端上，各有一同大的承托小斗的陡坡卷杀小凸起，小凸起顶面宽0.46米，小于小斗底面宽；在中部上有一承托小斗的缓坡卷杀大凸起（缓坡卷杀大凸起顶侧尚有未修除的碴），缓坡卷杀大凸起顶高0.51米、面宽约0.88米，面宽较大于小斗底面宽。

之所以不倾向于将左中横栱中部的形象认为，（如同"中央文化部勘察"牛儿堂测图所图示的一种状态）梁首叠压在左中横栱中部上，由梁首直接承托一小斗的状态。是因为横栱叠压在梁首上是更普遍的形式。且左中横栱顶中部有卷杀缓坡，故倾向于认为，左中横栱中部存在一段承托小斗的缓坡卷杀凸起。否则，缓坡不大必要做成卷杀状。故以下文中所涉及横栱顶部的缓坡，均倾向于视作横栱上承托小斗等构件的一段凸起的缓坡，而不倾向认为，是被梁首所叠压的横栱，其在梁首两侧的缓坡状夹持部分。

7. 梁首

石作。存2梁首，左侧、左中梁首，断面长方形，前伸出于栌斗前，前端残碴状，顶面为粗坯状。左侧梁首（图15）与左侧栌斗、横栱、方柱的左侧，共同连接左侧崖体和崖阁左上边框，为左侧横向一斗二升中所出梁首，处于崖体自然凹穴弧状底部的左下位置（图20）。左中梁首（图16），为左中一斗三升中所出梁首。

图20 侧向看左侧梁首顶面位于崖面自然凹穴底部

左侧梁首，顶、底部向前微收分，右部作大角度的收分，使得其右侧面，即不连接侧崖体的一面，作向左约12°的偏向。残长0.37米、后端右侧高约0.67米、后端左侧高约0.76米、后端面宽约0.88米，前端超出栌斗0.12米，于栌斗前左侧残存少量底面，底面向前超出栌斗0.05米。顶面向左上微倾斜连接左侧崖体，底面向左下微倾斜连接左侧崖体，顶、底部呈现出，由左崖体向右侧收分的状态。顶后端与左侧横栱大卷杀凸起的粗坯顶，等高等宽齐平吻合。

左侧梁首与左侧柱的正面，横向相对位置是，左侧梁首前端处，左侧位于左侧柱头正面左侧上方，微偏向柱头内侧的位置；右侧位于柱头正面右侧上方，偏向柱头内侧较多的位置。左侧梁首后端处，左侧位于左侧柱头正面左侧上方，微偏向柱头内侧的位置；右侧位于柱头正面右侧上方，偏向柱头内侧较少的位置，接近于微偏向柱头内侧的位置。

左侧梁首顶面中部右侧有粗糙小缺口，前后长0.17米、左右宽0.07米。顶面后部左侧，上置1块赭色泥板（图21），长、宽0.20米，高（厚）0.05米。泥板质地为细泥掺粗沙，表面无龟裂，外皮风干状。其后、左边缘，原抵于崖体转角处，并被轻压，使与转角处增加接触而使放置稍固定，泥板右侧尚未与下方的石面压实，有空隙，说明原泥板放置时，为稍硬的可塑性泥板。泥板右侧下与石面空隙处，残留浅黄色细泥，为野泥蜂巢壳。

图21　左侧梁首顶面上的赭色泥板

左中梁首，顶、左、右部向前微收分，残长0.50米、后端高约0.67米、后端面宽约0.88米，前端向前超出栌斗0.25米，底部于栌斗前仅存痕迹。后端与左中柱呈中轴对称状态。顶后端与左中横栱中间大卷杀凸起顶，等高等宽齐平吻合。

8. 人字栱

石作，背面敷泥。正面显示轮廓，背面不显轮廓，背面与其他构件的不显轮廓背面通平一体。

存2人字栱，明、左次间阑额上各有其一，同高，左、右叉向人字栱中轴处稍曲，叉脚处未完工，各叉中部（断面）高0.32米。

（1）明间人字栱

其右叉下部，残失。其左叉下部（图17），尚未与阑额完全区分开的，尚存起稿雕刻线的粗坯状。此粗坯显示，叉脚端有上下脚尖。上脚尖上翘，脚尖的尖角约90°。上雕刻弧线，主要起稿叉的上边缘上部；下雕刻弧线，主要起稿上翘脚尖的上边缘，两弧线顺连为一体弧，形成叉的整体上边缘。另在叉脚端处，有斜下向栌斗㪇部的凿刻，与叉的上边缘相交呈约90°夹角，形成上翘的上脚尖。叉脚端与栌斗㪇部基本呈分离状，有尚未凿尽微量残碴连接。上翘的上脚尖高度，基本在栌斗㪇部高的一半处。

（2）左次间人字栱

其右叉下部（图18），自身形态及与阑额、与栌斗㪇部的关系，呈现出与明间人字栱左叉下部多为相同的状态，左右相反。叉脚端与栌斗㪇部间，有稍大的尚未凿尽残碴连接。其上翘脚尖上，复有小凿痕。

其左叉下部（图19），自身形态及与阑额的关系，呈现出与右叉下部多为相同的状态。所不同处是，左右相反，起稿雕刻弧线尚浅，其上翘脚尖尚未与左角栌斗㪇部分离。完工时当分离，即在叉脚端处当有斜下向栌斗㪇部的凿刻，与叉的上边缘相交呈约90°夹角，形成上翘的上脚尖。

9. 小斗

石作。正面显示轮廓，背面隐于崖体内。

存8小斗。左侧柱头横向一斗二升上存2；左次间人字栱上存1；左中一斗三升上存3；明间人字栱上存1；右中栌斗左上方存1（判断为右中一斗三升残存的唯一左小斗）。各小斗同高，平、耳、㪇部竖向的形制一致。

左角柱头横向一斗二升上的左小斗（牛儿堂左侧小斗，图15），面宽较大，0.74米，位于左角柱垂直上方，左侧连接崖体，为由崖体向右露出状，前面尚未完工，为整体垂面状粗坯。其他7小斗面宽同，较小，0.60米。

10. 通长替木与檐额枋

石作。正面显示轮廓，背面隐于崖体内。

通长替木高0.08米，被小斗支撑，完全嵌于小斗中，残存于左次间、明间。

檐额枋高1.01米，位于自然石檐（未开凿仿木外檐）下的最上方位置，被小斗和通长替木支撑，其下缘嵌于小斗中，其前垂面，比叠在其上的通长替木前垂面，前凸0.03米。左上部未凿完，且未凿完的部分有坍塌。右下部残失。

明间檐额枋左下部的前垂面，于左中一斗三升右小斗上方处，有一向左开拓状断碴，厚0.03米，是将檐额枋整体减薄一层的未完工断碴。明间檐额枋前垂面减薄一层后，新凿出的垂面，与下面通长替木的前垂面，连为通平一体的垂面，恰去除了通长替木。但此新形成的连为通平一体的垂面下沿上，于右中栌斗左上方小斗的右侧，残存有，复向崖内减薄一层，按原样再凿出的一段通长替木（厚0.03米、高0.08米，图22）。明间檐额枋前垂面减薄一层后，新凿出的垂面，贯通至右次间檐额枋前垂面上，表明右次间檐额枋前垂面，已经做了此种减薄一层的开凿。

图22　通长替木去除后复凿出迹象

11. 大略正倒梯形断面的收分状构件组合

石作，背面下部敷泥，背面上部被前廊内平棊顶遮挡，隐于崖体内。

存2处，左次间构件组合基本完整，明间构件组合残存左部分。

柱头间阑额、栱眼壁、人字栱、横栱、小斗、通长替木、檐额枋，组成上下相叠的构件组合。其正面凸凹状，前垂面大略方向一致，前倾约8°。其背面，除了小斗、替木、檐额枋背部，被前廊内平棊顶遮掩外，在平棊顶以下的其余部分，未凿出构件的凸凹状，为一体垂面，后倾约8°。故，此构件组合断面应大略正倒梯形（图23），使构件组合呈现出渐离开所属建筑主体（顶部）方向的收分状态。构件组合前部的凸构件（如小斗），其顶面亦呈约8°的向前下方俯倾状。

构件组合背面的后倾垂面上，敷泥并着底色。透过敷泥的起伏，知泥皮内石面局部，尚未规整化，为粗坯状。此敷泥及底色，同前廊、后室的其他敷泥及底色，一体同层。

12. 边框

牛儿堂崖阁左侧上方，在左侧栌斗、梁首以上处，遗存有崖阁的一小段粗坯状左边框（图15），边框外为自然崖面。此段左边框微向右上方约0.5°延伸，并穿过崖体自然凹穴，与（未完成的）檐额枋左上部的尚未凿除的自然岩块底缘衔接，衔接处呈圆弧转角状。此段左边框向下的延伸部分，掩盖于现代水泥下，应与现代水泥边框，同向（向右上约0.5°的微斜方向）且基本重合。明间檐额枋右部上缘，和右次间檐额枋上缘，遗存有崖阁的一段上边框残痕（图1），呈水平状，边框外为自然崖面。牛儿堂崖阁右边框、底边框残失。

（二）牛儿堂下

牛儿堂正下方，崖前地坪上存1坍塌石块，高1.20米，东西3.00米，南北2.10米。石块上、下部为开凿面，凿出仿木建筑结构，裸露无敷

图23　构件组合的大略正倒梯形断面

泥，主要开凿面在下部。坍塌石块呈偏平斜卧状态，东侧有一处断裂。建筑结构有：

1. 柱

坍塌石块上部开凿面，西北部残存一方柱头的一小部分。

2. 栌斗

坍塌石块上部开凿面，西部残存（上述西北部方柱头上的）一栌斗的一小部分，栌斗的东上角存在。坍塌石块下部开凿面，西部残存此栌斗的另一小部分。

栌斗顶部朝向南，因此显示，坍塌石块上的仿木构件上部在南，下部在北。

3. 横栱

坍塌石块的下部开凿面，残栌斗上残存一横栱左部（图24）。横栱左悬挑端上，有一陡坡卷杀凸起；其右，有一缓坡卷杀凸起，凸起的右部残失，顶部残损。

4. 梁首

坍塌石块的下部开凿面，栌斗与横栱间，残存一梁首状构件。其右侧、前端、顶部、底部均残失，相对横栱正面方向，梁首左侧面，作向右约12°偏向。其顶部残痕，与横栱卷杀大凸起顶部残痕相通。

图24　坍塌石块下面残栌斗、梁首、横栱

5. 人字栱

坍塌石块的下部开凿面，栌斗、横栱之左，残存一人字栱右叉的上边缘粗坯，右叉的下边缘，尚未从稍规整的石坯面中凿出。右叉的上边缘，向人字栱中轴处稍弯曲。右叉脚端粗坯，尚未与栌斗左下侧分离，高度稍超过栌斗欹部一半以上。

6. 栱眼壁

坍塌石块的下部开凿面，于栌斗、横栱和人字栱之间存在栱眼壁。其左部尚未从稍规整的石坯面中凿出。

7. 构件组合背面

坍塌石块的上部开凿面，除了方柱、栌斗外，为粗坯样平面状。此平面，为坍塌石块下部开凿面上的人字栱、栱眼壁构件组合的背面，并与此处方柱头的柱面夹角约6°。

8. 大略正倒梯形断面。

坍塌石块东侧面，应为栱眼壁和人字栱构件组合的断面。断面形状为南宽北窄。上述已知，仿木构件上部在南，下部在北。故构件组合的断面为上宽下窄的收分状。

五　建筑结构分析

上述牛儿堂上的崖阁遗存，和牛儿堂下的坍塌遗存，所显示的仿木结构中，可分析出，有关牛儿堂崖阁建筑的如下迹象：

（一）坍塌石块上构件是崖阁右次间的右前角处的部分构件

牛儿堂下，坍塌石块上有方柱承托栌斗的构造。麦积山石窟洞窟中，唯牛儿堂有此构造，故坍塌石块上的仿木构件，应属于牛儿堂崖阁。

牛儿堂柱头铺作上，主要开凿面在正面，故坍塌石块上，作为主要开凿面的下面处，应原位于牛儿堂正面。且坍塌石块上栌斗顶部向南，故，坍塌石块上面处所存栌斗的东上角，应为此栌斗的左后上角。

牛儿堂上，有坍塌现象的两栌斗中，右侧栌斗全部塌落，右中栌斗残留左后上角。故，此坍塌石块上的栌斗，非牛儿堂上的右中栌斗，只能是牛儿堂上的右侧栌斗。因此，坍塌石块及其构件，具体应属于牛儿堂崖阁右次间右前角处。

（二）崖阁的石作未完工

牛儿堂上，外立面和前廊内构件上，遗存有石粗坯、石残碴。牛儿堂下，属于牛儿堂崖阁的坍塌石块上构件，有未完全凿出者。说明牛儿堂崖阁建筑石作尚未完工。

（三）崖阁为基本中轴对称的面貌

傅文所记的测量数据，左次间面宽5.11米，右次间面宽4.88米，明间面宽5.01米，左右次间面宽差别较大，显示，崖阁遗存面貌应明显不规整的中轴对称。傅文也将所记各间面宽的3个数据，标在其"图二八、麦积山石窟005窟平立剖面图"（图7）的平面图中，显示为各柱中线间的尺寸，即左次间两柱中线间距5.11米、右次间两柱中线间距4.88米、明间两柱中线间距5.01米。此次勘察中，测得左次间两柱"顶端"中线间距4.78米（因残损，只能测得柱顶端的中线间距），与傅文的左次间两柱中线间距5.11米差距大。又此次勘察中，测得前廊内左、右壁之间顶部，左次间后端面宽5.11米，右次间后端面宽5.01米，明间后端面宽4.88米。这3个数据，与傅文各间面宽的3个数据，除了对应的各间不同外，是相同的。故推测，傅文所记各间面宽（其图中显示为各间两柱中线间距）数据，应原系前廊内左右壁之间顶部、各间后端面宽的实测数据。且傅文将明间和右次间面宽的数据也混淆了，更造成左、右次间面宽差距增大，不中轴对称感更明显。

本次勘察，牛儿堂崖阁面貌是基本中轴对称的。因为，牛儿堂崖阁上，前廊内左右壁之间的顶部，实测数据显示，各梁前端自高基本相等、各梁前端面宽基本相等、左右次间前端面宽基本相等，故，前廊内左右壁之间顶部的"前端"结构应基本呈中轴对称状。由此，推及崖阁外立面相应构造上，判断崖阁未残损前的原三间四方柱外立面遗存结构，应呈基本中轴对称面貌。故，牛儿堂崖阁原设计结构面貌或木构原型结构面貌，就是中轴对称的。

（四）崖阁的中部柱断面正方形，侧柱断面纵长方形，各柱四面等角度向上收分、直立状、进深一致、侧柱面宽稍小

牛儿堂上，左中方柱的残柱头顶端正、背面的面宽1.01米，与左、右面的面宽1米，仅0.01米的差距，排除误差，顶端断面，推测遗存形态为边长1米的正方形。又柱头背、左、右部基本均向上微收分约0.5°，故整个左中方柱，其断面均为正方形，整柱为约0.5°向上微收分的直立状。

左侧残方柱，正面处较背面处显示得较多。正面处，因其左侧无埋入左崖体的证据，故遗存正面柱体推测是其完整面宽的柱体，柱为贴于左崖体状。因其正、背、右部，均基本向上微收分约0.5°，柱正面的左侧边，向上右微倾斜约0.5°，故其贴于左崖体上的左部，可认为亦是向上微收分约0.5°的状态。其正面顶端面宽0.93米，右面顶端面宽（即柱进深）1米，故整个左侧柱，其断面均为纵长方形，整柱为向上约0.5°微收分的直立状。

因此，基于原设计牛儿堂面貌的中轴对称，牛儿堂崖阁遗存的中部柱断面为正方形，侧柱断面为纵长方形，各柱四面等角度向上收分、直立状、进深一致、侧柱面宽稍小。

（五）崖阁的方柱头处推断未完工，完工时与向上收分柱体一致为各面通直状

崖阁上所遗留的左侧、左中两方柱头，于栌斗下约0.30米范围处，均存在"扩张卷杀"状。栌斗下柱头的扩张卷杀，因栌斗本就是扩张形，上下重复不合理，在木构建筑中罕见，故此样式难以成立。且一般未完工的石作转角处，往往存在粘连，待最后完工时渐渐清理，使得转角为两直面相交的截然状。又崖阁柱头处的扩张卷杀幅度小，似某种残余。因此推断，崖阁柱头处未完工，其"扩张卷杀"虽稍细整，仍属于最后阶段的粘连现象，有待于最后更细致的清理，使得柱头与栌斗底的转角呈两直面相交的截然状。总之，崖阁柱头尚待稍微凿窄。因上文已判断各柱为基本向上收分状，故推断柱头完工时，与向上收分柱体一致为各面通直状。

（六）崖阁的各间两柱间距相等

左次间，其两柱顶端间距，测量为3.81米。

右次间，其两柱完全坍塌故不能测量柱间距，但因上述牛儿堂崖阁基本中轴对称面貌，知其两柱顶端间距同左次间，亦为3.81米。

明间，其右柱完全坍塌故不能测量其两柱间距。因上述牛儿堂崖阁基本中轴对称面貌，故知其两柱，同样式、同尺寸、同与其上的栌斗、梁中轴对称。

于是由明间顶部前端面宽4.82米，明间两柱各柱顶端面宽1.01米，可计算出明间两柱顶端间距为4.82米–（1.01米／2）×2=3.81米。如此，则等于左、右次间各间两柱顶端之间距。

故知，牛儿堂崖阁各间的两柱顶端间距是相等的，这种相等应是一种有意的原设计状态。因上述已判断崖阁4柱向上收分角度相等，故各间两柱上、上下各处同水平位置的柱间距，也应相等。即总体上，原设计崖阁各间两柱的柱间距相等。

（七）崖阁的横拱上有两种承托小斗的卷杀凸起

牛儿堂上、下，有3处牛儿堂崖阁的横拱遗存：左中横拱上两侧的陡坡卷杀小凸起和中部的缓坡卷杀大凸起。按上述的，坍塌构件原位于牛儿堂崖阁右前角处的判断，牛儿堂下的横拱遗存，应为牛儿堂崖阁右侧横拱遗存。右侧横拱遗存上，横拱端头上有陡坡卷小凸起，横拱上另有卷杀缓坡。参考左中横拱，判断右侧横拱上有卷杀缓坡大凸起。左侧横拱端头上有陡坡卷小凸起，另有粗坯状的缓坡凸起。参考左中、右侧横拱的缓坡卷杀大凸起，判断完工时，其粗坯状的缓坡大凸起也应被修整为缓坡卷杀大凸起。综合三横拱遗存，并基于原设计牛儿堂崖阁的中轴对称面貌，判断崖阁各横拱上应有承托小斗两2种卷杀凸起：一为陡坡卷杀小凸起，位于横拱悬挑端部，顶面宽稍窄于小斗底；二为缓坡卷杀大凸起，位于横拱中部或横拱连接侧崖体处，顶面宽较宽于小斗底。

（八）崖阁的人字拱叉脚端，分上、下脚尖，上脚尖为上翘的直角脚尖

牛儿堂上，共3叉脚端遗存，均有上、下脚尖。其中上脚尖为上翘的直角脚尖，高度基本在栌斗欹部一半处。因上述牛儿堂崖阁的中轴对称面貌，完工的所有人字拱叉脚端，均有上、下脚尖，且上脚尖为上翘的直角脚尖。

牛儿堂下，坍塌石块上的一人字拱遗存，根据上述坍塌石块构件属于牛儿堂右次间的推断，应属于牛儿堂右次间人字拱。此人字拱的右叉脚为粗坯，其端头高度稍超过栌斗欹部一半，其轮廓符合牛儿堂上人字拱叉脚端高度基本位于栌斗欹部一半处的态势。故，此处的人字拱右叉脚端，符合牛儿堂上右次间人字拱右叉脚端所应具有的形态。其完工时的叉脚端，应与上述牛儿堂上其他人字拱叉脚端，属于同类，有上、下脚尖，且上脚尖为上翘的直角脚尖。

（九）崖阁的檐额枋、通长替木，在均减薄一层的修整过程中，通长替木显示为被凿除后又复凿出的迹象

牛儿堂上，明间和右次间檐额枋前垂面减薄一层，形成与通长替木通平一

体的大垂面，恰将通长替木去除，但在新的通平一体大垂面下沿处，再减薄一层，原样复凿出了一部分通长替木。

因上述牛儿堂崖阁的中轴对称面貌，故判断明间和右次间檐额枋前垂面的减薄一层，完工时将扩大至左次间，三间檐额枋的前垂面，均减薄同样厚度的一层。因通长替木的贯通性，故判断三间在去除通长替木后，均在新的通平一体大垂面下沿处，再减薄一层，原样复凿出全部通长替木。这实际上是将三间通长替木和檐额枋，均作了减薄一层的修整。

（十）崖阁的阑额、栱眼壁、人字栱也有被减薄一层的态势

牛儿堂上，左次间阑额前垂面右侧被凿除一层的层厚度，同通长替木、檐额枋前垂面所减薄一层的层厚度一致。且凿痕位于阑额前垂面的上部边缘，为不规则状。故，此凿痕非凿出另外结构的开端，而是将阑额前垂面减薄一层的开端，且是对通长替木、檐额枋前垂面减薄去同样厚度一层的呼应。阑额前垂面的减薄一层，还会连带其上方的栱眼壁、人字栱前垂面，适当地减薄去一层。故可以理解，左次间人字栱右叉脚端的微上翘脚尖粗坯上，其复被凿的痕迹，是连带向上减薄的尝试性凿痕。故，如同中轴对称面貌的牛儿堂各间通长替木、檐额枋前垂面均减薄一层，不影响原结构样式一样，中轴对称面貌的牛儿堂崖阁各间阑额、栱眼壁、人字栱，其前垂面均减薄一层，不改变其原结构样式。

（十一）崖本的左右侧梁首，其不连接于侧崖体的一面，各向左、右侧外方向偏向12°

牛儿堂上，左侧梁首右面，即不贴于侧崖体的一面，向左即向崖阁的左侧外方向，作约12°的偏向。

牛儿堂下，（已判断属于右次间的）坍塌石块下面处的似梁首构件，因上述已判断，坍塌石块下面处，位于崖阁正面，故，似梁首构件可确认为梁首，具体应为牛儿堂崖阁右侧梁首。坍塌遗存中显示，此梁首左侧面，即不贴于崖体的一侧面，相对于横栱正面方向，即相对于崖阁正面方向，向右即向崖阁的右侧外方向，亦作约12°的偏向。

因此，牛儿堂崖阁左右侧梁首，其不贴于侧崖体的一面，各向崖阁左右侧外方向偏向12°，显示出左右对称的，分别偏向左右的外张形。

（十二）崖阁存在断面为大略正倒梯形的收分状构件组合

牛儿堂上，左次间、明间均显示，其阑额、栱眼壁、人字栱、横栱、小斗、通长替木、檐额枋的构件组合，其正、背部各向下收分8°，其断面，为大略正倒梯形。因上述的牛儿堂崖阁的中轴对称结构，知牛儿堂崖阁右次间，亦应具

有同类构件组合。

牛儿堂下，（已判断属于右次间的）坍塌石块上的栱眼壁、人字栱的构件组合，其呈向下收分状的断面，应属于牛儿堂崖阁右次间的，上述（更多构件组成的）构件组合的，大略正倒梯形断面的一部分。

坍塌石块上面处显示，牛儿堂崖阁右次间的上述构件组合的粗坯背面（因下面处为崖阁正面，故上面处当为崖阁构件的背面处），与牛儿堂崖阁右次间方柱柱头背面夹角约6°，表明构件组合粗坯背面后倾约6°，完工时其后倾角有条件续凿为约8°，能与其他间的上述构件组合后倾角一致。

因此，牛儿堂上、下的遗存构件形态，均显示，牛儿堂崖阁各间，其阑额、栱眼壁、人字栱、横栱、小斗、通长替木、檐额枋的构件组合断面为大略正倒梯形。

（十三）推测构件组合原型不收分，同理推测，梁、栌斗、横栱、梁首上某些部分的原型亦不收分

木构建筑中只见构件组合中的构件其正背面均垂直状，而牛儿堂崖阁遗存上这种正、背部的约8°向下收分状的构件组合实属罕见。在牛儿堂崖阁这样的大型崖阁上，如此向下的收分构造，是特殊形式，经观察，其实效目的是可使大体量的石作构件，增加附着面比例，减少易塌坠性，而稳固于崖体上。故判断此种求石构件附着稳固性而收分的做法，是"崖阁上求稳固的特殊假设形态"。因此，牛儿堂崖阁此种渐离开崖体和建筑构件主体（顶部）而收分的构件组合，其中的各枋木结构原型的正、背面实则是垂直状，顶面约8°俯倾前凸构件（如小斗）结构原型的顶面也实则是水平的。

基于上述牛儿堂崖阁的此种渐离开崖体和建筑结构主体而收分的构件组合，其中的各木构原型实则不收分的认识，也可推测其他类似状态构件的真实状态。

牛儿堂崖阁前廊内顶部各梁，属于渐离开崖体和所属建筑构件主体（顶部）而微收分的构件，木构建筑中也罕见此类收分状梁，故可推测，其木构原型实则并不向下微收分，其侧面原是垂直的，其梁的上部渐大形态，是增加附着面比例的形态，是减少其易塌坠性的形态，是"崖阁上求稳固的特殊假设形态"。各梁的底面宽（向下收分构件的较小端头面宽），因与左中梁首后端的面宽一致（约0.88米），故可推测，各梁的底面宽是其真实的面宽。

牛儿堂崖阁左侧栌斗顶、底部（连带左侧横栱卷杀大凸起顶部，左侧梁首顶、底部），由左侧崖体向右侧微收分，属于渐离开崖体而微收分的构件，木构建筑中也罕见此类由一侧面向另一侧收分状栌斗（横栱、梁首），故可推测，上述各部分的木构原型，实则并不向右侧微收分，而是向右侧水平伸出状，其各部的向右侧微收分，是为减少其易塌坠而使栌斗（横栱、梁首）附着面比例增

大的形态，是"崖阁上求稳固的特殊假设形态"。

左侧栌斗右侧的高（向右收分构件的较小端头高度）0.92米，相对于左侧的高（较大端头高度）1.12米，因为与左中栌斗的高0.88米更接近，且同一建筑中同类构件一般尺寸一致，故0.92米应是左侧栌斗接近真实的高度，且完工时各栌斗的高度将趋于一致，约0.88米。

左侧横栱卷杀大凸起顶右侧的高（向右收分构件的较小端头高度）0.52米，相对于左侧的高（较大端头高度）0.56米，因为与左中横横栱卷杀大凸起顶的高0.51米更接近，且同一建筑中同类构件一般尺寸一致，故0.52米应是左侧横栱卷杀大凸起顶接近真实的高度，且完工时各横栱卷杀大凸起顶的高度将趋于一致，约0.51米。

左侧梁首右侧后端的高（向右收分构件的较小端头后端高），因为与前廊内梁的高一致约0.67米，应是左侧梁首真实的高度。基于原设计崖阁面貌中轴对称，完工时各梁首的高度将趋于一致，约0.67米。

牛儿堂崖阁左侧梁首顶、底部的向前微收分，左中梁首顶、左、右部的向前微收分（其残失的原底面，参考左侧梁底面的向前微收分，推测也向前微收分），属于渐离开建筑构件主体（斗栱）而微收分的构件，木构建筑中也罕见此类收分状梁首，故可推测，两梁首其真实状态，在上述各部分上，实则并不向前微收分，而是向正前伸出状，其各部分的向前微收分形态，是使梁首附着面比例增大的形态，是减少其易塌坠性的形态，是"崖阁上求稳固的特殊假设形态"。两梁首后端高和面宽（向前收分构件较大端头的高和面宽），因为与前廊内梁的高和面宽一致，均高约0.67米、面宽约0.88米，且两梁首上不存在完工时要通体减瘦的明显迹象，故可推测，两梁首后端高和面宽是其真实的高和面宽。基于中轴对称，完工时各梁首的高和面宽趋于一致，均高约0.67米，宽约0.88米。

基于上述原设计崖阁面貌中轴对称，右侧栌斗、右中梁首、右侧梁首，与左侧栌斗、左中梁首、左侧梁首对称的相应各部分的真实状态，推测均不作微收分形态。

牛儿堂崖阁左侧梁首的右侧部、右侧梁首的左侧部，向前收分的幅度较大（分别向左右偏向12°），较区别于左右梁首其他部分的向前微收分状，故不是"崖阁上求稳固的特殊假设形态"，而应是另一种着意的造型（下文另有专述，见于"木构原型推想"）。

（十四）原设计各梁首后端均与其下方支撑柱中轴对称

牛儿堂上，左侧梁首因缺少埋入左侧崖体的证据，故推测其为完整面宽的梁首，且为贴于侧崖体状。基于左侧柱体正面也为完整面宽，可推测左侧梁首正面与左侧柱正面的整体横向位置关系。左侧梁首"前端"处，左侧位于左侧柱头正面左侧上方，微偏向柱头内侧的位置；右侧位于柱头正面右侧上方，偏向柱头内侧"较多"的位置。因此，左侧梁首前端处与左侧柱正面不中轴对称。但左侧梁首"后端"处，左侧位于左侧柱头正面左侧上方，微偏向柱头内侧的位置；右侧位于柱头正面右侧上方，偏向柱头内侧"较少"的位置，接近于微偏向柱头内侧的位置。故，左侧梁首后端与左侧柱正面接近于中轴对称。

上文推断，崖阁左侧、左中两柱头未完工，尚待完工时将柱头凿窄。因此，考虑到完工时左侧柱头正面凿窄后，其右侧位置会稍偏左，使左侧梁首后端右侧，趋于位于左侧柱头右侧上方微偏内处，这样左侧梁首与左侧柱趋于中轴对称。基于木构建筑中梁首与其支撑柱中轴对称的状态属于普遍现象，故又可推断，原设计崖阁左侧梁首后端与左侧柱呈中轴对称状态。

已知左中梁首后端与左中柱中轴对称。故完工时，左中柱头左右侧均稍减使变窄后，仍与左中梁首后端中轴对称。故原设计中轴对称的牛儿堂崖阁上，推及崖阁四梁首后端均与其下方支撑柱中轴对称[2]。

（十五）崖阁的各梁首顶后端，与所相交横栱的缓坡大卷杀凸起顶，等高等宽齐平吻合

牛儿堂上，左中梁首顶后端与左中横栱缓坡卷杀大凸起顶，等高等宽齐平吻合；左侧梁首顶后端与左侧横栱缓坡大卷杀凸起顶（上文已判断其缓坡完工时应有卷杀），等高等宽齐平吻合。牛儿堂下的坍塌构件（上文已判断属于崖阁右次间）所示，与上述判断不矛盾。坍塌构件显示，牛儿堂崖阁右侧梁首的顶部残痕，与牛儿堂崖阁的右侧横栱缓坡卷杀大凸起（上文已判断右侧横栱上存在缓坡卷杀大凸起）顶部残痕相通，故推断，右侧梁首顶后端与右侧横栱缓坡大卷杀凸起顶作等高等宽齐平吻合状，与遗存残痕状态是不矛盾的。

因此，基于上述原设计牛儿堂崖阁中轴对称面貌，可判断牛儿堂崖阁各梁首的顶后端均与所相交横栱缓坡大卷杀凸起顶作等高等宽齐平吻合状。

（十六）崖阁的左角梁首顶部，在开凿时曾产生缺口，并且当时有补救措施

牛儿堂上，左侧梁首顶中部右侧有粗糙缺口。因构件的开凿均由粗坯渐细，

---

[2] 第二、三、四时段复原面貌示意图中，已存在崖阁各梁首后端，均与各支撑柱基本中轴对称的复原和复原趋势。

做工严谨，故由工匠雕凿失误的可能性小，很可能是规划上的原因。推测早期规划上，未能预料到崖体自然凹穴表面的松散程度较大，即未能预料到其实际轮廓较大，进而梁首顶面无法避开自然凹穴的左下轮廓，造成了梁首右上部分的自然缺口。又因自然缺口周边的粗坯样开凿，以及自然缺口内的自然石面，被粗坯样剥离，形成此粗糙样缺口。

缺口内粗坯样剥离面，可能是为了填泥粘接以增加石与泥之间结合力而为。因为，左侧梁首顶上所遗留的赭色泥板，外皮古旧，且无现代以泥维修牛儿堂外檐下崖阁的记录，故非现代新泥。又外檐下也未见古代重修痕迹和其他对牛儿堂崖阁外立面的重修证据，故此泥板可能是隋代初凿窟时所遗。当时的用途，推断是，先将软泥板压实抹平于崖体转角处的粗坯面上，确认其有固定修复效果后，待小缺口外围被凿稍细整后，将要趁泥软，用此泥填补小缺口。此泥赭色并加入了粗沙，不龟裂，正是用于补赭色粗砂岩缺口的适用材料。

（十七）崖阁前廊内左右壁之间顶部未完成原设计

牛儿堂上，崖阁前廊内左右壁之间顶部，泥皮内右次间平棊顶的右侧规整，表明其石作已完工；而左侧平棊顶和明间平棊顶，为粗坯未完工状，表明平棊未凿完就匆匆敷泥了。左次间平顶面与明间、右次间平棊顶的下平面在一个水平面上，表明左次间的平顶原计划应如其他间顶部一样，在石平顶上减地凿出平棊，以使三间顶呈中轴对称结构。但左次间石平顶未开凿平棊，就在石平顶上匆匆敷泥了。

又，崖阁前廊内左右壁之间顶部，左右侧梁虽然前端面宽相同，但各梁的前端、后端面宽差别大，分别达0.06米和0.08米。左右侧梁的前后端面宽放在一起比较，其最大面宽与最小面宽差别更大，达0.14米。且左侧梁，后大前小；右侧梁，后小前大。如此变异不规律，故不属于开凿误差，而是显示左、右侧梁石作的后端面宽，在梁后部细凿的过程中，未达到原设计尺寸，就匆匆敷泥了。

故牛儿堂崖阁前廊内左右壁之间顶部，平棊和梁的石作未按原设计完工，其敷泥，应属于匆匆完工的局面。

（十八）崖阁的边框形状为下边框与崖阁地面齐平的左右侧微向上收分的正梯形

牛儿堂遗存显示，崖阁左上侧边框向右上方向微斜，上边框为水平状。其下边框，因残失，且未发现其与崖阁地面距离较远的证据，故暂可取与崖阁地平面齐平的水平状。左上侧（侧栌斗、梁首上方）边框，向上穿过崖体凹穴，并与檐额枋左上部未凿除的自然岩块底缘衔接，交角呈圆弧状。考虑到崖阁未完工，故推测完工时，左侧边框应与檐额枋上缘处的崖阁上边框相交。又因崖阁构件多方角，故崖阁边框交角可暂取为基本规整的折角。又基于原设计牛儿堂崖阁面貌的中轴对称状，故，牛儿堂崖阁边框的整体形状，暂可取下边框与崖阁地面齐平的左右侧微向上收分的正梯形[3]。

上述牛儿堂崖阁结构迹象中，对比以往勘察及其复原，反映在牛儿堂崖阁外立面上，主要新注意到8种结构迹象：①基本中轴对称面貌；②各间两檐柱间距相同；③人字栱叉脚端，分上下脚尖[4]，上脚尖为上翘的直角脚尖（约90°）；④横栱悬挑端上有陡坡卷杀小凸起，顶较窄，小于小斗底宽[5]，横栱中部（或与侧崖连接部）上有缓坡卷杀大凸起，顶较宽，较大于小斗底宽；⑤各梁首顶面，与所相交的横栱缓坡卷杀大凸起顶面，等高等宽齐平吻合[6]；⑥左右侧梁首，其不贴于侧崖体的一面，各向崖阁的左右侧外方向偏向12°；⑦通长替木去除后，复凿出[7]；⑧柱头未完工，完工时各柱与所承托梁首后端中轴对称[8]。

六　相关其他证据

如果要进一步证实，本次勘察中所新注意到的牛儿堂崖阁遗存的一些结构

---

[3]　第五时段复原面貌示意图中，已作此样的崖阁边框。第三时段复原面貌示意图中，崖阁右栌斗上方的右侧边框的向右外侧微作拓展状，或为视觉效果所导致。因崖阁右侧坍塌，无从所绘，故此种图示应来自崖阁左侧（作者认为崖阁面貌应是对称的）。因崖阁左侧栌斗上方的左侧边框，向上穿过崖体自然凹穴，观者如果位于崖阁左侧仰视，此处的左侧边框，可形成向崖阁左外侧微拓展状的透视效果。

[4]　第五时段复原面貌示意图中，人字栱叉脚端，已分上下脚尖，但上脚尖为锐角形、近直角的钝角形，基本不上翘。

[5]　"中央文化部勘察"测图中、第一时段复原面貌示意图中，横栱悬挑端已有陡坡卷杀凸起，凸起顶小于小斗底。但在第二、三、四、五时段复原面貌示意图中，横栱均被修改为通体平顶状，无卷杀凸起。

[6]　"中央文化部勘察"的牛儿堂测图、第一时段复原面貌示意图，（两种可能性之一）或已出现，梁首顶与所相交横栱的大凸起顶，等高等宽齐平吻合状，但横栱的大凸起无缓坡卷杀。"国家文物局勘察"的"傅文"所整理的牛儿堂立面图中，已出现，梁首顶与所相交的横栱平顶，等高齐平状。第二、三、四时段复原面貌示意图中，梁首顶已被修改为低于横栱顶，第五时段复原面貌示意图中，梁首更被修改为，与更低的栌斗顶等高齐平。梁首顶部复原的调低，究其原因，或为梁首顶部的粗坯和顶部向前俯的微收分所导致，认为因粗坯和微收分，顶部应瘦身、应水平状，故调低了，忽略了梁首顶部的向前俯的微收分存在为求梁首稳固而实施的特殊作法的可能。

[7]　"中央文化部勘察"牛儿堂测图和第一、二、四时段复原面貌示意图中，均存在通长替木。第三、五时段复原面貌示意图中，通长替木被去除，作者应注意到了遗存中通长替木被去除的迹象，但忽略了其被复凿出的迹象。

[8]　第二、三、四时段复原面貌示意图中，已出现，崖阁各梁首后端基本与各支撑柱中轴对称的状态和趋势，第五时段复原面貌示意图中未全保持此状态，虽然中间梁首后端基本与各支撑柱中轴对称，但左右梁首后端不各与左右侧柱中轴对称。

迹象；如果要进一步尝试复原牛儿堂崖阁残失部分的结构，尚需一些其他证据参考，主要有：

（一）北周散花楼崖阁

牛儿堂左邻窟，麦积山石窟北周第4窟（散花楼）崖阁外檐下面貌，可复原作，存在通长替木；横栱顶有卷杀凸起；人字栱叉脚端，并非全部贴于阑额上，已分上、下脚尖，上脚尖为不上翘的钝角脚尖；中部柱头铺作为一斗三升；侧柱头铺作为一斗二升；一斗二升的最外侧小斗，在所有小斗中最宽；一斗三升、一斗二升中间所出梁首，前端为垂直截去形[9]（图25）[10]。

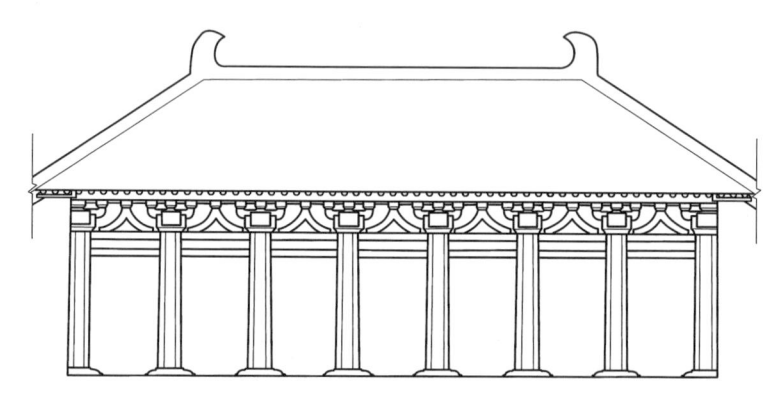

图25 散花楼崖阁外檐下主要结构复原外立面示意图

（二）北周安伽墓宴饮图建筑

陕西西安北周安伽墓石雕围屏宴饮图建筑，横栱有卷杀凸起；人字栱叉脚端，已分上下脚尖（虽然下脚尖较钝，有的近乎浑圆，但仍可看作下脚尖），出现了微上翘的锐角脚尖（图26）[11]。

---

[9] 傅熹年：《麦积山石窟中所反映出的北朝建筑》，《文物资料丛刊》第4辑，北京：文物出版社，1981年。敦煌研究院麦积山石窟艺术研究所考古研究室：《麦积山石窟第4窟散花楼外檐下仿木构件再勘察——附新发现的散花楼中龛北周壁画建筑》，《文物》2017年第11期。亦载于本书。

[10] "图18 散花楼本次勘察外檐下主要结构复原立面示意"，本书《麦积山石窟第4窟散花楼外檐下仿木构件再勘察》。

[11] 陕西省考古研究所：《西安北郊北周安伽墓发掘简报》，《考古与文物》2000年第6期。陕西省考古研究所：《西安发现的北周安伽墓》，《文物》2001年第1期。陕西省考古研究所编著：《西安北周安伽墓》，北京：文物出版社，2003年8月版。

图26　安伽墓石雕围屏宴饮图的建筑斗栱

(三) 隋李静训石堂

陕西西安隋代大业四年（608年）的李静训石棺[12]，其形象为外表打磨光滑并局部刻纹的、中轴对称的仿木歇山顶殿堂（故下文称李静训石堂）。李静训石堂正面（墓中石棺西壁处）为三间四方柱面貌，明间面宽稍大，主要仿木构件有方柱（上下通直，柱础顶面与石堂地面为齐平）、柱头间单层阑额、柱头栌斗、短替木、人字斗栱补间、栱眼壁、檐额枋。人字栱[13]每间各一个，为隐刻状，其叉脚端分上、下脚尖。左右次间人字栱的上脚尖中有不上翘的钝角脚尖（图29）、不上翘的直角脚尖（尖角约90°，图30）、微上翘的锐角脚尖（图31、32）三种。明间人字栱的上脚尖，均为上翘的直角脚尖（尖角约90°，图33、34、图35）[14]。

---

[12]　唐金裕：《西安西郊隋李静训墓发掘简报》，《考古》1959年第9期。中国社会科学院考古研究所编著：《唐长安城郊隋唐墓》，"贰 隋代李静训墓"，北京：文物出版社，1980年。

[13]　对李静训石堂人字栱的具体形态，唐金裕《西安西郊隋李静训墓发掘简报》，无人字栱的照片、拓片、线图，无人字栱叉脚端形态方面的文字描述。中国社会科学院考古研究所编著《唐长安城郊隋唐墓·贰 隋代李静训墓》（马得志编写，以下简称"马文"），无人字栱的照片、拓片，无人字栱叉脚端形态方面的文字描述，有人字栱的线图，其"图8 石棺西壁正视图"（图27）中，显示人字栱叉脚端分上下脚尖，上脚尖均为不上翘的直角脚尖（约90°）。祁英涛：《中国早期木结构建筑的时代特征》（"祁文"）中，有李静训石堂人字栱的线图，其"图19 5.陕西西安隋李静训石椁（棺）檐部"（图28），显示李静训石堂人字栱叉脚端分上下脚尖，右次间人字栱上脚尖，为微上翘的锐角尖，明间人字栱的右上脚尖为，微上翘的钝角尖。本文所述李静训石堂人字栱的具体形态，来自西安碑林博物馆所藏李静训石堂上人字栱的实物图像，有别于上述两线图所示。

[14]　底图采自"马文"的"图8 石棺西壁正视图"，修改部分为，将人字栱叉脚端按实物图像修改，将石棺下的椁底石去除。

图27 "马文"石棺西壁正视图

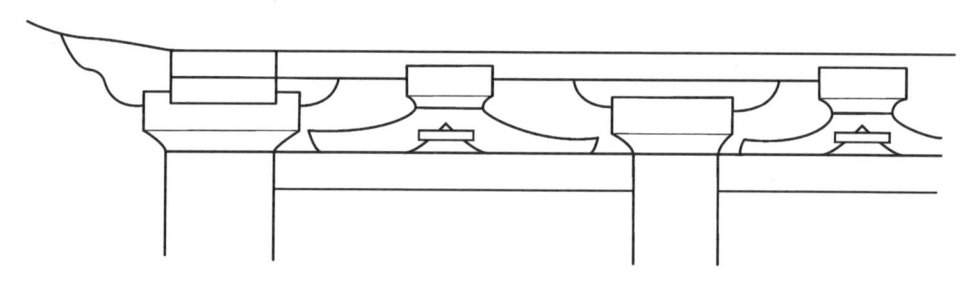

图28 "祁文"李静训石椁（棺）檐部

图29 李静训石堂正面右次间人字栱右叉

图30 李静训石堂正面左次间人字栱右叉

图31 李静训石堂正面左次间人字栱左叉

图32 李静训石堂正面右次间人字栱左叉

图33　李静训石堂正面明间人字栱左叉

图34　李静训石堂正面明间人字栱右叉

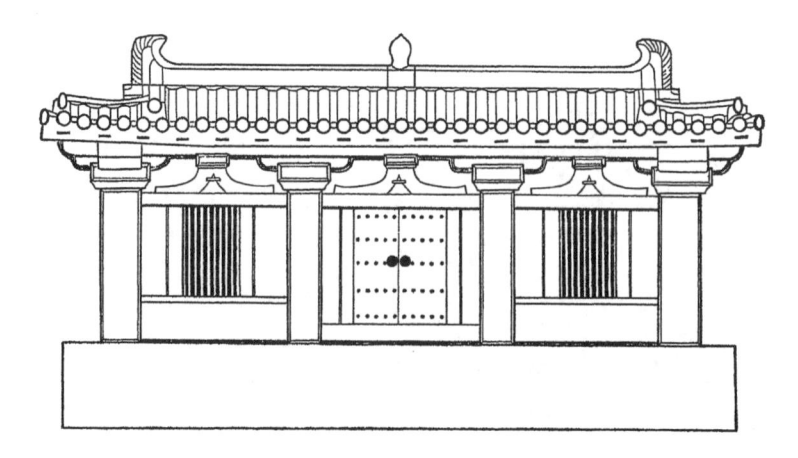

图35　李静训石堂正立面图

（四）隋牛儿堂西方净土变壁画水门

牛儿堂崖阁前廊右次间上部，有直接敷泥于开凿面上的西方净土变壁画。此壁画与牛儿堂主室（后室）内底层壁画同层一体，均为隋代风格，故属于隋代作品[15]；也与牛儿堂其他直接敷于隋代开凿面上的泥皮及其底层底色、壁画一体，同属于初建窟时的隋代作品。

此隋代西方净土变壁画中，有一座水门建筑（图36），其四注顶之下可辨：柱头一斗三升、人字斗栱补间。一斗三升横栱顶部的两端和中间均有卷杀凸起，中间的卷杀大凸起顶稍宽，大于所承托小斗的底宽，两端的卷杀小凸起顶稍窄，稍小于小斗底宽。人字栱左叉脚端，分上下脚尖，上脚尖为，上翘的直角脚尖（约90°）。右叉脚端表层颜色脱落或未完工，但由其底色层（现深色）所示叉脚端轮廓看，其形象与左叉脚端对称，即亦是分上下脚尖状，上脚尖为上翘的直角脚尖（约90°，图37）[16]。

图36　牛儿堂壁画水门

（五）唐南禅寺大殿

山西省五台县南禅寺大殿，主要营建和重修于唐代，是中轴对称的歇

---

[15] 对牛儿堂此西方净土变壁画的年代，学者已有初唐和隋两种看法，代表性的有：①蒋毅明、李西民、张宝玺、黄文昆：《图版说明》图版282，将牛儿堂此"西方净土变"壁画图版的时代标明为"唐"；图版283的图版说明中，认为牛儿堂此"西方净土变"壁画所反映的"阿弥陀经变"，是"初唐作品"，但无断代论证。麦积山石窟艺术研究所编著：《中国石窟·麦积山石窟》，北京：文物出版社1998年。②李志荣认为牛儿堂此西方净土变壁画为隋代作品，有断代论证。由壁画整体构成、壁画建筑特征和其他绘画风格观察，其结论有："应可判断这组壁画的年代与窟本身为同时期。如果此判断差误不大，这组净土变相图的意义就非同寻常。""（最后一条注文中）对这组公认的隋代开凿的殿堂窟的壁画，根据以上的情况，判断为与洞窟开凿同时代的一个时期，应该大致可以。"李志荣：《麦积山第5窟壁画遗迹的初步观察》，《麦积山石窟研究》，北京：文物出版社，2010年。③李梅认为牛儿堂此西方净土变壁画为隋代作品，有断代论证。由壁画中的纹样、建筑等细节，结合供养人的服饰特征考察，其结论有："无论构图还是细部，这一铺西方净土变的绘制年代基本可定于隋代。"李梅：《麦积山石窟第5窟西方净土变》，《敦煌研究》2014年第6期。后两文认为牛儿堂西方净土变壁画时代为隋的看法，与本文一致。

[16] 水门柱向上微收分，无棱角，故推测为圆柱。左柱顶端左侧保存较清晰，可见柱顶端边缘紧杀状。鸱尾外缘有4处起伏，为4层翻卷状。

山顶殿堂。正面外檐下主要为三间四柱构造，明间面宽较大，柱础顶面与地面齐平。初建时期的檐柱为（柱头微紧杀的微抹角）方柱，唐建中三年（782年）为主并后代重修的檐柱为圆柱形[17]（图38）[18]。此唐代大殿正面外檐下明间柱头铺作，存在最外出跳（第二跳）一斗三升中间伸出平置梁首（或耍头）的结构，其横栱顶部两端和中间，有陡坡卷杀凸起，其梁首（或耍头）顶部虽有批竹形，但梁首由一斗三升中间刚伸出的顶面，与横栱中间陡坡卷杀凸起顶面等高齐平，并接近于等宽吻合（梁首顶微窄，图39[19]、40[20]）。

图37 牛儿堂壁画水门斗栱轮廓示意图

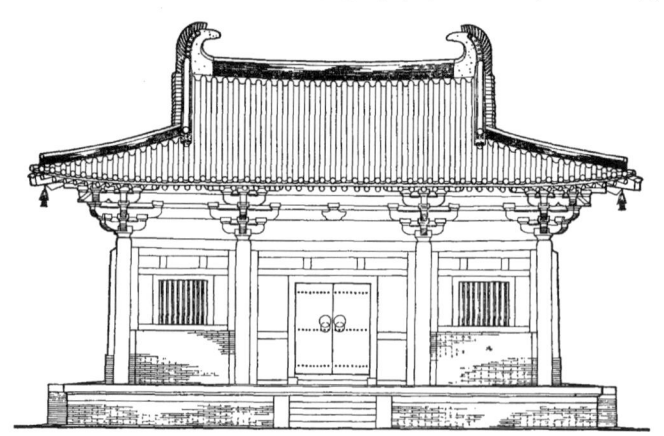

图38 南禅寺大殿正立面图

---

[17] 祁英涛、杜仙洲、陈明达：《两年来山西省新发现的古建筑》，《文物参考资料》1954年第11期。祁英涛、柴泽俊：《南禅寺大殿修复》，《文物》1980年第11期。

[18] "图一，南禅寺大殿正立面图"。祁英涛、柴泽俊：《南禅寺大殿修复》，《文物》1980年第11期。其中的4圆柱为唐代或后代重修的形式，其余的大框架结构、柱础与地面关系、前檐下柱头铺作部分等，为唐代原形式。

[19] "图一，南禅寺大殿正立面图"。祁英涛、柴泽俊：《南禅寺大殿修复》，《文物》1980年第11期。其中的前檐下明间柱头铺作的正面部分，为唐代原形式。

[20] "图三，南禅寺大殿横断面图"。祁英涛、柴泽俊：《南禅寺大殿修复》，《文物》1980年第11期。其中的前檐下明间柱头铺作的断面部分，为唐代原形式。

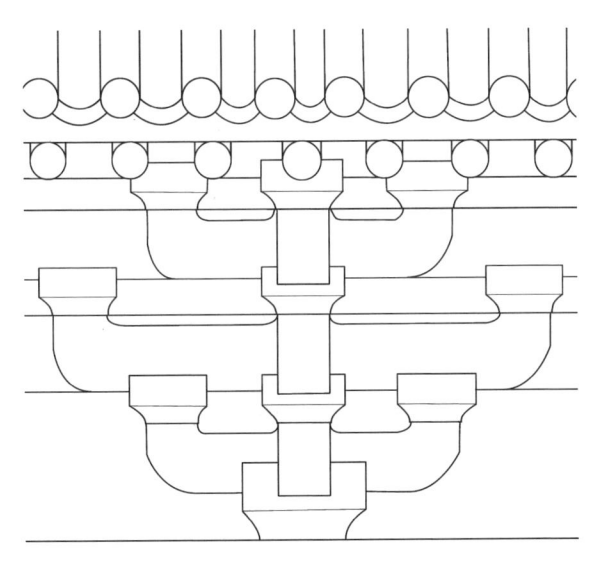

图39　南禅寺大殿前檐下明间柱头铺作正立面图

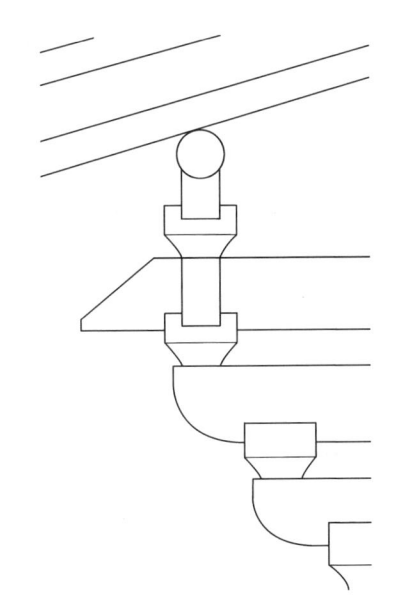

图40　南禅寺大殿前檐下明间柱头铺作前部断面图

七　某些迹象佐证

以上所举其他证据，可佐证新注意到的牛儿堂崖阁外立面八种结构迹象中的六种。

（一）基本中轴对称面貌的佐证

隋李静训石堂的外檐下面貌，主要为中轴对称的三间四方柱结构。唐南禅寺大殿外檐下面貌，主要为中轴对称的三间四方柱（微抹角）结构。因同代（隋）和后代（唐），均流行中轴对称的三间四方柱构造，佐证了三间四方柱面貌的隋牛儿堂崖阁，为中轴对称样式。

（二）人字栱叉脚端，分上、下脚尖，上脚尖为上翘的直角脚尖（约90°）的佐证

北周散花楼崖阁、北周安伽墓石雕围屏宴饮图建筑、牛儿堂隋壁画水门建筑、隋李静训石堂的人字栱叉脚端，已复原有或实际有上、下脚尖样式。其中，北周散花楼崖阁、隋李静训石堂人字栱叉脚端的上脚尖，有不上翘的钝角脚尖型。牛儿堂隋壁画水门、隋李静训石堂人字栱叉脚端的上脚尖，有上翘的直角脚尖型（尖角约90°）。北周安伽墓石雕围屏宴饮图建筑、隋李静训石堂人字栱叉脚端的上脚尖，有上翘的锐角脚尖型。因前代（北周）和同代（隋）人字栱叉脚端的上述因素，故佐证了隋牛儿堂崖阁人字栱叉脚端可出现上、下脚尖，且上脚尖为上翘的直角脚尖（约90°）。

（三）横栱悬挑端上有陡坡卷杀小凸起，顶稍窄于小斗底宽；横栱中部（或与侧崖连接部）上有缓坡卷杀大凸起，顶较宽于小斗底宽的佐证

北周散花楼崖阁横栱，已复原作，出现卷杀凸起。牛儿堂隋壁画水门，横栱悬挑端卷杀小凸起，顶稍窄于小斗底宽；横栱中间卷杀大凸起，顶较宽于小斗底宽。唐南禅寺大殿，横栱存在陡坡卷杀凸起。因前代（北周）和同代（隋）后代（唐）横栱的同类因素，故佐证了，隋牛儿堂崖阁横栱，悬挑端上有陡坡卷杀小凸起，顶稍窄小于小斗底宽；中部（或与侧崖连接部）上有缓坡卷杀大凸起，顶较宽于小斗底宽。

（四）通长替木去除后复被凿出的佐证

北周散花楼崖阁，已复原作，存在通长替木。因后代（隋）构件形态可继承前代（北周）同类构件形态，故佐证了隋代牛儿堂崖阁可能存在通长替木；并进一步佐证了牛儿堂崖阁上出现通长替木修除后又复被凿出态势的合理性。

（五）梁首的顶与所相交横栱缓坡卷杀大凸起的顶等高等宽齐平吻合的佐证

唐代南禅寺大殿正面外檐下存在一斗三升中间所出梁首（或耍头），其顶与

所相交横栱中间陡坡卷杀凸起顶，存在等高齐平和接近于等宽吻合的结构。因后代可继承和发展前代的同类结构，故佐证了隋代牛儿堂崖阁一斗三（二）升中间所出梁首（或耍头）的顶与所相交横栱的缓坡卷杀大凸起顶等高等宽齐平吻合的结构。

（六）柱头未完工，完工时各柱与所承托梁首后端中轴对称的佐证

隋李静训石堂方柱头、唐南禅寺大殿（微抹角）方柱头均非扩张卷杀，前者方柱头与柱体一致上下通直，后者方柱头紧杀，佐证隋牛儿堂崖阁遗存的两方柱头的扩张卷杀，可暂推断为未完工状态。且可参考同时代的李静训石堂方柱头的通直状，推断牛儿堂两柱头完工时，与向上收分柱体一致，各面为通直面，柱头各面宽稍变窄。因此，间接佐证了牛儿堂两柱头，尤其是左侧柱头，完工时与其所承托梁首后端中轴对称。并基于崖阁面貌的中轴对称，完工时各柱与其所承托梁首后端中轴对称。

八　残失结构复原

牛儿堂崖阁遗存上，柱础和梁首前端残失。上述其他证据中的3个可作为参考，对这2处残失进行复原。

（一）残失柱础的复原

已知，隋牛儿堂、隋李静训石堂、唐南禅寺殿堂三者在时间和时代上连贯，同为中轴对称的三间四方柱（南禅寺柱微有抹角和柱头紧杀，但整体仍为方柱）面貌，故三者形态可能还有其他方面的趋于一致处。因隋李静训石堂、唐南禅寺大殿两者均出现，柱础顶面与各自建筑地面齐平现象，故，隋牛儿堂，其残失的柱础状态，可参考两者，复原为，柱础顶面与崖阁地面齐平[21]。

（二）残失梁首前端的复原

已知，北周散花楼崖阁已复原其柱头一斗三（二）升中所出的梁首，前端为垂直截去形。故隋代牛儿堂，柱头一斗三（二）升中所出的梁首，其残失的前端，因后代构件形态可继承前代同类构件形态，可复原为垂直截去形[22]。

因此，通过上述残失柱础和残失梁首前端的两处结构复原，加之本次勘察

---

[21] 第二、四、五时段复原面貌示意图，已出现柱础顶面与崖阁地面齐平状。
[22] 第四、五时段复原面貌示意图，其4梁首前端已有可能表示为垂直截去形。第一、二时段复原图，所复原梁首的挑尖形，推测为梁首前端残碴的尖状视觉形象所导致。

新注意到的，牛儿堂崖阁外立面8种结构迹象，可初步新绘出牛儿堂崖阁复原外立面示意图（图41）。

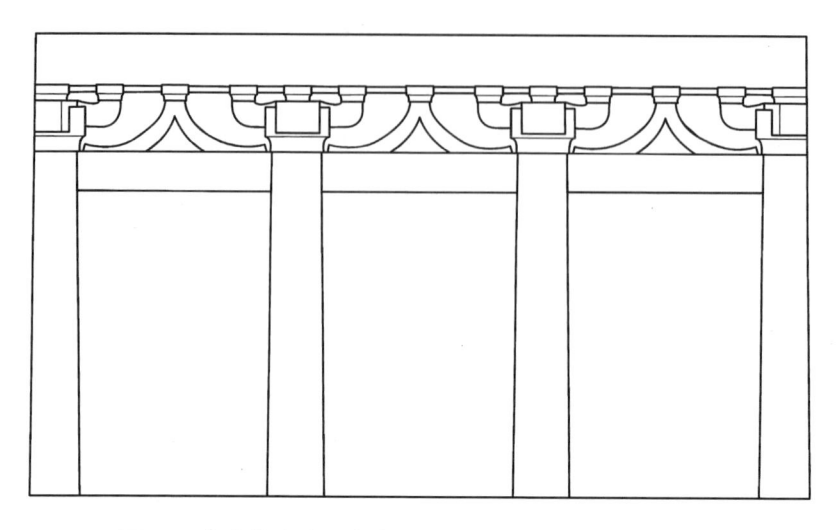

图41 本次勘察牛儿堂崖阁遗存面貌复原外立面示意图

九 木构原型推想

（一）侧栌斗的木结构原型推想

牛儿堂崖阁遗存上，左中栌斗与左中柱中轴对称。且木构建筑中，栌斗与支撑柱一般中轴对称。故牛儿堂崖阁左侧栌斗可判断与左侧柱（上文已推断崖阁正面所显露的左侧柱即为全柱面貌）中轴对称。

已知，左中、左侧栌斗，各欹部等高，各底部外侧与柱头距离基本相等。因左侧柱头面宽，稍小于左中柱头面宽。故，左侧栌斗的（加上没入左崖体部分的）完整面宽，即左侧栌斗的木结构原型面宽，应稍小于左中栌斗的面宽。又上文已推断完工时，左侧、左中栌斗同高。因此，原设计中轴对称面貌的牛儿堂崖阁的木结构原型，四栌斗等高，竖向结构相同，中间两栌斗各面宽相等，稍大；两侧的栌斗各面宽相等，稍小。

（二）"檐额枋"的木结构原型推想

牛儿堂崖阁遗存外立面斗栱及通长替木上方，自然外檐（未凿出仿木外檐）下的最上方构件（因处于斗拱上方，上文暂称"檐额枋"），其完工趋势，显示为断面高达1.01米、贯通三间的横长方形的较高大构件。此构件外形虽似檐额枋，但因较高大，如果整体作为一檐额枋，相对于其下方的如横栱（悬挑臂高0.46米)、人字栱（叉中部断面高0.32米)、阑额（高0.80米)等其他构件，用材比例显得过大，有头重之感，在木结构建筑上罕见如此面貌。故似可认为，此较高大构件尚待继续分解开凿，其木结构原型可能是由若干小构件组合的。

此次勘察，为对比探讨上述牛儿堂崖阁外檐下最上方的较高大构件，还观察了麦积山石窟第43、30、28窟崖阁外檐下的最上方结构。此三窟崖阁，与牛儿堂崖阁一致，均为仿木结构的前廊后龛式，参考分别发表于1954、1980、1981、1983、2013、2016年6个时段的有关论文，知其时代可在北魏至隋[23]，本文采隋。

此三窟崖阁的栌斗上方，在外檐下的最高处，均有由3层横长方形较低矮构件上下相叠组合而成的横长方形的较高大构件（最上层横长方形"较低矮构件"承托椽，表现为，其上部被椽嵌入状。现存木椽和椽孔，为石椽残损后修补所为)（图42、43、44)。

---

[23] ①麦积山勘察团：《麦积山石窟内容总录（二）、(三)》，《文物参考资料》1954年第3、4期，第28、30窟"建造时代"为"魏"；第43窟"建造时代"为"魏早期建，经西魏、唐及宋代重修"。麦积山勘察团：《麦积山勘察团工作报告》，《文物参考资料》1954年第2期，明确"我们把西魏归入魏晚期的范围（迁洛阳后到西魏灭亡)"。故，第28、30窟建造时代的"魏"为"北魏至西魏时期"，第43窟建造时代的"魏早期"为"迁洛以前的北魏时期"。②洪毅然：《西魏文皇后乙弗氏"寂陵"遗址蠡测》，载天水麦积山文物保管所、麦积山艺术研究会编《麦积山石窟资料汇编》初集，1980年；后载于《麦积山石窟研究论文集》，兰州：甘肃人民出版社，2006年，认为第43窟时代在"西魏"，有断代论证，其结论有："（第43窟）其为（西）魏（文皇）后（乙弗氏)'寂陵'遗址，似可肯定无疑。"③傅熹年：《麦积山石窟中所反映出的北朝建筑》，《文物资料丛刊》第4辑，文物出版社，1981年，标明第30、28窟为"北魏窟"，无断代论证；标明第43窟为"西魏窟"，有断代论证，其结论有："据此可以确定，它（第43窟）就是造于539年的西魏文帝乙弗（皇）后的墓，前为享堂，后为墓室。"④初师宾：《石窟外貌与石窟研究之关系——以麦积山石窟为例略谈石窟寺艺术断代的一种辅助方法》，《西北师院学报》1983年第4期，认为第43、30、28窟时代在"隋"，其结论有："028、030属隋代作品的可能（性）很大。""至于43，与其说是西魏的'乙弗氏陵'，不如说是隋代敕葬神尼舍利的崖阁式石冢更为妥当。""说（麦积山石窟)133窟是'魏后墓（西魏的乙弗氏陵)'也不无道理。"⑤李裕群：《麦积山石窟东崖的崩塌与隋代洞窟判定》，《考古》2013年第2期，第30、28被判定为隋窟。⑥夏朗云：《麦积山石窟第133窟与西魏乙弗氏寂陵》，载敦煌研究院编《2014敦煌论坛：敦煌石窟研究国际学术研讨会论文集》，兰州：甘肃教育出版社，2016年（亦收于本书)，认为第43、30、28窟时代在"隋"。其结论有："本文肯定（初师宾先生所推测的）麦积山石窟第133窟为西魏（乙弗氏)寂陵。""麦积山石窟第43窟非西魏寂陵而是隋代神尼舍利地宫窟。""（43窟）前室（前廊之后的主室）为平面马蹄形穹隆顶……反观隋代洞窟中，多是此种形制。如麦积山公认为隋代的洞第5窟、37窟（主室）之形制均是平面马蹄形穹隆顶。""43窟这种较深凹槽檐柱面形式，亦应是隋代发展出的新风格。而且麦积山具有这种较深凹槽檐柱的崖阁，不止第43窟，第28、30窟亦是，且主室均为平面马蹄形穹隆顶，应同属隋代。"

图 42　麦积山石窟第 43 窟崖阁外檐下三层横长方形结构

图 43　麦积山石窟第 30 窟崖阁外檐下三层横长方形结构

图 44　麦积山石窟第 28 窟崖阁外檐下三层横长方形结构

因为，此三窟崖阁与牛儿堂崖阁，在时代方面有相同或接近因素；在外檐下最高处存在横长方形较高大构件方面，又有相同因素，故此三窟崖阁可以作为参考来推想牛儿堂崖阁最高处较高大构件的木结构原型。

此三窟崖阁上栌斗上方和外檐下的横长方形较高大构件的三层组合形式是：上、下层的横长方形较低矮构件的前垂面，处在同一垂面；中间层的横长方形较低矮构件的前垂面，稍向后缩（凹），三较低矮构件如同清式建筑中的檐檩（檐额枋）、垫板和横枋的关系[24]。各窟自身相叠三较低矮构件的高度比例不一致，但高度差别不甚大。

故，牛儿堂崖阁最上方的横长方形较高大构件，其由小构件组合的木结构原型，可参考上述三窟崖阁的三层横长方形较低矮构件相叠结构，推想为上下层前垂面处在同一垂面的中间层稍后缩的三层横长方形较低矮构件相叠式的组合，即上层檐额枋（檐檩）、中层垫板和下层横枋的组合。各层高度，可参考上述三窟崖阁，各窟自身相叠三横长方形较低矮构件的高度关系（即比例不一致，但高度差别不甚大），暂折中取相等状[25]。

因牛儿堂崖阁最上方横长方形较高大构件，其遗存的前垂面呈前倾状，故在崖阁上，如按上述推想的木结构原型继续开凿，其相叠三横长方形较低矮构件的前垂面，推想也为相应的前倾状。

（三）侧梁首的木结构原型推想

一般同一建筑中，前出梁首的造型大多一致。而上述牛儿堂崖阁初步复原的遗存面貌上，其四前出梁首中，两侧梁首相对于中部两梁首，各显示出偏向自身所在的崖阁一侧的体势。这种样式在木构建筑中罕见，较特殊，缺乏原型依据，故侧梁首的木结构原型可能不是这样。

应究其原因，这可能与左侧梁首顶右侧中部的缺口有关。推测在开凿过程中，左侧梁首顶部遇到了崖面自然凹的底部（因事先未曾充分估计到，此底部松散下陷的程度较大），为避开由自然凹底所形成的左侧梁首顶中部右侧的大缺口，故只能使左侧梁首的右侧面作向左的偏向，偏角度达到约12°。但仍不能完全避开大缺口，于是在梁首顶留下了小缺口，只能选择用泥补。

故，牛儿堂崖阁遗存的左侧梁首右侧面、向左约12°的偏向，推测属于对左侧梁首的原设计形态所做的临时性改动，并非原设计形态。牛儿堂崖阁原设计面貌应呈中轴对称状，古人于是将错就错，亦将其右侧梁首左面，也对称

---

[24] 傅熹年：《麦积山石窟中所反映出的北朝建筑》，《文物资料丛刊》第4辑，文物出版社，1981年，在论及第30、28、43窟时，已注意到外檐下相叠的三横长方形构件，认为是檐檩、垫板、阑额。垫板未明确提及，但第28窟内容中，将相叠的三横长方形构件，认为"很像清式建筑中的檐檩、垫板和枋的关系"，第30、43虽未提到垫板，但与第28窟垫板同类者即是垫板。

[25] 第五时段复原面貌示意图，已出现3层横长方形构件组合的最上方构件，且各层高度基本一致。

作了向右约12°的偏向。因此，牛儿堂崖阁侧梁首的遗存形象非其木构原型形象。

那么，两侧梁首的木结构原型是什么形态呢？因同一木结构殿堂中，前出各梁首的造型，大多一致，故可推测牛儿堂崖阁侧梁首的木结构原型，可与中间部分的梁首一致，即向正前伸出的、前端为垂直截去形的长方形梁首。

又已知牛儿堂崖阁遗存上，左侧梁首后端面宽和高度，与左中梁首的面宽和高度一致（宽0.88米、高0.67米），故原设计中轴对称的牛儿堂崖阁全部四梁首的木结构原型，可判断为同正向、同造型、同尺寸的长方形样式[26]。

上文已推测，原设计崖阁四梁首各后端（左右侧梁首有偏角，其前端不能与柱中轴对称）与各支撑柱中轴对称，故在木构原型上，同正向、同造型、同尺寸的四长方形梁首各整体，均应是与各支撑柱中轴对称的。

（四）侧斗栱的木结构原型推想

牛儿堂遗存上显示，左侧梁首后端顶面与左侧横栱大卷杀凸起顶面，基本等高等宽齐平吻合，故其左侧横栱背后的左侧梁顶面，也应与左侧横栱大卷杀凸起顶面基本等高等宽齐平吻合。因有左侧梁阻挡，左侧横栱无法由大卷杀凸起处向后直角转向形成转角栱。

故，崖阁左侧柱柱头斗栱的木结构原型不是转角斗栱的横向斗栱部分，是单纯的横向斗栱。

又，牛儿堂遗存上显示，最左侧小斗，即左侧柱垂直上方小斗，面宽在小斗中最大。基于原设计牛儿堂面貌的中轴对称，故左右最外侧小斗，面宽在小斗中最大。故对牛儿堂崖阁左右最外侧小斗木结构原型的认识，有两种推测，一是较大面宽状；二是等同于其他小斗的较小面宽状，只是尚未来得及将其凿小。

对于前一种推测的讨论是：虽然北周散花楼崖阁遗存左右最外侧小斗面宽，也较其他小斗面宽大，与牛儿堂崖阁遗存有共性，似乎此种崖阁左右最外侧小斗的面宽较大形态为木结构原型现象。但已知牛儿堂崖阁未完工，散花楼崖阁亦未完工[27]，且均缺乏同时代（隋、北周）其他崖阁左右最外侧小斗面宽较大的建筑图像证据，故不能肯定牛儿堂崖阁和散花楼崖阁完工时其左右最外侧小斗面宽为

---

[26] 第三时段复原面貌示意图，已有四梁首基本为同正向、同造型、同尺寸样式的趋势。第四时段复原面貌示意图，四梁首已为同正向、同造型、同尺寸样式。后者与本次勘察复原的梁首状态，基本接近。

[27] 敦煌研究院麦积山石窟艺术研究所考古研究室：《麦积山石窟第4窟散花楼外檐下仿木构件再勘察——附新发现的散花楼中龛北周壁画建筑》，《文物》2017年第11期（载于本书）。

较大貌，即不能肯定其左右最外侧小斗的木结构原型亦为面宽较大貌。因此，其木结构原型小斗可以是后一种推测，即等同于其他小斗的较小面宽状[28]。

对于后一种推测的讨论是：观察牛儿堂崖阁遗存，如果在最左小斗左侧继续开凿，使得凿后小斗面宽等同于其他小斗面宽，则凿后小斗位置，正处在左侧柱中轴正上方位。因此，结合左侧栱的状态（已述不可能出现转角栱）判断，凿后小斗只可能有两种身份：一是单纯横向一斗二升的左侧小斗，一是单纯横向的一斗三升的齐心斗。

侧柱头铺作是单纯横向一斗二升的样式，尚无隋代建筑图像证据。但侧柱头铺作是单纯横向一斗三升的样式，有隋代建筑图像证据。

陕西潼关税村隋废太子勇壁画墓[29]中，墓道北壁壁画双层楼阁建筑正面的上、下层，其柱头铺作均为一斗三升（一斗三升中间部分的图像，多数模糊不辨是否有梁首，下层左侧柱头一斗三升中间稍有梁首迹象），其边侧柱头铺作，表现为横向一斗三升（图45）。

在壁画表现上，边侧柱头上的横向一斗三升图像，也有可能表示转角一斗三升，即转角一斗三升横向展开的艺术表现形式。但，此隋墓壁画楼阁表现为檐柱较粗、具双层柱头间阑额形象，加之废太子勇因素，应为具有一定规格的大体量建筑形象，故很可能有纵向承重梁，尤其在楼阁下层更应是如此，且下层左侧柱头一斗三升中间有梁首迹象。故其各檐柱头（尤其是下层柱头）一斗三升中间很可能具有向正前方伸出的梁首。隋代牛儿堂崖阁即有此结构，可佐证。故，其边侧柱头一斗三升，因边侧梁所阻碍，不宜作转角一斗三升样式。且也罕见隋代建筑上的，其正面中间伸出梁首的转角一斗三升。

图45 潼关税村隋代壁画墓楼阁图

---

[28] 第三、五时段复原面貌示意图，最外侧小斗已与其他小斗同大。
[29] 陕西省考古研究院：《陕西潼关税村隋代壁画墓发掘简报》，《文物》2008年第5期。陕西省考古研究院编著：《潼关税村隋代壁画墓》，北京：文物出版社，2013年。

于是，此隋代壁画双层楼阁边侧柱头一斗三升，应更倾向理解为横向一斗三升。

于是，此隋墓壁画楼阁与隋牛儿堂崖阁互证，佐证了隋代牛儿堂崖阁左侧柱头铺作木结构原型，以及对称的右侧柱头铺作木结构原型，可能是横向一斗三升样式。此种斗栱，连带其上方的三层相叠构件，对比遗存，突破了牛儿堂崖阁左右侧边框所限定的范围，形成突破遗存左右侧边框的木构原型面貌（图46）。

如考虑尊重遗存边框，而非追求突破遗存左右侧边框上部的复原样式，牛儿堂崖阁的推想复原外立面图示，应是仍保留遗存边框，内容均在遗存边框内的木构原型推想面貌（图47）[30]。

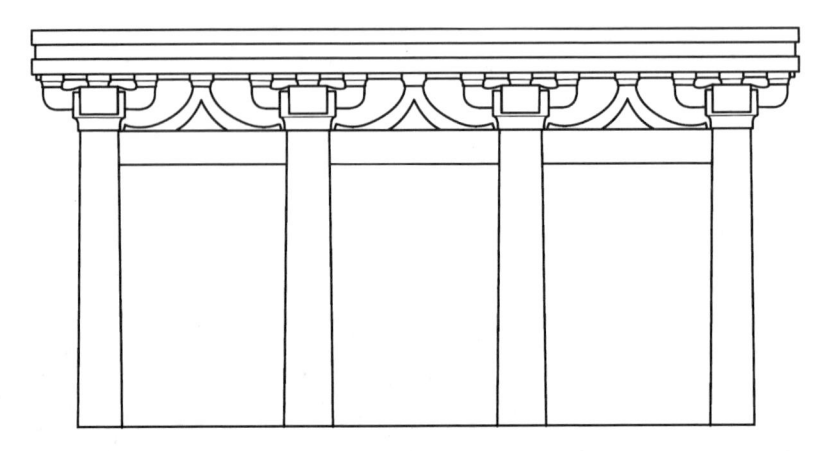

图46 本次勘察牛儿堂崖阁的突破遗存左右侧边框的推想复原外立面示意图

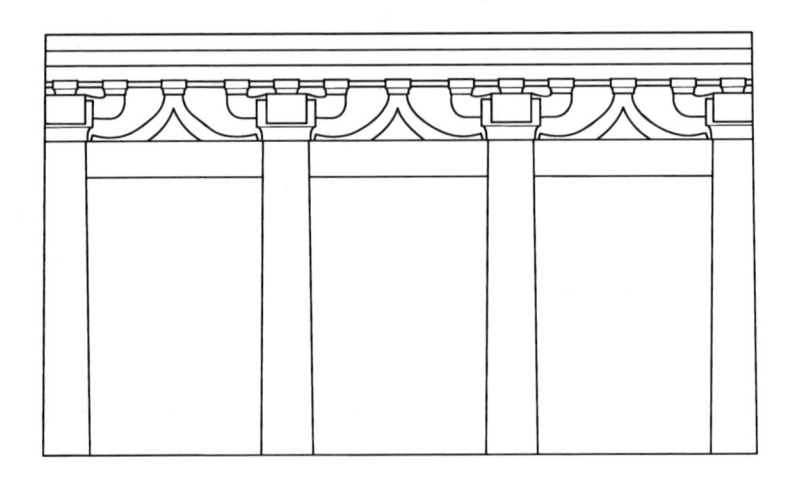

图47 本次勘察牛儿堂崖阁的保持遗存边框的推想复原外立面示意图

[30] 图47中，与其他小斗同大的侧小斗，与侧崖体（侧边框）之间的小间隙中，仍存在横栱臂形象。第三、五时段复原示意图，已出现此状态。

十　其他认识

（一）建筑、泥皮、壁画始建的时段

虽然学术界基本认为牛儿堂的始建时代为隋，但具体时段尚待探讨。此次勘察中，主要由建筑遗迹观察，可推测牛儿堂建筑、泥皮、壁画的始建时段。

此次勘察已知，牛儿堂崖阁未完工。崖阁石构件上所遗留石粗坯、石残碴、待用泥板、前廊壁画上所遗留草创起稿线，均属未完工现象，且后三者现场中断感非常强，其最终的停工属于突然的停工，当有特殊原因。

此次勘察又知，牛儿堂崖阁前廊内顶，在右次间平棊的左侧未凿完，明间平棊全部未凿完，左次间尚未凿出平棊的状态下，于开凿阶段就匆匆与前廊内其他部分一起，和后室内一体同层，敷泥着底色，开始绘壁画了。此种前廊内顶的石作大部分未凿完就敷泥的现象，属于明显的偷工现象，不符合宗教的虔诚，更不易通过验收，一般不会出现。故，此种偷工，可能与所遇到的特殊情况有关，即这种偷工、省工，是被功德主所允许的。

因为，此种未凿完就敷泥的现象只发现在顶部。在洞窟建造中，一般只有感到稳固方面出现危局，才会在顶部省工，以免继续开凿造成坍塌。隋代，在麦积山所在的关陇地区，见诸正史记载的地震有两次为有明显破坏性的大地震。第一次发生在开皇二十年（600年）十一月，第二次发生在仁寿二年（602年）九月[31]。推测牛儿堂建造中，因洞窟具有一定的稳定性，第一次大地震尚未造成牛儿堂崖阁的大破坏，但有小的坍塌或松动的裂痕。震后，人们会继续造窟。但可能目睹地震造成的小破坏，心有余悸，感到了洞窟有稳固方面的危险，甚至草木皆兵。为不出事故地完工，才允许前廊顶部的省工。不久后的第二次大地震，应大大扩展了第一次地震的破坏，形成更大的坍塌或危岩的裂隙。位于登临牛儿堂必经的左邻窟散花楼，其崖阁也可能在第二次地震中大坍塌[32]。可能因道路不通，自身也坐落于危崖中，故牛儿堂的建造最终全面停工。除此，

---

[31]　"开皇二十年十一月戊子，天下地震，京师大风雪……（仁寿）二年九月乙未……陇西地震。""开皇二十年十一月，京都大风，发屋拔树，秦、陇压死者千余人。地大震，鼓皆应。净刹寺钟三鸣，佛殿门锁自开，铜像自出户外。"《隋书》卷2《帝纪》第2《高祖》下，第44~46页；卷23《志》第18《五行》下《常风》，第655页，北京：中华书局，1973年。

[32]　敦煌研究院麦积山石窟艺术研究所考古研究室：《麦积山石窟第4窟散花楼外檐下仿木构件再勘察——附新发现的散花楼中龛北周壁画建筑》，《文物》2017年第11期（载于本书），已判断散花楼崖阁大坍塌于隋代连续的两次大地震中。本文推测，如同牛儿堂在隋两次大地震中的表现大体一样，因洞窟具有一定的稳定性，隋第一次大地震会造成散花楼崖阁的小破坏，但不至于大坍塌，隋第二次大地震会扩大小破坏，才造成了散花楼崖阁的大坍塌。

尚无其他证据解释隋代牛儿堂崖阁前廊顶部，未凿完就敷泥这种特殊的未完工现象。

牛儿堂崖阁未完工状，与隋代两次关陇地区大地震的契合，印证了学术界基本认为的，牛儿堂建造时代为隋的判断，且其始凿时段，应在隋代第二次大地震的开皇二十年（600年）十一月之前。考虑到此大型且需准确雕凿的工程在第一次大地震时，正在开凿前廊平棊顶，应已初具规模了，故可能应至少经过一个年头才能凿成如此规模，故牛儿堂的始凿时段至少可提前一年，即在开皇十九年（599年）十一月之前。

上述已推测，牛儿堂崖阁前廊内顶部未凿完时，于隋代关陇两次大地震之间，古人在前廊内顶部、前廊内其他位置和后室内，统一敷泥绘制壁画，并于隋代关陇第二次大地震时，随着牛儿堂的全面停工，绘制终止。因此推测，牛儿堂的包括西方净土变壁画在内的，前廊、后龛内所有隋代壁画，及其仅上底色，尚未绘画的泥皮，其制作的时段当在隋代关陇第一、二次大地震之间，即在开皇二十年（600年）十一月至仁寿二年（602年）九月之间，约1年零10个月的范围内。

（二）建筑工程的工序

此次勘察中，为对比隋代牛儿堂崖阁外立面和前廊内的未完工石作状态，另观察了牛儿堂后室（中龛、主室）内部，注意到其建筑石作已完工。这表明，虽然牛儿堂洞窟主体石作的粗坯开凿，自然应是先外（外立面和前廊）后内（后室）的工序，但其工程中细化的部分，即石作的工序明显是先内后外。

隋牛儿堂邻窟北周散花楼，其外立面的建筑石作亦尚未完工[33]。但观察散花楼前廊正壁龛（后室）内，建筑石作已完工。散花楼此种建筑工程工序，类似牛儿堂建筑工程工序，两者有传承关系。

（三）断面倒梯形构件组合的继承和发展

此次勘察中，知隋代牛儿堂崖阁存在断面呈大略"正"倒梯形的由柱头间阑额、栱眼壁、人字栱、横栱、小斗、通长替木、"檐额枋"（已推测其木构原型，由横枋、垫板、檐额枋（檐檩）三层组成）构成的"构件组合"，其前后部均呈向下收分状，可增加附着面比例以求稳固。

北周散花楼崖阁上，已出现了断面呈大略倒梯形的栱眼壁、人字栱、横栱、

---

[33] 同注[27]。

小斗、通长替木、檐额枋构成的构件组合，其半个大略正倒梯形的断面，位于窟前面的边，是垂直状的[34]。对比两崖阁断面呈大略倒梯形的两组构件组合，可见隋牛儿堂崖阁对北周散花楼崖阁此类构造的继承，并发展为构件组合断面呈完全大略正倒梯形现象。并且，隋牛儿堂崖阁构件组合比之北周散花楼崖阁构件组合，又多了柱头间阑额，使得更多构件组合在一起，呈向下的收分状，其加强整体稳固性的作用更强。

故隋牛儿堂崖阁相对于北周散花楼崖阁，结构稳定性有所加强。可能两者稳定性方面的差异起了一定作用，牛儿堂崖阁构件组合及其附件（梁首、栌斗、柱）残存了一部分，而散花楼崖阁构件组合则全部坍塌了[35]。

（四）裸露石面的处理

此次勘察中，已知牛儿堂崖阁前廊内顶部梁上的敷泥，止于梁的前端，未再向前延伸至栌斗和檐柱上；其平棊顶、平顶上敷泥向前廊内的前部延伸，止于"构件组合"后倾垂面的下端，未再向前延伸至组合最底层的阑额底面。故牛儿堂崖阁的栌斗表面、檐柱表面、外立面各构件表面、阑额底面，原设计完工状态均是不敷泥的裸露状态。

又已知，北周散花楼崖阁其残存栌斗和檐柱，均是不敷泥并石面打磨光滑的，此状态应为原设计的完工状态，且推断外檐下外立面处的其他构件，原完工设计也均如此状态[36]。

上述北周散花楼崖阁、隋牛儿堂崖阁，原设计完工状态的不敷泥区域的基本一致，提示牛儿堂崖阁不敷泥区域的设计，继承自散花楼崖阁，其完工状态，很可能也同散花楼崖阁一样打磨光滑。隋李静训石堂表面打磨光滑，也佐证了隋牛儿堂崖阁石作原设计完工状态为打磨光滑。

打磨光滑，即追求石面的细腻光洁效果。牛儿堂崖阁石质因是赭色粗砂岩，故开凿面难免有脱落砂砾造成的坑凹（图15）。又已知，牛儿堂崖阁上遗留有修补左侧梁首缺口的赭泥板，故提示，牛儿堂崖阁石面打磨光滑时，如遇坑凹，古人有可能也会使用同样的赭色含粗沙软泥填补，与左侧梁首缺口的填补一起，待泥干硬后与石面一并打磨光滑。

（五）木构原型明间的面宽

牛儿堂崖阁木构原型各间的面宽，即崖阁各间两梁中线间距。牛儿堂上，

---

[34] 同注[27]。
[35] 同注[27]。
[36] 同注[27]。

已知各梁首后端分别与其直立柱中轴对称，故前廊内各梁分别与其直立柱中轴对称。因此，崖阁各间两梁中线间距，应与各间两柱中线的间距等同。已知崖阁明间两梁前端中线间距，即明间两柱中线间距，亦即明间前端面宽，为4.82米；左次间两柱顶端中线间距，即此两直立整柱的中线间距，亦即左次间前端面宽，为4.78米。因木构建筑一般各间前后面宽一致，且与各间两柱中线间距一致，故知中轴对称的崖阁木构原型，明间面宽应为4.82米，左右次间各间面宽应为4.78米，明间面宽稍大。这符合传统三开间木构建筑中的明间面宽一般较大的形式。已知，仿木构的隋李静训石堂和木构的唐南禅寺大殿，均为明间面宽较大的三开间建筑形式，也佐证了牛儿堂崖阁木构原型为明间面宽稍大形式。

崖阁前廊内左右壁之间，明间面宽的较小，是加入了左右壁因素，因为左右壁不在左右侧梁首的中线位置，而是在左右侧梁首的外侧处，较多加大了左右次间的面宽，故左右次间各间的面宽反而超过了明间面宽。

已知崖阁各间两柱间距相等，故其木构原型各间两柱间距也相等。在木构原型明间较宽的状态中，之所以却能在列柱上表现为柱间距相等，使得各间在开放空间上面宽又一致了，是因为木构原型与崖阁一样，其侧柱的面宽，相对明间柱的面宽稍窄，使得左右次间各间两柱间距分别稍向左右侧扩展了，于是得与明间两柱间距趋于相等。故，虽然木构原型明间面宽稍大，外观却不显。

　　　　　本文录自夏朗云：《麦积山石窟殿堂式崖阁建筑介绍·第5窟牛儿堂崖阁仿木建筑勘察》，2021年国家文物局"佛教考古与石窟寺研究专题研修班"（洛阳），2021年10月授课，正文有修订。

麦积山石窟第133窟与西魏乙弗氏寂陵
——麦积山石窟第43窟与隋文帝神尼舍利石室

一　乙弗氏寂陵认识回顾

有关西魏文皇后乙弗氏及其葬于麦积崖的记载，见于《北史》[1]。

洪毅然1957年曾简要推测，麦积山石窟第43佛窟是西魏文皇后乙弗氏寂陵。并说，第43窟民间俗称为"魏后墓"[2]。

第43窟为位于东崖西侧下方的崖阁式洞窟（图1），其基本结构为，一横长方

---

[1] "文帝文皇后乙弗氏，河南洛阳人也。其先世为吐谷浑渠帅，居青海，号青海王。凉州平，后之高祖莫瑰拥部落入附，拜定州刺史，封西平公。自莫瑰后，三世尚公主，女乃多为王妃，甚见贵重。父瑗，仪同三司、兖州刺史。母淮阳长公主，孝文之第四女也。后美容仪，少言笑，年数岁，父母异之，指示诸亲曰：'生女何妨也。若此者，实胜男。'年十六，文帝纳为妃。及帝即位，以大统元年册为皇后。后性好节俭，蔬食故衣，珠玉罗绮绝于服玩。又仁恕不为嫉妒之心，帝益重之。生男女十二人，多早夭，唯太子（元钦）及武都王戊存焉。时新都关中，务欲东讨，蠕蠕寇边，未遑北伐，故帝结婚以抚之。于是更纳悼后，命后逊居别宫，出家为尼。悼后犹怀猜忌，复徙后居秦州，依子秦州刺史武都王。帝虽限大计，恩好不忘，后密令养发，有追还之意。然事秘禁，外无知者。（大统）六年春，蠕蠕举国度河，前驱已过夏，颇有言虏为悼后之故兴比役。帝曰：'岂有百万之众为一女子举也？虽然，致此物论，朕亦何颜以见将帅邪！'乃遣中常侍曹宠赍手敕令后自尽。后奉敕，挥泪谓宠曰：'愿至尊享千万岁，天下康宁，死无恨也。'因命武都王前，与之决。遗语皇太子，辞皆凄怆，因恸哭久之。侍御咸垂涕失声，莫能仰视。召僧设供，令侍婢数十人出家，手中落发。事毕，乃入室，引被自覆而崩，年三十一。凿麦积崖为龛而葬，神柩将入，有二丛云先入龛中，顷之一灭一出，号号寂陵。及文帝山陵毕，手书云，万岁后欲令后配飨。公卿乃议追谥曰文皇后，祔于太庙。废帝时，合葬于永陵。文帝悼皇后郁久闾氏，蠕蠕主阿那瑰之长女也。……（大统）四年正月，至京师，立为皇后，时年十四。（大统）六年，后怀孕将产，居于瑶华殿，闻上有狗吠声，心甚恶之。又见妇人盛饰来至后所，后谓左右：'此为何人？'医巫傍侍，悉无见者，时以为文后之灵。产讫而崩，年十六，葬于少陵原。十七年，合葬永陵。"（唐）李延寿撰：《北史》卷13《列传》第1《后妃》上《文帝文皇后乙弗氏》，第506页，北京：中华书局，1974年。

[2] 1957年4月29日于麦积山石窟瑞应寺稿。洪毅然：《西魏文皇后乙弗氏寂陵遗址蠡测》，天水麦积山文物保管所编：《麦积山石窟资料汇编》初集，第135~137页，天水，1980年。后载于麦积山石窟艺术研究所编：《麦积山石窟研究论文集》，第58~60页，兰州：甘肃人民出版社，2006年。

形前室即前廊（面宽6.68米，深1.10米）；前廊后，一平面马蹄形穹隆顶中室（即主室，高2.96米、宽3.40米、深1.90米）；主室后，一封闭的平面纵长方形覆斗顶后室（高1.73米、宽2.50米、深3.20米）；整体为麦积山石窟中小型洞窟。冯国瑞1941年《麦积山石窟志》、1951年《天水麦积山石窟介绍》，未提到有俗名"魏后墓"的窟。[3]1953年中央文化部麦积山勘察团勘察报告及内容总录中，一些窟有俗名（如第4窟俗名散花楼等），第43窟无俗名[4]。笔者只闻当地老百姓说麦积山有"魏后墓"，但不能详指为何窟。也听说当地老百姓天旱求雨时，在晒龙王的活动中，曾将轿中所抬的龙王暂置于第43窟中，因第43窟主室正壁上有宋代重修的较大的两龙浮塑，意为此处为能得雨的龙宫，这也与魏后墓无涉。

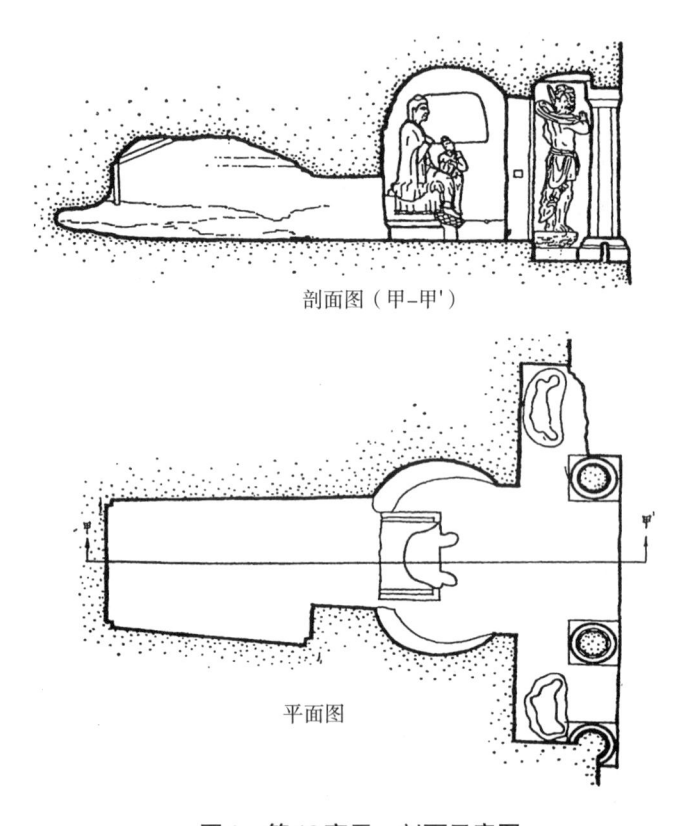

剖面图（甲-甲'）

平面图

图1 第43窟平、剖面示意图

---

[3] 冯国瑞：《麦积山石窟志》，天水：陇南丛书编印社，1941年；后载于冯国瑞著，张克源、冯晨校注：《麦积山石窟志校注》，北京：中国文史出版社，2015年。冯国瑞：《天水麦积山石窟介绍》，第167~186页，《文物参考资料》1951年第10期。

[4] 麦积山勘察团：《麦积山勘察团工作报告》，《文物参考资料》，第13页，1954年第2期。麦积山勘察团：《麦积山石窟内容总录》，第101页，《文物参考资料》1954年第4期。

初师宾1983年从开窟区域先后（先西崖后东崖）的角度，认为位于东崖的第43窟时代偏晚。又据《玉堂闲话》"隋文帝分葬神尼舍利函，于（麦积山东崖的）东閤（阁）[5]之下，石室之中"[6]的记载，推测此窟更像是隋文帝分葬的神尼舍利石室。同时，初师宾试探性地考虑麦积山第133佛窟，有可能为西魏文皇后乙弗氏寂陵[7]。

第133窟俗名"万佛堂""万佛洞"，位于麦积山石窟西崖东上部，在窟口的左右和上方区域，窟口紧邻唯一较早的后秦第98窟（俗称西崖大佛）[8]东侧，距其他同时代洞窟窟口较远。为前壁中间开口（门）的幽深洞窟（图2）。其基本结构为，一横长方形前室、两纵长方形向后室。窟高达6.1、宽超14.94、深超11.7米[9]，是麦积山石窟中的大型洞窟。

初师宾首先由洞窟位置因素，认为此窟在麦积山石窟中不早不晚，大约为北魏

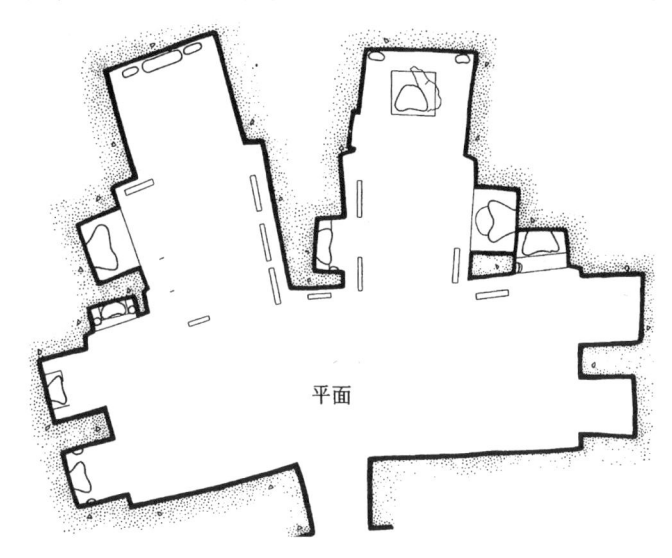

图2　第133窟平面示意图

---

[5] "閤，门旁户（小门）也。"（汉）许慎撰，（清）段玉裁注：《说文解字注》12篇上，门部，《閤》，第587页，上海：上海古籍出版社，1981年。"閤……一说自汉迄宋、明，凡祕阁、龙图阁、天章阁、宝文阁、东阁、文渊阁，皆非从合，皆不专属小门。唐太宗引刺史入阁，问民疾苦。贞观制，自今中书门下，及三品以下入閤议事，谏官随之。宋太宗藏经、史、子、集、天文、图画分六阁，与阁同。今尊称曰阁下。韩愈上宰相书，皆从阁，由此推之，閤、阁音义通也。"张玉书、陈廷敬等奉敕纂：《钦定康熙字典》卷31《閤》，第91页，载《钦定四库全书》经部10。

[6] （五代）王仁裕：《玉堂闲话》，（宋）李昉等：《太平广记》卷第397《山（溪附）·麦积山》，第3181页，北京：中华书局，1995年。

[7] 初师宾：《石窟外貌与石窟研究之关系——以麦积山石窟为例略谈石窟寺艺术断代的一种辅助方法》，《西北师院学报》1983年第4期。

[8] 夏朗云：《炳灵寺摩崖大立佛对麦积山西崖摩崖大立佛的启示》，载夏朗云《麦积山石窟考古断代研究~后秦开窟新证》，第8页，兰州：甘肃人民出版社，2010年。

[9] 数据采自麦积山第133窟实测图，麦积山勘察团、西北历史博物馆、北京人民英雄纪念碑兴建委员会：《麦积山石窟》，文化部社会文化事业管理局编印，1954年。

晚期开凿。又由洞窟地位尊贵，其窟口上下左右的周边，同时代窟莫敢近前，具有不可侵犯的权威性角度，谈到（一块考察的）有同志主张第133窟为史载西魏废皇后乙弗氏的寂陵，但因第133窟较大的工程量，认为很不可能在乙弗氏崩之后的年内完成。因史载乙弗氏于西魏大统六年（540年）春去世，随即凿龛为陵，葬于麦积崖，故初师宾认为很可能于年内完成。于是初师宾又谈到，如果第133窟系利用原有的窟扩展而成，加之此窟的双后室夫妻合葬形制及寂陵有"二丛云"出入于墓室中的记载，可暗示西魏文皇帝与乙弗氏的亲昵关系，认为说第133窟是魏后墓寂陵也不无道理。其文主要记载了一下思路，未作较详细论证。

初师宾及其同志们，应意识到了第133窟似双后室的墓葬[10]，才考虑此窟为寂陵。

八木春生、张锦绣、董广强亦记第133窟具有古代墓葬因素[11]。

洪毅然的说法影响较大，在对麦积山石窟的文字介绍和讲解中曾被广泛采用，称第43窟为"魏后墓"。初师宾的说法仅寥寥数语，又不太肯定，故未被采纳。一般性的文字介绍和讲解中，对较为巨大的第133窟只作特窟看待，其时代一般笼统被指为北魏晚期。

上述两种分歧意见，表述皆简略，尚需辨识。

二　寂陵称号

《北史》载："（乙弗氏）引被自覆而崩，年三十一。凿麦积崖为龛而葬，神柩将入，有二丛云先入龛中，顷之一灭一出，后号寂陵。"

乙弗氏去世之前的北魏至东、西魏时期，只有少数重要的有美谥皇后的单

---

[10] 张学荣1990年在麦积山石窟讲学中说，参观第133窟的有些专家曾指出，此窟似汉代崖墓的形制。

[11] "133窟……这种令人联想到四川地区崖墓的平面结构……"八木春生：《麦积山石窟北魏后期诸窟考》，《筑波大学艺术学研究报告》第33辑《艺术学研究报》19，筑波大学艺术系，1999年，（转载于）麦积山石窟艺术研究所编：《麦积山石窟研究论文集》，第578页，兰州：甘肃人民出版社，2006年。"是我国现存按照汉代崖墓形式开凿的一个大型佛窟。"张锦绣编著：《麦积山石窟志》，第22页，兰州：甘肃人民出版社，2002年。"有学者提出一个大胆的说法，这个洞窟在开凿之初不是作为佛教洞窟使用的，而应该是一个墓葬"，并举河南南阳石桥汉墓平面图为例作对比，意此窟是利用墓葬而造的佛窟，董广强编著：《绝壁上的佛国》，第71、72页，兰州：甘肃人民出版社，2011年。

独墓才被尊称为某陵[12]。西魏拥有皇后谥号的悼皇后，于乙弗氏去世不久后的同年也去世了，被葬于少陵原，其墓未被命名为某陵。乙弗氏在西魏文帝时期出家后，在未被恢复皇后称号前，其墓葬即不能被称作陵。故按《北史》所载"及文帝山陵毕，手书云，万岁后欲令后配飨，公卿乃议追谥曰文皇后，祔于太庙"之后，乙弗氏墓葬才始有资格被称号作"寂陵"，寂陵应是追尊的墓号。乙弗氏墓能被追尊号为陵，得益于文帝的"手书"，得益于其子为太子（元钦），得益于其太子继位为帝（废帝）。

故，当乙弗氏于大统六年（540年）春葬于麦积崖时，其墓无寂陵称号，我们当称作乙弗氏墓。

三 第133窟符合乙弗氏墓

（一）第133窟的断代基本符合乙弗氏墓的西魏时代

第133窟中未保存开窟时代方面的题记，故对其时代判断不是绝对的，是一个基本接近的判断。学术界认为，第133窟的时代，在北魏晚期至西魏，未再有超过此范围的断代[13]。上文所述初师宾推测第133窟时（1983年），学术界对其断代已存在北魏晚期的说法，北魏晚期接西魏，以此为基础，才有初师宾推测第133窟可能为西魏乙弗氏墓（后号寂陵）。

（二）第133窟的位置符合乙弗氏墓的尊贵

按《北史》，乙弗氏生前虽被废为尼，但其子仍为太子。且她徙居秦州，依子秦州刺史武都王元戊。且文帝恩情眷顾未绝，密令蓄发。并最终于废帝时期，由其墓中被迁出，与文帝合葬于文帝永陵中。这表明了乙弗氏在麦积崖上的墓，至少应当是按太子母亲和武都王母亲的墓葬名义建造的，应当是一处尊贵的

---

[12] 例如北魏文明冯太后的永固陵、文昭皇太后的终宁陵。"十四年，崩于太和殿，时年四十九。其日，有雄雉集于太华殿。高祖酌饮不入口五日，毁慕过礼。谥曰文明太皇太后，葬于永固陵。""其后有司奏请加昭仪号，谥曰文昭贵人，高祖从之。世宗践阼，追尊（谥曰文昭皇太后）配飨。后先葬城西长陵东南，陵制卑局。因就起山陵，号终宁陵，置邑户五百家。肃宗诏曰：文昭皇太后，德协坤仪……"（北齐）魏收：《魏书》卷13《列传》第1《皇后列传》，《文成文明皇后冯氏》，第10页、《孝文昭皇后高氏》，第17页，载《钦定四库全书·史部1》。

[13] 如，①魏晚期（北魏迁都洛阳后到西魏灭亡）。麦积山勘察团：《麦积山石窟内容总录》，《文物参考资料》1954年。关于年代的划分，麦积山勘察团：《麦积山勘察团工作报告》，《文物参考资料》1954年第2期，规定"我们把西魏归入魏晚期的范围（迁洛阳后到西魏灭亡）"。②北魏第三期（516—534年）。董玉祥：《麦积山石窟的分期》，《文物》1983年第6期。③北魏后期至西魏（504—557年）。东山健吾：《麦积山石窟——云海中微笑的众佛及其系谱》，麦积山石窟艺术研究所编：《麦积山石窟研究》，北京：文物出版社，2010年。

所在。

正如初师宾所述，第133窟其位置较尊贵。此窟位于较早开窟的区域西崖中部上方，距离窟前地面44.34米，窟口左右及上方区域的近处无同时代洞窟。因此，第133窟窟口周围，除了紧邻早期后秦时期的第98窟（俗称西崖大佛）外，无紧邻的同时代洞窟，较疏阔，使得第133窟较为独立高显，具有威严性，符合尊贵的乙弗氏墓的外围要求。

（三）第133窟的大规模符合乙弗氏墓

第133窟高6.1、宽14.94、深11.7米，是麦积山石窟中内部空间最大的洞窟，古人曾描述其为"广若今之大殿"[14]。在洞府空间规模巨大方面，符合作为太子母亲和武都王母亲的墓葬尊贵的身份。

（四）第133窟的形制符合乙弗氏墓的"二丛云"描述

笔者赞同初师宾"第133窟双后室是夫妻合葬墓的设计形式，并且史籍中有'二丛云'出入的记载，可表示西魏文帝夫妻的亲昵关系"。

第133窟一横长方形的前堂、两纵长方形后室的形制，类似于汉代流行的"一横长方形前堂、两并列纵长方形后室"形制的夫妻合葬墓[15]。也类似四川乐山麻浩汉代崖墓[16]，即一横长方形前堂和并列的纵长方形的后室（可为两个以上）。四川北部的广元绵阳间，南朝时期也有类似崖墓，形制也出现一前堂（前槽）和两并列的基本纵长方形的后室。[17]这种一前堂两并列后室形制的墓葬中，各后室的主人关系应比较密切，一般应属于共同的家族。汉代并列双后室的主人可为夫妻，南朝崖墓并列双后室的主人也可如此。因此，西魏时代，在地近四川北部的麦积崖上，在墓葬双后室使用方面，继承东汉、南朝以来的夫妻合葬传统，是可能的。

《北史》中有关乙弗氏墓记载中的"二丛云"出入，这除了可表示西魏文帝

---

[14] "麦积山者……由西閤悬梯而上，其间千房万屋，缘空蹑虚，登之者不敢回顾。将及绝顶，有万菩萨堂，凿石而成。广若（"若"原作"古"，据明抄本改）今之大殿。其雕梁画栱，绣栋云楣，并就石而成，万躯菩萨，列于一堂。"（五代）王仁裕：《玉堂闲话》，（宋）李昉等：《太平广记》卷第397《山（溪附）·麦积山》，第3181页，北京：中华书局，1995年。上文已述，閤通阁，故麦积山西閤即麦积山西阁，当指麦积山石窟西崖部分。据此可判断，内部空间很大的第133窟即此万菩萨堂。万菩萨堂是第133窟俗名万佛洞的别俗称，俗将佛亦称菩萨。

[15] 如，河北定县北陵头东汉晚期大型墓M43（推测为中山王刘畅墓），即为夫妻合葬墓，其主要部分，即为"一横长方形前堂连接二并列纵长方形后室"。定县博物馆：《河北定县43号汉墓发掘简报》，《文物》1973年第11期。

[16] 罗二虎：《四川崖墓的初步研究》，《考古学报》1988年第2期。

[17] 沈仲常：《四川昭化宝轮镇南北朝时期的崖墓》，《考古学报》1959年第2期。

夫妻的亲昵关系外，从墓葬形制方面来说，"二丛云"还暗示了墓葬的双后室形制，暗示陵墓的夫妇合葬功能。因此提示，麦积山石窟中唯一具有双后室的第133窟，是西魏乙弗氏寂陵，而且只能是此窟。

所谓"神柩将入，有二丛云先入龛中，顷之，一灭一出"，"二"表示夫妻的"双"，"顷之"表示依依不舍。此墓的感情寄托在"双"，依依不舍的是，乙弗氏孤单的"一"。

当时，在麦积崖上开双后室这样的墓葬，可寓意：不能生聚，愿死同穴，以此表示西魏文帝将来要与乙弗氏合葬于麦积崖，虽然后来又因故另选址造了自己的"山陵（永陵）"，但还是手书旨意，表述自己与乙弗氏合葬的愿望。果然，后来文帝驾崩后，乙弗氏终被自己的儿子废帝元钦迁出麦积崖寂陵，与文帝合葬于关中永陵，完成了遗愿。虽未合葬于麦积崖，但双后室已表明当时的愿望。这样看来，第133窟，对于乙弗氏与文帝后来的合葬，虽然只是起到暂厝的作用，但这种合葬的愿望早在麦积崖上就已经定下了。

所谓"神柩将入，有二丛云先入龛中，顷之一灭一出"，就是文帝名义上为自己开凿双后室夫妻合葬陵墓，送乙弗氏先入葬的曲折表达。是借麦积烟雨两云朵的两进一出，象征文帝和乙弗氏的感情相拥入陵，象征文帝依依不舍之情。

（五）第133窟的开凿状态符合乙弗氏墓的赶工

至于初师宾所述，因乙弗氏突然去世，寂陵应赶工开凿，工期短，而不敢肯定规模很大的第133窟为寂陵的问题，本文认为，动用皇家力量，即不成问题。皇家征来的众多民夫加上一些兵士可昼夜开凿。且麦积崖为砂砾石质，较为酥松，非如石灰岩石质之坚硬难凿，并可辅以湿水处理，将更易开凿。又洞窟凿入愈深，湿度稍大，难度亦减小。故窟可在数月内凿完形制，再数月赶工塑绘，可在年内完工。

第133窟并不是精雕细凿样，体现了赶工迹象。表现在，多处壁面雕凿粗糙，并不追求平整。顶部也不完全对称布局，其左侧顶部较高且不规则，可能有坍塌现象，就不再顾及左右对称及规整，将错就错，巧妙安排了。故此窟形制的某些部分显得较为写意。

第133窟窟形的写意，也影响到雕塑的写意。窟内泥塑，少量的较为精细，大部分的技术手法较为写意。大多数造像碑的边框、侧面、背面，未来得及修饰平整。这不是艺术风格的原因，而似是赶工现象。其中，最精工的第一号造像碑也似未完工就入置了，如其正正面下部一横长方形磨光面，正面上部龛楣磨光面，似是备雕刻的，但空白。

第133窟造像的风格，在大类型一致的情况下，有不同的小类型，表明造像乃集中不同的工匠分头完成，亦体现了皇陵内的造像工作，能够组织的多方之力。

（六）第133窟符合乙弗氏墓"凿龛而葬"的描述

现代人们一般认为，"龛"是敞口状，"窟"为收口状[18]。第133窟的形制为前壁开门的收口状窟形，这形制，似与《北史》所描述的乙弗氏"凿麦积崖为龛而葬"的龛矛盾。

但在古代，龛的含义可包括收口状的窟形。《说文》："龛，龙皃（貌）。""龙，鳞虫之长，能幽能明，能细能巨，能短能长，春分而登天，秋分而潜渊，从肉飞之形。"[19]此谓龙的弯曲而又不完全闭合状，即为龛的轮廓状。又《康熙字典》："龛，（梁）《玉篇》：'受也，盛也。'（西汉）《扬子·方言》：'龛，受也。齐楚曰㝓，扬越曰龛。受盛也，犹秦晋言容盛也。'（晋）《郭注》：'今言龛囊，由此名也。'"[20]故在晋代之后，如龛作为名词使用，似囊状者，亦可称为龛。囊有收口状，于是，龛形，应包括收口状形，龛应包括前壁开门的收口状的窟形。

又，敦煌莫高窟所藏（武周）"李君莫高窟佛龛碑"上的《李君莫高窟佛龛碑并序》记载："厥初，秦建元二年。有沙门乐僔，戒行清虚，执心恬静。尝仗锡林野，行止此山，忽见金光，状有千佛，遂架空凿险，造窟一龛。"[21]这里"造窟一龛"，说明龛的概念要大一些。龛不一定是窟，窟可称为龛。

又，现藏于麦积山石窟瑞应寺中的南宋时期"四川制置使司给田公据碑"碑文中，有对麦积山石窟的描述："群山围绕，中间突起一峰，镌凿千龛，现垂万像。"[22]其中的"镌凿千龛"，涵盖麦积山石窟上所有洞窟，包括有前壁的窟。故，南宋时，仍将麦积山石窟上所有洞窟（包括有前壁的窟）称为龛。

因此，第133窟这样的有前壁的窟形，至迟在撰写《北史》的唐代时，可称为龛。于是，第133窟的有前壁的窟形，与西魏乙弗皇后寂陵为龛形墓的描述，这不矛盾。

龛，现在一般所指较小，但在西魏，可指大规模的洞窟。比如，与西魏时

---

[18] "关于龛和窟的区别，我们沿用永靖炳灵寺石窟勘察的原则，就是有（收束）洞口的叫窟，敞口的叫摩崖龛，以区别于窟。"麦积山勘察团：《麦积山勘察团工作报告》，《文物参考资料》1954年第2期。

[19] （汉）许慎撰，（宋）徐铉增释：《说文解字》卷11下"龛""龙"，第14页，载《钦定四库全书》经部10。

[20] 张玉书、陈廷敬等奉敕纂：《钦定康熙字典》卷36"龛"，第73页，载《钦定四库全书》经部10。

[21] 宿白：《武周圣历李君莫高窟佛龛碑合校》，载氏著《中国石窟寺研究》，北京：文物出版社，1996年。

[22] 张锦绣编著：《麦积山石窟志》，"四川制置使司给田公据"，第171页，兰州：甘肃人民出版社，2002年。

代相接的北周，庾信的《秦州天水郡麦积崖佛龛铭（并序）》，学术界认为描述的是麦积山石窟中，大规模的散花楼（第4窟，自高约21、宽约35、深约8米）[23]或大规模的中七佛阁（第9窟，自高约4.05、宽约24.1、深约4.65米）[24]，则其龛的概念，即可指大规模的洞窟。故西魏时，龛应也可指大规模的洞窟。故，第133窟的大规模也符合寂陵的"凿麦积崖为龛而葬"的描述。

四　第43窟非西魏寂陵而是隋文帝神尼舍利石室

（一）第43窟可以是隋代洞窟

本文赞同初师宾认为，因麦积山石窟大体早期洞窟在西，晚期洞窟在东，第43窟位置偏于崖面东部，故其时代应偏晚，可能不是西魏洞窟，而可能为隋代窟的推断。并补充新的断代证据：

1. 前、后室形制

第43窟前室（主室）为平面马蹄形穹隆顶型。这种形制，如果作为西魏洞窟，在麦积山石窟中，在公认为西魏时期的洞窟中未见，在其他石窟中的西魏洞窟中也罕见，故，认为麦积山石窟第43窟为西魏洞窟，难以成立。反观隋代洞窟中，有此种形制。如麦积山石窟公认为隋代[25]的崖阁式洞窟第5窟（牛儿堂），其前廊后主室的形制，即是平面马蹄形穹隆顶。

第43窟后室为"平面长方形盝顶"型。其盝顶上凿出仿木结构框架，与西魏第127窟的顶部形制相似，但第43窟后室在四角中凿出立柱，却在第127窟中无。而麦积山石窟北周第4窟七佛龛内，出现了四角柱。故第43窟后室形制，当是继承西魏、北周洞窟风格的一种新风格，作为隋代新风格，是合理的。

2. 崖阁形制

第43窟崖阁八棱檐柱面上，刻有深凹槽，未见于公认的麦积山石窟西魏洞

---

[23] 冯国瑞：《天水麦积山石窟介绍》，《文物参考资料》1951年第2卷第10期西北专号。郑振铎：《〈麦积山石窟〉序》，《麦积山石窟》，北京：文化部社会文化事业管理局，1954年。傅熹年：《麦积山石窟中所反映出的北朝建筑》，《文物资料丛刊》，第4辑，北京，文物出版社，1981年。阎文儒：《麦积山石窟的历史、分期及其题材》，阎文儒主编：《麦积山石窟》，兰州：甘肃人民出版社，1984年。张学荣：《关于麦积山石窟中的北周洞窟造像和壁画》，阎文儒主编：《麦积山石窟》，兰州：甘肃人民出版社，1984年。董玉祥：《麦积山等石窟的壁画艺术》，《中国美术全集》绘画编17《麦积山石窟壁画》，北京：人民美术出版社，1987年。李中民：《麦积山石窟史略及其雕塑源流》，《中国美术全集》雕塑编8《麦积山石窟雕塑》，北京：人民美术出版社，1988年。马世长：《麦积山北朝石窟》，国家文物局教育处：《佛教石窟考古概要》，北京：文物出版社，1993年。

[24] 金唯诺：《麦积山石窟的兴建及其艺术成就》，《中国石窟·麦积山石窟》，北京：文物出版社，1998年。黄文昆：《麦积山的历史与石窟》，《文物》1989年第3期。

[25] 同本书《麦积山石窟第5窟牛儿堂崖阁仿木建筑结构新勘察》注[1]。

窟中。麦积山石窟北周第4窟七佛龛内的八棱柱面上，出现了较浅凹槽，呈现向深槽的过渡阶段形态。这说明，第43窟这种八棱檐柱面上深凹槽形式，作为隋代新风格，是合理的。

而且麦积山石窟中，具有这种深凹槽八棱檐柱的崖阁，不止第43窟崖阁。

第28、30窟为崖阁式洞窟，其崖阁八棱檐柱面有深凹槽，且其前廊后的主室为平面马蹄形穹隆顶型。因此，第43、28、30窟前廊后的主室，均为平面马蹄形穹隆顶型，且其崖阁八棱檐柱面均有凹槽。

第28、30窟曾被判断为隋代。[26]故第43窟与第28、30窟同属隋代，是合理的。

（二）第43窟规模较小

此窟平面积不足20平方米，在麦积山石窟中，属于中小型规模，不符合作为皇陵的寂陵所应有的大规制。

（三）第43窟位置偏低

第43窟接近于麦积崖的根部，距离正下方崖前地面仅21.58米，麦积烟雨中，从崖下望之，其前面的烟云淡若无，为丝状上升状，无空中平飞丛云状，故不具备窟口"飘入丛云"的显著视觉效果，即不具备《北史》记载中寂陵入葬时"二丛云"的景象。

（四）第43窟符合隋文帝分葬神尼舍利的描述

本文赞同初师宾关于第43窟可能是隋文帝神尼舍利石室的推测。

有关隋文帝分葬神尼舍利于麦积山的文献，主要有如下几则：

《隋书》："高祖文皇帝，姓杨氏，讳坚……生高祖于冯翊般若寺，紫气充庭。有尼来自河东，谓皇妣曰：'此儿所从来甚异，不可于俗间处之。'尼将高祖舍于别馆，躬自抚养……"[27]

《广弘明集》："皇帝昔在潜龙，有婆罗门沙门来诣宅，出舍利一裹，曰：'檀越好心，故留与供养。'……神尼智仙言曰：'佛法将灭，一切神明今已西去，儿当为普天慈父重兴佛法，一切神明还来。'其后周氏果灭佛法，隋室受命乃兴复之。皇帝每以神尼为言云：'我兴由佛，故于天下舍利塔内，各作神尼之像焉。'……皇帝以仁寿元年六月十三日，御仁寿宫之仁寿殿。本降生之日也。岁岁于此日深心永念，修营福善追报父母之恩。故迎诸大德沙门与论至道，将

---

[26] 李裕群：《麦积山石窟东崖的崩塌与隋代洞窟判定》，《考古》2013年第2期。
[27]（唐）魏征等撰：《隋书》卷1《帝纪》第1《高祖》上，北京：中华书局，1974年。

于海内诸州选高爽清静三十处，各起舍利塔。皇帝于是亲以七宝箱，奉三十舍利。自内而出置于御座之案，与诸沙门烧香礼拜，愿弟子常以正法护持三宝，救度一切众生。乃取金瓶琉璃各三十，以琉璃盛金瓶，置舍利于其内，熏陆香为泥，涂其盖而印之。三十州同刻十月十五日正午，入于铜函石函，一时起塔。""……秦州于静念寺起塔。先是寺僧梦群仙降集，以赤绳量地，铁橛钉记之。及定塔基，正当其所。再有瑞云来覆舍利。是时十月雪下，而近寺草木悉皆开华。舍利将入函，神光远照，空内又有赞叹之声。"[28]

《玉堂闲话》："隋文帝分葬神尼舍利函，于（麦积山）东閤（阁）[29]之下，石室之中。"[30]

麦积山石窟北宋靖康二年碑《秦州雄武军陇城县第六保瑞应寺再葬佛舍利记》："至隋文皇仁寿元年，再开龛窟，敕葬舍利，建此宝塔，赐净念寺……（宋）大中二年……寻旧基圣迹……（宋）建中靖国元年，寺主僧智□等再建宝塔……"[31]

麦积山石窟南宋嘉定十五年碑《四川制置使司给田公据》："（麦积山）突起一峰……始自东晋起迹，敕赐无忧寺……大隋敕赐净念寺，大唐敕赐应乾寺，圣朝大观元年，于绝顶阿育王塔傍地产芝草三十八本……"[32]

由以上文献可知：

1. 隋文帝藏有佛舍利。神尼舍利当指为纪念曾抚养隋文帝的神尼智仙而分发各地供养的佛舍利。智仙如隋文帝的再生母亲，其神明之状似佛的化身，故为报恩并普利天下，隋文帝下令各地将佛舍利与智仙一起供养，舍利塔内均设神尼享龛或纪念堂。

2. 麦积山最早曾称无忧寺，麦积山绝顶有阿育王塔。因古印度阿育王又称无忧王，传为建佛舍利塔最早最多者，故阿育王塔，应指舍利塔，表明麦积山绝顶之塔应为舍利塔。

3. 所谓秦州静念寺乃秦州净念寺，寺在麦积山，麦积山绝顶舍利塔，实际应初建于隋代，宋代曾进行重修。由首先占据最显要位置看，隋建舍利塔，选择在麦积山绝顶处，是合理的。

4. 《秦州雄武军陇城县第六保瑞应寺再葬佛舍利记》"至隋文皇仁寿元年，

---

[28]（唐）释道宣编撰：《广弘明集》卷17《舍利感应记》，电子佛典。
[29] 同注［5］。
[30] 同注［6］。
[31] 夏朗云主编：《瑞应寺遗珍》，《秦州雄武军陇城县第六保瑞应寺再葬佛舍利记》图版120，第132、133页，兰州：甘肃人民出版社，2008年。
[32] 张锦绣编著：《麦积山石窟志》，《四川制置使司给田公据》，第171页，兰州：甘肃人民出版社，2002年。

再开龛窟，敕葬舍利，建此宝塔"的此句话，将"再开龛窟"放在首位，有"先开龛窟，再将舍利葬在龛窟中，然后在山顶建宝塔"之意。否则，如果先在山顶葬舍利而建塔，然后再在下方的崖上开龛窟，则应记载为"至隋文皇仁寿元年，敕葬舍利，建此宝塔，再开龛窟"。

5. 由《玉堂闲话》的"隋文帝分葬神尼舍利函，于东阁之下，石室之中"可知，因阁指小门或通阁，东阁当指东崖窟群的建筑，表明佛舍利是葬在麦积山石窟偏东部位置稍低的石室中。这印证了《秦州雄武军陇城县第六保瑞应寺再葬佛舍利记》中的"（隋文帝仁寿元年）再开龛窟，敕葬舍利，建此宝塔"的文意，应是在稍低的龛窟（石室）中葬舍利的基础上，而在山顶建宝塔。

6.《广弘明集》云："先是寺僧梦群仙降集，以赤绳量地，铁橛钉记之。及定塔基，正当其所。"其"以赤绳量地，铁橛钉记之"或是暗指，在稍低的石室中葬舍利前，为了开凿此石室，在崖前地面的定位、定向的测量行为，麦积山绝顶处的"塔基"，也与这种测量行为相对应，即这种测量行为，是以麦积山绝顶处的塔基为基准的定位、定向内容。

按，第43窟朝向，为面向正南的子午向。且从第43窟正面沿子午线向北观看，麦积山绝顶舍利塔的垂直下方，正是第43窟（图3）。山顶塔基与第43窟正对应，正是因山下赤绳量地的定位、定向测量所造就的。

这说明，第43窟后室（墓室），正是隋文帝葬舍利的石室，也是山顶之塔垂直下方的地宫。这不应是巧合，而是古人总体设计的体现。

如此，古人也将麦积山设计为舍利塔的一部分了，即麦积山是舍利塔下部或塔基部分。于是，整个麦积山及其山顶塔便是浑然一体的整个一座舍利塔。

隋文帝敕葬舍利的塔，因被要求"各作神尼之像焉"，故也可称作神尼舍利塔，是佛舍利塔与神尼智仙纪念（享）堂的结合。那么，第43窟前室正相当于享堂。在此享堂中，原是塑或画上神尼的像的。于是，第43窟的性质即是神尼舍利石室窟，或神尼舍利地宫窟[33]。

秦州地方官在接到仁寿元年六月十三日的葬舍利诏后，将舍利塔基选址在麦积山绝顶处，于是选择绝顶处子午向的正下方造地宫窟。"十月十五日正午，（舍利）入于铜函石函，一时起塔"前的4个月内，地宫应造成，外部窟形及崖阁也应基本造讫，地宫外的神尼塑像或画像，应在将舍利封闭于地宫后最终完工。

---

[33] 地宫已空。"(北宋)建中靖国元年，寺主僧智□等再建宝塔"，夏朗云主编：《瑞应寺遗珍》，《秦州雄武军陇城县第六保瑞应寺再葬佛舍利记》图版120，第132、133页，兰州：甘肃人民出版社，2008年。故舍利可能在北宋时被移出再葬。

麦积山石窟第 133 窟与西魏乙弗氏寂陵　　　　　　　　　　　　　　　　141

塔

第 43 窟

图 3　第 43 窟正面位置图

　　第 43 窟紧挨着的正下方，隋代人还造了第 49 窟，其中轴线与第 43 窟相同。第 49 窟除稍小和无后室外，形制基本同于第 43 窟，故有可能与第 43 窟同时或稍后建，应与第 43 窟有直接的联系。第 49 窟在下层，塑正左右三佛组合，可弥补了第 43 窟中无主尊佛像的遗憾，表示佛像与舍利俱在，诸佛护持。

　　第 43 窟正上方，第 49 正下方，再无其他窟，则第 49、43 窟与正上方山绝顶处的舍利塔连为垂直的一线，接地通天。整个麦积山成为一座贯通天地的巍巍舍利宝塔的一部分，本是塔基，因其更巨大高耸，更像塔身，绝顶舍利塔更像塔刹。

五　第133窟作为乙弗氏墓的佐证

（一）洞窟高度与烟雨

与第43窟相反，第133窟距离窟前地坪较高，为44.34米。麦积烟雨中，从崖下有的时候可清晰地看到，其周围崖面上的丛云。有时由空中飞来的云，能在133窟口处分为多股而变幻离合，仿佛丛云在窟口处飘入飘出，忽合忽分，忽灭忽生。这符合《北史》中，对乙弗氏墓口处"二丛云"忽消失又有一股忽现出的记载。

（二）墓可与佛窟结合

第133窟，其佛教内容与洞窟岩石空间是一体完成的。没有先作为墓室，待灵柩迁出后，再补塑绘佛教内容成佛窟的迹象。故，此洞窟既是一座墓葬，又是一座佛窟，是一体的，可理解为墓室形制的佛窟，或佛教氛围与墓葬结合的洞窟。

西魏时期的这种佛教氛围与墓葬结合现象，不是孤立的。

北魏皇兴三年（469年）的邢合姜墓的房形石椁，即是佛教氛围与墓葬空间结合的例子。椁内石棺床上人骨架和随葬器物均已不存，房形石椁内的图像全是佛教题材。"石椁内壁彩绘了14尊坐佛及飞天、供养人、护法神兽等形象，是一座模拟佛殿的石椁。椁室以正壁的二佛并坐和前壁的七佛（图4）为主题……反映了平城佛教与丧葬的频繁互动。"[34]

图4　北魏邢合姜墓中前壁七佛像

佛教氛围与墓葬空间结合方面，邢合姜墓房形石椁，是第133窟之前的例

---

[34] 李梅田、张志忠：《北魏邢合姜石椁壁画研究》，《美术研究》2020年第2期。

子，两者均在元魏时期，应该说，前者影响了后者的出现。

而且这种状况也是继续发展的，已形成了某种传统而在后代出现。

这种传统，延续到清代，乾隆裕陵墓室内遍布佛像、菩萨像、经文、图案纹饰等佛教内容，且多为石质，使得墓葬形如佛教石窟，以超度陵墓主人乾隆皇帝及其陪葬嫔妃的亡灵。

故在西魏乙弗氏墓的前后时，均有墓葬与佛窟结合的例子，故寂陵既是陵墓，又是佛窟，是合理的。

（三）石造像碑

第133窟中，现存有众多石质佛造像碑，多至18通，故该窟现俗称为碑洞。由于没有证据表明是后来移入的，故更可能是开窟时就放进去的。除了造像碑上的千佛类小造像为通肩袈裟外，其他佛造像多为双领下垂的褒衣博带式，故其时代均可在西魏范围内。这种众多的石质造像碑供奉，是麦积山石窟中其他洞窟中所不具备的，其规模排场正符合西魏皇家墓葬内的特殊供奉。

其第16号造像碑上的佛像，肉髻稍低平，袈裟稍紧窄，近似于北周风格，而又不完全是肉髻更低平袈裟更紧窄的北周风格，是正向北周过渡的西魏风格，只是露出了北周风格的端倪。这也从一个侧面说明，第133窟艺术风格处在北周之前的西魏阶段，而非北魏晚期，从而更佐证了第133窟为西魏寂陵。

（四）女性因素

第133窟中3个龛现存影塑供养人，大多为女性。

前室右壁前侧第1龛，龛内外现存28身影塑供养人，大部分为俗家女性。龛正壁左侧下方一身供养人，为身材娇小的比丘尼。

前室左壁前侧第11龛，龛外左侧壁上现存3身影塑女供养人。由残损痕迹看，左侧壁原有上下7层共18身女性供养人。龛外右侧壁残迹，亦可能为同类状态，贴着许多影塑女供养人。

左后室右壁上部第15龛，除了龛内左外侧1身为影塑比丘供养人外，龛左侧其余内外4身影塑供养人为比丘尼，龛右侧内外2身影塑供养人也是女性俗家供养人。

第133窟中众多女性供养人可说明，此窟与某位重要女性的关系很大，即此窟所服务、所祈福的对象，很可能有某位重要女性。结合本文其他分析，则某一位重要的女性，最有可能是乙弗氏。

窟中多出现的女供养人，应包含皇家、贵族女眷和众尼。其中，众尼中可包含，乙弗氏临死前亲手落发的侍女。对于一位颇有德行的前皇后、当今太子的母亲，众多女性对她供养、为她祈福，是必不可少的。因此，第133窟中浓厚的女性因素的出现不是偶然的，是此窟作为乙弗氏墓的必然附属现象。

（五）极乐堂

第133窟现俗称万佛堂、万佛洞、碑洞，在古代还有其他名称：

1. 明代名称极乐堂

此窟门道内上方悬挂着一块明代万历四十一年的匾额，额面雕刻篆书阳文三字"极乐堂"，表明了此窟在明代时的正式名称。"极乐"一词，据后秦鸠摩罗什译《佛说阿弥陀经》，为西方净土极乐国或极乐国土之义。经中表明，众生一旦往生到了遍布莲池的西方净土极乐国，则决定不退转，最终成佛[35]。明代人应认为，此窟中的佛教氛围，主要是以西方极乐世界或西方极乐净土为旨归，故曰极乐堂。

2. 宋代名称也可为极乐堂

在窟内前室正中处，面对窟口门道，矗立着1尊高约3米、立于莲台上的宋代立佛泥塑，百姓俗称为"万佛洞门口的接引佛"。在佛教中，接引佛形象主要指西方极乐世界教主阿弥陀佛接引众生到西方极乐净土的形象，主要为立姿和双手作授手接引状。第133窟面对窟口的宋代大立佛正符合此态，立于莲台，左手仰掌托起，右手覆掌下伸，正符合授手接引状的接引佛形象。那么，接引佛右手下方侧立的1尊立于莲台上的小立佛，则应是表示众生被阿弥陀佛接引，最终成佛的形象。

此宋代的一大一小立佛，从外貌上看，虽形如父子[36]，但却不是世俗上父子血缘关系，是宗教上的接引和被接引的关系。因此，第133窟的内容，由接

---

[35]　"极乐国土（即西方净土），众生生者，皆是（能达到）阿鞞跋致。"姚秦龟兹三藏鸠摩罗什译：《佛说阿弥陀经》，电子佛典。"阿鞞跋致：（术语）Avaivart，又作阿毗跋致，或作阿惟越致，译曰不退转。不退转成佛进路之义，是菩萨阶位之名。"丁福保编纂：《佛学大辞典》，第734页，北京：文物出版社，1984年。

[36]　张学荣1990年在麦积山石窟讲座时认为，此一大一小2立佛是释迦佛会见其子罗睺罗的场景，并认为罗睺罗可以是有肉髻的形象，后未见详细论证。但此说在麦积山石窟艺术研究所讲解员的解说词中流行，此后，[日]东山健吾、胡承祖、张锦绣、董广强在论文和编著中也持此说。東山健吾：《麥積山石窟の草創と仏像の流れ》，第19页，载《中國麥積山石窟展圖錄》，日本東京：日本經濟新聞社，1992年。胡承祖：《麦积山石窟雕塑艺术论略》第27页，《丝绸之路》学术专刊，1999年。张锦绣编著；《麦积山石窟志》，第81页，兰州：甘肃人民出版社，2002年。董广强编著：《绝壁上的佛国·麦积山石窟艺术导览》，第77~79页，兰州：甘出准001字总2278号（2004）061号，2004年、《绝壁上的佛国》，第84、85页，兰州：甘肃人民出版社，2011年。也未见详细论证。按（元魏）西域三藏吉迦夜共昙曜译：《杂宝藏经卷》第10《罗睺罗因缘》117（电子佛典）：（罗睺罗母亲）耶输陀罗"若忆菩萨（释迦），抱罗睺罗，用解愁念。略而言之，满六年已，白（释迦佛父亲）净王，渴仰于佛。（净王）遣往请佛。（释迦）佛怜愍故，还出本国，来到释宫，佛变千二百五十比丘，皆如佛身，光相无异。（罗睺罗母亲）耶输陀罗，语罗睺罗：'谁是汝父？往到其边。'时罗睺罗，礼佛已讫，正在如来左足边立。如来即以无量劫中所修功德相轮之手。摩罗睺罗顶……此亦当出家，重为我法子。"表明，释迦佛会见其子罗睺罗时，罗睺罗为6岁儿童，立在释迦的左足边。且被佛摩顶要求出家后，应为小沙弥形象。这与第133窟中的此一大一小2立佛，且小佛立在大佛右足边形象不符。故此一大一小两立佛应不是表示释迦会见其子罗睺罗。

引佛看，宋人亦认为主旨是与往生西方净土有关。接引佛及小佛均立在莲台上，可表示立在西方极乐净土连池氛围中接引成功的状态。故，结合明代称此窟为极乐堂看，早在宋代时就可能称此窟为极乐堂。

3. 五代名称也可能为极乐堂之类

上文已述五代《玉堂闲话》记载第133窟俗名为"万菩萨堂"，已有"堂"之说。但未述此窟为极乐堂和寂陵。除了作者可能并不知道此窟为寂陵外，至于未记述极乐堂之类的名称，可能因为，作者记载了当时更通俗的名称，而未记载其正式的佛教名称极乐堂（或性质相同或相似的其他名称），如同我们现在俗称第133窟为万佛堂、万佛洞、碑洞，而不称此窟的正式佛教名称极乐堂一样。

另外的原因是，《玉堂闲话》这种笔记，一般记载民俗方面的内容并解释，不做宗教教义方面的深层次解释。一般记载名称，要给予此名以解释。因作者认为极乐堂是纯宗教名词，就不感兴趣，于是记载此窟更通俗的称呼万菩萨堂，并简略解释此俗名的原因为"万躯菩萨列于一堂"。作者只感兴趣于几乎不需要解释便知其意思的通俗名称，如对第5窟和第4窟均是记载其"金蹄银角犊儿"，和"散花楼"这样的通俗名称，而对其宗教含义的解释均不涉及。

富有宗教气息的正式名称往往会被忽略不计，但不一定没有，故第133窟的宗教名称极乐堂（或性质相同或相似的名称）在五代时或也有。

4. 原开窟时的极乐堂性质

第133窟前后室顶部，保存有大片的原开窟时的壁画。为天众飞翔的场面（图5），方向是朝向窟口处飞翔。其中有尖穗尾的花苞飞翔的形象，甚至出现了距离相近两花苞上部露出人头相互呼应的情况（图6）。此种飞行花苞，日本学者吉村怜曾认为是天人诞生于其中的莲花苞：在莲花苞中，天人露出头的称为"化生"，尚

图5　第133窟顶部往生图

未露头的称为"变化生"[37]。并认识到，这种花苞飞翔的形象可与往生净土有关[38]，可与西方净土有关[39]。

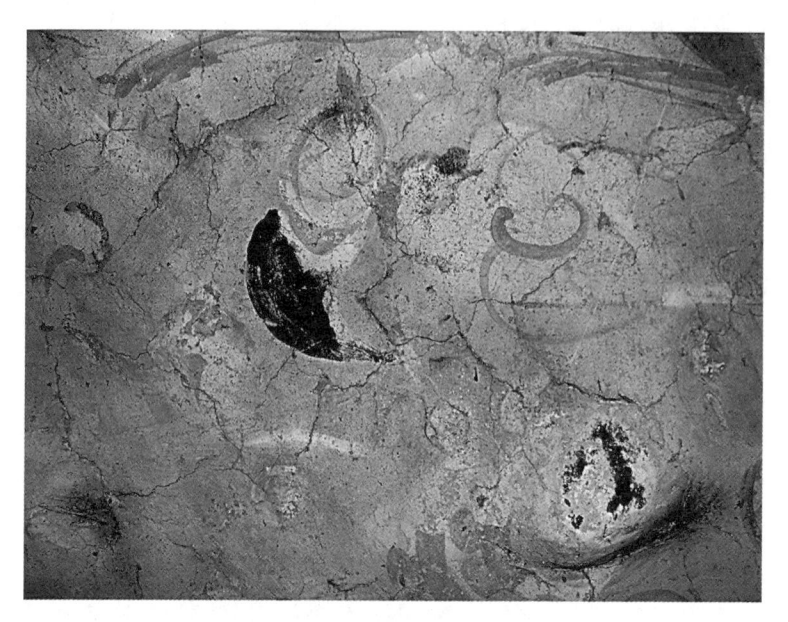

图6　第133窟顶部双人呼应往生图

据《佛说观无量寿佛经》（简称《观经》），莲华（莲花）为往生西方净土的九品中，自"上品下生"以下7品的载具，上品上生的金刚台，与上品中生的紫金台，也有可能被理解为莲花台样式[40]。故，第133窟窟顶上述壁画，可能为"往生西方净土行者与其他伴飞天众的往生飞升图"。

---

[37] 吉村怜著，卞立强 赵琼 译：《天人诞生图研究·东亚佛教美术史论文集》，第44页，北京：中国文联出版社，2001年。

[38] 吉村怜著，卞立强 赵琼 译：《天人诞生图研究·东亚佛教美术史论文集》，第24页，北京：中国文联出版社，2001年。

[39] 引述常盘大定认为是净土内容的"安养光接，托育宝华（莲花）"题记，认为这种花苞飞翔的形象与表现西方净土的《（佛说观）无量寿（佛）经》有关。吉村怜著，卞立强、赵琼译：《天人诞生图研究·东亚佛教美术史论文集》，第26页注11，北京：中国文联出版社，2001年。

[40] "上品上生者……观世音菩萨，执金刚台……上品中生者……紫金台，如大宝华，经宿则开……上品下生者……即自见身坐金莲华……中品上生者……自见己身，坐莲华台……中品中生者……行者自见坐莲华上，莲华即合，生于西方极乐世界……中品下生者……下品上生者……乘宝莲华，随化佛后，生宝池中……下品中生者……即得往生七宝池中莲华之内……下品下生者……见金莲华，犹如日轮，住其人前。如一念顷，即得往生极乐世界……"（南朝宋）畺良耶舍译：《佛说观无量寿佛经》，电子佛典。

又据《佛说阿弥陀经》,一切诸佛有助于往生西方净土。[41]因此,窟中满壁影塑佛(故俗称万佛堂),均是有助于往生西方极乐净土的。因此,窟中满壁影塑佛(故俗称万佛堂),均是有助于往生西方极乐净土的。第133窟造像碑上,也更具体地反映出对往生西方极乐国土的祝愿。因为,其上的阿弥陀佛说法图(10号造像碑上)、莲花化生(10号造像碑等碑上)、千佛题材(千佛碑上)内容,又均是与往生西方净土有密切关系的内容。

又,第133窟窟口西侧紧邻的第98窟,以及第133窟西侧的第127窟,亦与往生西方净土有密切关系。又,第133窟窟口西侧紧邻的第98窟,以及第133窟西侧的第127窟,亦与往生西方净土有密切关系。第98窟是后秦时期洞窟,其摩崖大立像是西方三圣像,主尊是阿弥陀接引佛,左观世音菩萨,右大势至菩萨。[42]第127窟,已有学者(除了少数认为是北魏窟外)多认为是西魏窟,甚至认为是西魏武都王元戊为母乙弗氏建造之功德窟[43],其西壁有大型的西方净土壁画。故可认为第133窟顶部壁画中的往生西方的行者,趋于洞口而出,受西侧的第98窟接引佛的接引,然后进入更西侧的第127窟西壁的西方净土中,西魏的第133窟与西魏的第127窟相互呼应配合。

故,综合第133窟窟内外多处的往生西方净土因素,此窟在原开窟时,也可被称为极乐堂。

极乐,是西方净土信仰者命终后的向往。

于是,第133窟包含着世俗的命终因素,佐证了此窟与乙弗氏墓联系起来的可能。

对西方净土的信仰,西魏之前早已流行了,尤其是这种信仰在麦积山石窟东晋十六国后秦时期的皇家石窟中已开始[44],出家为尼的乙弗氏及其身边人群也

---

[41] "舍利弗,于汝意云何,何故名为一切诸佛所护念经?舍利弗,若有善男子善女人,闻是经受持者,及闻诸佛名者,是诸善男子善女人,皆为一切诸佛共所护念。"姚秦龟兹三藏鸠摩罗什译:《佛说阿弥陀经》,电子佛典。故《佛说阿弥陀经》亦称《一切诸佛所护念经》,故,听闻《佛说阿弥陀经》,并受持向往阿弥陀佛为主尊的西方极乐世界净土,愿往生西方极乐世界净土,以及听闻包括阿弥陀佛名号在内的诸名号者,当为一切诸佛共所护念。因此,一切诸佛有助于众生往生西方极乐世界。

[42] 同注[8]。

[43] ①"第127窟规模宏丽,非一般家族财力物力所能及。此窟建于西魏初年……所以此窟似是武都王元戊为母乙弗后建之功德窟。"并认为第127窟是在乙弗氏葬于麦积崖前所造。金维诺:《麦积山石窟的兴建及其艺术成就》,第172、173页,麦积山石窟艺术研究所编:《中国石窟·天水麦积山》,北京:文物出版社,1998年。②赞同金维诺"此(第127)窟似是武都王元戊为母乙弗后建之功德窟"观点,并认为第127窟是在乙弗氏葬于麦积崖后所造。郑炳林、沙武田:《麦积山第127窟为乙弗皇后功德窟试论》,《考古与文物》2006年第4期。

[44] 同注[8]。

应信仰西方净土。且第133窟上方壁画的往生莲苞形象的成对出现、相互呼应者，亦是对夫妻、兄弟、姐妹等成对往生的美好祝愿，也暗合了乙弗氏与文帝一对夫妻故事，是一种强调。因此，第133窟的极乐堂性质，应包括对乙弗氏往生的祝愿。

且"极"与"寂"基本同音，佛教又有"寂灭为乐"之说，故极乐堂和寂陵有内在和外在双重联系。

官方号乙弗氏墓为寂陵。宗教界依照往生的角度，有可能称之为极乐堂，或迁葬后改称此墓葬形式的佛窟为极乐堂。随着时间和条件的变迁，世俗社会对第133窟又有新的称呼，如万菩萨堂、万佛堂、万佛洞、碑洞。但无疑，极乐堂的名称，应是宗教界或住僧、居士、信众们，在历史上，对第133窟最正式的称呼。第133窟的这种正式名称，与寂陵不矛盾，反而更契合。

（六）西方三圣石造像

第133窟如上文所述，作为祝愿乙弗氏往生的寂陵，往生的灵魂是朝向窟口处飞出去的。但作为陵墓，其口是应要被封闭的。

既然墓室的门被封，在世俗感觉上，墓主往生的通道应有所阻挡。虽然灵魂可穿透而出，但为了摆脱这种世俗的感觉，或为了更好地表示往生的通畅，西魏人开凿此窟并运入灵柩后，在封口前，也有可能在接近窟口处放置西方三圣像[45]，做更近距离的接引。这窟口内的西方三圣像，有可能是面向窟外的，寓意西方三圣引导往生者将走出洞窟的状态。对于往生者而言，据《观经》可知，如果阿弥陀佛来到往生者面前，往生者就会被引向极乐之路。阿弥陀佛像如果被立在窟内，窟内空间就可被称为极乐堂。此窟既然被称为极乐堂，因此，更应当设想，窟内近窟口处，原可能立有阿弥陀接引佛为主尊的西方三圣。

并且，第133窟门口处，原立有面向窟外西方三圣像的设想，是有根据的。

在第133窟右侧上方的邻窟第135窟中，有一立佛二立胁侍菩萨3身石像（图7）。立佛高约2米，褒衣博带，菩萨较低，披帛穿环于腹前，皆立于莲台之上，其时代应在北魏晚期至西魏。立佛右手残失，左手向前微仰掌，拇指与中指于掌中间捻一莲子，腕下袖口出一朵半开的莲花，莲瓣具有棱角状的刚性，承托左手四指，莲瓣间有透出的空隙（指在瓣尖上，瓣尖侧理应有空隙）（图8）。

---

[45] 东山健吾亦认为第133窟接近窟口此处，很可能宋代重造原作北魏像。東山健吾：《麥積山石窟の草創と仏像の流れ》，载《中國麥積山石窟展圖錄》，第19页，日本東京：日本經濟新聞社，1992年。

图7　第135窟三石立像　　　图8　佛手心莲子和手下开
　　　　　　　　　　　　　　　　放露空隙的莲花

因石立佛袖口出莲花。据《观经》，莲华（莲花）为往生西方净土的九品中自"上品下生"以下7品的载具，上品上生的金刚台，与上品中生的紫金台，也有可能被理解为莲花台样式。故石立佛可令人联想到立姿的阿弥陀接引佛。"莲子"音同"怜子"，正适合表示弥陀接引佛的慈悲。因此，石雕两胁侍立菩萨可联想到观世音和大势至菩萨，与石雕立接引佛，构成西方三圣组合。

此三身石像，在135窟中间左侧（偏东部），窟内也无其他与之联系非常紧密的内容，显得很不协调，显然不是此窟原作。而此三石像之可能的西方三圣题材，与上文已判断的，第133窟顶部涌向窟口的"往生西方净土者伴飞其他天众飞行图"，联系非常紧密，故符合上文的，第133窟窟口内，原可能立有阿弥陀接引佛的推测。故三身石像，判断是从133窟中移出的西方三圣像。

第135窟内现存有一根古代长木材，上有锯齿状楼梯卯槽，判断可能为五代《玉堂闲话》中所谓，从第133窟倚向第135窟（天堂洞）上的独梯之主构件。另有一根截面方形的古代粗大长木材。西方三圣石像很可能正是通过此独梯，并利用方形粗大长木材作为垫底衬托物，从第133窟拖曳至第135窟中的。此西方三圣石像虽重，但其项光、莲台构件均可拆开运输，且立佛身高只稍高于真人，故石像从第133窟通过栈道之梯运至第135窟是可能的，时间大约在第133窟宋代时新造泥塑的大小两立佛[46]之前。

---

[46] 宋代于第133窟内门口处，补塑一接引佛及被接引成功的一小佛，应基本位于三身石像所立原地。此接引佛朝外面向窟口，在形态上，更为高大。在思想上，加上了往生西方净土者不退转，最终"决定成佛"的意旨，于是加塑上被接引的往生者最后成佛形象的小立佛。在艺术表现上，在接引佛身边不再塑观音、大势至两立胁侍菩萨，从而更突出被接引成功的小佛。

于是，西魏时期的第133窟前室近口处，可判断原立有（现存于第135窟中的）西魏时期的正面向窟口的西方三圣主尊石造像。这种设置的目的是，祝愿乙弗氏的灵魂往生时，与弥陀接引佛于最近处的室内即相遇。弥陀于最近处接引的状态，可表示对乙弗氏能"上品上生"于西方极乐世界的祝愿或肯定。

《观经》载："上品上生者。……七宝宫殿。……至行者前。阿弥陀佛放大光明照行者身。与诸菩萨授手迎接。"[47]这表明，来迎阿弥陀佛与行者的会见，是在七宝宫殿中进行的。此最高往生品级中，阿弥陀佛的会见行者，在礼遇上最高也最近。《观经》中，其他品级中，均未有来迎阿弥陀佛在七宝宫殿中或其他室内会见往生行者的场景，应表示，阿弥陀佛会见其他品级往生行者，在礼遇上依次渐低渐远。

这里，安排乙弗氏的灵柩与阿弥陀佛同在墓室内，表示乙弗氏的灵魂与阿弥陀佛在室内相遇，是将整个（第133窟内部空间的）墓室象征七宝宫殿。

将整窟空间象征为七宝宫殿，是有旁证的。《玉堂闲话》："将及绝顶，有万菩萨堂，凿石而成，广若今之大殿。其雕梁画栱，绣栋云楣，并就石而成，万躯菩萨，列于一堂。"[48]则明言，将此第133窟视若"大宫殿"。

于是，第135窟的三石立像，佐证了第133窟不但是寂陵，而且是七宝宫殿样的极乐堂，是乙弗氏"上品上生"的超度窟。

第133窟西侧紧邻的第98窟，摩崖有来迎西方三圣，顺势应为乙弗氏往生西方的"接力超度窟"。更西侧有西方净土壁画的第127窟，应为最终超度窟。故，第133窟实为乙弗氏的在灵柩近旁就开始超度的"最初超度窟"。

在石雕接引佛手心上方，在拇指前部和中指跟部之间，捻着的一枚莲子，位于五指间捻物的中心位置，可表示莲子被捻于佛手中最尊贵处。那么此形态，就寓意着乙弗氏如同莲花结子一样，取得了最上等品位的果报，应是以"上品上生"的果位，往生到西方极乐世界的。

（七）题记

第135窟石雕立佛，即判断原立于第133窟内的接引佛，其背后左侧有一"乙"字题记，为工匠精细工整地双钩阴刻而成。此字为反书（图9），高2厘米，宽5厘米。字的横势开张，带有隶意和北碑意。从包浆现象看，为造像时的原刻。字在接引佛像安置背光处的稍粗的背面（其上原叠加背光构件，现残失），浮现出人工的精雕细刻的艺术效果，当为精心之作。

---

[47]（南朝）宋畺良耶舍译：《佛说观无量寿佛经》，电子佛典。
[48] 同注[6]。

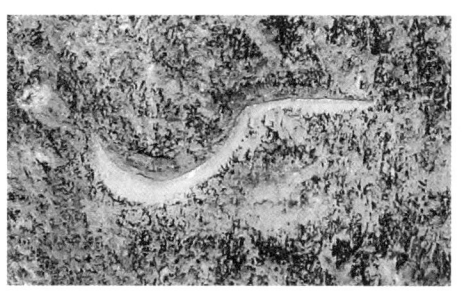

图9 接引佛左肘后反书"乙"字

此反书"乙"字，在接引佛背面的左后肘位置，水平对应佛像前面的佛左袖中所出的半开莲花。

《魏书·官氏志》载："乙弗氏后改为乙氏。"[49]

北魏龙门石窟石刻造像记的《太妃侯为亡夫贺兰汗造像记》[50]中，王妃有姓无名，仅以1单姓氏"侯"表示此人。《北史》中，也是仅以复姓氏"乙弗"表示西魏文皇后此人。

故在麦积山石窟第135窟此接引佛石立像上，"乙"字表示乙弗氏其人，是合适的。此接引佛像背后所书"乙"字，可代表乙弗氏本人或其灵魂。之所以在接引佛身后呈反书的状态，当寓意乙弗氏在（接引）佛身后，与接引佛共同前进向西方净土的状态，反书的"乙"字，表示乙弗氏本人或其灵魂的背后。

《观经》："上品上生者……观世音菩萨，执金刚台，与大势至菩萨，至行者前。阿弥陀佛，放大光明，照行者身……行者见已，欢喜踊跃，自见其身，乘金刚台，随从佛后，如弹指顷，往生彼国。"[51]有上品上生者，沐浴在阿弥陀佛的光明中，随阿弥陀佛身后往生的描述。

故，此"乙"字刻在接引佛身后背光构件下的状态，符合乙弗氏正沐浴在接引佛的光明中，乘上始终半开（未闭合，有空隙外露）的莲花状金刚台，随接引佛身后"上品上生"的景象。

九品往生中，只有"上品下生者"，还有随世尊（接引佛）后的往生景

---

[49]（北齐）魏收：《魏书》卷113《志》19《官氏》9，第47页，载《钦定四库全书·史部1》。
[50] "景明三年八月十八日，广川王祖母太妃侯，为亡夫，侍中使持节，征北大将军，广川王贺兰汗造弥勒像，愿令永绝苦因，速成正觉。"《中国古代经典碑帖》（二）《龙门二十品》（下），第148~151页，北京：光明日报出版社，2008年。
[51] 同注[47]。

象[52]，但其载具金莲花有闭合的描述，故不太符合此接引佛像袖中莲花始终为半开，有空隙外露的状态。结合上文关于此接引佛近距离于七宝宫殿中接引上品上生者的判断，故可排除"乙"字刻在此接引佛身后的状态，还可以是"上品下生"的景象。

况且，《观经》上品上生中，往生的行者随从阿弥陀佛后的描述，因所乘金刚台并未关闭，故指行者能亲眼看到自己随从阿弥陀佛后。这符合"'乙'字刻在佛身后"的状态，表示行者能亲眼看到自己随在佛后。《观经》中，"上品下生者"，虽也有随世尊后的景象，但"上品下生"行者，因华合，不能亲眼看到自己随从阿弥陀佛后，这与"乙"字刻在佛身后，表示能亲眼看到自己随从佛后的状态不符合。因此，此"乙"字刻在佛身后的状态，应是表现，乙弗氏的灵魂，能亲眼看到自己，随阿弥陀接引佛的身后，正在"上品上生"向西方净土的场景。

当时设计者理解金刚台为莲花状，将莲瓣设计得具有棱角的金刚性。且将金刚台设计得在佛手下始终呈开放状，并有透出的空隙。这与《观经》所描述的上品上生者在金刚台开放状态中仰仗佛力弹指顷，即往生于西方极乐世界的状态一致。

《观经》中，此金刚莲台由观世音菩萨携同大势至菩萨持予上品上生者，但依照佛教法理，归根应是佛给予的，且还要仰仗佛力，带领至西方极乐世界。故古人为加强乙弗氏与接引佛的关系，将金刚台表示为由接引佛袖中出的状态，将"乙"字刻在接引佛背后，并使其位置与金刚台对应，表示乙弗氏登上了这座始终半开的金刚台，并正在随接引佛身后去上品上生。

如将正书的"乙"字雕刻在接引佛袖口金刚台中，那样体现不了随佛身后。如将金刚台雕造在接引佛身后的佛衣和背光上，均不如雕造在佛袖中，表示"佛力引领"合适。

于是，此反书"乙"字，印证了现存于第135窟中的石雕三身是从第133窟中所出，是接引乙弗氏上品上生的西方三圣，是主要为超度乙弗氏而精心所造，因此，佐证了第133窟原应为乙弗氏的寂陵。

寂陵为大型的夫妻合葬式的"双后室"墓，其中，因"乙字"雕刻在面向洞口接引佛的左后肘处，表明乙弗氏是在佛左侧随佛身后的，则表明左后室，当为乙弗氏棺椁室。那么，右后室则是为其仍在世的丈夫西魏文帝所

---

[52]《观经》："上品下生者……命欲终时，阿弥陀佛及观世音并大势至，与诸眷属持金莲华，化作五百化佛来迎此人。五百化佛一时授手。赞言：'法子，汝今清净发无上道心，我来迎汝。'见此事时，即自见身坐金莲花。坐已华合，随世尊后即得往生七宝池中。"（南朝宋）畺良耶舍译：《佛说观无量寿佛经》，电子佛典。

预造。

（八）继承

南朝墓室内，早就出现了极乐堂。

推测为南齐萧道生夫妇合葬"修安陵"的丹阳胡桥墓（至迟494年）[53]中，其白虎图、骑马鼓吹图上方亦出现了众多带尖穗尾的莲花苞"变化生"（图10），均共同朝向墓道口处飞动。据前文对此莲花苞性质的推断，"变化生"图应表示往生西方净土行者飞升图，以祝愿墓主往生西方。其他南北朝墓中，如邓县画像砖墓等，也出现了同类的"变化生"图景。

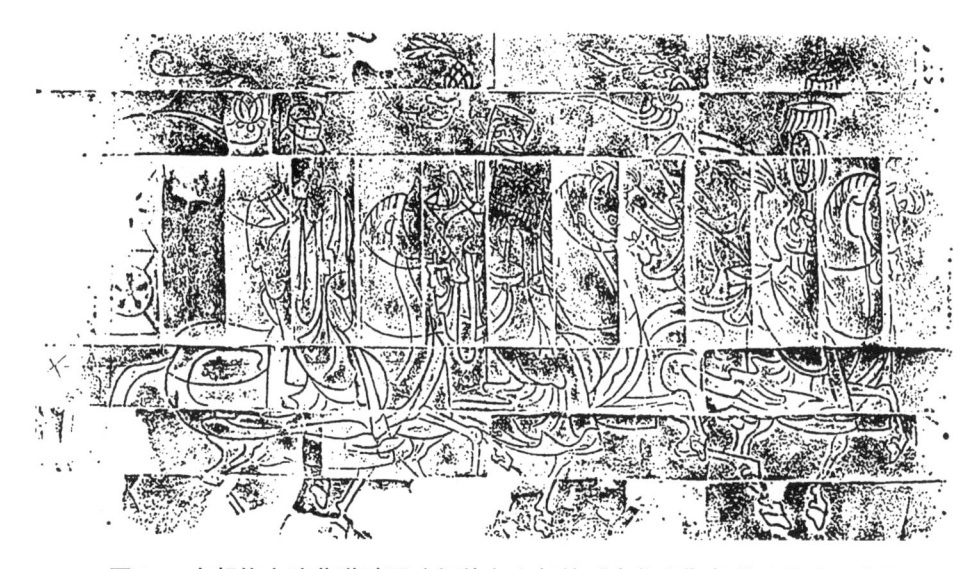

图10　南朝修安陵墓道砖画（拓片）上部的"变化生"部分为往生西方图

佛教中将奉行往生西方极乐世界的修行亦称为"奉安养"或"修安养"，这应正是修安陵名称的意义所在，表示这座陵墓是奉修西方极乐净土的所在，是一种极乐堂。

修安陵墓中未见接引佛形象，其他南朝墓葬中亦尚未见到接引佛的形象。此种墓室，可以说是尚未见到接引佛的极乐堂性质，应为极乐堂的初级阶段。

因此，麦积山西魏（540年）的第133窟，作为往生西方极乐净土的墓葬，

---

[53] 南京博物院：《江苏丹阳胡桥南朝大墓及砖刻壁画》，墓葬概况，第44页、注2，第53页，《文物》1974年2期。林树中：《江苏丹阳南齐陵墓砖印壁画探讨》，墓主与年代，第64、65页，《文物》1977年第1期。

是有南朝范本来源或根据的，并且有所发展。

第133窟不但在窟内壁画上吸收了南朝墓葬中的往生极乐世界的图景因素，而且窟内还加上了石雕、泥塑造像及以及造像碑，以助往生。尤其是在门口区域加上了西方三圣的接引佛石雕像，使得墓室洞窟，成为有接引佛的上品上生极乐堂。

这标志了墓葬与佛教内容，墓葬与石窟，墓葬与西方极乐净土的更紧密更高级的结合。麦积山石窟中的第133窟，应是南朝修安陵极乐堂继承和发展出的北朝"寂陵极乐堂"。

结语

综上所述，第133窟应为西魏乙弗氏寂陵，第43窟应为隋神尼舍利石室（地宫）窟。第43窟中的舍利地宫，使得麦积山如一座巍巍舍利宝塔。第133窟又称极乐堂，是崖墓与佛窟结合的超度窟，窟中原有西方三圣主尊石像，用于超度乙弗氏上品上生。

本文录自夏朗云：《麦积山石窟第133窟与西魏乙弗氏寂陵》，载敦煌研究院编《2014敦煌论坛：敦煌石窟研究国际学术研讨会论文集》，上册，兰州：甘肃教育出版社，2016年。增加了副标题，正文及注释有删节、修订，补充、调整了图片。

麦积山石窟第127窟正顶部大飞行者与西魏乙弗氏

麦积山石窟第127窟，学术界已基本公认为北魏至西魏时期的大型洞窟[1]。位于麦积崖西上区的最上一层，高4.6、宽8.6、深5米，距窟前地坪46.6米。其形制为有前壁的底面横长方形的盝顶窟。窟内满壁皆精细绘画，富丽高雅。除了前壁壁画被烟熏外，其余为原作面貌，但有所斑驳残损。

盝顶中间的正顶壁画，横长方形，4.68×1.32米，为天空上一众高速飞行内容的"经天飞行图"（图1）。

图1 经天飞行图

"经天飞行图"中的主要形象，为一尊大体量、身体前倾的向前侧飞行者。唇上有髭（图2），菩萨装。未绘出头光，头后绘出飞行转弯的白色曲折轨迹。右手于胸前侧举，左手于腹前提1稍大的袋囊，双足登于一大覆莲台（图3）。

此大飞行者的伴飞者，体量较小，主要有一辆乘有天人的盛容仪仗龙车、变化生[2]（尖穗尾的莲花苞样）、其他天众、云气。大飞行者与变化生、其他天

---

[1] 同本书《麦积山石窟第133窟与西魏乙弗氏寂陵》注[43]。
[2] "变化生：（术语）四生中之化生也。不处于胞胎而忽然生也。法华经曰：'其国诸众生，淫欲皆已断，纯一变化生。'"丁福保编：《佛学大辞典》，第1485页，北京：文物出版社，1984年。日本学者吉村怜称佛教图像中，飞行的尖穗尾的莲花苞，天人诞生其中，露出头的，为"化生"，尚未露头的，为"变化生"。[日]吉村怜著，卞立强、赵琼译：《天人诞生图研究·东亚佛教美术史论文集》，第44页，北京：中国文联出版社，2001年。

众、云气纹，组成前面的飞行组；乘有天人的龙车、变化生、其他天众、云气纹，组成后面的飞行组。

大飞行者，在整个正顶部画面中最突出，占据整个正顶部画面的小半部分。因此，此正顶部"经天飞行图"画面，应当主要表现的是大飞行者，其他伴飞者应是其陪衬。

此"经天飞行图"，其统一动势，特别强烈。窟中其他画面，均无此等特别强烈的统一动势。因位于窟中的正顶部，故此"经天飞行图"的动势具有代表性，尤以"经天飞行图"中的那尊大飞行者最具有突出性。认识此大飞行者，或是认识此窟的关键。

一 以往有关介绍

第127窟是西魏皇家成员，秦州刺史，武都王元戊，为其母亲"文皇后乙弗氏"[3]所造的功德窟[4]。还认为是由武都王元戊、太子元钦及西魏文帝，为乙弗氏专开凿的功德窟[5]。

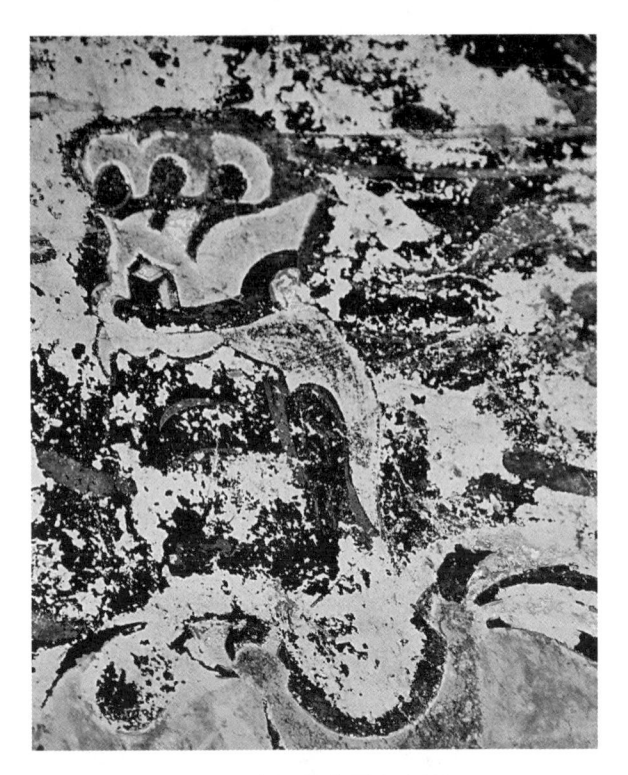

图2 大飞行者唇上有髭

图3 大飞行者及其飞行轨迹示意图

---

[3] 同本书《麦积山石窟第133窟与西魏乙弗氏寂陵》注[1]。
[4] 同本书《麦积山石窟第133窟与西魏乙弗氏寂陵》注[43]。
[5] 孙晓峰：《天水麦积山第127窟研究》，第340页，兰州：甘肃教育出版社，2016年。

对窟内正顶部大飞行者的认识,主要有如下几种:

(一)飞行的天女

除了描述其周围环绕飞天多身外,再未作其他相关论述[6]。这种介绍,认为大飞行者为,飞行的女性天人。但,此大飞行者唇上有髭,非天女。

(二)象征乙弗氏的帝释天妃

推测此飞天,相当于帝释天妃角色,作为(帝)王后,用以对应后面车仗中的帝王(帝释天)。帝王(帝释天)用以表现西魏文帝,(帝)王后(帝释天妃)用以表现乙弗氏。王后不与帝王一起,乃以处在帝王之前的曲折方式,暗示乙弗氏已被除去皇后称号。[7]

这种介绍,认为第127窟正顶部图表示,帝王(西魏文帝)和帝后(乙弗氏)同时升天的"帝后升天图",含义是"帝与后的升天图"。设想出此大飞行者是乙弗氏化身的帝释天妃。

但此大飞行者唇上有髭,非女性面貌。但所谓"(帝)王后"的体量,却远远大于后面"帝王"的体量。画面中,两者是"前后"关系,不是"远近"关系,不存"远小近大"的透视关系。故,两者如果是帝后关系,一般帝应大于后,至少是基本同大,实际却不是。故,从画面尺寸的表现来考察,与帝后身份矛盾。

(三)引导乙弗皇后升天化为帝释天的天人

认为大飞行者形似菩萨,为"帝后升天图"中在前接引、导向的天人;其后跟进的、小体量的车舆中坐着的那位帝释天,是乙弗氏的化身[8]。

这种介绍,只说明所谓"帝"(帝释天)在车舆中,未说明"后"(帝释天妃)在何处。故其所谓的"帝后",仅指化身为帝释天的西魏皇后,所谓的"帝后升天图",指乙弗氏升天图。与前一种"帝后(帝与后)升天图"不同的是,不包括西魏文帝在内,含义是"帝后(帝的后)的升天图"。也未说明前面引导的大体量的天人,身份何指。反而以大篇幅论述被引导的小体量帝释天,似乎此大体量的天人是无足轻重的,不需要说明,这与其体量远大于帝释天的画面矛盾。

---

[6] 张宝玺:《麦积山石窟壁画叙要》,麦积山石窟艺术研究所编:《中国石窟·天水麦积山》,北京:文物出版社,1998年。
[7] 郑炳林、沙武田:《麦积山第127窟为乙弗皇后功德窟试论》,《考古与文物》2006年第4期。
[8] 孙晓峰:《天水麦积山第127窟研究》,第148、281页,兰州:甘肃教育出版社,2016年。

（四）引导乙弗皇后往生西方的引路菩萨

认为第127窟正顶部壁画，是表示包括乙弗氏在内的往生行者，被众神灵簇拥飞行的"往生图"，此图前方1身较大飞行者为引路菩萨，正引导包括乙弗氏在内的众往生行者，向第127窟西北壁壁画所示的西方净土前进。[9]

这种介绍，参照唐代绢画"引路菩萨图"[10]（图4），设想麦积山第127窟正顶部的此大飞行者，是唐代引路菩萨的早期形象。

但现在看来，此大飞行者与唐代引路菩萨，在形象上存在差距。唐代引路菩萨，有头光，皆是向上举招魂幡缓行引路的形象。此大飞行者，无头光，是极快飞行的形象，未举幡，有区别。且，如果说，此大飞行者是引导往生西方净土者的引路者，那么"经天飞行图"中，大飞行者所引领的往生者当在大飞行者之后。但有些往生者，即有些变

图4　唐代引路菩萨

化生，却飞翔在大飞行者之前，故矛盾。这说明，大飞行者可能不是引路菩萨。唐代以后出现的引路菩萨图中引路菩萨身后的被引路者，作步行中的恭敬立姿状。但此"经天飞行图"中，大飞行者身后的跟随者，是乘车舆状。故，此大飞行者可能不是唐代引路菩萨的更早期形象。

（五）导引乙弗皇后往生西方净土的天人

倾向于窟正顶壁画为"出行图"，与乙弗皇后往生西方极乐净土有关联，体量最大的一身天人，为在前方起导引的作用，窟顶正中壁画应属于"导引图"之类[11]。

此种介绍，与上述各方观点有出入，认为第127窟正顶部大飞行者，因是

---

[9] 夏朗云：《麦积山石窟第133窟与西魏乙弗氏寂陵》，第408页，敦煌研究院编：《2014敦煌论坛：敦煌石窟研究国际学术研讨会论文集（上）》，兰州：甘肃教育出版社，2016年。

[10] 1907年发现于敦煌莫高窟藏经洞，绢本，唐代，80.5厘米×53.8厘米，右上角有题记"引路菩"，S.47，现藏于英国大英博物馆。

[11] 张铭：《墓窟结合，善恶有报——麦积山石窟第127窟净土世界的空间营造》，《中国美术研究》2021年第4期。

一身大体量的天人,应是乙弗氏往生西方的主导引路者,但并未给出具体理由。佛典中,尚未见到天人主导往生西方净土的记载。

因此,有必要重新对此大飞行者身份继续探讨。

二　菩萨身份可以是一种选项

菩萨为男身,唇上可有髭,故菩萨状的大飞行者形似菩萨。但为什么有的介绍不直接称之为菩萨呢?除了未注意到其唇上髭外,还可能因为,在石窟壁画中,佛、菩萨像多绘出头光(亦称项光)。此大飞行者无头光,会影响判定其为菩萨。

但在石窟壁画中,头光并不是佛、菩萨像的必要条件。仅举此大飞行者所在的第127窟为例。正壁涅槃经变壁画左侧的佛涅槃场景中,卧佛像(图5)无头光(周边的佛眷属和其他天众也均未画出头光)。说明佛像在某种场景中,可以不绘出头光。故,菩萨像在某种场景中,也可以不绘出头光。

图5　第127窟涅槃变卧佛无头光(杨晓东摹本)

因此，无头光的但穿戴为菩萨装的大飞行者的身份，可以设定是菩萨。但，是否能更肯定确认为菩萨，要看大飞行者的其他具体状态是否契合。

三 大飞行者的目的地

此"经天飞行图"的动势，即大飞行者的方向，自左向右。若依照洞窟的自然方向，为自稍东南向稍西北，基本上可看作自东向西。

窟内西面的壁画，可分别为盝顶西坡和西壁部分。盝顶西坡壁画，是分布于盝顶北、东、西坡的反映释迦牟尼佛本生的摩诃萨埵太子舍身饲虎经变画[12]中的西坡部分，内容是崖下饲虎地点的场景。西壁上部为西方净土经变画[13]。西壁下部壁画分散于西壁大龛左右侧，大略为分散场景的说法图。

摩诃萨埵太子崖下饲虎地点，距离大飞行者最近；西方净土，距离大飞行者次近；西壁下部分散场景的说法图，距离大飞行者最远。

但窟内西面的壁画，西方净土经变画处于窟内西面中心位置，应为主要部分。摩诃萨埵太子崖下饲虎场景壁画，及西壁下部壁画，各应为次要部分。

（一）摩诃萨埵太子舍身饲虎场景非大飞行者的目的地

摩诃萨埵太子舍身饲虎地点距离大飞行者最近，是否是大飞行者的目的地呢？

西魏之前已有的佛经中，关于摩诃萨埵太子舍身饲虎内容[14]，有"天龙善

---

[12] 同注[6]。

[13] 同注[6]。

[14] ①"摩诃萨埵太子时，为饿虎故，放舍身命。"失译人名今附东晋录：《佛说菩萨本行经》卷下，文中，言饲虎者，是太子，被称为摩诃萨埵。②"昔者菩萨……投虎口中"，（吴）康居国沙门康僧会译：《六度集经》卷第1（4），文中，言饲虎者，是做出"菩萨行"的菩萨，未言饲虎者的具体身份和名称。③"小子名曰摩诃薩埵，是三王子……尔时王子摩诃萨埵，还至虎所"，（北凉）三藏法师昙无谶译：《金光明经》卷4《舍身品》第17，文中，言饲虎者为三王子，名为摩诃萨埵。④"太子名曰栴檀摩提……合手投身虎前……供养太子，而唱是言：'善哉！摩诃萨埵，从是不久当坐道场'"，（北凉）高昌国沙门法盛译：《菩萨投身饴饿虎起塔因缘经》，文中，言饲虎者是太子，名为栴檀摩提，又称摩诃萨埵。⑤"其王三子，共游林间……时王小子……至于虎所，投身虎前。饿虎口噤，不能得食。尔时太子，自取利木，刺身出血，虎得舐之，其口乃开，即啖身肉。二兄待之经久不还，寻迹推觅。忆其先心，必能至彼，餧于饿虎。追到岸边，见摩诃萨埵，死在虎前，虎已食之……摩诃萨埵，命终之后，生兜率天"。（北魏）凉州沙门慧觉（一作昙觉）等译：《贤愚经》卷第1（2）《摩诃萨埵以身施虎品》第2文中，言饲虎者是三王子，也是太子，称为摩诃萨埵。⑥"干陀尸利国王太子……自投身虎前……供养太子，而唱是言：'善哉！摩诃萨埵，从是不久，当坐道场'"，（梁）沙门僧旻宝唱等集：《经律异相》卷第31"干陀尸利国王太子投身饿虎遗骨起塔"一，言饲虎者是太子，称为摩诃萨埵。故，综合各佛典，舍身饲虎者，是国王的第三子，也是国王的太子，被称为摩诃萨埵。电子佛典。

神"[15]"虚空中诸余天"[16]"首陀会诸天,及天帝释、四天王等,日月诸天数千万众……五百仙人……神仙大师"[17]前来悼念感伤、赞叹太子善行的场景。又有"摩诃萨埵,命终之后,生兜率天(成为天人)"后,为了父母免于"啼泣过甚,或能于此丧失身命","即从天下,住于空中"而解谏父母[18]的"从天而下的来赴"场景。第127窟盝顶正顶部大飞行者所在的"经天飞行图",是否表示上述两种场景,或上述两种场景之一呢?

此"经天飞行图",突出表现了前部的大飞行者,非均匀表现天众神仙齐集场面。故"经天飞行图",不应是表示"虚空中诸余天、首陀会诸天、天帝释、四天王、日月诸天数千万众、五百仙人、神仙大师"等能飞行的天众,前来赞叹太子善行的图式。

大飞行者目光平视,为向前飞状,非向下飞状,故不符合"即从天下"、面朝下方对地面的父母"解谏"的情景。

因此,第127窟盝顶西坡壁画中的摩诃萨埵太子舍身饲虎场景,不应是第127窟正顶部大飞行者的目的地。

(二)西方净土可以是大飞行者的目的地

西壁上部壁画的西方净土(图6),在大飞行者朝向的正前下方,距离大飞行者,仅次于摩诃萨埵太子舍身饲虎地点。已判断摩诃萨埵太子舍身饲虎地点,非大飞行者的目的地,因此,西方净土可能是大飞行者的目的地。

大飞行者"同向"伴飞有,尖穗尾莲花苞样的"变化生"。这种飞行的"变化生",其目的地,可以是西方净土[19]。故,西方净土可以是"经天飞行图"中"变化生"飞行的目的地。

因此可推断,与"变化生"同向飞行的大飞行者,其目的地也可以是西方净土。

---

[15] (吴)康居国沙门康僧会译:《六度集经》卷第1(4),电子佛典。
[16] (北凉)三藏法师昙无谶译:《金光明经》卷4《舍身品》第17,电子佛典。
[17] (北凉)高昌国沙门法盛译:《菩萨投身饴饿虎起塔因缘经》、(梁)沙门僧旻宝唱等集:《经律异相》卷第31《干陀尸利国王太子投身饿虎遗骨起塔》1,电子佛典。
[18] (北魏)凉州沙门慧觉(一作昙觉)等译:《贤愚经》卷1(2)《摩诃萨埵以身施虎品》第2,电子佛典。
[19] 吉村怜认为"变化生"与"往生西方净土"有关,在与"变化生"有关的题记讨论的注11中,引述常盘大定表述,认为题记的"安养光接,托育宝华(莲花)"内容与(表现西方净土的)《(佛说观)无量寿(佛)经》有关。[日]吉村怜著,卞立强、赵琼译:《天人诞生图研究·东亚佛教美术史论文集》,第44、24、26页,北京:中国文联出版社,2001年12月。

图6　大飞行者所向的西方净土壁画（杨晓东摹本）

四　大飞行者的身份是上品上生菩萨

上文已述，大飞行者的目的地可以是西方净土。那么，其"方向"与西方净土有关系的大飞行者，其具体状态，是否符合西方净土？是否符合上文所"设定"的菩萨身份呢？

（一）九品往生者至西方净土后的状态

《佛说观无量寿佛经》（简称《观经》）：

"佛告阿难及韦提希，凡生西方有九品人。

"上品上生者……生彼国已，见佛色身，众相具足。见诸菩萨，色相具足。光明宝林演说妙法。闻已，即悟无生法忍。经须臾间，历事诸佛，遍十方界，于诸佛前次第受记，还至本国，得无量百千陀罗尼门。是名上品上生者。

"上品中生者……即生彼国七宝池中……应时即于阿耨多罗三藐三菩提，得不退转。应时即能飞至十方，历事诸佛。于诸佛所，修诸三昧，经一小劫，得无生法忍，现前受记。是名上品中生者。

"上品下生者……即得往生七宝池中……闻众音声，皆演妙法。游历十方，供养诸佛。于诸佛前，闻甚深法。经三小劫，得百法明门，住欢喜地。是名上品下生者……

"中品上生者……即得往生极乐世界……闻众音声,赞叹四谛,应时即得阿罗汉道,三明六通,具八解脱。是名中品上生者。

"中品中生者……生于西方极乐世界……闻法欢喜,得须陀洹。经半劫,已成阿罗汉。是名中品中生者。

"中品下生者……即生西方极乐世界……闻法欢喜得须陀洹。过一小劫成阿罗汉。是名中品下生者……

"下品上生者……生宝池中……闻已信解,发无上道心。经十小劫,具百法明门,得入初地。是名下品上生者……

"下品中生者……即得往生七宝池中莲花之内。经于六劫……闻此法已,应时即发无上道心。是名下品中生者……

"下品下生者……即得往生极乐世界。于莲花中满十二大劫……闻已欢喜,应时即发菩提之心。是名下品下生者。"[20]

(二)上品上生者至西方净土后的菩萨状态

按《观经》,上品上生者,往生至西方净土后,一俟见佛、菩萨,并听闻光明宝林法音,即悟得无生法忍智慧。

六十卷《大方广佛华严经》:"佛子,何等为菩萨摩诃萨无生法忍?佛子,此菩萨不见有法生,不见有法灭。何以故?若不生则不灭,若不灭则无尽,若无尽则离垢,若离垢则无坏,若无坏则不动,若不动则寂灭地,若寂灭地则离欲,若离欲则无所行,若无所行则是大愿,若是大愿则住庄严。佛子,是为菩萨摩诃萨第三无生法忍。"[21]

《大宝积经》:"无生法忍者,一切诸法无生无灭忍故。天子,是名菩萨得于自在。"[22]

因此,悟得无生法忍者,就已是自在菩萨了。

《观经》中,在西方净土中的上品上生者,在悟得"无生法忍"成为自在菩萨后,于是能够"经须臾间,历事诸佛,遍十方界。于诸佛前,次第受记,还至该国,得无量百千陀罗尼门"。

故,上品上生于彼国(西方净土)者,会很快在闻佛菩萨所演说的妙法后,成为自在菩萨,并在须臾时间内能历事诸佛,遍十方界,并回到该国(西方净土),进一步取得无量百千陀罗尼门的成就。

---

[20](南朝宋)西域三藏畺良耶舍译:《佛说观无量寿佛经》,电子佛典。
[21](东晋)佛陀跋陀罗译:(60卷)《大方广佛华严经》卷第24《十忍品》,电子佛典。
[22](梁)三藏法师曼陀罗译:《大宝积经》卷第26《法界体性无分别会》第8(1),电子佛典。

（三）大飞行者符合上品上生菩萨事十方诸佛的姿态

"事"可理解为事奉。菩萨事佛的姿态，可参考菩萨胁侍事佛的形象。

第127窟正壁中间大龛中，一坐佛二立菩萨石像中的胁侍菩萨形象，为一手于胸前侧举，一手于腹前提一桃形器，双足登于大覆莲台上，侧向佛立，实乃为菩萨事佛的一种基本姿态。

大飞行者，右手于胸前侧举，左手于腹前提一稍大的袋囊，双足登于大覆莲台上。对照第127窟正壁中龛中，一坐佛二立菩萨石像中的右胁侍菩萨（图7），形象基本相同。故菩萨装的大飞行者的姿态，符合菩萨事佛的一种姿态。

相对于身体的比例，大飞行者所提之袋囊，较上述胁侍菩萨所提物桃形器，大一些。这恰恰佐证了其上品上生菩萨的身份。

因上品上生菩萨和上述胁侍菩萨，均是事佛的菩萨，故其所提之物，当与

图7　第127窟正壁中龛右侧事佛的胁侍立菩萨

事佛有关。上品上生菩萨所提物袋囊，较上述胁侍菩萨事一佛所提桃形器更大，即符合上品上生菩萨身份条件。因为，上品上生菩萨经须臾间一次性的历事诸佛，由袋囊所象征的供养，和由袋囊所象征的收获要更多，故所用袋囊要大些。换句话说，诸佛是无量诸佛，之所以上品上生菩萨所提袋囊被绘制得较大，是因为历事无量诸佛的需要。非如此绘制，则无以表示历事诸佛与事一佛的区别，无以表示历事诸佛的特殊状态。[23]

故，大飞行者所提袋囊的较大，符合其身份是历事诸佛的上品上生菩萨。

总之，大飞行者侧向飞行状态，符合上品上生菩萨，在"历事诸佛，遍十

---

[23] 同样是事佛，所提之物可能有类似处，因此，推测上述胁侍菩萨于腹前所提桃形器，疑似亦为袋囊类。关于菩萨所提桃形器，上部似提梁，下部似香包，故似袋囊之类。且龙门石窟中，此桃形器的提梁形态，出现更突出的横梁形式。麦积山石窟中，此种桃形器的提梁形态，出现更写实的穿环状提梁形式，下部的袋囊，出现翻盖褶纹状的写实形态。因此提示，菩萨所提桃形器似为袋囊，用途主要为奉佛所用。囊中所盛，可供养佛。由佛处所得到的，如教诲等收益，也可用袋囊，象征收纳。

方界"后,转头还至本国,飞回西方净土时,仍保持侧向胁侍事诸佛的余态。此时,上品上生菩萨的头部正侧转向西方净土,身体尚未转向。

(四)大飞行者极速飞行状态符合经须臾间

大飞行者身体前倾,帛带作水平"S"状强烈律动。其他伴飞者和云气,亦作烘托其极速的强力水平流线状,表明大飞行者速度极快。同时,大飞行者有闪电般的飞行轨迹。壁画中,大飞行者头部后面,用白线绘出了其飞行轨迹(图1、2、3)。此轨迹由远及近,突然转弯回归向西方净土,其转弯处的轨迹呈现为2直线轨迹小角度相交的状态,虽然相交处残损模糊,但可以想象到转弯处轨迹应呈急转的突然状,甚至呈闪电般尖锐锯齿状。总体上看,其轨迹表示了如闪电般的速度所呈现的直线般爽利。这符合《观经》中,上品上生菩萨能"经须臾间,历事诸佛,遍十方界,于诸佛前次第受记,还至本国"的飞行速度。

显然,此大飞行者形象,与后代所出现的缓缓飞行状的引路菩萨有区别。为了表示亲切的氛围,引路菩萨表现为缓缓飞行状,而不是极速状。故,极速的状态,佐证了大飞行者的身份为上品上生菩萨,而非引路菩萨。

(五)大飞行者与九品往生中其他品均不符合

1. 大飞行者与上品中生的菩萨飞行不符合

在《观经》的"上品中生"场景中,有上品中生者至西方净土后,载曰:"经于七日,应时即于阿耨多罗三藐三菩提,得不退转。应时即能飞行,遍至十方,历事诸佛。于诸佛所,修诸三昧。经一小劫,得无生忍,现前受记。"

《佛学大辞典》"不退转"条:"(术语)所修之功德善根愈增愈进,不更退失转变也。略云不退,即梵语之阿毗跋致也。""阿鞞跋致"条:"(术语)Avaivart,又作阿毗跋致,或作阿惟越致,译曰不退转。不退转成佛进路之义,是菩萨阶位之名。"[24]

因此,上品中生者,往生于西方净土,经过七天后,成就"不退转"这样的菩萨阶位,成为菩萨,"即能飞行,遍至十方,历事诸佛,修诸三昧。经一小劫,得无生忍,现前受记"。

于是,"上品中生"的场景,也有"(菩萨)飞行,遍至十方,历事诸佛"的景象。

但《观经》中,上品中生菩萨历事诸佛的后续场景中,是"修诸三昧。经

---

[24] 丁福保编纂:《佛学大辞典》,第734页,北京:文物出版社,1984年。

一小劫，得无生忍，现前受记"，无菩萨飞回西方净土的场景。故上品中生场景的菩萨飞行，与第127窟正顶壁画上菩萨装大飞行者极快飞向西方净土的场景不符合。

2. 大飞行者与上品下生的菩萨事诸佛不符合

在《观经》的"上品下生"场景中，有上品下生者至西方净土后，"游历十方，供养诸佛。于诸佛前，闻甚深法。经三小劫，得百法明门，住欢喜地"。

《十住经》："诸佛子，菩萨摩诃萨智地，有十，过去未来现在诸佛，已说，今说，当说，为是地故，我如是说。何等为十？一名喜地，二名净地，三名明地，四名焰地，五名难胜地，六名现前地，七名深远地，八名不动地，九名善慧地，十名法云地。"因此，欢喜地，即喜地，为菩萨初地。[25]

《观经》中，上品下生者至西方净土后，有"游历十方，供养诸佛"行为，并因此而成就为初地菩萨。因菩萨能飞行，故上品下生者，在往生于西方净土后，也似存在菩萨飞行的场景。但《观经》中未有上品下生者返回西方净土的场景。故上品下生场景的菩萨飞行，与第127窟正顶壁画上菩萨装大飞行者极速飞向西方净土的场景不符合。

3. 大飞行者与其余品均不符合

在《观经》"九品往生"的其余品级场景中，即"中品上生"至"下品下生"的6个场景中，往生者至西方净土后的果位，均在罗汉及其以下，也均无返回西方净土内容。故"中品上生"至"下品下生"的6个场景，均与第127窟正顶壁画上，菩萨装大飞行者极快飞向西方净土的场景不符合。

故，第127窟正顶壁画中的大飞行者身份，在"九品往生"所成就的各果位身份中，只符合上品上生菩萨。

（六）第127窟窟形符合十方界

第127窟是有前壁的长方形盝顶窟（图8）。此种洞窟有一个特点：窟室内空间总共有10个不同方向的面，即正壁、前壁、左壁、右壁、底面、正顶、正顶坡、前顶坡、左顶坡、右顶坡。甬道中的4面（左、右、顶、底）实际上与窟室内10面中的4面（左、右、正顶、底）同方向，故加上甬道的4面，窟内的面仍是10个方向的面。因此，如果以一个方向的面表示一方界，可直观地代表十方界，即以窟内或窟室内任何一处为中心，周边有直观的十方界；即使以某一壁画为中心，窟形也表示了十方界。如在西方净土壁画中，其壁画自身正内方向（正西方）是一方界，故在西方净土的周边，依窟形，也表示出了十方

---

[25]（姚秦）三藏法师鸠摩罗什译：《十住经》卷第1《欢喜地》第1，电子佛典。

界。因此，上品上生菩萨所在的十面窟形，正符合《观经》中上品上生菩萨以西方净土为中心"历事诸佛，遍十方界"的描述。于是，第127窟窟形，是为了符合《观经》中对十方界的描述，而着意选定的洞窟形制。

图8　第127窟窟形符合十方界

在麦积山石窟中，只有早期后秦洞窟的第165窟[26]，为盝顶窟，之后至第127窟，才又采用了盝顶。第165窟为无前壁窟，故在麦积山石窟有前壁的洞窟中，第127窟最早采用了盝顶窟的形制。因此，在麦积山石窟有前壁的洞窟中，顶部的盝顶形式，是突然出现在第127窟中的。这种窟顶形制的大幅度突然变化，依上文，推测有强调用10个方向的壁面，来表现"上品上生菩萨事佛所需"的十方界因素。

"经天飞行图"，主要表现大飞行者及其随从，画面有限，难以完美表现应分布于大飞行者周围的十方诸佛。故十方诸佛不在此图中表现，而以窟形所呈

[26]　夏朗云：《麦积山石窟考古断代研究——后秦开窟新证》，第24、69、70页，兰州：甘肃人民出版社，2010年。

现的十面空间所代表的十方界来象征。

因此，第127窟窟形，也佐证了其正顶处大飞行者的身份，是"历事诸佛，遍十方界"的上品上生菩萨。盝顶收分向最上方的正顶，也能更突出"上品上生"的"上"之意境。

（七）上品上生菩萨告别状态可以不绘出头光

上述正返回西方净土的上品上生菩萨，也应为告别刚刚所事诸佛的状态。《观经》中，上品上生菩萨，在历事诸佛并返回西方净土时，未有放光的特别描述，故在表现此场景时，可不绘出菩萨头光。

在《涅槃经》中，也未有卧佛放光的特别描述。故，同窟正壁涅槃变壁画中，正以卧姿告别（表面上、世俗上的告别）娑婆世界的卧佛，也未画出头光。毕竟，头光，为神采外放的表征，而卧佛所示世俗告别意味的逝去场面，总体是神采回收[27]的氛围。

故同窟中，上品上生菩萨离开十方诸佛，返回西方净土的场景，如果以离去的告别场面角度看，也存在神采回收的氛围，故，与卧佛一样，同样可以不画出头光。

于是可将上品上生菩萨离开十方诸佛返回西方净土的场景，总体表现为无头光的告别诸佛刚刚回首向西方的飞行状态。右手侧上举于胸前，掌心侧向身后，除了仍存事奉的余态外，也同时在向诸佛示意告别。

因此，综合大飞行者的各种状态，其身份，应是"事十方诸佛"后，于返回西方净土途中，正告别诸佛的上品上生菩萨。

五　超度窟

由上品上生菩萨位于正顶部这样的显著重要位置看，第127窟的主要功德指向，或支持供养人发愿的洞窟功能，应与往生西方净土有很大关系。且在往生西方净土方面，特别强调了"上品上生"。因此，第127窟的主要功能，是超度信徒往生西方净土，并特别强调或祈望被超度者，能够上品上生。

本文基本赞同已曾推断的，第127窟是西魏皇家成员，为乙弗氏所造的功德窟。

---

[27] 佛最后说法将涅槃告别时，用口将所放光回收。"尔时如来面门所出五色光明，其光明曜，覆诸大会。令彼身光悉不复现，所应作已，还从口入。时诸天人及诸会众阿修罗等，见佛明还从口入，皆大恐怖身毛为竖，复作是言。如来光明出已还入，非无因缘，必于十方所作已办，将是最后涅槃之相。"（北凉）天竺三藏昙无谶 译：《大般涅槃经》卷第1《寿命品》第1，电子佛典。

于是，可进一步推断，此功德窟的功德指向，应是超度乙弗氏。窟内正顶上的大飞行者，即上品上生菩萨，主要为超度乙弗氏所绘，祈望她能够上品上生。

故，大飞行者即上品上生菩萨，即应是乙弗氏的化身。第127窟，应是乙弗氏的超度窟。

六　乙弗氏的告别

"经天飞行图"中，乙弗氏已转化为有髭的菩萨。其与十方诸佛挥手告别的姿势，被定格为右手掌心朝向身后的东方的形象。如此，也能让我们联想，乙弗氏似乎也正在与相对于西方极乐世界的东方娑婆世界的亲人们告别。

于是，乙弗氏侧后的画面值得注意。在乙弗氏"历事诸佛，遍十方界"后，正转弯返西方时，有小体量的盛容仪仗龙车所载的坐姿天人于其中途转弯处近前并随其后，好像匆匆赶来送行。此种盛容仪仗，当为天帝级别。

本文同意关于"此车舆中所载为帝释天，此帝释天，可象征乙弗氏生前的丈夫，西魏文帝"的推断[28]。并且进一步认为，盛容仪仗龙车所载帝释天是赶来送别的，可象征西魏文帝匆匆赶来。这时，乙弗氏已经成为菩萨，在宗教的世界，体量可大于身侧后帝释天象征的西魏文帝。故这里，大体量的乙弗氏，其举手告别的姿态，除了是在诸佛告别外，也象征着向其身侧后西魏文帝告别。

但，乙弗氏可与文帝告别，难道不与其子告别吗？故壁画中也应反映乙弗氏，与其子告别的象征性图像。

因此，应注意到，车舆中不只坐姿的帝释天，中间帝释天左右各携一小体量立姿者，左较低，右较高（图9）。

因为，如果只是帝释天一位的图像，无法解释帝释天贴身右侧的一组立状色斑形象（顶部有绿色块），也无法解释帝释天贴身左下侧的一组不规则的色斑形象。此两小色斑形象，细辨为两小立人，似帝释天的俩小孩。因帝释天可象征西魏文帝，故结合西魏文帝和乙弗氏育有双幼子[29]：大儿太子元钦，小儿武都王元戊。故可认为，此两立小天人，当象征此两幼子。右立较高者为哥哥太子元钦（绿色块似其冠饰），左立较低者为弟弟武都王元戊。中间的文帝，双目紧盯前方，右手紧紧搂在太子元钦的右肩，左手搂在武都王元戊的左腹部上。哥

---

[28] 同注[7]。
[29] 同注[3]。按《北史》，乙弗氏年16结婚，31岁于春天死，故其大孩子年龄满算在15周岁零4个月多。

哥太子元钦头部微垂倚靠向文帝，左前臂抬起曲于胸前，掌心向前，呈无力拭泪止住哭泣状，右臂下垂，右手紧紧攥着衣角。弟弟武都王元戊，头部微上仰望，左手于左肩前掌心向前招手，其左前臂努力要挣脱文帝左臂的束缚，右手于腹前将文帝的左手拇指尖向左推欲掰开其手，正欲哭叫着欲向前扑向其母亲，而被文帝紧紧抱住。三人的状态，符合父亲强抑感情、大儿半释放感情、小儿全释放感情的告别场景。

图9　车舆中的象征文帝及2幼子的3天人

两子的左、右位置的安排，是出于车舆结构的需要。车舆左侧挡板稍高，前侧的下部呈圆弧状内收，故左侧挡板下部留出了可视空间。此空间适合留给身高较低的弟弟元戊，使得其头部和胸部基本可视。如将个高的哥哥元钦安排在左侧，车内可见其下部身体，则其头部，将会被左侧挡板的上部遮挡或部分遮挡。

于是，乙弗氏挥手告别十方诸佛的状态，也是在向生前的丈夫文帝及所携二子告别的状态。文帝及所携二幼子被象征性地绘为，在天上跟随乙弗氏的送别的状态，也似表达了对他们以后也能随之上品上生的祝愿。

故，第127窟正顶部的壁画还可称为"乙弗氏告别图"。由上品上生果位的角度看，是乙弗氏与所事的十方诸佛的告别。由世俗角度看，画面甚至更强调细节于乙弗氏与丈夫和双幼子的告别。

乙弗氏告别图的这种世俗寓意，也应是世俗艺术家不绘出乙弗氏头光的原因之一。乙弗氏与家人生离死别，不应有阳光或神采焕然的状态。

七　圆满超度窟

乙弗氏的麦积崖寂陵（第133窟）中，原供奉有接引乙弗氏"上品上生"于西方净土的西方三圣石像（后移入第135窟中）[30]。寂陵墓口外的右（西）侧，又紧邻后秦皇家洞窟第98窟摩崖大像来迎西方三圣[31]（俗称西崖大佛），在位置上能够接力接引乙弗氏的灵魂，向西飞向第127窟中，进入其西（右）壁壁画所示的西方净土中。

因此，寂陵的对乙弗氏"上品上生"超度，加之西崖摩崖大像来迎西方三圣的中转，就更加佐证了，第127窟的主要功能也是对乙弗氏"上品上生"的超度。

第127窟的超度，是寂陵内与崖面上超度基础上的持续更加强超度。故，如果说第133窟为初超度窟，第98窟为中转超度窟，那么，第127窟就应称为最高潮的圆满超度窟。因为，此圆满超度窟还持续表现了往生至西方后已成为菩萨的乙弗氏，历十方界，历事诸佛，告别诸佛，也最后告别家人，再飞回向西方净土，即将成就无量百千陀罗尼门的状态。这样，就彻底使得乙弗氏，决定并趋于圆满"上品上生"于西方极乐世界了。

八　皇家供养

本文基本赞同已曾推断的，此第127窟是西魏皇家成员武都王元戊、太子元钦及西魏文帝，为乙弗氏专开凿的功德窟[32]。因考虑到，在麦积山西崖，横跨西魏建造的两大窟（第133窟、第127窟），借助前朝建造的皇家大窟（第98窟）来迎西方三圣[33]，持续超度乙弗氏"上品上生"，不太可能是元戊一个人的力量。

武都王元戊曾为秦州刺史，在秦州地界造此两大窟，他可以是供养人，且必然上报。那么，西魏文帝和太子元钦，难道对第133、127这两个大规模的乙弗氏超度窟，不闻不问，显然是不符合情理的。因此，西魏文帝和太子元钦应当过问和参与了这两个大窟的供养，故，这两大窟即应是皇家石窟，而不是单纯由武都王建造的王家石窟。

---

[30]　本书《麦积山石窟第133窟与西魏乙弗氏寂陵》。
[31]　第98窟（西崖大佛窟，内容为中立阿弥陀佛或无量寿佛，左立观世音菩萨，右立大势至菩萨的西方三圣）为后秦时期开凿的（天王家，后为）皇家洞窟。夏朗云：《麦积山石窟考古断代研究——后秦开窟新证》，第8页，兰州：甘肃人民出版社，2010年。
[32]　同注［5］。
[33]　夏朗云：《麦积山石窟考古断代研究——后秦开窟新证》，兰州：甘肃人民出版社，2010年。

第127窟正顶部以外的其他壁画[34]，正壁的涅槃经变、左壁的维摩诘经变和顶部正、左、右坡的摩诃萨埵太子本生经变、顶部前坡的睒子本生经变，概括起来，出现了三种男性主要世俗人物：男性国王、太子、孝子。这暗合了与乙弗氏最亲密的西魏皇家男性成员：文帝元宝炬、皇太子元钦、皇子元戊，故也佐证了第127窟是超度乙弗氏的西魏皇家洞窟。

突出男性国王的壁画，处在窟中主要位置。如在正壁的涅槃经变中，突出了"八王争舍利"的场面（图10）。突出太子的壁画，在窟中其次的位置，如在顶部正、左、右坡的摩诃萨埵太子本生经变中，突出了太子舍身饲虎的善举（图11）。突出孝子的壁画，在窟中再次的位置，如在顶部前坡的睒子本生经变中，突出了孝子山中奉父母的孝行（图12）。睒子本生经变、维摩诘经变均出现了男性国王形象，摩诃萨埵太子本生经变也出现了男性国王形象。男性国王形象在这些壁画中所占比例最多。

图10 第127窟反映国王的壁画八王争舍利（杨晓东摹本）

---

[34] 张宝玺：《麦积山石窟壁画叙要》，麦积山石窟艺术研究所编：《中国石窟·天水麦积山》，北京：文物出版社，1998年。唐冲《麦积山127窟正壁斜坡壁画略论》，《丝绸之路》学术专辑，1998年。

图11 第127窟反映太子的壁画舍身饲虎

图12 第127窟反映孝子的壁画睒子本生

因此，绘制上述经变壁画，除了做功德能辅助超度乙弗氏的意义外，另外的功能，还可用其中的男性国王、太子、孝子，暗示西魏文帝元宝炬、皇太子元钦、皇子元戊因素。

上文已述，正顶部"经天飞行图"壁画上，判断有象征西魏文帝元宝炬、皇太子元钦、皇子武都王元戊的"帝释三天人"画面。

故综合看，这样暗合西魏文帝元宝炬、皇太子元钦、皇子元戊的壁画设计，应是精心巧妙安排的。于是我们应可认为，超度乙弗氏"上品上生"的第127窟，包括在安葬时就已开始超度乙弗氏"上品上生"的第133窟（寂陵）[35]，应当有西魏皇家这3位主要人物的因素。故，第127窟，包括第133窟（寂陵），其供养人应是文帝为首的此三位，此两大窟均是皇家洞窟。武都王元戊作为麦积山所在秦州的秦州刺史身份，应在营造皇家石窟的具体事务方面，执行的成分多一些。

九　开窟时间

乙弗氏于大统六年（540年）春被赐死之后，西魏皇家当首先考虑的是，在麦积崖营造用于安葬和最初超度乙弗氏的寂陵（第133窟）。第127窟，此种用于超度乙弗氏亡魂的圆满超度窟，不可能在乙弗氏生前造，当在为乙弗氏营造寂陵的同时或随后建造。但乙弗氏突然被赐死后的前期重点工程应是，匆匆赶工开凿其墓葬，可能来不及兴造其他窟，则第127窟这种慢工出细活的精美超度窟，当在乙弗氏入葬于寂陵后才营造，是寂陵的后续附属工程。

结语

第127窟是以文帝为首的西魏皇家，在入葬乙弗氏于寂陵，在寂陵中初步布置超度乙弗氏"上品上生"于西方净土以后，为继续超度乙弗氏"上品上生"于西方净土所建造的圆满超度窟。西魏皇家如此隆重地追荐乙弗氏，除了西魏文帝是个情种外，由国家的角度看，当是为了表示了对乙弗氏被无辜赐死的补偿，因而把她塑造成为国家牺牲、舍己为善而成就高级正果的典型。

本文录自夏朗云：《麦积山石窟第127窟正顶部大飞行者身份探讨》，中国考古学会第三届中国考古学大会（三门峡），2021年10月线上PPT演示，标题有改动，正文略修改。

---

[35] 本书《麦积山石窟第133窟与西魏乙弗氏寂陵》。

麦积山石窟第4窟散花楼与北周闵帝明帝武帝和王父宇文泰

麦积山石窟第4窟（散花楼、上七佛阁），顶部在麦积崖最高处，是麦积山石窟最大窟，自高约21、宽约35、深约8米，距离窟前地坪36米。前8列柱（残存2），后7列龛，是大型仿庑殿顶宫殿的崖阁式洞窟（图1）[1]。后7列龛，每龛内1坐佛，共7佛。未见开窟纪年题记，其底层的最早建造部分为北周风格。

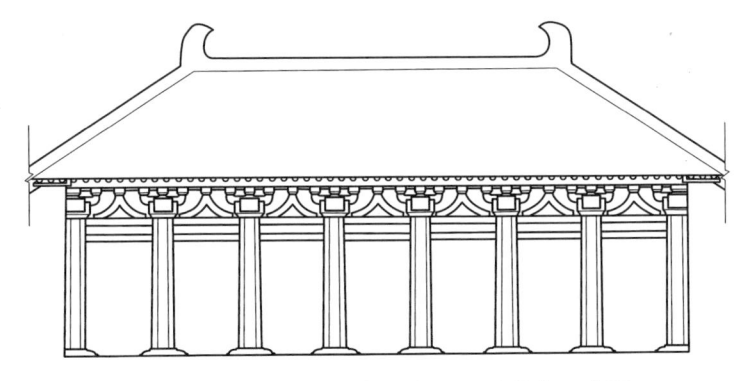

图1 第4窟的庑殿顶宫殿复原外貌轮廓示意图

北周庾信《秦州天水郡麦积崖（一作山）佛龛铭并序》（简称《庾信铭》）载：

> 麦积崖者，乃陇坻之名山，河西之灵岳。高峰寻云，深谷无量。方之鹫岭，迹遁三（一作二）禅，譬彼鹤鸣，虚飞六甲。鸟道乍穷，羊肠或断。云如鹏翼，忽已垂天；树若柱华，翻能拂日。是以飞锡遥来，度杯远至，疏山凿洞，郁为净土。拜灯王于石室，乃假驭风；礼花首于山龛，方资控鹤。大都督李允信者，藉以宿植，深悟法门，乃于壁之南崖，梯云凿道，奉为亡父造七佛龛。似刻浮檀，如攻水玉，从容满月，照曜青莲，影现须弥，香闻忍利。如斯尘野，还开说法之堂，犹彼香山，更对安居之佛。昔

---

[1] 图采自，敦煌研究院麦积山石窟艺术研究所考古研究室：《麦积山石窟第4窟散花楼外檐下仿木构件再勘察》，《文物》2017年第11期。亦载于本书。

者如来追福,有报恩之经;菩萨去家,有思亲之供。敢缘斯义,乃作铭曰(一作云):"镇地郁盘,基乾峻极。石关十上,铜梁九息。百仞崖横,千寻松植(一作直)。阴兔假道,阳乌飞(一作迴)翼。载辇疏山,穿龛架岭。纠纷星汉,回旋光景。壁累经文,龛重佛影。雕轮月殿,刻镜花堂。横镌石壁,暗凿山梁。雷乘法鼓,树积天香。啾泉琤谷,吹尘石床。集灵真馆,藏仙册府。芝洞秋房(一作分),檀林春乳。冰谷银沙,山楼石柱。异岭共云,同峰别雨。冀城余俗,河西旧风。水声幽咽,山势崆峒。法云常住,慧日无穷。方域芥尽,不变天宫。[2]

内容所述建筑宏大,似与散花楼有关。

一 以往有关认识

(一)《庾信铭》指第4窟(散花楼、上七佛阁)

冯国瑞:庾信《秦州天水郡麦积崖佛龛铭并序》中的"七佛龛,就是现在的上七佛阁"[3]。

郑振铎:第4窟"当即是庾信《秦州天水郡麦积崖佛龛铭并序》所提的七佛龛"[4]。

傅熹年:庾信《秦州天水郡麦积崖佛龛铭并序》"即指此(第4)窟"[5]。

阎文儒:"今麦积山上七佛阁,一般认为是(《庾信铭》中)李充信开凿的七佛龛。"[6] 按,李允信,《周书》称李充信[7],《北史》称李克信[8],同一人。

张学荣:"上七佛阁,又叫散花楼,即(《庾信铭》中)大都督李允信所开的七佛龛。"[9]

---

[2](北周)庾信:《秦州天水郡麦积崖(一作山)佛龛铭(并序)》,(宋)李昉:《文苑英华》卷785,第5、6、7页,载《钦定四库全书》集部8。

[3] 冯国瑞:《天水麦积山石窟介绍》,《文物参考资料》1951年第2卷第10期西北专号。

[4] 郑振铎:《〈麦积山石窟〉序》,麦积山勘察团、西北历史博物馆、北京人民英雄纪念碑兴建委员会:《麦积山石窟》,北京:文化部社会文化事业管理局编印,1954年。

[5] 傅熹年:《麦积山石窟中所反映出的北朝建筑》,《文物资料丛刊》,第4期。

[6] 阎文儒:《麦积山石窟的历史、分期及其题材》,阎文儒主编:《麦积山石窟》,兰州:甘肃人民出版社,1984年。

[7] "(北周宗室宇文广)其故吏仪同李充信等上表曰……"(唐)令狐德棻《周书》卷10《列传》第2《邵惠公颢》附《宇文广》,第5页,载《钦定四库全书》史部1。

[8] "(北周宗室宇文广)其故吏仪同李克信等上表褒述……"(唐)李延寿:《北史》卷57《列传》第45《周宗室》《邵惠公颢》附《宇文导》附《宇文广》,第3页,载《钦定四库全书》史部1。

[9] 张学荣:《关于麦积山石窟中的北周洞窟造像和壁画》,阎文儒主编:《麦积山石窟》,兰州:甘肃人民出版社,1984年。

董玉祥："4窟：俗称上七佛阁，为北周时期（《庾信铭》中）秦州大都督李允信开凿。"[10]

李西民：第4窟"公认为（《庾信铭》中）李充信所开"[11]。

马世长："崖阁大窟，如4窟，即（《庾信铭》中）大都督李允信开凿的七佛龛（俗称上七佛阁、散花楼）。"[12]

董广强："当时的天水大都督李充信（《庾信铭》中李允信）为其王父造功德而开的七间八柱崖阁……现编号第四窟，是我国石窟中最大的一个崖阁。"[13]

孙晓峰："565年（北周保定五年），籍于宿植，深悟法门的李充信（《庾信铭》中李允信）在麦积山东崖为亡父凿建七佛阁一座，亦称散花楼。"[14]

（二）《庾信铭》指第9窟（中七佛阁）

金唯诺："李允信既为宇文广属吏，不可能有这样的财力和地位来创建麦积山最大的佛窟（第4窟）。"故，《庾信铭》的七佛龛，应为规模较小的七佛龛，推测是（面阔24.1米、高4.05米、进深4.65米）的第9窟（俗称中七佛阁）[15]。

黄文昆附议金唯诺此观点，并进一步说："（李允信的长官，北周宗室）宇文广及其家族……最有资格做（规模更大的）上七佛阁（第4窟、散花楼）主人。"[16]但没有做详细论证。

二 《庾信铭》两种版本

一类是，文中有"大都督李允信者，籍于宿植，深悟法门，乃于壁之南崖，梯云凿道，奉为亡父造七佛龛"版[17]。

一类是，文中有"大都督李允信者，籍于宿植，深悟法门，乃于壁之南崖，

---

[10] 董玉祥：《麦积山等石窟的壁画艺术》，《中国美术全集》绘画编17《麦积山石窟壁画》，北京：人民美术出版社，1987年。
[11] 李西民：《麦积山石窟史略及其雕塑源流》，《中国美术全集》雕塑编《麦积山石窟雕塑》，北京：人民美术出版社，1988年。
[12] 马世长：《麦积山北朝石窟》，国家文物局教育处：《佛教石窟考古概要》，北京：文物出版社，1993年。
[13] 董广强：《麦积山石窟崖阁建筑初探》，《敦煌研究》1998年第3期。
[14] 孙晓峰：《三武灭佛对麦积山石窟的影响》，《敦煌学辑刊》1998年第2期。
[15] 金唯诺：《麦积山石窟的兴建及其艺术成就》，《中国石窟·麦积山石窟》，北京：文物出版社，1998年。
[16] 黄文昆：《麦积山的历史与石窟》，《文物》1989年第3期。
[17] 同注[2]。

梯云凿道，奉为王父造七佛龛"版。

两版本存在，为"亡父"造与为"王父"造的区别。

后者见于《秦州天水郡麦积崖佛龛铭（并序）》碑（图2），明嘉靖四十三年甲子岁（1564年）冯惟讷所立，现藏于麦积山石窟瑞应寺院。冯惟讷在碑上跋云，碑中所刊文系"志籍所存"。

三 《庾信铭》符合第4窟（散花楼、上七佛阁）

上述两种版本的《庾信铭》，在描述洞窟形象方面，是一致的。其一致的文字中，有如下几个方面，只符合，或相对更符合第4窟（散花楼、上七佛阁）：

（一）乃于壁之南崖，梯云凿道……造七佛龛

图2 明《庾信铭》"王父"字样

此是对洞窟位置、通道、题材的描述。第4窟正在南崖上方，题材正是七佛。尤其是第4窟通道，是凿出来的石阶（第168窟）和凿出来的石廊道（千佛廊即第3窟）[18]，其他窟均为木栈道通达，未见专属凿出的石质通道，故第4窟是唯一符合庾信铭文中对七佛龛形象的被描写者。

（二）似刻浮檀，如攻水玉

此是对洞窟石刻的描写，与第4窟唯一对应。此窟前列柱和七佛龛中的帐柱八棱状，柱身雕刻严整，棱角分明，表面铲平并打磨平滑[19]。未见麦积山其他窟的石凿建筑达到这个水平。

（三）壁累经文，龛重佛影

此是对窟内景象的描写，更符合第4窟。其前廊顶壁上有经变画，附有较大的题写框（约30厘米×50厘米），可用于题写较多的经文。七佛龛内四周壁的上部，有上下4层影塑坐佛。未见麦积山其他窟龛中，有较大的题写框和重

---

[18] 麦积山石窟第168窟（东门）和第3窟（千佛廊）这2廊道式崖阁洞窟，是通第4窟（散花楼）的附属廊道。傅熹年：《麦积山石窟所反映的北朝建筑》，《文物资料丛刊》1981年第4辑、《麦积山石窟所见古建筑》，《中国石窟·麦积山石窟》，北京：文物出版社，1998年。

[19] 本书《麦积山石窟第4窟散花楼外檐下仿木构件再勘察》。

重佛像并存景象的。

（四）横镌石壁，阇凿山梁

此是对开窟方式和结构的描写，更符合第4窟。横镌石壁，符合其有敞口的含义，符合其外立面和前廊横向敞开的面貌；阇凿山梁，符合其七佛龛向石壁内部幽深处凿去的结构。北周及其之前，未见其他窟的此种结构和开凿方式有如第4窟典型。

（五）雕轮月殿，刻镜花堂……山楼石柱

此是对窟的外貌的描写，应是有石柱和外屋顶的高耸状。麦积山石窟在北周之前，尚未有此种形式的崖阁洞窟，在现存北周崖阁窟中，也只符合或更符合第4窟。

（六）不变天宫

此是对窟外貌的再次描写，应是壮丽的高规格宫殿建筑状。在北周及其之前的洞窟中，第4窟是唯一的庑殿顶宫殿式外貌，符合高高在上的天宫观感。

故从洞窟形象方面考察，《庾信铭》所描述的七佛龛就是第4窟（散花楼、上七佛阁）。

金唯诺推测《庾信铭》所指七佛龛，为规模较小的第9窟（中七佛阁）。但中七佛阁无石柱，《庾信铭》所述七佛龛却有石柱，故矛盾。因此，《庾信铭》所述的七佛龛，不是中七佛阁，还应是山楼石柱特征非常明显的第4窟，即上七佛阁、散花楼[20]。

四　李允信不可能为其亡父或祖父造壮丽七佛龛

《庾信铭》中"大都督李允信……奉为亡父（或王父）造七佛龛"句中，"亡父"或"王父"是七佛龛所主要祈福的主人。按战国至西汉初《尔雅》，"王父"有"祖父"这种词义[21]。若如此，李允信是为其亡父或祖父造七佛龛。

但是，正如金唯诺所说"李允信既为宇文广属吏，不可能有这样的财力和

---

[20] "山楼石柱"的观感，在北周《庾信铭》中彰显，故第4窟的散花楼俗名，或在北周当时已渐生成。
[21] "父之考为王父"。（晋）郭璞注（唐）陆德明音义（宋）邢昺疏：《尔雅注疏》卷3《释亲》第4，第25页，载《钦定四库全书》经部10。

地位来创建麦积山最大的佛窟（第4窟）"[22]，第4窟的巨大壮丽，应与李允信为其亡父或祖父造七佛龛这种说法矛盾。

李允信的父亲或祖父是谁？无记载。

李允信是宇文广于天和六年（571年）去世时[23]的故吏，当时李允信官至仪同。仪同，即北周府兵制的"仪同三司"的军号官秩。

西魏初立府兵，其军号官秩为七等，即柱国、大将军、开府仪同三司、仪同三司、大都督、帅都督、都督[24]。北周继承，至北周武帝建德四年（575年）时，发展为十一等，即上柱国、柱国、上大将军、大将军、开府仪同大将军、仪同大将军、上开府、上仪同、大都督、帅都督、都督[25]。因此，天和六年（571年）时，李允信的"仪同"，仍应是七等府兵军号官秩的中间位置。

《庾信铭》中，李允信为"大都督"，这在府兵军号官秩中，位次在"仪同"之下，为倒数第三名。其"大都督"前未冠以"陇右"或"秦州"等地区性名词，也未见有领其他实职（如州刺史[26]等）的记载，故李允信非地方大员，因此其财力难以造出如此壮丽的七佛龛。

或史料失载，即使他是地方大员，也不可能有财力造出此等壮丽七佛龛。即使有财力，也当不敢如此暴露狂似的奢靡，也应不敢造巨大宫殿状的高规格建筑。即使假借佛的名义敢造如此高规格建筑，在铭文中也不太可能声称仅为自家亡父或祖父造。北朝大规模的佛造像，其题记中，罕见只为自家亡父或祖父造，而不提其他（如皇帝、国祚、其他家人、众生）者。北周

---

[22] 同注[15]。

[23] "天和三年……（天和）六年（571年）六月（宇文广）归葬于秦州之某原"。（清）严可均：《全上古三代秦汉三国六朝文》，《周故大将军赵公墓志铭》，北京：中华书局，1958年。

[24] "琼弟凯……（西魏）大统元年……进授都督。十四年……进位……仪同三司……闵帝践祚……进位开府仪同三司……自大统十六年以前任者……咸推八柱国家云。今并十二大将军录之于左……"、"（西魏）大统八年，齐神武侵汾绛，瑱从太祖御之……倾之，拜鸿胪卿，以望族兼领乡兵，加帅都督，迁大都督……"故西魏有柱国、大将军、开府仪同三司、仪同三司、大都督、帅都督、都督7等官秩。令狐德棻：《周书》卷16《列传》第8《侯莫陈崇等传》第13、14、15页、卷39《列传》第31《韦瑱传》第2页，载《钦定四库全书》史部1。

[25] "建德四年（575年）……冬十月戊子，初置上柱国、上大将军官；改开府仪同三司为开府仪同大将军、仪同三司为仪同大将军；又置上开府、上仪同官"。故北周建德四年（575年）以后有上柱国、柱国、上大将军、大将军、开府仪同大将军、仪同大将军、上开府、上仪同、大都督、帅都督、都督共11等官秩。《周书》卷6《武帝纪》下，第4页，载《钦定四库全书》史部1。

[26] ①推测"李允信的大都督官秩可任秦州刺史"。阎文儒：《麦积山石窟·麦积山石窟的历史、分期及其题材》，阎文儒主编：《麦积山石窟》，兰州：甘肃人民出版社，1984年。②认为"4窟：俗称上七佛阁，为北周时期秦州大都督李允信开凿。"董玉祥：《麦积山等石窟的壁画艺术》，《中国美术全集》绘画编17《麦积山石窟壁画》，北京：人民美术出版社，1987年。但李允信为秦州刺史或秦州大都督的说法缺史载。

高官尉迟迥，造拉梢寺大佛，铭文题记中，表示为国祚为众生造佛像，却只字未敢提自家[27]。

故，所谓李允信为其自家亡父或祖父，造此第4窟壮丽的七佛龛的说法，应不可信。

五 闵帝明帝武帝为王父宇文泰造七佛龛

上文已述，李允信不可能为自家亡父或祖父造第4窟壮丽七佛龛，故上述《庾信铭》第一类版本中"亡父"应有误，第二类版本中的"王父"也应不是"祖父"的含义。

（一）西周初古籍中"王父"可指"王和父亲双重身份的人"

《庾信铭》中"为王父造七佛龛"前有一"奉"字，有奉命之词义，故"王父"可能是指一个特定的大人物，是李允信奉命开窟所祈福的对象，即李允信是奉命为此大人物开窟造像的督造者。又从铭文中赞李允信"深悟法门"看，李允信也应是主要参与设计七佛龛者。

那么"王父"一词，还可另指何义呢？

北周的国号大周，是追慕古代西周的周礼王道文化的体现，故其接受西魏禅位后，其最高统治者不再称皇帝，而是称周天王[28]，应是效法古代西周的周天子王的体现。

"王父"一词，出现在表现商末周初场景的《尚书·周书·牧誓》："今商王受（纣），唯妇人言是用，昏弃厥肆祀弗答，昏弃厥遗王父母弟不迪。"[29]

此"王父"当指"王和父亲双重身份的人"，才可与殷王纣时期的事实相符。

《史记·殷本纪》："帝乙崩，子辛立，是为帝辛，天下谓之纣……王子比干谏，弗听……纣愈淫乱不止……比干曰：为人臣者，不得不以死争。乃强谏纣。纣怒曰：'吾闻圣人心有七窍。'剖比干，观其心。"[30]

---

[27] 其发愿文："维大周明皇帝三年岁次己卯二月十四日，使持节，柱国大将军，陇右大都督，秦渭河鄯凉甘岷洮邓文康十四州诸军事，秦州刺史，蜀国公尉迟迥，与比丘释道□（臧），于渭州仙崖，敬造释迦牟尼佛一区，愿天下和平，四海安乐，众生与天地久长，周祚与日月俱永。"

[28] "元年春正月辛丑即天王位……周室受命，以木承水。"令狐德棻《周书》卷3《帝纪》第3《孝闵帝》，第2页，载《钦定四库全书》史部1。

[29] （汉）孔氏传（唐）陆德明音义 孔颖达疏：《尚书注疏（正义）》卷10，第23、24页，载《钦定四库全书》经部2。

[30] （汉）司马迁撰：《史记》卷3《殷本纪》第3，第12~15页，载《钦定四库全书》史部1。

这里，比干为王子，又被纣王称为圣人，故比干可能为殷王室中具有王子身份的纣王长辈，故可能为纣王父亲帝乙的同母弟弟。

又，同母的弟弟古称"母弟"[31]。

故，比干，可能是纣王父亲帝乙的"母弟"，是纣王亲叔叔辈的亲人。

《牧誓》的"昏弃厥肆祀弗答，昏弃厥遗王父母弟不迪"中，"昏弃"有昏庸而失政失德之义。"厥"[32]与"昏"义近，皆有昏头昏脑之义。"肆"[33]有搁置之义，"遗"有遗漏丢失之义，"答"有回应过问处理之义，"迪"有接受遵循道德之义。"王父母弟"，有"父""母""弟"三字的亲属用词，故"王父母弟"总体应属于家人或亲人范畴。故上述《牧誓》中两句的整体意思应是，纣王是昏君，失政于荒废祭祀，失德于疏远亲人。

于是，《牧誓》"昏弃厥遗王父母弟不迪"句，与《史记》的，殷纣王在朝廷中，不听"纣王父亲"的"母弟"比干谏言的内容契合。因"纣王父亲"曾是"王身份"；故"王父"可指"王和父亲双重身份的人"。

且，此"王父"，在《牧誓》中，是周王代表众人，称呼纣王（已故）父亲帝乙的口气，故，此"王父"是众人皆可称呼的名词。

《王力古汉语字典》："父 2. (fǔ)，对从事某种行业的人的美称，多指年老的。《楚辞》战国屈原《渔父》：'渔父见而问之。'"[34]"鱼父"即指"打鱼者与父亲双重身份的人"。佐证了商末周初"王父"可指"王和父亲双重身份的人"。并且，此"王父"，的"父"，可读作fǔ，"王父"是"王和父亲双重身份人"的美称，多指年老的，故多是年老"王和父亲双重身份的人"的美称。结合纣王父亲帝乙是已故的"王和父亲双重身份的人"，故"王父"除了应是"王和父亲双重身份的人"，多指"老年王和父亲双重身份的人"美称外，还可多指"已故王和父亲双重身份的人"的一种美称。这里的"父（fǔ）"是一种美称，而不是表示亲属关系的亲称，故"王父"是众人皆可称呼的名词。

如果"王父"指祖父，则无史实符合"昏弃厥遗王父母弟不迪"句。

较晚成书于战国至西汉初《尔雅·释亲》中的，"父之考为王父"，即王父意为祖父，为后出，不妥用于解释商末周初《牧誓》中的"王父"一词。

《尚书注疏（正义）·周书·牧誓》，在解释"昏弃厥遗王父母弟不迪"句时，

---

[31] "《公羊传·隐公七年》：'母弟称弟，母兄称兄。'注：母弟，同母（之）弟。母兄，同母兄。不言同母，言母弟者，若谓不如，言如矣。齐人语也。"顾炎武撰：《日知录》卷32，第5页，载《钦定四库全书》子部10。

[32] 另，"厥"有"其"义。

[33] 另，郑玄注："肆，祀祭名"。（汉）郑玄注、（宋）王应麟辑：《尚书郑注》，卷4《牧誓》第15，第47页，上海：商务印书馆，民国26年（1937年）。

[34] 王力：《王力古汉语字典》，第676、677页，北京：中华书局，2000年。

（汉）孔安国《传》："王父，祖之昆弟。"按，昆弟即兄弟。唐孔颖达《疏》："《释亲》云'父之考为王父'，则王父是祖（父）也。"[35]汉郑玄解释"昏弃厥遗王父母弟不迪"："王父母弟，祖父母之族。必言母弟，举亲者言之也。"[36]亦将"王父"解释为"祖（父）"。

孔、郑是基于《尔雅·释亲》的"父之考为王父"去解释《牧誓》中"王父"的。孔《传》将《释亲》中王父的含义扩大为祖（父）之兄弟，以期扩大纣的罪行，但有些过头了，故孔颖达又还原，但根本未变。郑《注》更扩大纣的罪行至祖父母之族，更与《史记》中有关纣王的史实无符合处。

故，《尚书》中"王父"还是解释为"王和父亲双重身份人"合适。

又，李学勤曾考证，西周中期前段（周穆王后期）季姬方尊铭文中的"王母"一词，认为：王母是王后，王母是母亲，而不像《尔雅·释亲》说的是祖母[37]。因此"王母"应是"王后和母亲双重身份的人"的美称。因此，佐证了商末周初"王父"词义，可以是"王和父亲双重身份人"的美称。

因此，《庚信铭》中的"李允信……奉为王父造七佛龛"的"王父"，有可能含义是"王和父亲双重身份人"的美称，多指"老年王和父亲双重身份的人"和"已故王和父亲双重身份的人"的美称，是众人皆可称呼的词。

（二）《庚信铭》中的"王父"当指宇文泰

由"王父"可以是"王和父亲双重身份的人"的美称，尤其是年老"王和父亲双重身份的人"的美称看，《庚信铭》中"王父"指谁？

北周三年（559年）秋八月宇文毓改天王称皇帝并改元为武成元年[38]之前，北周有三位天王（简称王），故能被美称为"王父"的只此三位：

资格最老的是，北周奠基者，后追谥为文王、庙号太祖，后又追谥为文帝，

---

[35] （汉）孔氏传、（唐）陆德明音义、孔颖达疏：《尚书注疏（正义）》卷10，第23、24页，载《钦定四库全书》经部2。

[36] （汉）郑玄注、（宋）王应麟辑：《尚书郑注》，卷4《牧誓》第15，第47页，上海：商务印书馆，民国26年（1937年）。

[37] "第六至七行'其对扬王母休'，'王母'是乃季姬对'君'即王后的称呼。西周金文的'王母'犹云'皇母'，如《殷周金文集成》2762鼎有'皇考厘仲，王母泉母'。'王母'是母亲，而不像《尔雅·释亲》说的是祖母。"故季姬方尊所在的西周中期，王母可指：王后与母亲双重身份的人。李学勤：《季姬方尊研究》，第14页，《中国史研究》2003年第4期。

[38] 《周书·明帝》："（武成元年即559年）秋八月己亥，（明帝宇文毓）改天王称皇帝，追尊文王为帝，大赦改元。"（唐）令狐德棻：《周书》卷4《帝纪》第4《明帝》，第58页，北京：中华书局，1971年。

享年52岁的宇文泰[39]。其次是宇文泰之子，北周首位天王，后追谥为孝闵帝，享年16岁的宇文觉[40]。再次是宇文泰之子，北周第二位天王，后追谥为明帝，享年27岁的宇文毓[41]。

在麦积山为宇文觉或宇文毓造此壮丽七佛龛，均不可能。因为此前既然未为资格最老的宇文泰造，更轮不到为其子辈造。

故麦积山此壮丽七佛龛《庾信铭》中，所祈福对象的"王父"，当指文王宇文泰。自然，其儿子孝闵帝宇文觉和明帝宇文毓、武帝宇文邕，自当是此壮丽七佛龛的功德主（供养人）的候选人。

（三）《庾信铭》的撰写时间的下限

《庾信铭》用"王父"而未用"文帝"，表明此发愿铭文的写作时间下限，是武成元年（559年）秋八月，宇文毓称帝并将宇文泰谥号由文王提高到文帝之时。因为此后如再用"王父"称宇文泰，则反而贬低了宇文泰。故铭文当作于北周天王时期。

（四）孝闵帝明帝武帝是主要功德主

这个北周天王时期，铭文背景可涉及的北周最高地位统治者，只有"王父"宇文泰之子闵帝宇文觉和明帝宇文毓。

一般来说，为父亲宇文泰造七佛龛，自然有追福、报恩、思亲、供奉之意，但《庾信铭》中的"昔如来追福，有报恩之经；菩萨去家，有思亲之供。敢缘斯义，乃作铭曰……"则明言，将功德主的追福、报恩、思亲、供奉，直接比作"如来"和菩萨的行为。而被比作"如来"和菩萨，一般人当不起；但将最高地位统治者的前两级，比作如来和菩萨，由后秦至北魏均有传统[42]，北周也可出现此种比附。故，在铭文中，如来可比作当时最高地位、天王级的宇文毓；去家的菩萨可比作第二高地位、公级的"略阳公"（初立国时的天王，后被权臣

---

[39] "冬十月乙亥，崩于云阳宫，还长安发丧。时年五十二。甲申，葬于成陵，谥曰文公。孝闵帝受禅，追尊为文王，庙曰太祖。武成元年，追尊为文皇帝。"（唐）令狐德棻：《周书》卷2《帝纪》第2《文帝》下，第37页，北京：中华书局，1971年。

[40] "九月……幽于旧邸，月余日，以弑崩，时年十六。"（唐）令狐德棻：《周书》卷3《帝纪》第3《孝闵帝》，第50页，北京：中华书局，1971年。

[41] "辛丑，崩于延寿殿，时年二十七，谥曰明皇帝，庙称世宗。"（唐）令狐德棻：《周书》卷4《帝纪》第4《明帝》，第60页，北京：中华书局，1971年。

[42] 云冈石窟北魏"昙曜五窟"、麦积山石窟后秦"姚秦五龛"中均有反映。宿白：《中国石窟寺研究》，北京：文物出版社出版，1996年、夏朗云：《麦积山石窟考古断代研究——后秦开窟新证》，兰州：甘肃人民出版社，2010年。

宇文护废黜，降为略阳公，月余被弑杀的）宇文觉[43]。

因此，铭文应表示，在武成元年（559年）秋八月之前，宇文觉和宇文毓造七佛龛。故宇文觉应是首创者，当时他是天王，后降为略阳公时，也应继续参与造。继位的天王宇文毓，继续主持造。

因铭文中有宇文毓的"如来"因素，故《庾信铭》当作于宇文毓任天王时段（557年秋九月[44]至559年秋八月）。

此时，废黜天王宇文觉的权臣宇文护正专权，宇文觉未被平反，属于敏感人物。故《庾信铭》中，用菩萨曲笔，这样可不明提到略阳公宇文觉，因此也就用"如来"，也不再明提到当时的天王宇文毓了。

此时，好文学的宇文毓任命同样好文学的宇文广为骠骑大将军开府仪同三司、秦州刺史[45]，故，此时于秦州督造麦积崖七佛龛的李允信，即为宇文广属吏，此时的官秩为大都督，尚未晋升为仪同。

好文学的宇文毓对庾信有特殊礼遇，多请他作雅文[46]，因此，《秦州天水郡麦积崖佛龛铭并序》，或是其所请雅文之一。

第4窟在北周武帝建德三年（574年）灭法之际停工[47]。因此，建德三年之前武帝时期的15个年头[48]中，武帝应有继续营造。

（五）"孝"闵帝的特殊贡献

上文已知，北周初的天王宇文觉，在北周武帝时被平反，追谥为孝闵帝。

---

[43] "九岁，封略阳郡公。……魏帝诏以岐阳之地封帝为周公……元年春正月辛丑，即天王位……九月……护又遣大司马贺兰祥逼帝逊位。遂幽于旧邸，月余日，以弑崩。时年十六……及武帝诛护后，乃诏曰：'……故略阳公至德纯粹……上谥曰孝闵皇帝'。"（唐）令狐德棻：《周书》卷3《帝纪》第3《孝闵帝》，第45~50页，北京：中华书局，1971年。

[44] "及孝闵帝（元年九月，557年）废，晋公护遣使迎帝于岐州。秋九月癸亥，至京师，止于旧邸。甲子，群臣上表劝进，备法驾奉迎。帝固让，群臣固请，是日，即天王位，大赦天下。"（唐）令狐德棻：《周书》卷4《帝纪》第4《明帝》，第53页，北京：中华书局，1971年。

[45] "（明帝宇文毓）幼而好学，博览群书，善属文，词彩温丽"、"广字乾归。少方严，好文学。初封永昌郡公。孝闵帝践阼，改封天水郡公。世宗（明帝宇文毓）即位，授骠骑大将军开府仪同三司，出为秦州刺史。"（唐）令狐德棻：《周书》卷4《帝纪》第4《明帝》，第60页、《周书》卷10《列传》第2《邵惠公颢》附《宇文广》，第156页，北京：中华书局，1971年。

[46] "世宗（明帝宇文毓）……雅好文学，（庾）信特蒙恩礼。……是时，世宗（明帝宇文毓）雅词云委（于庾信）……"（唐）令狐德棻：《周书》卷41《列传》第33《庾信》，第734、744页，北京：中华书局，1971年。

[47] 同注[9]。

[48] "武成二年（560年）夏四月，世宗（明帝宇文毓）崩，遗诏传帝位于高祖（武帝宇文邕）。高祖固让，百官劝进，乃从之。壬寅，即皇帝位，大赦天下。"（唐）令狐德棻：《周书》卷5《帝纪》第5《武帝》，北京：中华书局，1971年，第63页。至建德三年（574年）共15年头。

北周其他皇帝谥号均为一字谥，其前无此"孝"字，独宇文觉于一字谥号的"闵"字前另加一"孝"字。宇文觉在位时间很短，只有9个月[49]，无其他特别建树。故此"孝"字，很可能是对他起首为"王父"宇文泰于麦积崖造大型七佛龛（第4窟散花楼）的表彰。上文已述，将最高地位统治者的前两级比作如来和菩萨，从后秦至北魏均有传统，故散花楼中的七佛可象征被追谥为"文王"的宇文泰在内的北周七世祖先（其他祖先与文王平级），更有孝的分量，于是更佐证了其谥号"孝"字的因素，多在此七佛龛。

（六）庾信与"王父"一词的采用

承古代西周周礼建国号的北周，应有复古情结。其文人如庾信等，应熟知古代《尚书》[50]，并可能有自己的理解，可能并不完全认可孔安国《传》中的有关解释。北周初，可能要整理古籍理解的分歧，尤其要对赖以建国的古代经典正本清源，才有在宇文毓继天王位初，就立即开展在麟趾殿召集"有文学者"80余人，进行大规模的经史古籍刊校工作[51]。庾信等文儒后期（武成二年，即560年）也曾参与其中校订[52]。

---

[49] 同注[43]。

[50] "史臣曰：……（庾信之文）摭六经（包括《尚书》）百氏之英华。"（唐）令狐德棻：《周书》卷41《列传》第33《庾信》，第745页，北京：中华书局，1971年。

[51] "（明帝）及即位，集公卿已下有文学者八十余人于麟趾殿，刊校经史。又捃采众书，自羲、农以来，讫于魏末，叙为《世谱》，凡五百卷云。"此"及即位"，未曰"及即帝位"，故指"即天王位"时。"明帝初（按《周书》中有年号的用年号表示时间，此不用武成年号，当指无年号，即指明帝宇文毓初即天王位时），（武将韦孝宽）参麟趾殿学士，考校图籍。""（元伟）有清才……周明帝初……受诏于麟趾殿刊正经籍。"（唐）令狐德棻：《周书》卷4《帝纪》第4《明帝》，第60页、卷31《列传》第31《韦孝宽传》，第538页，北京：中华书局，1971年。（唐）李延寿《北史》卷15《列传》第3《魏诸宗室》常山王《遵》附弟"顺""子伟"，第568页，北京：中华书局，1974年。

[52] "武成二年（560年），（庾季才）与王褒、庾信同补麟趾学士。""武成中，世宗令诸文儒于麟趾殿校定经史，仍撰《世谱》，扔亦预焉。"按，此时有素质较高的文儒后来进入，是整个刊校经史的校定阶段。"（周明帝宇文毓）世宗雅爱文史，立麟趾学，在朝有艺业者，不限贵贱，皆预听焉。乃至萧扌为、王褒等与卑鄙之徒同为学士。翼言于帝曰：'萧扌为，梁之宗子。王褒，梁之公卿。今与趋走同，恐非尚贤贵爵之义。'帝纳之，诏翼定其班次，于是有等差矣。"因此，整个刊校经史的80余有文学者中，初时，人员素质整体可能稍低，其中还有武将，因此可能需要文儒的场外指导，故有后来第2次进入的文儒。这里的文儒显然是"有文学者"中的更大学问家，是来最后"校定"的。此次麟趾殿古籍整理的结果，如《世谱》，可能因为周明帝宇文毓在位时间短、北周国祚短、隋末的战乱等因素而没有继承下来。（唐）李延寿：《北史》卷89《列传》第17《艺术》上《庾季才传》，第2948页，北京：中华书局，1974年。（唐）令狐德棻：《周书》卷42《列传》第34《萧扌为传》，第752页、卷30《列传》第22《于翼传》，第523、524页，北京：中华书局，1971年。

故在此项古籍整理活动前期（宇文毓为天王期间），庾信作为"六经"的学问家[53]，虽尚未参与其中，在场外也应有所关注和见解。期间，庾信从中应有所取宜，其中或有对《牧誓》中"王父"的解释。庾信及其当时的北周文士，当时可能认识到，商末周初《牧誓》中"王父"的含义是"王和父亲双重身份的人"的美称，"王父"是大众皆可称呼的词。

故，在北周复古情结的氛围中，庾信可能会甚至更愿意，在《秦州天水郡麦积崖佛龛铭（并序）》文中采用"古词"来美称"已故王和父亲双重身份"的宇文泰。随后，天王宇文毓也用了《尚书·周书》的《武成》篇名，来作为其武成元年（559年）秋八月改元称帝的年号。这应当同是北周好古氛围的必然结果。

六 兴造时段和洞窟世俗等级

因与北周三位最高地位统治者有关，第4窟的总体兴建时段，应起于北周初（557年）天王宇文觉时期至北周武帝灭法时（574年），共18个年头。因中间有宇文毓改天王为皇帝（559年），故可分为前后两期。前期是天王营造阶段，共三个年头，即北周孝闵元年（557年）至武成元年（559年）。后期是皇帝营造阶段，共16个年头，即北周武成元年至建德三年（574年）。故第4窟的世俗等级是天王家和皇家双重性质的洞窟。

七 《庾信铭》未及刊刻

上文已述，第4窟在建德三年（574年）未完工就停工了，且《庾信铭》是在宇文毓任天王（557～559年）时所作。这表明，《庾信铭》是在第4窟远远未完工前所撰写。

初师宾《石窟外貌与石窟研究之关系》认为，庾信"描述的七佛龛的佛像、绘画却很空洞。估计其撰铭时，七佛龛很可能正在施工，没有完成"[54]。

现麦积崖上未见《庾信铭》，且北周大规模洞窟中也罕见未完工就刻铭文。故，因洞窟未完工，《庾信铭》可能未及刊刻在崖壁上。

在第4窟左下侧与第3窟（俗称千佛廊）之间，崖面有规整的竖长方形外敞大凹槽，槽内左侧面，朝向第4窟（散花楼）。此左侧面中间大部，凿出1竖长方形更平整面，微微低于四周边稍粗石面半厘米，将欲磨平，高1.83米，宽0.9

---

[53] 同注[50]。
[54] 初师宾：《石窟外貌与石窟研究之关系——以麦积山石窟为例略谈石窟寺艺术断代的一种辅助方法》，《西北师院学报》1983年第4期。

米，似为刊刻文字所预留（图3）。《庾信铭》也适合放在此位置，且此面积，按并序的《庾信铭》358字，每字6厘米见方基本合适。于是可基本判断，此处就是预为刊刻《庾信铭》处。

故《庾信铭》欲待第4窟完工时刊刻，实未刊刻。

《庾信铭》于宇文毓天王时段撰写完成后，天王宇文毓称帝并追尊父亲宇文泰为文帝，铭文内容应不合时宜，"王父"此时应称文帝，故应待修改后，于完工时刊刻。不久明帝去世，洞窟仍未完工，仍不能刊刻。后来，因武帝参与造此窟等可能的人事变化，铭文可能仍需继续修改，待完工后刊

图3 庾信铭预留刊刻处

刻。但未及完工，武帝对事佛的态度有变而于建德三年（574年）灭法，洞窟被叫停，铭文仍不可能刊刻。

北周大象元年（579年，二月改元大象）十月复法[55]后，上文已述，麦积山第4窟散花楼的石残碴现状表明其未继续复工完成。庾信也于大象初某月去世[56]，应在十月复法前去世。故《庾信铭》上述应与时俱进的修改稿，仍应未刊刻于麦积崖预留的那方石平面上。传世的《庾信铭》，仍是最初撰写的那篇。

八 王仁裕与庾信铭记

王仁裕《玉堂闲话》云："麦积山者……隋文帝分葬神尼舍利函于东阁（阁）之下，石室之中。有庾信铭记，刊于岩中。古记云：'六国共修……'"[57]

此种口气，应是叙述掌故或某种说法的口气。这种口气可表示，隋文帝神尼舍利函，据说葬于东阁（阁）之下；庾信铭记，据说刊于岩中。并不是作者自己

---

[55]《周书·宣帝》："（大象元年）冬十月壬戌，岁星犯轩辕大星。是日，帝幸道会苑大醮，以高祖武皇帝配。醮讫，论议于行殿。是岁，初复佛像及天尊像。至是，帝与二像俱南面而坐。"（唐）令狐德棻：《周书》卷7《帝纪》第7《宣帝》，第121页，北京：中华书局，1971年。

[56]《周书·庾信传》："大象初，以疾去职，卒。"（唐）令狐德棻：《周书》卷41《列传》第33《庾信》，第742页，北京：中华书局，1971年。

[57]（五代）王仁裕：《玉堂闲话》，（宋）李昉等：《太平广记》卷第397《山（溪附）·麦积山》，第3181页，北京：中华书局，1995年。

在石室内和岩（崖壁）上，实见舍利函和庾信铭记的口气。因为舍利函是葬的状态，不可能让游人看见。故同样口气叙述的庾信铭记，也不一定指被实际看见。

如见到庾信铭记，作为五代文学家的王仁裕，在《玉堂闲话》中不至于一笔带过。也不至于在其下文的《登麦积山天堂洞题壁诗》[58]中，只字未提庾信。他实际登上天堂洞，尚且有感联想到绝顶等处，记述自己拂石感怀，如果实际见到庾信铭记，惺惺相惜，难道不具体有所述？难道不描述一睹或摩挲庾信碑铭？以王仁裕文士情怀，实不应该。故他应未实见到庾信铭记刊于岩中。

可能他也想乘兴寻古，一睹庾信铭记风采，只是未果。于是只能泛泛记载，由文献中反映的麦积山应当有的庾信等信息。实际的状况是，《庾信铭》未曾刊刻，只留下崖面上一方空白待刊刻的石面。

九 "王父"一词的某种唯一性

除了《庾信铭》中，出现为"王父"造佛龛的措辞外，北周其他佛教造像题记中，尚未发现为"王父"造的措辞。《庾信铭》此"王父"一词具有某种唯一性。但这种唯一性不是孤例性，不应怀疑《庾信铭》存在"王父"一词，当理解为"王父"一词为天王家所专用，故少见。

结合"王父"更多指年老"王和父亲双重身份"的美称，结合宇文泰是北周最年老的王父，结合"奉为王父造"语气是为特定的某一位造看，《庾信铭》"王父"一词可能特指宇文泰。商末周初时也曾泛指"王和父双重身份"的"王父"，在北周可能只指宇文泰，别的王不能用。宇文泰是北周的奠基者，相当于国父，故其读音和意义，有可能由泛指的美称"王父（fù）"，变为特指的北周"国父"意义的"王父（fù）"，亦是众人皆可称呼的美称。于是在北周，"王父"一词就更具有唯一性了。除了大文儒，一般不会想到用此古词，并且有"王父"一词的《庾信铭》尚未勒铭普及此词，故在北周石窟中目前仅见，也就不奇怪了。

十 其他

（一）冀城余俗

《庾信铭》在赞美第4窟时，有冀城余俗的描述。冀城为天水甘谷县的古

---

[58] "王仁裕时独能登之，仍题诗于天堂西壁上，曰：'蹑尽悬空万仞梯，等闲身共白云齐。檐前下视群山小，堂上平分落日低。绝顶路危人少到，古岩松健鹤频栖。天边为要留名姓，拂石殷勤手自题。'"（五代）王仁裕：《玉堂闲话》，（宋）李昉等：《太平广记》卷第397《山（溪附）·麦积山》，第3181页，北京：中华书局，1995年。

称，又是后秦皇帝的老家所在地，后秦天王家（后期为皇家）曾在麦积山开窟造像[59]，故此冀城余俗，当指后秦天王家和皇家在麦积山开窟造像的余俗。此句表明，北周继承后秦以来的佛教风尚，在麦积山开窟造像。并明确将麦积山第4窟，与后秦天王家和皇家双重性质洞窟作同类对比。这表明麦积山第4窟，与后秦天王家和皇家双重性质洞窟可相提并论，在麦积山上，同属天王家和皇家双重性质洞窟。

（二）独立阁道

第4窟除了其主体散花楼部分自身的规模宏大外，还拥有于石崖上开凿出的独立阁道，即阶梯部分的第168窟（高10.70米、横跨度10.80米、深2.50米）和引廊部分的第3窟千佛廊（高2.80米、横跨度36.62米、深2.82米）[60]。如此具有独立石阁道的大规模工程，具有唯一性，非一般人家所能为，天王家或皇家堪为。

（三）正南向

第4窟除了是北周最高位置、最高规格的庑殿顶大型洞窟，符合天王家和皇家双重性质洞窟的崇高地位外，且其朝向为正南向，具有南面而君临天下的气魄，其规格非一般人家所敢为，符合天王家和皇家规格。

（四）独特工艺

第4窟的外檐柱和七佛龛中的帐柱，均未上泥皮，柱石表面追求打磨平整状。在粗砂砾岩上如此不计工本，追求前所未有的超高工艺，在北周石窟中是唯一的存在。第4窟列柱后的前廊壁画中，有大型薄肉塑壁画，在北周石窟中是唯一的存在。其独特一流工艺，符合天王家和皇家的顶级豪华。

十一　总结

综上，庾信《秦州天水郡麦积山佛龛铭（并序）》，应是为麦积山第4窟所作铭文。此大型七佛龛是北周王家和皇家双重性质的洞窟，所主要祈福对象

---

[59] 夏朗云：《麦积山石窟考古断代研究——后秦开窟新证》，兰州：甘肃人民出版社，2010年。
[60] 麦积山石窟第168窟（东门）和第3窟（千佛廊）这2廊道式崖阁洞窟，是散花楼所在的北周第4窟附属廊道。傅熹年：《麦积山石窟所反映的北朝建筑》，《文物资料丛刊》1981年第4辑；《麦积山石窟所见古建筑》，载《中国石窟·麦积山石窟》，北京：文物出版社，1998年。本书赞同，参见本书《麦积山石窟第4窟散花楼外檐下仿木构件再勘察》。

是北周的奠基者，被北周追尊为文王、文帝的宇文泰。此窟主要是为宇文泰所造。此窟的功德主或供养人是北周三位最高等级统治者，孝闵帝宇文觉、明帝宇文毓、武帝宇文邕。此窟的具体设计并督造者是大都督李允信。铭文的写作时间在宇文毓任天王的3个头年中。造窟时间在北周初建国的孝闵帝宇文觉时期至武帝宇文邕灭法18年间。造窟的过程是，北周初立国时，天王宇文觉主持创建；宇文觉被废黜为略阳公后，由继位的天王宇文毓继续主持营造，后宇文毓改天王称号为皇帝；明帝宇文毓去世后，由继位的武帝宇文邕继续主持营造，直至因灭法停工。

《庾信铭》中，称宇文泰为北周的"王父"，可能表示是北周唯一的王父。"王父"是商末周初对"王和父亲双重身份"的美称，尤其是老年和已故"王"的美称。采用此古词，是北周"复古"文化的反映。北周天王或皇家，隆重兴造壮丽七佛龛，以七佛象征其七世祖先，使得此壮丽七佛龛，具有供奉北周先祖的太庙性质。

> 本文录自夏朗云：《试论麦积山第4窟（散花楼、上七佛阁）是北周皇家洞窟》，载敦煌研究院编《敦煌论坛2017传承创新·纪念段文杰先生诞辰100周年敦煌与丝绸之路国际学术研讨会论文集》，下册，2017年。标题有改动，正文及注释有修订，增加了图片。

麦积山石窟第5窟牛儿堂与
隋独孤皇后和北周皇太后杨丽华

　　麦积山石窟崖阁式洞窟第5窟（牛儿堂），始凿于隋代[1]。高9.42米，宽16.22米，深7.71米，下距窟前地坪56.35米。原外立面作仿木构建筑的三间四（方）柱面貌（图1）[2]。其前廊正壁中间所开的主龛，是麦积山石窟窟内龛中最大者。其窟底面及其崖阁的檐额枋，也是麦积山所有洞窟中同类位置最高者。

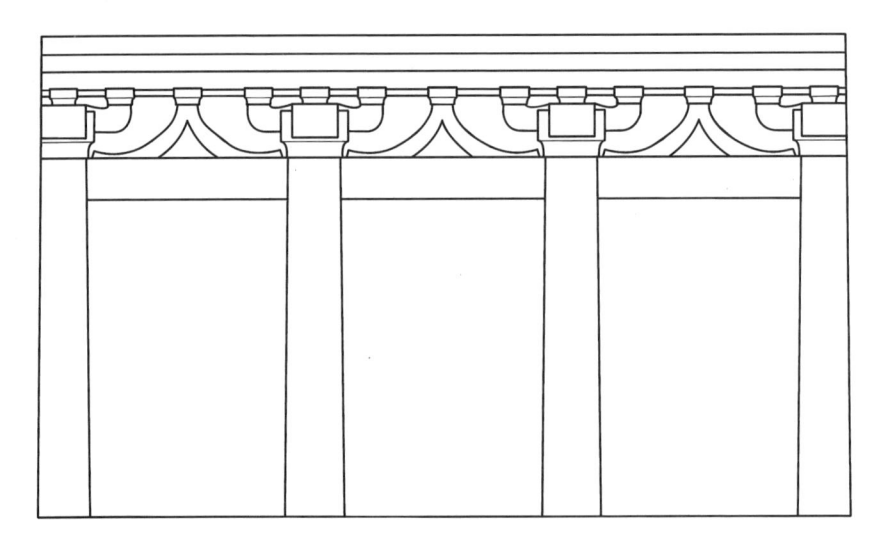

图1　牛儿堂外立面复原示意图

　　此立足于最高层，檐额枋最高，窟内龛最大的大型洞窟，其主要供养人的地位应较高。

---

[1] 同本书《麦积山石窟第5窟牛儿堂崖阁仿木建筑结构新勘察》注[1]。本书肯定牛儿堂为隋窟。
[2] 牛儿堂崖阁的保持遗存边框的推想复原外立面示意图，参见本书《麦积山石窟第5窟牛儿堂崖阁仿木建筑结构新勘察》。

一　牛儿堂主要供养人或出自皇家

（一）李静训石堂可能属于皇家建筑规格

陕西西安隋代大业四年（608年）的李静训石棺（图2）[3]，为仿木构高台建筑的缩小版。建筑形制为双鸱尾歇山顶、外檐下三间四（方）柱，属于厅堂类，可称李静训石堂。李静训石堂正面（面西）外檐下，主要构件有：方柱（上下通直，柱础顶面与石堂地面为齐平）、柱头间单层阑额、柱头栌斗、短替木、人字斗栱补间、栱眼壁、檐额枋。

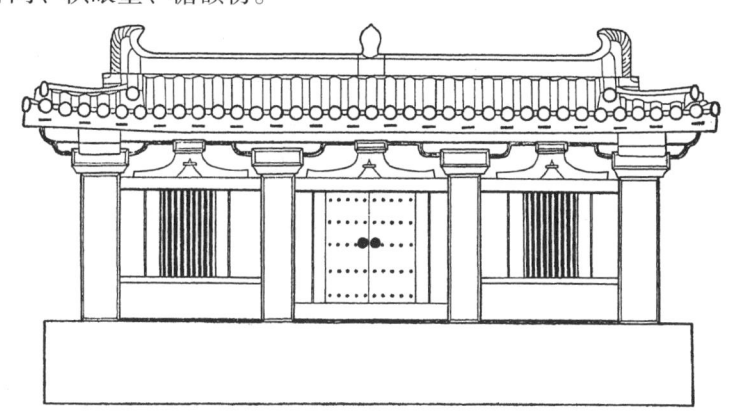

图2　李静训石棺正立面图

李静训为隋皇家乐平公主、原北周皇太后杨丽华[4]在隋皇宫中亲自抚养[5]

---

[3] 唐金裕：《西安西郊隋李静训墓发掘简报》，《考古》1959年第9期。中国社会科学院考古研究所编著（马得志编写）：《唐长安城郊隋唐墓》，"贰隋代李静训墓"，北京：文物出版社，1980年。图为李静训石堂正立面图，参见本书《麦积山石窟第5窟牛儿堂崖阁仿木建筑结构新勘察》。

[4] "宣帝杨皇后，名丽华，隋文帝长女。帝在东宫，高祖以帝纳后为皇太子妃。宣政元年闰六月，立为皇后。帝后自称天元皇帝，号后为天元皇后。寻又立天皇后及左右皇后，与后为四皇后焉……于是后与三皇后并加大焉……寻又立天中大皇后，与后为五皇后。后性柔婉，不妒忌，四皇后及嫔御等咸爱而仰之……帝崩，静帝尊后为皇太后，居弘圣宫。初，宣帝不豫，诏后父入禁中侍疾。及大渐，刘昉、郑译等因矫诏以后父受遗辅政。后初虽不预谋，然以嗣主幼冲，恐权在他族，不利于己，闻昉、译已行此诏，心甚悦之。后知其父有异图，意颇不平，形于言色。及行禅代，愤惋逾甚。隋文帝既不能谴责，内甚愧之。开皇六年，封后为乐平公主。后又议夺其志，后誓不许，乃止。大业五年，从炀帝幸张掖，殂于河西，年四十九。炀帝还京，诏有司备礼，附葬后于定陵。"（唐）令狐德棻：《周书》卷9《列传》第1《皇后·宣帝杨皇后》，第145页，北京：中华书局，1971年。

[5] "女郎讳静训，字小孩，陇西成纪人。上柱国、幽州总管壮公之孙，左光禄大夫（李）敏之第四女也……幼为外祖母周皇太后所养，训承长乐，独见慈抚之恩；教习深宫，弥遵柔顺之德。"《隋左光禄大夫歧州刺史李公第四女石志铭并序》，中国社会科学院考古研究所编著（马得志编写）：《唐长安城郊隋唐墓》，"贰隋代李静训墓"，北京：文物出版社，1980年。

的外孙女。李静训未成年（9岁）即去世。李静训石堂为隋炀帝恩准的特例[6]葬具，当为杨丽华亲自主持操办。

李静训虽是外戚女眷，因自幼在隋皇宫中抚养，故待遇相当于皇家女眷。李静训石堂为隋炀帝恩准规则，其歇山顶正脊上装饰有高大的鸱尾和宝珠，基础为高台，故可能属于皇家殿堂建筑规格。因李静训居宫中，或是仿李静训的寝殿。

（二）较李静训石堂规格更高的牛儿堂可能为皇家建筑

在外檐下三间四（方）柱方面，李静训石堂与牛儿堂相同。斗栱铺作方面，李静训石堂为一斗一短替木及人字补间，牛儿堂为一斗三升及人字补间。梁首方面，李静训石堂每栌斗上无梁首，牛儿堂为每栌斗上均前出梁首。方柱方面，李静训石堂中间两柱距较窄于两侧柱，牛儿堂中间两柱距，较宽于两侧柱。

显然，建筑规格上，牛儿堂要高于李静训石堂。李静训石堂可能属于皇家建筑规格，因此，牛儿堂更可能属于皇家建筑规格。

（三）牛儿堂主要供养人可能出自隋代皇家

牛儿堂为大型建筑，其主佛龛室是麦积山所有窟内壁上龛中最大者，其窟底面及崖阁檐额枋，是麦积山所有洞窟中的最高者，故可能属于皇家建筑规格的牛儿堂，其主要供养人可能出自隋代皇家。

二　牛儿堂供养人或为隋皇家女性

牛儿堂隋代壁画，已知均统一绘制于开皇二十年（600年）十一月至仁寿二年（602年）九月，历时约1年零10个月[7]。牛儿堂中龛（主室）和左、右龛，均在主要位置保留隋代壁画泥皮，但均未发现隋代供养人画像或供养人题记。

在崖阁前廊正壁右侧上部，隋代西方净土变壁画下部莲池边，以主尊佛阿弥陀佛为中轴，分左右两组，绘有身着长袖及膝、裙裾拂地服饰的贵族女性，每组皆由佛教出家人引导（图3、4、5）。贵族女供养人分上下三列，左侧一组上列8人、中列8人、下列6人；右侧一组上列11人，无中、下列。

---

[6]　"女郎讳静训……大业四年六月一日遇疾，终于汾源之宫，时年九岁。皇情轸悼，撤县辍膳，频蒙诏旨，礼送还京，赗赙有加。"《隋左光禄大夫岐州刺史李公第四女石志铭并序》，中国社会科学院考古研究所编著（马得志编写）：《唐长安城郊隋唐墓》，"贰隋代李静训墓"，北京：文物出版社，1980年。

[7]　本书《麦积山石窟第5窟牛儿堂崖阁仿木建筑结构新勘察》。

图3　西方净土变壁画下部左右2组贵族女供养人

图4　左组贵族女供养人为首者及引导僧

贵族女供养人前两引导僧人（这里指佛教出家人的统称，包括女僧比丘尼）的头部与莲池重叠，表明所引导的贵族女性是立于净土中的。

每位贵族女性，随侍两幼小侍女（其中1人提裙裾）。左侧出家人，随侍一幼小出家人。每位贵族女性（不包括小侍女）、每位出家人（不包括小出家人）有属于自己的榜题框，但未题文字。

图5　右组贵族女供养人为首者及引导僧

这些贵族女性供养人，身高差别不是太大，胖瘦基本一致，均有幼小的侍者提衣裾。说明，这些贵族女供养人均为成年人。

供养人壁画除了榜书框中未书写外，均为完工状态，无其他供养人画像的起稿痕迹，说明不存在还有供养人尚未画出的一种态势。因为在壁画制作中，一般不存在完全画好前面的供养人再起稿画后面的供养人的情况，一般是全部起稿，统一上色完成。因此，现存供养人数，即应判断为牛儿堂原设计全部的供养人数。因这些女供养人画在壁上较高位置，且直接立于西方净土壁画莲池边的转角处，此特殊的表现形式也暗示了这些女供养人自视甚高，也暗示了其身份可能特别高贵。

因窟内他处未见供养人像，故可推断，前廊上所画的这些贵族女性供养人应是牛儿堂的全部供养人，纯是女性。

此西方净土变壁画与主室中的底层壁画同层一体，均是隋代始建窟时所造的。因此，牛儿堂整体壁画应是统一规划的。故，此西方净土变壁画不是属于某一部分供养人的，而应是属于此窟所有供养人的。所以，如果此窟有男性贵族供养人，势必应在西方净土变壁画中加入男性贵族供养人（无证据表明隋代男性不信仰西方净土），实际却无，这说明此窟应是纯女性供养的洞窟。这些贵族女性供养人特意将自己设计在西方净土中的莲池边，表示了其向往西方净土且能够到达西方净土的信心和祝愿。

上文根据建筑规格已推测,牛儿堂的主要供养人或出自隋代皇家。进一步根据西方净土变壁画中的贵族女供养人推测,牛儿堂的主要供养人或出自隋代皇家女性,且是特别向往西方净土者。

三 隋独孤皇后或为牛儿堂主要供养人

隋文帝独孤文献皇后[8],在佛事活动[9]中多表现有如下两个特点:

(一)多独立于隋文帝之外广修功德

隋代皇家女性中笃信佛教、广修功德者,首推独孤皇后。其他隋皇家女性未见如隋独孤皇后功德之广、之大。且她所修功德,多以个人名义,而非以依附于皇帝名义或与皇帝共同的名义,颇具独立性。如:

1. P.2413《大楼炭经·卷第三》[10]、天津博物馆藏《大楼炭经·卷第六》[11]、S.2154《佛说甚深大回向经》[12]、上海博物馆藏《持世经·卷第三》[13]、浙江博物馆藏《太子慕魄经》[14]、日本京都博物馆藏《佛说月灯三昧经》[15],各卷尾均有相同题记"大隋开皇九年四月八日皇后为法界众生敬造一切经流通供养"。

2.《历代三宝纪》载隋文帝发愿文:"开皇十三年十二月八日,隋皇帝佛弟子姓名,敬白十方尽虚空遍法界一切诸佛,一切诸法一切诸大贤圣僧……今于三宝前,志心发露忏悔。周室除灭之时,自上及下,或因公禁,或起私情,毁

---

[8] "隋文献皇后独孤氏,讳伽罗,河南洛阳人,周大司马、卫公(独孤)信之女也。信见文帝有奇表,故以后妻焉。时年十四。帝与后相得,誓无异生之子。后姊为周明帝后,长女为周宣帝后;贵戚之盛,莫与为比,而后每谦卑自守……及帝受禅,立为皇后……后雅好读书,识达今古,凡言事皆与上意合,宫中称为二圣。"(唐)李延寿:《北史》卷14《列传》第2《后妃》下《隋文献皇后独孤氏》,第532、533页,北京:中华书局,1974年。

[9] 杜斗城、吴通:《敦煌遗书中隋独孤皇后施造"一切经"及有关问题》,《兰州大学学报(社会科学版)》2013年第5期。杜斗城、吴通:《隋代独孤皇后与佛教关系述论》,《新疆师范大学学报(哲学社会科学版)》2014年第3期。

[10] 《法国国家图书馆藏敦煌西域文献》第13册。法国国家图书馆编:《法国国家图书馆藏敦煌西域文献》,第13册,第276~285页,上海:上海古籍出版社,2000年。

[11] 敦煌写卷,编号"津艺021(60·5·1696)"。天津市艺术博物馆编:《天津市艺术博物馆藏敦煌文献》,第1册,第97~103页,上海:上海古籍出版社,1996~1998年。

[12] 黄永武主编:《敦煌宝藏》第16册,582~589页,台北:新文丰出版公司,1981~1982年。

[13] 写卷编号为"上博57(44962)"。上海博物馆编:《上海博物馆藏敦煌吐鲁番文献》,第2册,第93~104页,上海:上海古籍出版社,1993年。

[14] 写卷编号为"浙敦029(浙博004)"。浙藏敦煌文献编委会编:《浙藏敦煌文献》,第135~136页,杭州:浙江教育出版社,2000年。

[15] 京都国立博物馆编:《守屋孝藏氏搜集古经图录》,图版86,京都:便利堂株式会社,1964年。

像残经，慢僧破寺，如此之人，罪实深重。今于三宝前，悉为发露忏悔，敬施一切毁废经像绢十二万匹，皇后又敬施绢十二万匹……愿一切诸佛……为作证明，受弟子忏悔。"[16]

这里，隋文帝痛陈北周毁佛灭法之罪愆，再昭自己重振佛教之志愿，并以个人名义敬施十二万匹绢以资用度，并述独孤皇后同时也以个人名义施绢十二万匹，所布施的数量与皇帝对等。

3.《续高僧传·释昙崇传》载：独孤（文献）皇后以个人名义，向以昙崇为首的寺院僧众布施，"下令送钱五千贯，毡五十领，剃刀五十具"[17]。

4.《长安志》："次南，青龙坊。东南隅废普耀寺。隋开皇三年，独孤皇后为外祖崔彦珍所立。"[18]

5.《长安志·卷九·唐京城三》："次南，常乐坊。西南隅赵景公寺。隋开皇三年独孤皇后为父赵景武公独孤信所立。"[19]

6.《长安志·卷九·唐京城三》："次南，丰乐坊。西南隅法界尼寺。隋文献皇后为尼华晖、令容所立。"[20]

7.《长安志·卷十·唐京城四》："次南延福坊。西南隅纪国寺。隋开皇六年献皇后独孤氏为母纪国夫人崔氏所立。"[21]

（二）特别向往西方净土

隋独孤皇后于仁寿二年（602年）八月崩于永安宫[22]。

独孤皇后过世后，被认为往生西方净土。

1.《续高僧传·阇提斯那传》载："及献后云崩，空发乐音，并感异香，（隋文帝）具以问由，（阇提斯那）答曰：'西方净土名阿弥陀，皇后往生，故致诸天迎彼生也。'帝奇其识鉴，赐绵绢二千余段。辞而不受，因强之，乃用散诸福地。见《感应传》[23]。"[24]

---

[16]（隋）费长房撰：《历代三宝纪》卷12"众经法式十卷"条，电子佛典。
[17]（唐）西明寺沙门释道宣撰：《续高僧传》卷17《释昙崇传》，电子佛典。
[18]（宋）宋敏求：《长安志》卷8《唐京城》2，第17页，《钦定四库全书》史部11。
[19]（宋）宋敏求：《长安志》卷9《唐京城》3，第5页，《钦定四库全书》史部11。
[20]（宋）宋敏求：《长安志》卷9《唐京城》3，第7页，《钦定四库全书》史部11。
[21]（宋）宋敏求：《长安志》卷10《唐京城》4，第5页，《钦定四库全书》史部11。
[22]"仁寿二年（602年）八月甲子，日晕四重。己巳。太白犯轩辕。其夜，后崩于永安宫，时年五十九，葬于太陵。"（唐）李延寿：《北史》卷14《列传》第2《后妃》下《隋文献皇后独孤氏》，第533页，北京：中华书局，1974年。
[23]"辩欣（阇提）斯（那）瑞迹，合集前后见闻之事，为《感应传》一部十卷"。（唐）西明寺沙门释道宣撰：《续高僧传》卷26《释净辩传》，电子佛典。
[24]（唐）西明寺沙门释道宣撰：《续高僧传》卷26《阇提斯那传》，电子佛典。

2.《隋书·王劭传》载："仁寿中，文献皇后崩，劭复上言曰：'佛说人应生天上，及上品上生无量寿国之时，天佛放大光明，以香花妓乐来迎之。如来以明星出时入涅槃。伏惟大行皇后圣德仁慈，福善祯符，备诸秘记，皆云是妙善菩萨。臣谨案：八月二十二日，仁寿宫内再雨金银之花。二十三日，大宝殿后夜有神光。二十四日卯时，永安宫北有自然种种音乐，震满虚空。至夜五更中，奄然如寐，便即升遐，与经文所说，事皆符验……后升遐后二日，苑内夜有钟声三百余处，此则生天之应显然也。'上览而且悲且喜。"[25]

3.《佛祖统纪·往生女伦传》载："隋文帝皇后，心敬大乘，常持（阿弥陀）佛号。临终之夕，异香满宫。时尼大明与后最爱，每念佛时，先著净衣，口含沉香。忽众闻沉香气，满室异常，顷之有光明如云来迎，向西而去。"[26]

按，《续高僧传》《隋书》载阇提斯那与王劭以独孤皇后往生西方净土来答隋文帝所问，与当时阿弥陀净土信仰的盛行有关，也应反映了独孤皇后生前特别向往西方净土这一事实。因为佛教中，一个信徒能往生西方净土，必然是其生前，虔诚念（阿弥陀）佛，一心向往西方净土的结果。

《佛祖统纪》更明示，独孤皇后生前，因向往西方净土，故常持阿弥陀佛号，使得她临终有光明云来应，（拥着她的灵魂）向西而去。

（三）隋独孤皇后可能是贵族女供养人的主要者

上文已推测，牛儿堂西方净土壁画中的贵族女供养人，是隋皇家女供养人。隋独孤皇后上述事佛的两特点，与牛儿堂上的纯皇家女性供养人因素、西方净土壁画因素正契合，故牛儿堂的隋皇家女供养人的主要者，可能是隋独孤皇后。其他贵族女供养人，应为与隋独孤皇后关系密切的贵族女性。

四 隋皇后与北周皇后共同供养

（一）左侧一组为首者是隋独孤皇后

右侧一组供养人的引导僧人只有一人；左侧一组供养人的引导僧人为师徒两人，为师年较长为尊，需要幼年出家人服侍。故相应，跟随在年较长出家人身后的左侧一组的为首贵族女供养人，可能较年长为尊；且左侧一组供养人的人数也较多，故其为首者或为隋独孤皇后。

---

[25]（唐）魏征撰：《隋书》卷69《列传》第34《王劭》，第10、11页，《钦定四库全书》史部1。
[26]（宋）志磐：《佛祖统纪》卷第28《净土立教志》第12之3《往生女伦传》，电子佛典。

因将供养人刻意画在净土中，而不是世俗社会中，故隋独孤皇后的体量，可与其他成年贵族女供养人体量基本相等，穿同样的贵族服饰，且均无冠盖等表示高级身份的仪仗。这符合在佛净土中不敢称尊摆谱的自觉。

（二）右侧一组为首者是隋独孤皇后长女北周皇太后杨丽华

右侧一组人数较少，为首者或为隋皇家女性中，另外一位地位仅次于独孤皇后，又相对独立者。而恰恰隋皇宫内就有这么一位特殊人物，即上文已介绍的乐平公主杨丽华。她既是北周宣帝的皇后、北周静帝的皇太后，又是隋文帝杨坚、隋独孤皇后的长女。

杨坚逼北周皇帝（静帝）禅让于自己，改国号周为隋，杨丽华对此极为不满，常常将愤怨露于脸上，致使其父杨坚心有愧疚（在逼迫北周禅让于隋方面，因其母与其父意合[27]，故此前，杨丽华与其母关系也应紧张）。上文已述隋文帝开皇六年（586年），杨丽华才接受父亲隋文帝所封的隋乐平公主称号，但隋文帝借此欲令她改嫁，不从，仍保留（北）周皇太后名号[28]。上文已述杨丽华在北周宫中时，与其他四位皇后及嫔妃们关系融洽，曾居北周皇宫的弘圣宫。在隋公主位上，隋文帝可能还专为她造了北周皇宫中同样名号的弘圣宫居住，拥有自己专用的宫殿，活跃于隋大兴城皇宫，拥有一定的话语权，宠尊不减[29]。

---

[27]"隋文献皇后独孤氏……凡言事皆与上意合，宫中称为二圣。"（唐）李延寿：《北史》卷14《列传》第2《后妃》下《隋文献皇后独孤氏》，第533页，北京：中华书局，1974年。

[28]《隋左光禄大夫岐州刺史李公第四女石志铭并序》："（李静训）幼为外祖母周皇太后所养。"载中国社会科学院考古研究所编著（马得志编写）：《唐长安城郊隋唐墓》，"贰隋代李静训墓"，北京：文物出版社，1980年。

[29]"开皇初，周宣帝后封乐平公主，有女娥英，妙择婚对，敕贵公子弟集弘圣宫者，日以百数。公主亲在帷中，并令自序，并试技艺。选不中者，辄引出之。至敏而合意，竟为姻婿。敏假一品羽仪，礼如尚帝之女。后将侍宴，公主谓敏曰：'我以四海与至尊，唯一女夫，当为汝求柱国。若授馀官，汝慎无谢。'及进见上，上亲御琵琶，遣敏歌舞。既而大悦，谓公主曰：'李敏何官？'对曰：'一白丁耳。'上因谓敏曰：'今授汝仪同。'敏不答。上曰：'不满尔意邪？今授汝开府。'敏又不谢。上曰：'公主有大功于我，我何得向其女婿而惜官乎！今授卿柱国。'敏乃拜而蹈舞。遂下坐发诏授柱国，以本官宿卫。后避讳，改封经城县公，邑一千户。历蒲、豳、金、华、敷州刺史，多不莅职，常留京师，往来宫内，侍从游宴，赏赐超于功臣。后幸仁寿宫，以为岐州刺史。大业初，转卫尉卿。乐平公主之将薨也，遗言于炀帝曰：'妾无子息，唯有一女。不自忧死，但深怜之。今汤沐邑，乞回与敏。'帝从之。竟食五千户，摄屯卫将军。杨玄感反后城大兴，敏之策也。转将作监，从征高丽，领新城道军将，加光禄大夫。十年，帝复征辽东，遣敏于黎阳督运。""开皇末……蜀王秀得罪，帝将杀之，平乐（乐平）公主每匡救，得全。"（唐）魏征撰：《隋书》卷37《列传》第2《李穆》附《（李）敏》，第12、13页；《隋书》卷23《志》第18《五行》下，第11页。《钦定四库全书》史部1。

且杨丽华主持建造的李静训石堂上，也反映了对西方净土的向往[30]，应是杨丽华自身佛教信仰的主要取向。

故，牛儿堂西方净土壁画中右侧一组贵族女供养人，为首者可能为隋独孤皇后的长女、隋乐平公主杨丽华。她即使在隋朝仍要被称为（北）周皇太后，保持一定的独立和尊严。故右侧一组为首者，或非杨丽华莫属。

（三）供养人行列中其他人物初步推测

基于上述两主要供养人的推断，可初步推测上述两主要供养人身后者的身份。

独孤皇后身后的人数较多的贵族女供养人，应是与隋独孤皇后关系密切的隋朝贵族成年女性。杨丽华身后的，人数较少的贵族女供养人，可能是与杨丽华关系密切的北周朝贵族成年女性。

佛窟中的供养人，不但有当时的生者，也可以有当时的已亡故者。故牛儿堂的这些贵族女供养人，可包含绘制供养人像时的已亡故者。

两组女供养人之前，作为引导者的僧人，其脚部位置均低于独孤皇后和杨丽华的脚部位置，头部均高于独孤皇后和杨丽华的头部位置，表现得较为高大，也有榜题框表明其身份，当为隋或北周皇家所尊崇的法师，更有可能为当时隋皇家所尊崇的法师，这较符合隋独孤皇后曾师从僧尼的记载[31]。两引导僧，左侧者距离主尊佛稍近，但距离主尊佛前中轴线稍远，但正在向主尊佛前处转身移动。右侧者距离主尊佛稍远，但距离主尊佛前中轴线稍近，立姿静态。故两僧地位基本平等，只是左侧者处于动态，符合此窟主导者隋孤独皇后的引导僧的身份。

---

[30]《隋左光禄大夫岐州刺史李公第四女石志铭并序》："（李静训）幼为外祖母周皇太后所养，训承长乐，独见慈抚之恩；教习深宫，弥遵柔顺之德。于是摄心八解，归依六度，戒珠共明珰并曜，意花与香佩俱芬。"载中国社会科学院考古研究所编著（马得志编写）：《唐长安城郊隋唐墓》，"贰隋代李静训墓"，北京：文物出版社，1980年。这表明杨丽华在宫中对李静训教习佛法。《志》文中又有"遥追宝塔，欲劈骼于花童"句，"花童"应指西方净土中的"莲花化生"，即希望李静训往生西方净土。又李静训石堂的摆放，其殿堂大门为面朝西方状态，亦表示往生西方净土的意向。

[31] "（昙崇）往还无壅，宫阁之禁，门籍未安，须有所论，执锡便进，时处大内，为述净业。文帝礼接，自称师儿；献后延德，又称师女。""（法纯）开皇十五年，文帝又请入内，为皇后受戒。"（唐）西明寺沙门释道宣撰：《续高僧传》卷17《释昙崇传》、卷18《释法纯传》，电子佛典。"隋文帝皇后，心敬大乘，常持（阿弥陀）佛号。临终之夕，异香满宫。时尼大明与后最爱，每念佛时，先著净衣，口含沉香。"（宋）志磐：《佛祖统纪》卷第28《净土立教志》第12之3《往生女伦传》，电子佛典。

五　隋独孤皇后和杨丽华为主要供养人的其他证据

（一）隋独孤皇后足部位置最高

供养人画像中左侧一组最上一列，为首的供养人足部位置在供养人中最高，也是更接近于莲池的位置，比右侧一组的最上一列为首的供养人足部的位置稍高，符合在隋代独孤皇后地位高于杨丽华的设计要求。

左侧一组的最上一列供养人的足部位置，除了前两位同高外，其余由前向后基本呈渐低状态；其下面两列供养人的足部位置，也均是由前向后基本呈渐低状态（图3）。说明这是有意为之，表明供养人足部的位置是代表其地位的，是由前向后由高渐低的。

右侧一组供养人足部位置基本一致。故应表示，其他供养人地位与为首的杨丽华基本一致。因在隋代，与杨丽华一样，其足部位置所表示的地位均低于独孤皇后。

（二）隋独孤皇后身后第一位符合隋元明皇后

众贵族女供养人胖瘦基本一致，故非写实，只是象征。且在净土中，表现为服饰一致。因此壁画上贵族女供养人其身体位置和高低，应是表示其身份的主要因素。

左侧一组首位隋独孤皇后身后的第一位，足部位置的高度与隋独孤皇后一致，头部位置也基本与隋独孤皇后一致（图6），处于众贵族女供养人头部的最高位置（图3）。故，隋独孤皇后身后的第一位是特殊人物，地位可与隋独孤皇后相当，可能因亡故而不能作为后宫之首而引领女性贵族供养人。这位特殊人物，符合隋文帝的母亲即被追尊的隋元明皇后的身份[32]。否则，无人能与为首的隋孤独皇后比肩。

这种状态，佐证了左侧一组女供养人为首者为隋孤独皇后。因隋孤独皇后是现实的真正的皇后，是此次供养的现实最高领导者，故可排在被追尊的已故皇后之前。

（三）杨丽华身后10位可能符合身份的北周皇后

右侧一组供养人最上列有11位供养人，而左侧最上列供养人只有8人，左右是不对称的，这可能是有意的安排。究其原因，应与供养人地位有关。可能

---

[32] "开皇元年二月……追尊皇考为武元皇帝，庙号太祖，皇妣为元明皇后。"（唐）魏征撰：《隋书》卷1《帝纪》第1《高祖》上，第17页。《钦定四库全书》史部1。

因右侧供养人最上列11位供养人,身份地位基本平等,而不便分成上下列。因为如果分成上下列,则会显示为上列地位高,下列地位低。这种地位基本平等的供养人设计,符合杨丽华与其他北周皇后的身份。

图6 左组贵族女供养人前两身足、头部等高

因为能够与北周皇太后杨丽华地位基本平等的,只有北周的其他皇后或皇太后了。北周历史上,最后未曾被废而保留名号的北周皇后(有的也为皇太后或太皇太后),包括杨丽华正好为11名[33]。且杨丽华与身边北周皇后均交好(见上文的杨丽华注文),自然与其他北周皇后(有的也为皇太后或太皇太后)无恶,故上述其他10位北周皇后(有的也为皇太后或太皇太后),在感情上均可

---

[33] 北周曾立皇后12位,分别为:文帝元皇后、文宣叱奴皇后、孝闵帝元皇后、明帝独孤皇后、武帝阿史那皇后、武帝李皇后、宣帝杨皇后、宣帝朱皇后、宣帝陈皇后、宣帝元皇后、宣帝尉迟皇后、静帝司马皇后。"静帝司马皇后,名令姬,柱国、荥阳公消难之女。大象元年二月,宣帝传位于(静)帝,七月,为(静)帝纳为皇后……二年九月,隋文帝以后父拥众奔陈,废后为庶人。后嫁为隋司隶刺史李丹妻,于今尚存。"(唐)令狐德棻:《周书》卷9《列传》第1《皇后》第141～149页,北京:中华书局,1971年。故知北周皇后共12位,其中,最后一位的静帝司马皇后,曾于大象二年被废为庶人,并后来改嫁为隋朝官员为妻,属于隋朝官员的家人了,在北周就已失去皇后身份,在隋朝就更无北周皇后名义了。故,未曾被废的北周皇后,包括杨丽华在内,共11人。

为杨丽华接受而成为同供养的一组。且除了杨丽华外，这10名北周皇后（有的也为皇太后或太皇太后），在绘制供养人像前或已亡故、或出家为尼，无有曾改嫁失贞者[34]。在道义上，包括杨丽华在内的这11名北周皇后（有的也为皇太后或太皇太后），在隋朝时均有资格作为北周皇后（有的也为皇太后或太皇太后）参与石窟的供养。

北周和隋相接，贵族女装可基本一致。故在壁画供养人形象上，两朝皇家女供养人可着同样的服饰。

因此，右侧一组供养人的一列11位，佐证了右侧供养人为首者应为杨丽华。

这11位中，有皇后、皇太后、太皇太后，故绘制理念应是，皇后、皇太后、太皇太后不再细区分其地位的高低，而采取基本平等的姿态。在杨丽华身后，这10位皇后或皇太后或太皇太后，应按照实际或追尊的先后关系前后排列。

杨丽华是隋皇家和北周皇家联系的纽带。她作为隋皇家的公主，地位仅次于隋独孤皇后，可参加隋皇后为首的女供养人群的供养。她作为北周皇太后，因有新朝隋的封号，故可排列在前，引领旧朝北周其他皇后（有的也为皇太后或太皇太后），加入以隋独孤皇后为首的女供养人群的供养。且此北周皇后（有的也为皇太后或太皇太后）组，有资格与隋独孤皇后组在西方净土壁画中，一在右，一在左，相对排列。

（四）隋独孤皇后与其他北周皇后

除了自己的女儿是北周宣帝宇文赟的杨皇后外，隋独孤皇后的姐姐，也为

---

[34] ①"文帝元皇后……大统七年，薨。魏恭帝三年十二月，合葬成陵。孝闵帝践阼，追尊为王后。武成初，又追尊为皇后。"②"文宣叱奴皇后……天和二年六月尊为皇太后。建德三年三月癸酉，崩。四月丁巳，葬永固陵。"③"孝闵帝元皇后……以后为孝闵皇后，居崇义宫。隋氏革命，后出居里第。大业十二年，殂。"④"明帝独孤皇后……四月，崩，葬昭陵。武成初，追崇为皇后。世宗崩，与后合葬。"⑤"武帝阿史那皇后……宣帝即位，尊为皇太后。大象元年二月，改为天元皇太后。二年二月，又尊为天元上皇太后……宣帝崩，静帝尊为太皇太后。隋开皇二年殂，年三十二。隋文帝诏有司备礼册，祔葬于孝陵。"⑥"武帝李皇后……大象元年二月，改为天元帝太后。七月，又尊为天皇太后。二年，尊为天元圣皇太后……宣帝崩，静帝尊为太帝太后。隋开皇元年三月，出俗为尼，改名常悲。八年殂，年五十三，以尼礼葬于京城南。"⑦"宣帝朱皇后……大象元年，立为天元帝后，寻改为天皇后。二年，又改为天大皇后……宣帝崩，静帝尊为帝太后。隋开皇元年，出俗为尼，名法净。六年殂，年四十，以尼礼葬京城。"⑧"宣帝陈皇后……大象元年六月，以选入宫，拜为德妃。月余，立为天左皇后。二年二月，改天左大皇后……于是以后为天中大皇后。帝崩，后出家为尼，改名华光。"⑨"宣帝元皇后……大象元年七月，立为天右皇后。二年二月，改为天右大皇后……帝崩，后出俗为尼，改名华胜。初，后与陈后同时被选入宫……二后于今尚存。"⑩"宣帝尉迟皇后……大象二年三月，立为天左大皇后……帝崩，后出俗为尼，改名华首。隋开皇十五年，殂，年三十。"（唐）令狐德棻：《周书》卷9《列传》第1《皇后》第141~149页，北京：中华书局，1971年。

北周明帝宇文毓皇后（明敬皇后），是为北周独孤皇后[35]。又隋独孤皇后曾经梦见北周武帝宇文邕的阿史那皇后正在受罪，十分辛苦，请求自己给她做佛家的功德善事。第二天，独孤皇后告诉隋文帝，隋文帝便为北周阿史那皇后修建寺庙以祈福[36]。

因此，隋独孤皇后除了与自己的女儿北周杨皇后关系密切，有共同供养洞窟的因缘外，还与北周独孤皇后、北周阿史那皇后关系密切，也有共同供养洞窟的因缘，于是，隋与北周皇后画像更可同时出现在一个洞窟中共同供养。

（五）隋孤独皇后身后另外20位

左侧供养人上下三列共22人。除了孤独皇后、（已故）元明皇后外，还有20人。孤独皇后子女系列的皇家成年女性，加上外戚成年女性（如果有亡故者也可包括），数量应可至20位。

《隋书·文四子》："高祖五男，皆文献皇后之所生也。长曰房陵王勇，次炀帝，次秦孝王俊，次庶人秀，次庶人谅……庶人谅，字德章，一名杰，开皇元年，立为汉王。"[37]最小的儿子即在开皇元年被立为汉王，至绘制牛儿堂贵族女供养人时的开皇二十年（600年）十一月当已成年。其他年长子均早已成年。

《隋书·列女》："兰陵公主，字阿五，高祖（隋文帝）第五女也。美姿仪，性婉顺，好读书，高祖于诸女中特所钟爱。初嫁仪同王奉孝，卒，适河东柳述，时年十八。"[38]

《隋书·文四子》："秦孝王俊，字阿祗，高祖第三子也……俊颇好内，妃崔氏性妒，甚不平之，遂于瓜中进毒……（开皇）二十年六月，薨于秦邸……妃崔氏以毒王之故，下诏废绝，赐死于其家。"[39]

《资治通鉴·隋纪》："开皇二十年……冬，十月，乙丑……废勇及其男、女

---

[35] "明帝独孤皇后，太保、卫国公信之长女。帝之在藩也，纳为夫人。二年正月，立为王后。四月，崩，葬昭陵。武成初，追崇为皇后。世宗崩，与后合葬。"（唐）令狐德棻：《周书》卷9《列传》第1《皇后·明帝独孤皇后》，第143页，北京：中华书局，1971年。"明敬皇后独孤氏，太保、卫公信之长女也。"（唐）李延寿：《北史》卷14《列传》第2《后妃》下《明敬皇后独孤氏》，第528页，北京：中华书局，1974年。

[36] "（独孤皇后）尝梦周阿史那后，言受罪辛苦，求营功德。明日言之，上（隋文帝）为立寺追福焉。"（唐）李延寿：《北史》卷14《列传》第2《后妃》下《隋文献皇后独孤氏》，第533页，北京：中华书局，1974年。

[37] （唐）魏征撰：《隋书》卷45《列传》10《文四子》，第1、21页。《钦定四库全书》史部1。

[38] （唐）魏征撰：《隋书》卷80《列传》45《列女》，第2页；《隋书》卷45《列女》，《钦定四库全书》史部1。

[39] （唐）魏征撰：《隋书》卷45《列传》10《文四子》，第14、15、16页，《钦定四库全书》史部1。

为王、公主者。"[40]

故隋孤独皇后与随文帝至少生有五男五女，包括杨丽华。开皇二十年（600年）十一月至仁寿二年（602年）九月绘制牛儿堂贵族女供养人时，五男应已成年并成婚有妻女，四女也可能多数已成年并成婚有女。

此时，秦孝王（杨）俊妃崔氏已被废绝，她与皇家的关系断绝，不应出现在供养人中。太子杨勇虽已被废，但未开除其皇籍，仍不失贵族。笃信佛教的孤独皇后有可能会慈悲为怀，不歧视杨勇妻、女（成年者），携手她们共同供养。即使不包括杨俊妃崔氏以及杨勇妻女，其他皇家、外戚的成年女性供养人，包括亡故者，在皇家这样的大家庭中应为数众多，至20名应没有问题。

（六）杨丽华女儿宇文娥英在供养人中的归属

约开皇六年（586年）以后不久，由杨丽华亲自选婿成婚的女儿宇文娥英，在绘制牛儿堂贵族女供养人画像时，有可能也在供养人像中。但杨丽华身后，除了上述10位北周皇后外，无宇文娥英的身影。

这应因为，上文已述宇文娥英嫁与了隋朝官员李敏，已非北周公主身份，而是隋朝官员家属。

故，绘制供养人时，宇文娥英不宜放在其母杨丽华为首的北周皇家成员系列中。而宜作为隋外戚女性的一员，放在其外祖母隋独孤皇后为首的隋皇家及外戚成员系列中。

与杨丽华关系密切的原北周皇家和外戚其他成年女性，入隋后也同样基本应为隋朝人员家属了，不像原11位皇后那般纯洁特殊，故失去了北周皇家和外戚人员资格，不宜列入与北周皇家关系密切的供养人中。原北周皇家和外戚其他成年女性中的亡故者，可能无与杨丽华关系密切者，于是右侧一组供养人中，11位北周皇后供养人所形成的最上一列之下空缺，无中、下列供养人，相对于左侧一组供养人的中、下列的壁画充实状，为空白状。

六　牛儿堂应开凿于杨丽华开皇六年被封公主以后

隋皇家一直在修复与北周皇太后杨丽华的关系，直到隋开皇六年（586年），杨丽华接受隋乐平公主的封号，仍居新建的弘圣宫，才与其父母关系缓和。而牛儿堂的兴建为一众贵族女供养人共同名义兴建的，加之杨丽华自尊的个性，应与其母同时供养兴建，不应存在后来加入其母开凿行动中的情况。故其开建

[40]（宋）司马光撰：《资治通鉴》卷179《隋纪》3《高祖文皇帝》，第14页，《钦定四库全书》史部2。

的时间，最适合在杨丽华与其父母关系缓和之后。因此，牛儿堂的始凿时间，应在开皇六年（586年）及以后。杨丽华的以北周皇太后身份供养牛儿堂的作为，也应是其与隋皇家斗争后，赢得隋皇家妥协的结果。上文已述的大业四年（608年）李静训墓志铭中的周皇太后称呼，正是这种妥协的另一种见证。

结语

牛儿堂是麦积山石窟中，窟底面位于最高一层的崖阁式大型洞窟。其殿堂式建筑，达到了皇家建筑规格。其供养人为两组贵族女性，各组的为首者分别是，隋独孤皇后和其长女北周皇太后杨丽华。牛儿堂开凿时间的上限是，杨丽华被封为隋乐平公主的开皇六年（586年）。

本文录自夏朗云：《麦积山石窟隋代第5窟牛儿堂供养人及其有关营造时间探究》，载龙门石窟研究院编《龙门石窟申遗成功20周年国际学术研讨会论文集》，2020年。标题有改动，正文及注释有修订，调整了图片。

麦积山瑞应寺藏清代纸牌水陆画的初步整理

麦积山石窟艺术研究所现藏有一些小型彩绘纸画，竖长方形，系麦积山瑞应寺旧藏。1989年，本所为瑞应寺藏古代遗书编目时现，其内容为佛教尊像，有1纸1尊者，1纸2尊者，1纸5尊者，从"麦藏0928"到"麦藏0961"依次编号，共34纸，有少量题记，高44～49厘米，宽26.5～29厘米，被多层托裱，形成硬纸板状，厚度约2毫米。

一 名称

麦藏0960纸画，其背面有墨书发愿文题记（图1、2），根据"麦积山瑞应寺发心承造诸佛菩萨诸天护法像牌两堂共十八尊"的说明，这种画应称作牌画，单位为尊，应具有牌位性质。因此这种小巧的纸画，从器质上应称作纸牌画，从题材类别上可称佛教像牌画。

纸像牌画分组为堂，而以堂为组合的画作，一般是宗教水陆画，因此这些佛教画作，基本可总称为佛教水陆纸像牌画。

二 分堂

麦藏0960发愿文题记"像牌两堂共十八尊"表明，有18尊像牌，可组成两堂水陆画。

在34张纸像牌水陆画中，与麦藏0960绘画风格较为近似的正好共18张，根据细微绘画风格和尺寸的区别，又可细分2组，每组9张，于是，这两组可暂编为第1堂和第2堂。

其余画作，根据绘画风格一致和尺寸基本一致的原则，亦可分4组（堂），于是依次形成以下6堂。

第1堂 9张：①麦藏0931，高44.5、宽28厘米（图3）；②麦藏0954，高44、宽28厘米（图4）；③麦藏0928，高43.8、宽27.5厘米（图5）；④麦藏0957，高44、宽28厘米（图6）；⑤麦藏0958，高44、宽28厘米（图7）；⑥麦藏0932，高

麦积山瑞应寺藏清代纸牌水陆画的初步整理　209

44、宽28厘米（图8）；⑦麦藏0939，高44、宽27.5厘米（图9）；⑧麦藏0955，高44、宽28厘米（图10）；⑨麦藏0938，高44、宽28厘米（图11）。

图1　发愿文和背注之一

图2　发愿文录文

乾隆四十四年五月上澣之吉
麥積山瑞應寺裱心承造
諸佛菩薩諸天護法像牌兩堂共十八尊
　　　　　　　　　　湛然　煥本
住持釋子　　徒達照孫悟真
　　　　　徹然　成修
　　　　　　　賢　信
正覺和尚筆畫　徒□□
　　　　　　行慧徒修�héng

图3　第1堂释迦佛
（麦藏0931）

图4　第1堂药师佛
（麦藏0954）

图5 第1堂弥陀佛
（麦藏0928）

图6 第1堂文殊
（麦藏0957）

图7 第1堂普贤
（麦藏0958）

图8 第1堂观音
（麦藏0932）

麦积山瑞应寺藏清代纸牌水陆画的初步整理　211

图9　第1堂地藏
（麦藏0939）

图10　第1堂韦驮
（麦藏0955）

图11　第1堂护法
（麦藏0938）

第2堂　9张：①麦藏0960，高48.5、宽29厘米（图12）；②麦藏0937，高48.8、宽29厘米（图13）；③麦藏0929，高48.5、宽29厘米（图14）；④麦藏0935，高48.5、宽26.7厘米（图15）；⑤麦藏0930，高49、宽26.5厘米（图16）；⑥麦藏0933，高48.5、宽29厘米（图17）；⑦麦藏0934，高48.5、宽28.5厘米（图18）；⑧麦藏0947，高49、宽26.5厘米（图19）；⑨麦藏0948，高49、宽26.7厘米（图20）。

图12　第2堂释迦文佛
（麦藏0960）

图13　第2堂迦叶尊者、梵王
（麦藏0937）

图14 第2堂阿难尊者、帝释
（麦藏0929）

图15 第2堂文殊菩萨
（麦藏0935）

图16 第2堂普贤菩萨
（麦藏0930）

图17 第2堂蜜迹金刚
（麦藏0933）

图18　第2堂秽迹金刚　　图19　第2堂韦驮　　　图20　第2堂护法
　　　（麦藏0934）　　　　　　（麦藏0947）　　　　　　（麦藏0948）

　　第3堂　7张：①麦藏0950，高49、宽26.8厘米（图21）；②麦藏0941，高48.5、宽29.5厘米（图22）；③麦藏0944，高49、宽26.5厘米（图23）；④麦藏0945，高49、宽26.7厘米（图24）；⑤麦藏0943，高49、宽26.5厘米（图25）；⑥麦藏0953，高49、宽26.6厘米（图26）；⑦麦藏0946，高49、宽26.7厘米（图27）。

图21　第3堂毗卢遮那佛　　　图22　第3堂药师佛
　　　（麦藏0950）　　　　　　　（麦藏0941）

214　麦积山石窟考古研究新视野

图23　第3堂阿弥陀佛
（麦藏0944）

图24　第3堂文殊菩萨
（麦藏0945）

图25　第3堂普贤菩萨
（麦藏0943）

图26　第3堂白衣观音
（麦藏0953）

图27　第3堂水月观音
（0946）

第4堂　3张：①麦藏0940，高49、宽27厘米（图28）；②麦藏0961，高

48.7、宽26.5厘米（图29）；③麦藏0959，高49、宽26.6厘米（图30）。

图28　第4堂地臧菩萨
（麦藏0940）

图29　第4堂十王之左五王
（麦藏0961）

图30　第4堂十王之右五王
（麦藏0959）

第5堂　5张：①麦藏0942，高49、宽26.8厘米（图31）；②麦藏0936，高48、宽28.5厘米（图32）；③麦藏0952，高48、宽28.5厘米（图33）；④麦藏0949，高48、28.4厘米（图34）；⑤麦藏0956，高48、28.5厘米（图35）。

图31　第5堂地臧菩萨
（麦藏0942）

图32　第5堂帝释天、左供
养天女（麦藏0936）

图33　第5堂右供养天女
　　　帝释天妃
　　　（麦藏0952）
图34　第5堂十王之左二王
　　　（麦藏0949）
图35　第5堂十王之右二王
　　　（麦藏0956）

第6堂　1张：麦藏0951，高48、27厘米（图36）。

图36　第6堂地藏菩萨
　　　（麦藏0951）

三 排列

每堂各尊像的排列次序，与各尊像身份有关，确定身份才能确定位置。

某些像牌背面正中上方，有简单墨书榜题，注明正面尊像的身份和位置，简称背注。所有像牌画中，只有16尊像牌有背注，其余无背注，需探讨其尊像的身份，和在堂中的地位，并参考其身体和面部所朝的方向，以排定其位置。

第1堂共9尊像牌，皆有背注：①麦藏0931，背注"释迦佛中"；②麦藏0954，背注"药师佛左一"；③麦藏0928，背注"弥陀佛右一"；④麦藏0957，背注"文殊左二"；⑤麦藏0958，背注"普贤右二"；⑥麦藏0932，背注"观音左三"；⑦麦藏0939，背注"地藏右三"；⑧麦藏0955，背注"韦驮左四"；⑨麦藏0938，背注"护法右四"。于是，第1堂明确身份的各尊像，以释迦佛为中心，可左右对称排列（图37）。

图37　第1堂诸像牌位置关系

第2堂共9尊像牌，7尊有背注，相应尊像的身份和位置明确，其余尊像的身份和位置可判断出来。①麦藏0960，背注"释迦文佛中"；（图1）②麦藏0937，背注"迦叶尊者梵王左一"；③麦藏0929，背注"阿难尊者帝释右一"；④麦藏0935，背注"文殊菩萨左二"；⑤麦藏0930，背注"普贤菩萨右二"；⑥麦藏0933，背注"密迹迹金刚左三"；⑦麦藏0934，背注"秽迹金刚右三"；⑧麦藏0947，无背注，根据其像牌为武将抱金刚杵，相似于第1堂左四位置的韦驮形象，则其身份应为韦驮，又据右侧向，知在此堂中其位置当为左四；⑨麦藏0948，无背注，根据其尊像与第1堂右四位置的护法形象较为相似的情况，其身份当为护法，又据左侧向，知其位置当为右四。因此，第2堂各尊像以释迦为中心，可左右对称排列（图38）。

图38　第2堂诸像牌位置关系

第3堂共7尊像牌，皆无背注，其尊像的身份和位置需分析和判断。

①麦藏0950，无背注。其尊像为坐佛，正面向，头戴五佛冠，结跏趺坐于莲花座上。其宝冠与袈裟等穿戴均呈金黄色，闪闪发亮，可能有光明遍照之意，于是此佛可能为毗卢遮那（意为光明遍照）佛的形象。毗卢遮那佛可认作是释迦（应身佛）的法身佛，对照第1、2堂画中释迦作主尊的现象，其法身佛的毗卢遮那佛可位于此第3堂画中最中间主尊处。

②麦藏0941，无背注。其尊像为坐佛，正面向，左手于腹前托一钵。托钵佛，符合东方药师佛形象。一般按面南而坐，东方药师佛应在正中主尊的左边，参照第1堂药师佛也正好在正中主尊左一的位置，此佛合当为药师佛，也当在左一的位置。

③麦藏0944，无背注。其尊像为坐佛，正面向。相对于中间主尊左边的东方药师佛，此佛可能为西方佛，参照第1堂右一正是西方阿弥陀佛，故这尊佛可为西方阿弥陀佛，当处在右一的位置。

④麦藏0945，无背注。尊像为乘青狮的文殊菩萨，右侧向。此堂画中间主尊为释迦的法身佛，而乘青狮的文殊菩萨一般胁侍在释迦左侧，因有药师佛居左一，故文殊菩萨的位置当依次在左二处。

⑤麦藏0943，无背注。其画像为乘白象的普贤菩萨，左侧向，当为与文殊菩萨相对，其位置应在右二。

⑥麦藏0953，无背注。其画像为白冠、白袈裟的右侧向菩萨形象，这种形象通常为白衣观音。观音通常为阿弥陀佛的左胁侍菩萨，因此也更加证明了右一位置上的佛可为阿弥陀佛。此堂画中，阿弥陀佛不处于中间主尊的位置，观音的位置当逊于胁侍中间主尊的文殊和普贤，处在稍外侧的位置。且向右侧胁侍，故其位置当在左三。

⑦麦藏0946，无背注。其画像为坐于水边，左侧向单足踏在水中莲花上的菩萨形象，应为观看潭光月影的水月观音，且向左侧胁侍，故位置当在右三。

因此，第3堂中明确身份的各尊像，以毗卢遮那佛为主尊，可左右对称排列（图39）。

| 水月观音 | 普贤菩萨 | 阿弥陀佛 | 毗卢遮那佛 | 药师佛 | 文殊菩萨 | 白衣观音 |

图39　第3堂诸像牌位置关系

第4堂共3尊像牌，均无背注，其尊像的身份和位置需分析推断。

①麦藏0940，其画像为头戴五瓣大冠（未画佛的五佛冠）的僧人形象，正面向，右手持锡杖，左手于腹前托钵，座前有1兽。此一般为僧装的地藏菩萨形象，兽亦为其典型性、标志性随身相伴的善听犬[1]。此堂画中无佛和其他菩萨，且地藏菩萨为正面端坐式，当为主尊居中。

图40　第4堂诸像牌位置关系

②麦藏0961，其画像为5位头戴冕、冠，朝服持笏，高大威猛的须眉男子形象，右侧向。因主尊为誓愿度尽地狱众生的地藏菩萨，故5尊像当为地狱十王中的五王。他们右向胁侍，当为左五王，其位置在左一。

③麦藏0959，其画像亦为5位头戴冕、冠，朝服持笏，高大威猛的须眉男子形象，左侧向，亦为地狱十王中的另五王。他们左向胁侍，为右五王，其位置当为右一。

于是，第4堂可廓定身份的尊像，以地藏菩萨为中心，可左右对称排列（图40）。

第5堂中5尊像牌均无背注，尊像身份和位置需分析判断。

①麦藏0942，尊像同第4堂主尊相似，亦为正面向的地藏菩萨，座前有1兽[2]。此堂画中亦无佛和其他的菩萨形象，故地藏菩萨应作为主尊居中。

②麦藏0936，其画像为2尊，主要为1头戴冕冠，朝服持笏的须眉男子（帝王）形象和其左侧的手托山石盆景的供养天女，共2尊，均右侧向。山石盆景，如以纳须弥于芥子的观点看，可象征须弥山。又第2堂之帝释天形象为头戴冕冠，朝服持笏的须眉男子（帝王）形象，故本像牌两尊像的身份，应为居住在须弥山顶的帝释天和身边近侍的供养天。另外，北京法海寺明代壁画中，亦有

---

[1] "地藏"条："携白犬善听。"丁福保编纂：《佛学大辞典》，第537页，北京：文物出版社，1984年。而第4堂"善听"犬却被绘作主体青色短毛，局部覆盖长黄毛、红色凸脊、红白相间腹纹的形象，此种形象或另有所本，但值得注意的是，此犬的四只爪子为白色短毛状。又第1堂地藏身边的"善听"犬亦非白犬，被绘作主体青褐色短毛，局部覆盖长黄毛、红白相间的腹纹的形象，此犬的爪子亦为白色短毛状。以此证之，当时画师画的"善听"是"白爪犬"而非"白犬"，白爪之外，犬态可变化，这或许承载着古今某种演变因素，即传说中所谓"善听"白犬或为"白爪犬"之演变。

[2] 第5堂地藏前的"善听"犬大体被绘作白犬状。主体白色短毛，局部覆盖灰长毛的形象，四只爪子为白色短毛状，亦非纯"白犬"而仍是"白爪犬"。

相似题材的图像可为参考佐证[3]。帝释天的身份应仅次于地藏菩萨，且与天女右侧向胁侍地藏菩萨，其位置当在左一。

③麦藏0952，其画像为两尊，其一着凤冠霞帔的后妃形象，怀抱仪扇，双掌当胸作礼，其右侧为手托盘中莲花的供养天女。此两尊像当与帝释天和近侍天女相对称，为帝释天妃和其近侍天女。北京法海寺明代壁画亦有相似的题材[4]。她们左侧向胁侍，其位置当在右一。

④麦藏0949，画像为着乌纱帽和朝服的须眉官员和戴笼巾的白髯老者形象。结合第4堂地藏菩萨与地狱十王的景象，此两像亦可能为地狱十王中的两尊。古代地狱十王图像中曾将平等王造成白胡老者形象[5]，亦可证此两尊乃十王中的两尊。因右侧向胁侍，其位置当在左二。

⑤麦藏0956，画像为着梁冠朝服、双手持笏的须眉官员和顶盔贯甲并双手抱拳的须眉武将形象，亦可能为地狱十王中的两尊。古代地狱十王图像曾将变成王造成着盔甲拱手武将的形象[6]，可证此两尊乃十王中的两尊。左侧向胁侍，其位置当在右二。

因此，第5堂可廓定身份的尊像，以地藏菩萨为中心，可左右对称排列（图41）。

图41　第5堂诸像牌位置关系

十王之右二王　右供养天女　帝释天妃　地藏菩萨　帝释天　左供养天女　十王之左二王

第6堂只有1尊像牌，无背注。麦藏0951，尊像与第4、5堂主尊相似，亦

---

[3] 法海寺壁画中，帝释天作"女后"相貌，但其随侍供养天女中有一位手捧山石盆景，与此像牌上供养天女所事绝同，可佐证此像牌上男身帝王为帝释天身份。
[4] 法海寺壁画中，"女后"相貌帝释天的随侍供养天女中，有一位手托一盘，内盛莲花，与此像牌上供养天女所事相似，亦证明此像牌天女作为帝释天眷属的身份。那么，在已定此像牌上帝释天为男身帝王相貌以后，此像牌上托莲花供养天女所侍的贵妇或后妃形象则当为帝释天妃。法海寺明代壁画中，帝释"后面"还有一位持"仪仗"天女，本文看来，应有一种演化，成为此清代像牌绘画中的怀抱"仪扇"的帝释天妃。
[5] 潘桂明：《佛教大百科·艺术·历史》，第50页，郑州：大象出版社，2005年。
[6] 潘桂明：《佛教大百科·艺术·历史》，第50页，郑州：大象出版社，2005年。

为僧装地藏菩萨，座前有一兽[7]（图36）。

一堂中多尊像牌的排列方式，可用图示的一字排开式，亦可用其他多种形式。如胁侍方面，还可用两纵行胁侍形式，亦还可用雁翅张开胁侍等形式。主尊可以是单主尊形式，也可以是3主尊一字排开等形式。主尊排列形式与胁侍排列形式变化的配合，可显示出多种排列的面貌。

四　画风

第1、2堂画风虽稍有区别，但均直接与乾隆四十四年发愿文题记有关，应同是此年完成的作品，因此具有较强的一致性。其佛像之低平肉髻前有髻珠，佛菩萨像之眉稍扬，眼皮稍垂，面相稍丰；衣纹稍挺韧灵动近兰叶描；项光与背光不区分，以一圆形大光环连头带背笼罩着；额前发际中有向上的缺口，手脚较饱满。

而第3堂佛像的肉髻基本呈半球状凸起，除其前有大肉髻珠外，肉髻顶部亦有一髻珠。佛、菩萨眉毛较弯一些，故眉梢呈下垂状，使得稍细小的眼角显得较上扬；额前发际中间向下垂尖，额角宽大而下颌稍窄小；双耳稍细长，鼻如悬胆，嘴稍小；背、项光为横椭圆形；衣纹线条稍细，其圆弧清润，折角硬朗，较为细谨凝练；手足造型较细长规整。

第4堂画像衣纹线条接近于第3堂，面相上稍近于第1、2堂。菩萨只有头光，近横椭圆形，故其风格介乎第3堂与第1、2堂之间。

第5堂画风格基本接近于第3堂，尤其在背光方面。

第6堂画风格基本近于第4堂。

第1、2、4、6堂画风稍接近，背景色偏黄灰，属于Ⅰ型，其中第1、2堂为A式，4、6堂为B式。第3、5堂画风稍接近，背景色偏青（5堂主尊背景稍黄），属于Ⅱ型。

但在总休时代风格方面，各堂绘画略同，尤其是佛、菩萨、天女画像的表情神态，均具有较多世俗性因素，相似于清代某些文人仕女画和民间年画。

因第2堂绘画较繁缛精美，故在其主尊像背面题写了发愿文。

---

[7] 第6堂地藏前的"善听"犬被绘作主体白色短毛，局部覆盖少量白色长毛的形象，四爪为白色短毛状。此犬被描绘为纯白色，同于传说对犬色的最终选择，但被描绘得较细瘦且写实。而1、4、5堂中的"善听"犬形象均长毛较多，显得短粗，多异样之态，有点近猫科动物，加之其他附件，更显神奇。第1、4、5、6堂中的"善听"犬形象的各不相同，显示了当时画师对"善听"犬造型的有意变化，而不变的是较为修长的白爪。此爪，类犬而不类猫，猫爪一般较短圆一些。

五 供养

麦藏0960画背面墨书发愿文题记表明，第1、2堂画的供养僧人为瑞应寺住持：湛然[8]、彻然；徒：达焕、达照（后被墨涂但可辨）、达成、达贤；孙：悟本、悟真、悟修、悟信。还有行慧，徒：修璹。最后是画师正觉和尚，徒：□□（后被墨涂不辨）共14人。其中，在行文排列上，行慧与瑞应寺达字辈僧人等高，应表示相互为平辈，但因非以"达"字名辈，又其徒不被写作（瑞应寺住持之）孙，故行慧师徒可能非瑞应寺僧人。又在行文排列上，正觉较湛然、彻然更为高大，正觉称"和尚"而湛然、彻然称"释子"，似应表示正觉辈分或身份更高，但如考虑到落款处文字一般可能被提得过高过大，并且"正觉"字与"住持"字等高，那么发愿题记中正觉和尚起码应表示身份与湛然、彻然基本平等。正觉之徒弟的名号，亦稍高于瑞应寺"悟"字辈徒孙的名号，表示与瑞应寺"达"字辈徒弟基本平等。同样，因辈分用字与瑞应寺不同，正觉师徒亦可能非瑞应寺僧人。正觉和尚师徒主要以绘画供养，其他供养僧人应主要以出资供养。

第3堂画主尊像上有墨书榜题"信女孟门季氏"，其余画上再无榜题，表明整个第3堂画的出资供养人为俗家妇女"孟门季氏"。

第5堂胁侍像牌上均有墨书榜题，表明左一画出资供养人为"丁门杨氏、高翔"；右一画出资供养人为"傅开基、张继统"；左二画内侧一身的出资供养人为"侯世康、吴绪伯"，外侧一身的出资供养人为"张主义、曹氏"；右二画内侧一身的出资供养人为"侯世公、王门傅氏、丁绍起、丁绍吕"，外侧一身尊像的出资供养人为"潘门张氏"。主尊地藏菩萨无榜书，应该是此堂所有供养人共同出资所造。

第4、6堂画均无供养人题名。

麦藏0960发愿文题记，如果是画师之外的其他人书写，可能在行文排列上，不会出现画师名号的书写位置和大小高于大于甚至平等于寺院住持名号的情况，而事实上出现了这种情况说明，发愿文的书写者可能正是画师正觉和尚本人。因为如无特殊情况，在绘制过程中，题写的主动权通常在画师手中。又在寺院做功德中，往往存在匠师享受特殊礼遇这一普遍现象，因此画作的题记

---

[8] 麦积山瑞应寺藏有古代和尚的宗谱，其中有"临济正宗第三十七世湛然意老和尚徒达焕位"，可证像牌上乾隆四十四年发愿文题记所示的"住持释子湛然，徒达焕"，正是麦积山瑞应寺临济正宗第三十七世湛然和他的弟子达焕。冯国瑞：《麦积山石窟志》亦记载："瑞应寺，清，据寺僧供养牌位，系乾隆五年，由西安雁塔寺移锡住此，其宗派为临济正宗。理奉禅师，二十六世；……湛然禅师，三十七世。"（第29页，天水：陇南丛书编印社，民国30年）

一般可由画师书写。

另外，包括发愿文在内的所有墨书题记系为一人笔迹，因此可能全部为正觉和尚所书。于是，有题记的第3、5堂画作，可能也是正觉和尚师徒所绘。

没有题记的第4、6堂画，因上文已论，其绘制风格与正觉师徒所绘的第1、2堂画同属一大类，比起第3、5堂画，它们与第1、2堂画的关系要更接近，第3、5堂尚且是正觉师徒所绘，那么推测第4、6堂画则更可能是正觉和尚师徒所绘，甚至是正觉师徒出资供养的。

六　断代

据上述整理，第1、2堂的18张水陆画当在清朝乾隆四十四年（1779年）五月由正觉和尚师徒造讫。其余的画作与前者比较，在尺寸、质地上基本一致，在绘画风格上也同样属于清代风貌，故它们的时代不会跨出清代的范围。

又各纸题记即使不是画师所书，也因均系一人所书，各题记书写间隔应不会太长，故有题记的3、5堂12张水陆画，应大约造于清乾隆四十四年前后不久的时间范围内。无题记的第4、6堂4张水陆画，因与第1、2堂绘画风格更相似，也更应造于乾隆四十四年前后不久的时间范围内。

七　题材

第1堂主要供奉的是中、东、西三方佛兼华严三圣兼观音和地藏。第2堂画主要供奉的是华严三圣。第3堂主要供奉的是中、东、西三方佛兼华严三圣兼白衣、水月观音，并突出了对毗卢佛的供奉。第4、5、6堂主要是对地藏菩萨的供奉。

次要供奉的对称组合题材，计有迦叶、阿难的组合，梵王、帝释的组合，帝释、帝释天妃的组合，双供养天女的组合，密迹金刚、秽迹金刚的组合，韦驮、护法的组合，十王的组合。

现在通常记作的韦陀、韦驮题材，此清代纸牌画背注作"韦驼"，用字上有所不同。

背注中的"护法"名称应是泛指，是除密迹金刚、秽迹金刚、韦陀天尊之外其他不具名的某护法。此种某护法题材在第1、2堂中各1身，共2身。他们均倒提利斧，皮肤于一般肉色中透出较大面积的蓝色，手臂和小腿及双足暴露，肌肉发达，须发红色，尤其头发如怒火般上扬，发前结骷髅，其中第2堂的护法还有第3只眼。画师不给出护法的具体名称，也许此护法形象是艺术创造出的护法形象，以便同韦陀相配，左右对称。因为韦陀一般在寺院中是单身护法的形象，但在水陆画一铺中一般要左右对称，左侧绘了一身韦陀，右侧需另配一身护法，但不便定下具体的名称，于是笼统题作护法。此护法造型可透出降魔诸天尊的影子，如夜叉大将[9]、大黑天神[10]、火头明王[11]等的因素，是一种综合的护法形象。

密迹金刚与秽迹金刚在此作左右哼哈二将状，表明清代时有这种安排作为哼哈二将的题材内容。相应的，韦陀与护法也组成了左右哼哈二将状（第2堂护法以左手指放在张开的嘴中作吞噉的哈呵状）。在第2堂尊像排列中，密迹金刚、秽迹金刚与韦陀、护法的哼哈状左右互相错开，形成题材的变化。

清代张翀翮《麦积山记》[12]云："维钟铭，碑记，诸王真容图，与子山之铭词，于今可考也。"首次提出了可考的诸王真容题材。冯国瑞先生在其民国时期出版的《麦积山石窟志》中，又记载了麦积山瑞应寺中藏有"佛菩萨诸王真容图帧"，并提出诸王应为西魏皇后乙弗氏[13]的太子和武都王的论断。[14]以前，我们只能将张翀翮所谓的诸王真容图同麦积山石窟第2窟明清时所绘的地狱十王壁画联系起来，尚不知是否还有其他的诸王真容图，也不明冯国瑞所谓"佛菩萨诸王真容图帧"之所在。通过对水陆画的整理释读，初步认为，它们还隐藏于纸像牌水陆画图帧中，佛（或）菩萨在各堂画中均有，梵王、帝释等和地狱十王等似可为诸王类，尤其是地狱十王要更符合"诸王"一词。由于冯国瑞先生诸王为西魏太子、武都王的推断，尚无已知的图帧可印证，故上述纸像牌中的地狱十王图帧，较更接近于诸王真容图帧。

---

[9]《佛家大百科》"金面怒相散脂大将"条载，夜叉大将中的散脂大将有的手持利斧。莫振良主编，王建伟、孙丽著：《佛家大百科·造像·法器》，第114页，郑州：大象出版社，2005年。

[10]《佛学大辞典》"大黑天"条云："大黑天曾被称为药叉主或药叉王，有药叉或夜叉之形，系人之骷髅以为璎珞，曾以灰涂身，做吞噉恶魔动作，也曾被认为身青黑云色。"丁福保编：《佛学大辞典》，北京：文物出版社，1984年。这些特征在纸牌画的护法身上均有体现。此护法舍弃了大黑天多头多臂的某些特征，但其头系骷髅，皮肤呈青黑色，尤其第2堂护法有吞噉入嘴的动作，均同大黑天有关。

[11] 夜叉、大黑天、明王均有三只眼的形象，如南诏《张胜温画卷》及剑川石窟沙登区16窟中的有关形象等。故第2堂护法的第三只眼应有这些方面的来历。

[12] 冯国瑞：《麦积山石窟志·艺文附录》，第42~43页，天水：陇南丛书编印社，民国30年（1941年）载《麦积山记》全文，又附注："张翀翮，甘肃秦安人，嘉庆时作《麦积山记》，光绪时秦州李翙书碑张之于寺壁。"李翙原作《麦积山记》，现藏麦积山石窟艺术研究所文物库房。

[13] 西魏文帝皇后，生太子及武都王，被迫出家为尼后，徙居麦积山所在地秦州，依子秦州刺使武都王，死后葬于麦积崖，后谥曰文皇后，崖墓号寂陵，再后与文帝合葬于永陵。（唐）李延寿撰《北史》卷13《列传》第1《后妃》上《文帝文皇后乙弗氏》，第506页，北京：中华书局，1974年。

[14] 冯国瑞（1901~1963年），天水人，梁启超弟子，毕业于清华国学院，麦积山石窟研究事业的先驱，在民国30年（1941年）首次考察麦积山石窟，著《麦积山石窟志》（同年6月陇南丛书编印社石印出版，1989年12月天水报社铅字再版，1992年8月台湾天水冯同庆室3版，2015年6月中国文史出版社4版校注），首次将麦积山石窟极其初步研究成果公之于世。此书第29~30页中"瑞应寺"一节载："佛菩萨诸王真容图帧：寺中存佛菩萨及诸王真容多帧。诸王当为魏文皇后乙弗氏之太子及武都王也。张翀翮《山记》云：'维钟铭碑记，诸王真容图，与子山之铭词，于今可考也。'今此图均存寺中，至可珍重。"

纸像牌画中，第4堂有整体的地狱十王真容题材，第5堂只有十王中的4尊。两堂中的十王真容，有朝服戴冕者，有朝服一般冠戴者，也有铠甲装双手抱拳的武将形象和世俗常服的老者形象。后两者似有意突出更深层真容成分。因为朝服冕、冠者较符合王的身份，武将、世俗老者的题材，则更体现了王者身份背后的真容。

八　使用

水陆画一般多使用悬挂的图画或石窟中的壁画和塑像，组建道场，举行法会。上述纸像牌水陆画显然是以摆放或插放的形式供奉的。

纸像牌画因其小，方便携带，每堂可便宜组成道场。因此，这种水陆画当多运用于小型的法会，多数情况下应服务于下层老百姓，在一个相对狭小的空间中做道场。因为如作大道场，这些小纸牌画显然不够排场。然而因其小，也更方便各堂配合使用，组成新的堂或坛。

总之，麦积山瑞应寺佛教水陆纸像牌画，有的可作为清乾隆风格的标准器，有的也与乾隆时期有很紧密的关系。它们提供了当时以住持湛然为首的法眷僧众，所作小型佛教道场的某些宗教艺术信息，其画师正觉和尚师徒作为清早中期画僧，亦应名载画史。

本文录自夏朗云：《麦积山瑞应寺藏清代纸牌水陆画的初步整理》，《文物》2009年第7期。文字略修订，调整了图片编号。图片采自花平宁摄影。

麦积山瑞应寺清代小型纸像牌水陆画的用途

麦积山瑞应寺清代小型[1]纸像牌水陆画，今藏于麦积山石窟艺术研究所，共编34个号。2009年初步整理[2]，分为6堂。根据墨书发愿文[3]中"乾隆四十四年五月"的纪年及其他相关信息，判断第1、2堂水陆画，完成于乾隆四十四年（1779年）五月；其余墨书题记及第3、4、5、6堂水陆画，完成于乾隆四十四年前后不久的时间范围内。并"判断这些乾隆年间纸牌水陆画，是以摆放或插放的形式供奉的。因其小，方便携带，每堂可便宜组成道场。因此，这种水陆画，当多运用于小型的法会，多数情况下，应服务于下层老百姓，在一个相对狭小的空间中做道场。因为如作大道场，这些小像牌画显然不够排场。然而因其小，也更方便各堂配合使用，组成新的堂或坛"。

现在，由新公布的资料[4]，进而注意到上述小像牌水陆画上的一些其他信息[5]，或许能加深对其用途的理解。

一 新注意到的信息

（一）三字题记

麦藏0942（内容为地藏菩萨，第5堂主尊）背面有3字，在中部偏上位置（大约菩萨背部中心位置），朱砂笔书，上为"唵"，其左下侧为"哑"，其右下侧为"吽"。三字呈等腰三角形分布，三角形的下边稍长（图1）。

---

[1] 高44～49厘米，宽26.5～29厘米之间。
[2] 夏朗云：《麦积山瑞应寺藏清代纸牌水陆画的初步整理》，《文物》2009年第7期。亦载于本书。
[3] 发愿文载："乾隆四十四年五月上澣之吉，麦积山瑞应寺发心承造，诸佛菩萨诸天护法，像牌两堂，共十八尊……正觉和尚笔画……"
[4] 李晓红：《麦积山瑞应寺藏道场诸圣牌及牌竿小考》，《丝绸之路》2017年第20期。
[5] 新注意到的文书内容，本文重新对照原物，有所校补。

（二）关注冥货的文书

1．麦藏0931（内容为释迦，第1堂主尊）背面第二层裱纸（反裱）文书，雕版墨印："门下，为给付冥财事，今逢造胜会，虔备冥货壹封焚化故，收执遵奉□案下，给付正亡鬼，不许别鬼争夺，为此须僦给者，承仗敕高超三界，右给付正亡鬼，准此。乾隆三十八（乾隆三十八为墨笔填书）年（加朱印）十（十为墨笔填书）月壹（壹字为朱砂笔填书）日焚化"。

图1　朱砂三字题记

2．麦藏0955（内容为韦陀，第1堂左四）、麦藏0939（内容为地藏，第1堂右三）背面最上一层裱纸（反裱）文书，与麦藏0931水陆画背面第二层裱纸（反裱）文书一样。

3．麦藏0930（内容为普贤，第2堂右二），因硬纸片裱层开裂，中间裱层第一面裱纸（反裱）文书，除了日期为（朱砂笔填书的）"初一"外，与麦藏0931水陆画背面第二层裱纸（反裱）文书一样。

（三）关注阿弥陀佛和西方极乐世界的文书

1．麦藏0957（内容为文殊，第1堂左二）背面第二层裱纸文书，雕版墨印："（横书）……贤愿王菩萨……阿弥陀佛。（竖书有空格）年月□日给右给□……南无西方极乐世界……"左配一塔图，塔上有一圆形发光物，塔上自上而下竖书"南无阿弥陀佛"。塔左侧立佛图，残存项光右侧、右肩、右垂臂轮廓，参考文字和塔，推测立佛为阿弥陀佛立姿接引像。

2．麦藏0958（内容为普贤，第1堂右二）背面最上一层裱纸文书，雕版墨印："（横书）天下大峨眉山西方公据……（竖书）有善男子善女子……若能依念佛者……念化成长生不老，出离三界……临终随身念……十大阎王遵□佛敕大赦……佛敕□合通行准此……劝念弥陀点佛图，千声一点是明珠，西方路上为公据，地狱门前作敕书。右给付……计开所积善功……"左侧图，残存佛项光左侧、左肩、左上臂。与上述麦藏0957背面第二层裱纸文书中，塔左侧立佛的右侧，体量相当，风格一致，可组成一佛。且参考"弥陀""西方"文，故推测，此佛为阿弥陀佛立姿接引像。

3．麦藏0932（内容为观音，第1堂左三）背面最上一层裱纸文书，雕版墨印："……皈依三宝，受持五戒……成就菩提，凡为信佛，千声一点，尽散圆满，百年命终之时，□□我府城隍社庙大小关洋□台□隘等□……往生西方极乐世界，受诸快乐，十圣三贤同行伴侣……诸佛位前洗心……西方冥途路引……"右侧配图，一只船旁立一着盔甲和披巾，怀中横抱金刚杵的韦陀。

4．麦藏0938（内容为护法，第1堂右四）背面第二层裱纸文书，雕版墨印：行船图（残段）。船上站立三位人物，其中前面一位持幡，后面一男一女。船侧立一位着五佛冠和披巾，右手托塔的天王。天王左侧印"阿弥陀佛十一月十七日降生"，天王右侧印"收执准此"。

二　三字题记指向瑜伽焰口施食小型道场

2009年初步整理时，公布了这些小型像牌水陆画及其载体表面全部墨书题记，并判断均系一人笔迹，为制作这些水陆画时或之后不久所书。

现从字体风格上看，朱砂书三字题记与这些水陆画上的墨书题记，也系同一人所书。因此，此朱砂书三字题记，也很可能为制作这些水陆画时，或之后不久所书，故当与水陆画有密切的关系。

因"唵"字放在上头，应当先读。下面两字并列，按古代的读法，（面对纸）先右后左，顺序是"哑"、"吽"。三字连读"唵哑吽"。

"唵哑吽"三朱砂字，并不与水陆画的时间、供养人、造像题材、位置、数量等有关。这三字在汉语中只是读音，故可能与水陆画的制作或使用等有关。

朱砂三字所在的像牌，是第5堂的主尊牌，其像为僧装地藏菩萨坐像。这些水陆画像牌中，朱砂"唵哑吽"三字，不在其他像的背后，只在地藏菩萨像的背后，似有特殊意义。

《佛学大辞典》中有与"唵哑吽"发音趋同的"唵阿吽"条。词条曰："三个种子各别项解，以此三字书于木佛之三处。《安像三昧仪经》曰：'诵此真言已，复想如来如真实身，诸像圆满，然以唵、阿、吽三字，安在像身三处，用唵字安顶上，用阿字安口上，用吽字安心上。'"[6]此词条源于宋《佛说一切如来安像三昧仪轨经》："尔时世尊……说彼塑画雕造庄严一切佛，及诸贤圣之众，安像庆赞仪轨之法……所有佛像面东安置，用黄衣盖覆，阿阇梨作观想……诵此真言已，复想如来如真实身诸相圆满，然以唵阿吽三字安在像身三处，用唵

---

[6]　丁福保编纂：《佛学大辞典》，第996页，北京：文物出版社，1984年。

字安顶上，用阿字安口上，用吽字安心上，若诵得本尊根本真言但安心上。"[7]

因此，"唵""阿（哑）""吽"三字，可用于安（木质或其他质）佛像身顶、口、心三处，呈上、中、下排列。但是，在这些像牌水陆画中，有佛像不安却安菩萨像，故"唵""哑""吽"三字似不是用于安像的。

即使变通，可用于安水陆画菩萨像，并按宋《佛说一切如来安像三昧仪轨经》说"若诵得本尊根本真言但安心上"，此三字是安在水陆画菩萨身后中部心上，有安像功能，而在小像牌水陆画中，只在地藏菩萨身后中部心上，特殊地呈三角形书写此三字，故重点不是表示安像，可能与小像牌水陆画的用途有特殊关系。

（一）第4、5、6堂的主要用途

宋《佛说瑜伽大教王经》载："今说三摩地法，于本身想出唵字变成大智，以慧开引大智，变成大遍照如来……复次说三摩地法，复想口中阿字，阿字变成无量寿佛……复说三摩地法，时阿阇梨想自本心而为月轮，月轮变成吽字，吽字变成阿閦佛。"[8]

西夏《密咒圆因往生集》中有："三字总持咒，唵哑吽。《瑜伽大教主经》云：'唵字是大遍照如来，哑字是无量寿如来，吽字是阿閦如来。'又《成佛仪轨》云：'由诵此唵字，加持威力故，纵观想不成，于诸佛海会，诸供养云海，真言具成就，由诸佛诚谛，法尔所成故。由适诵哑字，摧灭诸罪障，获诸悦意乐，等同一切佛，超胜众魔罗，不能为障碍，应受诸世间，广大之供养。由吽字加持，虎狼诸毒虫，恶心人非人，尽无能陵屈，如来初成佛，于菩提树下，以此印密言，摧坏天魔众。'"[9]

西夏《密咒圆因往生集》中，将"唵哑吽"与宋《佛说瑜伽大教王经卷》中的"唵阿吽"表述为一。

可见，第5堂主尊地藏菩萨身后所书"唵哑吽"，可表大日如来、无量寿如来、阿閦如来三佛，为具总加持威力的三字总持咒。"唵"字表法身佛，故可位于三字的三角形位置的上头。

水陆画使用道场仪式，"唵哑吽"三字总持咒，可能是水陆画仪式念诵中的咒语。"唵哑吽"三字总持咒，只书写在地藏菩萨像后，可能表示水陆道场仪

---

[7]（宋）西天三藏朝散大夫传法大师施护奉诏译：《佛说一切如来安像三昧仪轨经》1卷，载《乾隆大藏经·宋元入藏诸大小乘经》，第1048部，第66册。

[8]（宋）西天三藏朝散大夫明教大师法贤奉诏译：《佛说瑜伽大教王经》卷第2《三摩地品》第4，载《乾隆大藏经·宋元入藏诸大小乘经》，第1017部，第64册。

[9] 沙门智广、慧真编集，金刚幢译定：《密咒圆因往生集》1卷，载《乾隆大藏经·此土著述》，第1594部，第141册。

中，三字总持咒与地藏菩萨的关系较紧密。

元《佛说大白伞盖总持陀罗尼经》中有："若疲倦时欲奉施食，则面前置施食，念'唵哑吽'三字咒摄受，变成甘露。"[10]

这里，念诵"唵哑吽"三字总持咒，可摄受食物变甘露，用于施食。

唐不空译（近人周叔迦《焰口》[11]认为是元人译[12]）《瑜伽集要焰口施食仪》载："……诵变空咒……诵此三遍，想食器皆空，于其空处想大宝器满成甘露。诵'唵（引[13]）哑吽'一七遍摄受成智甘露。"紧接"结奉食印""入观音定""结破地狱印"。再接："一心奉请，众生度尽方证菩提，地狱未空誓不成佛，大圣地藏王菩萨摩诃萨。唯愿不违本誓，怜愍有情，此夜今时来临法会。大众和香花请。一心奉请，法界六道十类孤魂，面然所统薜荔多众，尘沙种类依草附木，魑魅魍魉，滞魄孤魂，自他先亡家亲眷属等众。唯愿承三宝力仗秘密言，此夜今时来临法会。如是三请。次结召请饿鬼印。"[14]

这里，念诵"唵哑吽"三字总持咒，更进一步，可空想摄受甘露变智甘露，用于施食。且念诵"唵哑吽"三字总持咒变智甘露这一仪程，与开地狱、请地藏菩萨、请鬼类（就食）仪程紧密衔接。

明《修设瑜伽集要施食坛仪》载："次结变空印……而诵真言……唵（引）哑吽……唵字变成胜妙饮食……点净念唵哑吽二十一徧，极令广大已……次结奉食印……次入观音禅定……次结破地狱印……奉请地藏王菩萨……次结召请饿鬼印。"[15]

清《瑜伽焰口注集纂要仪轨》载："次结变空印……诵真言……唵（引）哑吽。……唵字变成胜妙饮食……默净念唵哑吽二十一遍，极令广大已……次结奉食印……次入观音禅定……次结破地狱印……奉请地藏菩萨……次结召请饿

---

[10]（元）天竺唧噤铭得哩连得啰磨宁及僧真智等译：《佛说大白伞盖总持陀罗尼经》1卷，载《乾隆大藏经·宋元入藏诸大小乘经》，第1011部，第63册。

[11] 周叔迦：《焰口》，第473~475页，载中国佛教协会编：《中国佛教》第二辑，北京：东方出版中心，1996年。

[12] 周叔迦《焰口》文中，将《瑜伽集要焰口施食仪》放在元代段落，云："元代由于藏族喇嘛进入汉地，密教也随之复兴。藏经中有《瑜伽集要焰口施食仪》一卷，未注译人。就其中真言译音所用字考之，应是元人所译。"故本文暂认《瑜伽集要焰口施食仪》是唐不空译经时期至元代的发展产物。

[13] 引，表示音节拉长。

[14]（唐）三藏沙门大广智不空译：《瑜伽集要焰口施食仪》1卷，载《乾隆大藏经·西土圣贤撰集》，第1460部，第110册。

[15]（明）古杭云栖寺沙门袾宏重订：《瑜伽集要施食仪轨》第1卷《修设瑜伽集要施食坛仪》1卷，万历三十四年岁次丙午仲夏望日云栖楼袾宏识，载《卍续藏》，第59册，No.1080，电子佛典，2016年。

鬼印。"[16]

清《修习瑜伽集要施食坛仪》载："次结变空印……诵……唵（引）哑吽。……唵字变成胜妙饮食……点净念唵哑吽 二十一遍……次结奉食印……次入观音禅定……次结破地狱印……奉请地藏王菩萨……次结召请饿鬼印。"[17]

明清时代的其他焰口施食仪，也有通过念诵"唵哑吽"三字总持咒变食，及隆重请出地藏菩萨后，再请出鬼类就食这一系列的仪程。

因此，第5堂水陆画主尊地藏菩萨身后书写此"唵哑吽"，很可能是在重点提示瑜伽施食仪的两个主要节点，即"三字总持咒"和"地藏菩萨"。这两个标志性节点，一个是变食环节的重要甚至是必要条件，一个是拯救鬼类的幽冥教主。

所以，第5堂小型像牌水陆画以及同以地藏菩萨为主尊的第4、6堂小型像牌水陆画（第4、5堂还有地狱王胁侍），很可能主要用于瑜伽焰口施食小型道场。

（二）第1、2堂的主要用途

瑜伽施食仪中，除了供奉地藏菩萨外，还要供奉诸佛菩萨诸天护法等。

唐至元《瑜伽集要熖口施食仪》开始阶段载："一心奉请十方遍法界微尘刹土中诸佛法僧，金刚密迹，卫法神王，天龙八部，婆罗门仙，一切圣众。唯愿不违本誓，怜愍有情，降临道场。众等和香花请……启告十方一切诸佛，般若菩萨金刚天等，及诸业道无量圣贤。"这里诸佛法僧当包括菩萨僧[18]，即总体供奉诸佛菩萨诸天护法等。

明《修设瑜伽集要施食坛仪》开始阶段载："奉请三宝。表白举香花请。众和毕，首者执炉请云：'南无一心奉请，尽十方，遍法界，微尘刹土中，诸佛法僧，金刚密迹，卫法神王，天龙八部，婆罗门仙，一切圣众。惟愿不违本誓，怜愍有情，此夜今时，光临法会。'"

清《瑜伽焰口注集纂要仪轨》开始阶段亦载："奉请三宝。表白和香花迎，

---

[16] （清）寂暹纂：《瑜伽焰口注集纂要仪轨》2卷，康熙十四年七月比丘寂暹识，载《卍续藏》，第59册，No.1084，电子佛典，2016年。

[17] （清）法藏纂：《修习瑜伽集要施食坛仪》2卷，康熙二十二年岁次癸亥腊月万峰宝书阁识，载《卍续藏》，第59册，No.1083，电子佛典，2016年。

[18] "善男子，世出世间有三种僧：一菩萨僧、二声闻僧、三凡夫僧。文殊师利及弥勒等是菩萨僧。如舍利弗、目犍连等，是声闻僧。若有成就别解脱戒真善凡夫，乃至具足一切正见，能广为他演说开示众圣道法利乐众生，名凡夫僧。"（唐）罽宾国三藏般若奉诏译：《大乘本生心地观经》8卷，卷2，《乾隆大藏经·宋元入藏诸大小乘经》，第0950部，第61册。

香花请。阿阇黎执炉三请：'南无一心奉请，尽十方，遍法界，微尘刹土中，诸佛法僧，金刚密迹，卫法神王，天龙八部，婆罗门仙，一切圣众。惟愿不违本誓，怜愍有情，此夜今时，光临法会。'"

清《修习瑜伽集要施食坛仪》开始阶段亦载："奉请三宝。表白举香花迎，香花请。众和毕，首者执炉举云：'南无一心奉请，尽十方，遍法界，微尘刹土中，诸佛法僧，金刚密迹，卫法神王，天龙八部，婆罗门仙，一切圣众。惟愿不违本誓，怜愍有情，此夜今时，光临法会。'"

元、明、清以来，瑜伽焰口施食仪中，均供奉诸佛菩萨诸天护法等。

第1、2堂据发愿文墨书题记知为同时发心承造的两堂。两堂内容为诸佛菩萨诸天护法[19]，两堂合起来使用，适用于瑜伽焰口施食坛小型道场，与以地藏菩萨为主尊的第4、5、6堂小型像牌水陆画的任何一堂可配合使用。

（三）第3堂的主要用途

瑜伽焰口施食仪中，还渐渐强调供奉法身佛毗卢遮那佛作为主尊形象出现。

唐至元《瑜伽集要焰口施食坛仪》所载"奉请十方遍法界，微尘刹土中，诸佛法僧，金刚密迹，卫法神王，天龙八部，婆罗门仙，一切圣众"中，当包含法身佛毗卢遮那佛。

明《修设瑜伽集要施食坛仪》"众念三十五佛"后有"毗卢遮那佛，愿力周沙界，一切国土中，恒转无上轮"，明示毗卢遮那佛。

清《瑜伽焰口注集纂要仪轨》"南无大悲观世音菩萨"后，有"众和毕行人祝水文。夫此水者，八功德水自天真，先洗众生业垢尘，遍入毗卢华藏界"；"香云盖。……击引磬念，三十五佛"后，有"……毗卢遮那佛，愿力周沙界，一切国土中，恒转无上轮"。这里也有毗卢遮那佛。

清《修习瑜伽集要施食坛仪》"南无大悲观世音菩萨"后，有"众和毕行人祝水文。夫此水者，八功德水自天真，先洗众生业垢尘，遍入毗卢华藏界"；"十二因缘咒"诵咒后，有"置铃于案，师举五佛冠，众念准提咒，三遍。五方五佛大威神，结界降魔遍刹尘。今宵毗卢冠上现，一瞻一礼总归真。毗卢如来，慈悲灌顶"；"众念三十五佛"后，有"毗卢遮那佛，愿力周沙界，一切国土中，恒转无上轮"；"薜荔多文"的结尾处有"处处总成华藏界，从教何处不毗卢"。多次出现主尊毗卢遮那佛相关信息。

麦积山小型像牌水陆画第3堂主尊为毗卢遮那佛，可与以地藏菩萨为主尊的第4、5、6堂中任何一堂配合使用，主要适用于小型瑜伽焰口施食道场。

---

[19] 同注[3]。

三 佐证

（一）第1、2堂

1. 第1、2堂水陆画背面裱衬的文书所标明焚化冥货的时间，均为乾隆三十八年十月一日。农历十月一日是传统鬼节。此文书是鬼节上向鬼布施，为使得所要度的某鬼能收到冥货而出具，内容基本一样，多是寺院批量出具。领家为其家（亲属或其家认领的）正亡（刚亡或久亡）鬼领取文书，寺院当年应有尚未焚完者，后用于了裱衬小像牌水陆画。宗教类的道具在制作上一般比较严肃，两道具能裱在一起，关系可能比较密切。第1、2堂小像牌水陆画上裱衬的主要向鬼布施的文书，旁证了第1、2堂小像牌水陆画用于小型瑜伽焰口施食道场的目的。文书中"今逢造胜会"，或许是表明其中有瑜伽焰口施食小型道场。故推测，鬼节上送冥货焚化的同时，可能举行瑜伽焰口施食小型道场。

2. 第1、2堂水陆画背面裱衬的文书中有"阿弥陀佛""西方极乐世界"和"西方公据""路引（通行证）""临终""右给""右给付""收执准此"等字样，还绘有南无阿弥陀佛塔和阿弥陀来迎的接引佛形象，有船表示往生西方彼岸的载具，有天王、韦陀表示护送往生，有船上持幡者表示持招魂幡的引路使者。故，此文书为布施给人们（生者或已亡故者）收执，劝他们皈依阿弥陀佛，帮助他们在命终后，能顺利往生西方极乐世界。此文书能与第1、2堂水陆画裱在一起，关系可能比较密切。

3. 瑜伽焰口施食道场，除了施食，还为亡故者或鬼类说法令皈依阿弥陀佛，以祈早日脱离苦趣，乘阿弥陀佛所驾慈航船，往生西方极乐世界，成就菩提。

唐至元《瑜伽集要焰口施食仪》"印现坛仪"后，有"……首座秉炉胡跪白佛……南无法界藏身阿弥陀佛"；"次结开咽喉印"后，有"……南无阿弥陀如来……诸佛子等，若闻阿弥陀如来名号，能令汝等往生西方极乐净土，莲华化生入不退地"；"吉祥偈"中有"南无西方无量寿如来，诸大菩萨海会圣众，唯愿法界存亡等罪，消除同生净土"。

明《修设瑜伽集要施食坛仪》，"次入观音禅定"后，有"……以此禅定胜功德，回向法界诸众生，同见西方无量光，成就普贤广大愿"；"奉请地藏菩萨"后，有"……阿弥陀佛，宿有无边誓。观见迷途，苦海常漂溺。垂手殷勤。特驾慈航济。普载众生。同赴莲池会。南无莲池海会佛菩萨，三称。我以大悲佛神力，召请冥阳诸有情。旷劫饥虚饿鬼等，不违佛敕来降临"；"次结开咽喉印"后，有"……南无阿弥陀如来……诸佛子等。若闻阿弥陀如来名号。能令汝等，往生西方极乐净土，莲花化生，入不退地"；"大众同念尊胜咒"后，有"……

举徃生咒一徧……师资同声诵尊胜咒。想彼成光明种……师想鬼神等触此光明者，皆得往生极乐国土上品上生也"；"发愿回向偈"后，有"临命终时识性无迷惑，愿生西方净土如来前"；"吉祥偈"后，有"……南无西方无量寿如来，诸大菩萨海会圣众，惟愿法界存亡等罪消除，同生净土，回向无上佛菩提"；"金刚萨埵百字咒"后，有"……施食功德殊胜行，无边胜福皆回向。普愿沈溺诸众生，速往无量光佛刹"。

清《瑜伽焰口注集纂要仪轨》，"次入观音禅定"后的"观音禅定偈"中有"同见西方无量光，成就普贤广大愿"；"奉请地藏菩萨"后，有"……阿弥陀佛，宿有无边誓，观见迷途，苦海常漂溺，垂手提携，特驾慈航至，普度众生，同赴莲池会。莲池海会佛菩萨。我以大悲佛神力，召请冥阳诸有情，旷劫饥虚饿鬼等，不违佛敕来降临"；"次结开咽喉印"后，有"……南无阿弥陀如来"；在"尊胜咒"后，有"……举徃生咒三遍……皆得往生极乐国土，上品上生也"；"发愿回向偈"后，有"……临命终时识性无迷惑，愿生西方净土如来前"；在"吉祥偈"后，有"南无西方无量寿如来，诸大菩萨，海会圣众，惟愿法界存亡，等罪消除，同生净土"；"薜荔多文，阇黎自白"后，有"五姓孤魂薜荔多，莫教平地起风波，慈航泛涨须到岸，洗脚上船会也么？已发觉，未发觉，莫论酆都并泰岳，罪无轻重尽蠲除，何须一一重惩惩。已结证，未结证，打破阎君台畔镜，慈风扫荡障云消，万里青天孤迥迥……睹莲池不离当处，指净土只在目前"；

清《修习瑜伽集要施食坛仪》，"净地偈"有"犹如极乐国庄严，妙宝为地众花敷"；"奉请地藏菩萨"后，有"……阿弥陀佛，宿有无边誓，观见众生，苦海常漂溺，垂手殷勤，特驾慈航济，普载众生，同赴莲池会。南无莲池海会佛菩萨。我以大悲佛神力，召请冥阳诸有情，旷劫饥虚饿鬼等，不违佛敕来降临"；"次结开咽喉印"后，有"……南无阿弥陀如来"；"讽诵尊胜咒"后，有"……举徃生咒三遍……师资同声，诵尊胜咒，想彼成光明种。……师想鬼神等，触此光者，皆得往生极乐世界上品上生也。振铃诵法乐六趣偈……临命终时，识性无迷惑，愿生西方净土如来前……南无西方无量寿如来。诸大菩萨，海会圣众，惟愿法界存亡，等罪消除，同生净土。……普使迷流，俱超极乐……于此诵真言三遍毕，然后除去五佛冠"；"薜荔多文"中，有"五姓孤魂薜荔多，莫教平地起风波。慈航泛涨须到岸，洗脚上船会也么？已发觉，未发觉，莫论酆都并泰岳，罪无轻重尽蠲除，何须一一重惩惩。已结证，未结证，打破阎君台畔镜。慈风扫荡障云消，万里青天孤迥迥"。

因此，第1、2堂裱衬文书中的劝皈依阿弥陀佛，劝往生西方极乐世界内容，尤其是用船为载具的内容，与瑜伽焰口施食仪的有关内容契合，两者的目标和载具一致，更有理由裱褙在一起，这也佐证第1、2堂小像牌水陆画适用于瑜伽焰口施食小型道场。此第1、2堂裱衬的文书，或与瑜伽焰口施食小型道场互为辅助。

（二）第3、5堂

2009年初步整理时辨认"第5堂画风基本接近于第3堂，尤其在背光方面"，"第3、5堂画风稍接近，背景色偏青，属于Ⅱ型"[20]。即第3、5堂与其他堂的画风略显不同，属于同一类，应为同时所造的两堂水陆画。之所以两堂同时造出，一般是为配合使用使然。这也佐证了第3、5堂可配合使用于瑜伽焰口施食小型道场的推测。

（三）朱砂书

上述各瑜伽焰口施食坛仪中，在即将破地狱施食时，均有"入观音定"一节，其功能即是挡煞，即避免干扰，专心去实践施食。清《修习瑜伽集要施食坛仪》在"次入观音禅定"后，有"……结自在观音印……以此加持，令身坚固，所以一切魔碍皆不能害也。……次结破地狱印"。

朱砂，有杀精魅、邪恶鬼的挡煞功用[21]。故，小像牌上"唵哑吽"三字，可寓意当念诵此"唵哑吽"时朱砂会起到挡诸魔碍的作用。上述裱衬文书中的朱砂印和朱砂书，亦可认为是用朱砂挡诸魔碍。两处朱砂书，均与瑜伽焰口施食仪中的挡诸魔碍的要求符合。

（四）三角状唵哑吽

唐至元《瑜伽集要焰口施食仪》载："……诵变空咒……诵此三遍，想食器皆空，于其空处想大宝器满成甘露。诵'唵哑吽'一七遍摄受成智甘露。"

清《瑜伽焰口注集纂要仪轨》载："师印咒可知……应想三个'嘈嚧'（二合）字，字皆金色，变成食器。于食器中，想白色唵字，变成胜妙饮食，皆醍醐，奶酪，及麨蜜等味。默净念唵哑吽二十一遍，极令广大。"明《修设瑜伽集要施食坛仪》、清《修习瑜伽集要施食坛仪》中也均有此种观想。

这里，甘露[22]或具体指醍醐[23]、奶酪、麨蜜等食物，其自然状态实为丰满

---

[20] 同注[2]。
[21] "丹砂，性味甘，微寒无毒，主治身体五脏百病，可以养精神，安魂魄，益气明目，杀精魅，邪恶鬼，久服通神明。"载马继兴：《神农本草经辑注》，北京：人民卫生出版社，1995年。
[22] "甘露，美露也。神灵之精，仁瑞之泽，其凝如脂，其甘如饴。"载（明）李时珍：《本草纲目·水一·甘露》"释名"所引《瑞应图》，北京：人民卫生出版社，2004年。
[23] "譬如从牛出乳，从乳出酪，从酪出生酥，从生酥出熟酥，从熟酥出醍醐。醍醐最上。"载（北凉）天竺三藏昙无谶奉诏译：《大般涅槃经》卷第14《圣行品》第7之4，《乾隆大藏经·大乘涅槃部》，第0109部，第29册。故醍醐是从牛乳中提炼出的精髓物，当为凝脂状。

的凝脂状。在食器中盛满，满尖状露出的侧面形态，以其"智"甘露状、"胜妙"饮食状，应观想为较规则的等腰三角状。且因具重量下坠，应显现比等边三角形稍低的等腰三角形，下边稍长。

麦积山小像牌上朱砂书"唵哑吽"三字位置构成，呈下边稍长的等腰三角形，"唵"字据上尖处。这样安排，与瑜伽焰口施食仪中，对甘露食（或胜妙饮食）的观想（其中包含念诵唵哑吽）符合。

（五）老人回忆

这种像牌水陆画用于道场法事的情景，至今仍存在于民间记忆中。

麦积山下村中有老人[24]讲述，1949年3月他7岁，柳树发芽时节，母亲去世。他家即延请麦积山瑞应寺中的僧人在家里举办超度法事。屋内供桌上，或靠墙，或靠物，摆上一些小型彩绘佛教画像牌。供桌上还有临时用纸作的牌位，结合竹木细竿，插在斗中的粮食上，和尚在前念经几日。其中一天从黄昏到夜间，人们在屋前院子中，用方桌叠起蒙上白布为台，和尚升座于台上念经超度亡灵；另有和尚向空中撒食，让游散于野外的众鬼魂来食。此食品或撒食品的行为叫扬鬼食。此食品是用发面炒出来的，如花生粒。老人说，自己当时小，不懂事，还随其他小孩在地上抢捡。

这种小型施食度亡道场的撒食行为，类似瑜伽焰口施食道场的抛撒花米。明《修设瑜伽集要施食坛仪》在"大众同念尊胜咒"后载："……举往生咒一徧……师资同声诵尊胜咒。想彼成光明种，加持花米已，侍者以小楪取花米出外抛撒，师想鬼神等触此光明者，皆得往生极乐国土上品上生也。"清《瑜伽焰口注集纂要仪轨》在"尊胜咒"后载："……举往生咒三遍……谓侍者当取花米，俵与大众，俵已，师资同声，诵尊胜咒，想彼成光明种。加持花米已，侍者以小楪取花米，出外抛撒，师想鬼神等触此光者，皆得往生极乐国土，上品上生也。"清《修习瑜伽集要施食坛仪在"讽诵尊胜咒"后载："……举往生咒三遍……谓侍者当取花米俵已，师资同声，诵尊胜咒，想彼成光明种。加持花米已，侍者以小楪取花米，出外抛撒，师想鬼神等触此光者，皆得往生极乐世界上品上生也。"这里，花米为光明种，能令鬼神触此得往生西方。老人回忆中的扬鬼食，类似上述瑜伽焰口施食道场中抛撒的花米，或是花米的变通。

老人回忆中的黄昏到夜间的道场法事时间，也与瑜伽焰口施食坛运作时间一致。清《瑜伽焰口注集纂要仪轨》《修习瑜伽集要施食坛仪》两文开头均云："夫欲遍供普济者……准戌亥二时施之，饿鬼得食，施主获福。如过其时，于事

---

[24] 王全海，2018年时76周岁，甘肃省天水市麦积区麦积镇麦积村寨子下组居民。

无益，斯出本教……""戌亥二时"即现代计时的19~23时。因此，老人回忆中的为其亡母做法事并撒食的道场，或是小型瑜伽焰口施食道场。

老人所说屋内供桌上的小佛像牌，与本文所述麦积山瑞应寺旧藏的这些小像牌同类，佐证了这些小像牌可使用于小型瑜伽焰口施食道场，甚至当时就摆在如上述老人回忆的小型瑜伽焰口施食道场中。

四 组合

根据小像牌水陆画各堂内容，上述小型瑜伽焰口施食道场中，有法身毗卢佛的第3堂，应是最主尊部分；主尊为地藏菩萨的第4、5、6堂，应是主事部分；第1、2堂联合，代表诸佛菩萨诸天护法齐集，应是烘托部分。因此，此小型瑜伽焰口施食道场中，一般要有第3堂，第4、5、6堂中的任何一堂，第1、2堂。

依据发愿文，第1、2堂是配合使用的，但两堂的主尊释迦佛是重复的；胁侍的文殊菩萨、普贤菩萨亦是重复的；护法中的左侧韦陀和右侧护法亦是重复的。因此，有尊像重复的各堂，应均可组合在一起配合使用（重复有加强分量之感）。于是，第1、2、3、4、5、6各堂，虽内容有所重复，作为一个整体，可同时使用。

主尊同为地藏菩萨的第4、5、6堂，因各堂像牌的多少不同，可视场地大小等不同状况选取不同的组合形式。

如遇同时有多场小型瑜伽焰口施食法事，第4、5、6堂，除了留一堂与1、2、3堂配合外，其余两堂均可分出各组一场法事。其余两堂水陆画所缺毗卢佛主尊、诸佛菩萨诸天护法齐集部分，或可暂缺（仅在仪文的唱诵中出场），或可用此类内容的其他稍大水陆画临时充任，甚至如老人回忆那样用写有尊像名称的牌位临时充任。

这些小型水陆画中，地藏菩萨为主尊的堂，数量多，能分组，应为主要部分。甚至，由于分组而缺乏的最主尊和烘托部分，可能不必以绘画的形式出场（仅在仪文的唱诵中出场），故只要有1堂以地藏菩萨为主尊小型水陆画，就可形成水陆画形式的小型瑜伽焰口施食道场。如此，第6堂水陆画规模最小，只有1尊地藏菩萨像牌，据此堂所形成的小型瑜伽焰口施食道场规模最小。

五 结语

综上所述，麦积山瑞应寺旧藏的清代小型纸像牌水陆画，首先用于水陆画，如其第1、2堂可作为诸佛菩萨诸天护法齐集的堂，第3堂可作为法身毗卢佛为主尊的堂，甚至是地藏为主尊的第4、5、6堂作为圣众齐集的一部分也可加入任何水陆道场；又因其突出显示"唵哑吽"三字总持咒，可能主要用于小型瑜伽焰口施食道场。

又参考与小像牌水陆画关系密切的冥货文书、往生西方文书和麦积山下老人回忆，认识到此种小型瑜伽焰口施食道场，可能在特定时间，如丧期、鬼节，与冥货、往生西方文书的布施配合举行，用于追荐超度过世的亲属等亡故者。往生西方文书未见限定时间，故此种小型瑜伽焰口施食道场，也可能在其他时间举行。因其小型，可便于择时、择地（或寺院或家中庭院或其他便宜场所）单独举行，也便于加入到其他相关大道场中。

本文录自夏朗云：《麦积山瑞应寺藏清代小型纸像牌水陆画的用途》，《敦煌研究》2020年第2期。文字略修订，附图片。

北周佛像复古因素
——以麦积山石窟为例

我们多从正面论述北周佛像的造型,很少提及复古。麦积山石窟主要洞窟中较大的主尊佛,西魏时流行褒衣博带的双领下垂式袈裟,至北周时变为流行稍紧身的袈裟,似非偶然,或是有意识地学习麦积山石窟更为早期佛像那种紧身袈裟古风的结果。因此,北周佛像似有复古因素。

一 北周佛像复古的一种表现

第一,以稍紧身的半袒祖式袈裟,如麦积山石窟第4窟第3龛北周主尊佛[1]袈裟(表层有重修,图1),代替褒衣博带的双领下垂式袈裟,如麦积山石窟第

图1 第4窟第3龛北周主尊坐佛

---

[1] 第4窟学术界基本公认为北周窟,在此基础上,笔者判断第4窟为北周皇家洞窟。参见本书《麦积山石窟第4窟散花楼与北周闵帝明帝武帝和王父宇文泰》。第4窟第3龛主尊佛底层是北周造像,表层被宋代重修。

135窟西魏石立佛[2]袈裟（图2），向更早期佛像袈裟，如麦积山石窟第78窟北魏早期佛像[3]半裼袒式袈裟（图3）的较紧身风格回复。

图2　第135窟所存原第133窟西魏主尊立佛

图3　第78窟北魏早期主尊坐佛

第二，此北周佛像的头部及面庞，已不要求如同北魏到西魏持续流行的秀骨清像，而向更早期佛像头部及面庞的较圆和丰硕形态回复。

第三，在体格上，北周佛像一改西魏薄体、细颈的特点，向更为早期佛像的壮实形态回复。

二　北周佛像以复古因素为借鉴而创新

有复古因素的北周佛像并没有完全复古，而是在借助古代因素的时候，即通过复古寻找着自我。主要表现在：

第一，北周佛像袈裟的半裼袒式，虽有稍密的衣纹，表现出贴附于身体的

---

[2] 第135窟石立佛背后的题记"乙"字，应为西魏乙弗氏的标志，判断第135窟石立佛为西魏佛像，并且原为第133窟中的主尊立佛。参见本书《麦积山石窟第133窟与西魏乙弗氏寂陵》。

[3] 第78窟"现存塑像不应是开窟时原塑，而是（北魏早期）仇池镇供养人重塑的，是重塑性质的重修塑像。"夏朗云：《麦积山石窟考古断代研究——后秦开窟新证》，第21页，兰州：甘肃人民出版社，2010年。

特点[4]，但相对于麦积山石窟第78窟北魏早期佛像着装，对贴附形式与衣纹的处理更为简朴而庄重。

第二，北周佛像的头部及面庞不但较圆和丰硕，其肉髻和五官表现得更为含蓄，使得佛像整体配置更显圆润，形成珠圆玉润的北周风格。

第三，北周佛像的体格，在早期佛像壮实的体格上融入时代审美情趣，形成较为端正敦实且上身较长的特点。

北周佛像的塑造，借鉴了更为早期佛像的某些因素而又有所创新，使得北周佛像以自己的风格显现于世。北周佛像吸收了早期的半偏袒因素，也吸收了褒衣博带双领袈裟的下垂感因素和规整的雕塑手法，融入写实成分，形成全新的质朴稳重的造型风格。这也透露了隋唐佛像走向雍容大度的些许消息。

三　北周佛像出现复古因素的政治宗教契机

《周书》载，北周太祖、文帝宇文泰[5]"恒以反风俗，复古始为心"[6]。具体表现在："魏恭帝三年春正月丁丑，初行周礼，建六官……太祖以汉魏官繁，思革前弊。大统中，乃命苏绰、卢辩依周制改创其事……"[7]

周文帝宇文泰身在西魏时便倡导复古，北周王朝继承太祖遗志[8]建国，更是复古，北周国名周也应该是当时（西魏）复古政治的产物。

从周文帝宇文泰的复古内容看，是为了治理国家而推崇儒教正统的表现。而周文帝宇文泰本人"性好朴素，不尚虚饰"[9]，也正合儒家的以仁义、仁政等王道所要求的简朴、诚实、中庸的实践规范。

《周书》载周明帝宇文毓"宽仁远度……礼貌功臣，敦睦九族，率由恭俭，崇尚文儒，亹亹焉其有君人之德矣"[10]。且遗诏自谓："禀生俭素，非能力行菲

---

[4]　第4窟第3龛主尊佛右膝处，可见底层北周佛像的贴体样衣纹。
[5]　"冬十月乙亥，崩于云阳宫，还长安发丧。时年五十二。甲申，葬于成陵，谥曰文公。孝闵帝受禅，追尊为文王，庙曰太祖。武成元年，追尊为文皇帝。"（唐）令狐德棻：《周书》卷2《帝纪》第2《文帝》下，第37页，北京：中华书局，1971年。
[6]　"性好朴素，不尚虚饰，恒以反风俗，复古始为心。"（唐）令狐德棻：《周书》卷2《帝纪》第2《文帝》下，第37页，北京：中华书局，1971年。
[7]　（唐）令狐德棻：《周书》卷2《帝纪》第2《文帝》下，第36页，北京：中华书局，1971年。
[8]　明帝遗诏："公卿大臣等……勿忘太祖遗志。"、武帝遗诏："今上不负太祖，下无失为臣。"（唐）令狐德棻：《周书》卷4《帝纪》第4《明帝》，第59页；《周书》卷6《帝纪》第6《武帝》，第106、107页，北京：中华书局，1971年。
[9]　（唐）令狐德棻：《周书》卷2《帝纪》第2《文帝》下，第37页，北京：中华书局，1971年。
[10]　（唐）令狐德棻：《周书》卷4《帝纪》第4《明帝》，第61页，北京：中华书局，1971年。

薄。每寝大布之被，服大帛之衣。凡是器用，皆无雕刻……丧事所须，务从俭约，敛以时服，勿使有金玉之饰，若以不可阙，皆令用瓦……葬日，选择不毛之地，因地势为坟，勿封勿树。且厚葬伤生，圣人所诫，朕既服膺圣人之教，安敢违之。"[11]

《周书》载周武帝宇文邕："（天和元年）五月庚辰，帝御正武殿，集群臣亲讲（儒家经典）《礼记》。"[12]"（天和）三年……八月……癸酉，帝御大德殿，集百僚及沙门，道士等亲讲（儒家经典）《礼记》。"[13]"（建德二年）十二月癸巳，集群臣及沙门，道士等，帝升高座，辨释三教先后，以儒教为先……"（建德）三年春曾诏所在军民"务从节俭"[14]。又遗诏曰："朕平生居处，每存菲薄，非直以训子孙，亦乃本心所好。丧事资用，须使俭而合礼，墓而不坟，自古通典。"又载："（周武帝）身衣布袍，寝布被，无金宝之饰，诸宫殿华绮者，皆撤毁之，改为土阶数尺，不施栏棋。其雕文刻镂，锦绣纂组，一皆禁断。"[15]"居处同匹夫之俭。"[16]

这说明北周皇帝也继承周文帝，以古圣人教导作为行为规范，崇儒、尚朴。上行下效，当时的上层建筑各领域必定受到很大影响，披着复古的外衣，崇儒、尚朴，[17]当时的佛教艺术也应不例外。

周武帝宇文邕亲为沙门、道士讲《礼记》，并以儒教为先，是崇儒的直接行动（乃至发展到后来的禁断佛、道二教[18]），之前文帝宇文泰、明帝宇文毓崇儒、尚朴的行动，肯定对其他宗教已有深刻的间接影响了。那么，佛像艺术又是如何适应这种形势呢？除了尚朴，别无他途。

北周佛像是如何尚朴的呢？当然不能再去继承已被视为"寺宇壮丽，损费金碧，王公相竟，侵渔百姓"[19]的北魏以来佛教艺术。但又无现成的、符合尚朴审美标准的标准模式，于是佛教工匠如同政治家一样，把目光投向古代，表现在麦积山石窟上就是把目光投向最早期的如第78窟等北魏早期佛像，把古风佛像拿来为己所用，北周佛像尚朴复古便发生了。

---

[11]（唐）令狐德棻：《周书》卷4《帝纪》第4《明帝》，第60页，北京：中华书局，1971年。

[12]（唐）令狐德棻：《周书》卷5《帝纪》第5《武帝》上，第72页，北京：中华书局，1971年。

[13]（唐）令狐德棻：《周书》卷5《帝纪》第5《武帝》上，第75页，北京：中华书局，1971年。

[14]（唐）令狐德棻：《周书》卷5《帝纪》第5《武帝》上，第83页，北京：中华书局，1971年。

[15]（唐）令狐德棻：《周书》卷6《帝纪》第6《武帝》下，第107页，北京：中华书局，1971年。

[16]（唐）令狐德棻：《周书》卷6《帝纪》第6《武帝》下，第108页，北京：中华书局，1971年。

[17] 如文学、书法、绘画等均有追求古朴者，此不详论。

[18] "建德三年（574年）五月……初断佛、道二教，经像悉毁，罢沙门、道士，并令还民。"（唐）令狐德棻：《周书》卷5《帝纪》第5《武帝》上，第85页，北京：中华书局，1971年。

[19]（唐）西明寺沙门释道宣撰：《广弘明集》卷第6《辩惑篇》第2之2《列代王臣滞惑解》上，《阳衒之》，电子佛典。

四 对北周佛像复古因素的历史简评

总的来看，历史上任何变革都是生产力同生产关系、经济基础同上层建筑的矛盾所推动的。历史长河中，北周佛像出现复古因素只是一朵小的浪花。但对它的考察可以有助于我们对当时社会基本矛盾的了解，更直接有助于我们对当时佛教艺术中其他方面复古因素的认识，因为佛像是佛教艺术中的典型代表。

从某些艺术因素看，北周佛像复古因素较明显，但历史是前进的，历史某阶段的艺术品是该时代诸方面因素的综合反映，不是简单地重复过去。所谓复古佛像有古代的成分，也应有创新成分。这时，北周佛像的体格较敦实、端正、面容较憨厚、含蓄、裂裟不过分夸张，而求合乎正本清源的正宗的穿着规制，同时求得了端庄、合体、简朴新面貌。虽然有循规蹈矩般的不成熟，但北周佛像所追求的气质是新的，是代表先进潮流的。因此，从历史发展看，北周佛像的复古应是一种表面上的复古，是托古改制，是否定之否定的上升。可以说，没有北周佛像的这种复古就不会有北周佛像的创新。如果不了解北周佛像的这种复古与创新的辩证关系，那么对北周乃至以后隋唐佛像风格产生变化的来龙去脉的认识也就失之浅显。

> 本文录自夏朗云：《北周佛像复古因素小考——以麦积山石窟为例》，载甘肃省历史学会、庆阳地区志编委会、西北师范大学历史系编《史学论丛》第8集，兰州：兰州大学出版社，1998年。正文及注释有修订，附图片。

释"天雄赫瀛"

附：有关题记订正

麦积山第4窟（散花楼、上七佛阁）第4龛，为最中间的帐形龛，龛口外龛楣上方有1摩崖石灰质匾额，方形，阴刻竖排2行"麦积奇观"四字，正楷，融合欧、柳、赵笔意，庄正典雅。右侧阴刻竖排楷书款曰"天雄赫瀛书"（图1）。

相关资料记载如下：

1. 《中国人名大辞典》[1]："赫瀛，河南浚县人。明万历进士。为苏州推官，迁御史，官至大理寺丞。居官清要，巡方所至，弹劾不避权贵。"

2. 《中国古今地名大辞典》[2]"浚县"条云："……汉置黎阳，宋以县置浚州……"浚县在唐称黎阳县。

3. 《新唐书·地理志》："卫州汲郡……县五……卫、共新、新乡、黎阳。"浚县在唐属卫州。[3]

图1 "麦积奇观"匾额及其"天雄赫瀛"落款

---

[1] 臧励龢等编：《中国人名大辞典》，第1387页，上海：商务印书馆，1940年。
[2] 臧励龢等编：《中国古今地名大辞典》，第1282页，上海：商务印书馆，民国19年（1930年）。
[3] （宋）欧阳修撰：《唐书》卷39《志》第29《地理志》，第15页，《钦定四库全书》史部1。

4.《新唐书·方镇表·魏博》:"广德十一年,魏博节度使增领卫、相、洺、贝四州。"[4]卫州唐时属魏博节度。

5.《资治通鉴·唐广德二年》:"乙卯……魏博节度使田承嗣奏名所管曰天雄军,从之。"[5]《旧唐书·武宗纪》:"会昌元年六月……制以魏博兵马留后何重霸检校工部尚书、魏州大都督府长史、充天雄军节度使。"[6]《新唐书·方镇表》:"天祐元年,赐魏博节度号天雄军节度。"[7]魏博在广德、会昌时,所管兵马等为"天雄军",天祐时"魏博节度"曾被正式赐号"天雄军节度"。浚县在唐时属于天雄军管辖,故有"天雄赫瀛"之辞。按,天雄军号并无特别,赫瀛何独以此天雄自冠?

6.《中国古今地名大辞典》"天水"县条云:"……晋为天水郡治,秦州亦治此,宋移成纪……"[8]麦积山所在之天水,古属秦州。

7.《新唐书·方镇表》载:"大中三年(849年),升秦州防御守捉使为秦、成两州经略,天雄军使。""咸通五年(864年),升秦成两州经略,天雄军使为天雄军节度、观察、处置、营田、押蕃落等使,增领阶州。"[9]唐代在秦州曾另设天雄军,秦州属于天雄军管辖。

8.《新五代史·职方考·谱》:"秦(州):岐,雄武(军);蜀,天雄(军)。"[10]秦州在五代时仍设天雄军,秦州属于天雄军管辖。

以上可知,"天雄"一词双关,可指浚县,亦可指秦州。赫瀛于此故意用之,为把家乡和麦积山联系起来,仿佛此地是第二故乡,表达了对麦积奇观的热爱之情。

《中国古今地名大辞典》[11]"天雄军"条只称魏博,无秦州内容,缺漏。

附:有关题记订正

"麦积奇观"匾额未署年月日。其右(西)侧下方裸石壁面上,有一小块方形白色石灰质泥皮,泥皮上的右侧一行竖排小楷墨书:"大明万历十年七月二十八日新建刊字记。"(图2、3)

---

[4] (宋)欧阳修撰:《唐书》卷66《表》第4《方镇表》,第9页,《钦定四库全书》史部1。
[5] (宋)司马光撰:《资治通鉴》卷223《唐纪》39《代宗睿文孝武皇帝》上之下,第19页,《钦定四库全书》史部2。
[6] (后晋)刘昫等奉勅撰:《旧唐书》卷18上《本纪》第18上《武宗》,第6页,《钦定四库全书》史部1。
[7] (宋)欧阳修撰:《唐书》卷66《表》第6《方镇表》,第19页,《钦定四库全书》史部1。
[8] 同注[2]。
[9] (宋)欧阳修撰:《唐书》卷67《表》第7《方镇表》,第15、17页,《钦定四库全书》史部1。
[10] (宋)欧阳修撰:《五代史》《考》卷60《职方考》第3《谱》,第7页,《钦定四库全书》史部1。
[11] 同注[2]。

图2 "麦积奇观"匾额与右侧泥皮

麦积山勘察团《麦积山石窟内容总录》[12]于此处录作："大明万历十年七月二十八日新建刊字这。"又曰："此似为发愿文之类，此为最后一行，前数行似为刀刻划者，现已不清。"谬。

此墨书小楷题记的最后一字，并非"這（这）"字，实为"莒"字，应为"记"之异体。此为一句完整的表示刊刻时间的话。泥皮上并无前面数行字的痕迹，只留有空白，欲写而终未写，不存在发愿文。

墨书小楷题记所在的石灰质泥皮，与其左（东）上侧的"麦积奇观"匾额属于同一质地，周围并无其他别物与此泥皮有关系。显然，此题记原与"麦积奇观"匾额一体同层，同时所造。题记指"麦积奇观"石灰质匾额，刊刻于明万历十年（1582年）七月二十八日。

图3 小楷墨书题记

本文录自夏阳（夏朗云）：《释天雄赫瀛》，载麦积山石窟艺术研究所编《石窟艺术》，西安：陕西人民出版社，1990年。正文有修订，增加了注释、图片。

---

[12] 麦积山勘察团：《麦积山石窟内容总录》，《文物参考资料》1954年第2期。

摩崖题刻"麦积山"

在麦积山东崖面上第11窟左侧,距地坪大约8米高的位置,竖刻有3个阴刻摩崖大字"麦积山",旁无其他字。"麦"字稍大,宽0.88米,高1.10米;三字所占高度为3.15米。70年代末至80年代初麦积山维修加固工程,将此三字围框在一个由钢筋水泥材料所形成的凹槽中,槽框宽约1.15米,高约4.10米(图1)。

最早研究麦积山石窟的学者之一冯国瑞先生,民国30年(1941年)撰《麦积山石窟志》,第八章"六朝唐宋明人之摩崖"将"麦积山"摩崖题刻按时代顺序列于首位:"三字在东阁大佛像之前面,与崖石同色,久视乃辨,苍古俊逸,为北魏书风……当出西魏或北周人手笔……"[1] 但其以后各类文章均未曾提及此字。冯先生对此没做详细论证,还是一种推测,其他文章亦均未提及,可见未被学术界普遍认同,故笔者可做进一步考察。

此"麦积山"三字为工整楷书,表面光润,似为明清时馆阁体。通过对比,此三字与麦积山石窟第4窟中龛摩崖匾额中"麦积奇观"四字(图2)风格一致。尤其此"麦积"与彼"麦积"两字除技术性大小和笔画细处变化外,艺术风格相同,当出于同一人之手。

图1 摩崖题刻"麦积山"

"麦积奇观"四字落款为"天雄赫瀛书"。冯国瑞《麦积山石窟志》论曰:"四字在七佛阁(第4窟)中间……旁题天雄赫瀛书,不审何代人也。"但根据《麦积山石窟志》把"麦积奇观"摩崖题刻排列在唐代以前的顺序,以及认为四字"书法挺劲如《始平公》[2]"的评价,可知他倾向于把"天雄赫瀛"时代定为

---

[1] 冯国瑞:《麦积山石窟志》,天水:陇南丛书编印社,民国30年(1941年);后载于冯国瑞著,张克源、冯晨校注:《麦积山石窟志校注》,第37页,北京:中国文史出版社,2015年。

[2] 北魏著名碑刻《始平公造像记》,全称《比丘慧成为亡父洛州刺史始平公造像题记》,龙门石窟造像题记之一,北魏太和年间(477~499年)刻于洛阳龙门石窟古阳洞北壁。

图2 "麦积奇观"匾额

唐以前甚至北朝时期。

《石窟艺术》所载《释"天雄赫瀛"》考证，天雄为地名，赫瀛为书写者。赫瀛是明朝万历进士，曾官至大理寺丞，巡方所至，弹劾不避权贵。"麦积奇观"四字刊刻于明万历十年（1582年）七月二十八日。[3]

因此，摩崖石刻"麦积山"的书写者为明朝万历年间的官员赫瀛，它的书写和刻石也很有可能与"麦积奇观"的书写刊刻同在1582年，至少相隔时间不久。"麦积奇观"既然有了落款，麦积山相同的落款也就可以免了。

对摩崖题刻"麦积山"还可有如下看法。

第一，明朝馆阁体书法盛行，故"麦积山""麦积奇观"两刻书风应可归入馆阁体。赫瀛居官严肃，其书体刚毅清正的骨力感比较强；加之这些字刻于壁面的金石效果，也难怪冯国瑞先生在粗粗远观中将其误认为北魏风格。

第二，今麦积山在五代以前（包括五代）曾被称作麦积崖，而麦积山指的是广大山区的概念。[4]宋代以来，才逐渐被称作麦积山。麦积山自宋代才由大山区概念变为小麦积崖的概念了。此明代"麦积山"摩崖题刻，正是这种变化的反映。因为它刊刻于崖上，故向世人具体而醒目地表明，麦积崖可称之为麦积山。

第三，麦积山石窟在明朝时曾被零星地重修过，此"麦积山"摩崖石刻，当属这些重修工作的一部分。虽然其时代不是冯国瑞先生所期望的那样早，它却填补了麦积山石窟自开创以来没有标志性名称摩崖题刻的空白。

本文录自夏朗云：《摩崖题刻"麦积山"考》，载甘肃省历史学会、张掖地区地方史志学会编《史学论丛》第9集，兰州：甘肃文化出版社，2000年。正文及注释有修订，附图片。

---

[3] 夏朗云：《释"天雄赫瀛"》，载麦积山石窟艺术研究所编：《石窟艺术》，第94~95页，西安：陕西人民出版社，1990年。亦载于本书。

[4] "麦积山……五百里冈峦，麦积（崖）处其半。"（五代）王仁裕：《玉堂闲话》，载（宋）李昉等《太平广记》卷第397《山（溪附）·麦积山》，第3181页，北京：中华书局，1995年。

"是无等等"今解

麦积山第4窟（散花楼、上七佛阁）第4龛是中间龛，龛口外龛楣上悬挂一块木质匾额。木质已轻微开裂。横长方形，四周镶饰镂空云龙、花草图案：上缘为二龙戏珠图案，其间穿插花卉；左、右缘各雕一龙穿行于花草间；下缘雕折枝莲花。

匾额正面，以木钉固定4个横列木片状的行书字："是无等等"（图1）。左侧上款，竖排双勾阴刻楷书："……八日吉旦。"右侧下款，竖排双勾阴刻楷书："……人王予望敬题。"（图2）下款之右下侧，竖刻有两方阳文印："绣佛头陀""陇西荷泽"（图3）。

故知，此匾额为清代王予望（王了望）所书。王予望，字荷泽，号绣佛头陀，陇西人，诗人、书法家[1]。

图1 "是无等等"匾额

---

[1] "王公原名家柱……后改名予望，字胜用，一字荷泽，号绣佛头陀，甘肃巩昌陇西人……其于诗，天分特高，生气欲飞……平生周游南北……至今藏数行书者，珍为拱璧云。"（清）吴之珽：《王荷泽先生传》，载氏著《襄武人物传》；载于赵正《王了望书法研究》，第24页，兰州：甘肃人民美术出版社，1995年。"予望"草书连体签名似"了望"，故世人多俗称"王予望"为"王了望"。

图2 王予望落款残迹

以前，讲解员曾因不知"是无等等"的出处，又受某些游人猜测的影响，故讲解时给出一种说法，此四字是一句富有辩证法思想的语言，所谓"是"与"无"是对立统一的，世界万事万物"等等"莫非如此，认为可作为一句格言或座右铭。

但古人所书，往往依典少杜撰，且悬于寺中，必与佛有关。

四字应源于佛典《般若波罗蜜多心经》，其辞云："故曰般若波罗蜜多是大神咒，是大明咒，是无上咒，是无等等咒，能除一切苦……"[2]依语意，"无等等"如同"大神""大明""无上"一样是形容词。又按《佛学大辞典》[3]"无等等咒"条云："般若波罗蜜多咒，四名之一。此咒独绝无伦，故曰无等等咒。无等等者，无等无等也。"故知，"是无等等"应解释为"是至高无上，无与伦比"之义。悬于高处的佛龛上，应表示龛中之主尊佛与佛法甚至麦积山石窟中最高大壮丽的第4窟（七佛龛、散花楼）是无与伦比的。因此"是无等等"四字是独特的极端用语，只适合用于宗教，不适合悬于人居之处。

此"是无等等"匾额上的四字，还有一个独特处。它不像普通匾额中的大字那样，被直接镌刻在匾面上，以求浑然一体的牢固，然后上彩以求辉煌，而是沿字的边缘从厚木片上被锯下，然后以木钉钉于匾额的空白板面上。

虽然此匾的其他部分曾施以鲜明的色彩，但"是无等等"四字上仍为墨迹。麦积山石窟艺术研究所李西民先生介绍，研究所已故老先生县瑄，在文保措施尚未规范化的20世纪60年代，为求醒目，以利照相，曾以墨描润此"是无等等"，想必以前此字上曾留有清代墨痕。在《中华名匾》所收匾额中，此种对字的工艺处理，仅此"是无等等"[4]一例。

观王予望的此"是无等等"书法，宗二王（王羲之、王献之），尤得力于王献之，并参以雄强之风，大异于当时流行的馆阁体之丰圆体态，有高蹈出世之凌厉、仙风道骨之容姿。因此，常规的镌刻似乎有损于它的神韵，会束缚它奇

---

[2]（唐）三藏法师玄奘译：《般若波罗蜜多心经》，电子佛典。
[3] 丁福保编纂：《佛学大辞典》，第1093页，北京：文物出版社，1984年。
[4] 林声主编：《中华名匾》，第446页，沈阳：辽宁人民出版社，1992年。

险的标格，而厚木片形字凸出于匾额，得体积，有棱角，富动感，则能较好地保存其突出的个性。这是古人的匠心独运，应是出于对王予望书法的深刻理解，甚或出于王予望本人的直接策划。

图3 "绣佛头陀"（上）和"陇西荷泽"（下）印章

此四字上着墨，也应是出于保存书法风貌的考虑，故不排除是王予望真迹的可能。可以想象此四字的产生：王予望在厚木片上大笔挥洒"是无等等"，然后由工匠依字形，小心翼翼地沿其边缘一一锯下，再以木钉上匾。

麦积山散花楼上的"是无等等"四字，内涵示佛教的崇高，书法以及以真迹表现在匾额上的特殊工艺，展现了书写者郁勃的心画。在众多的佛学词汇中，王予望选择"是无等等"奋笔疾书，是对佛、佛法和麦积山石窟艺术的崇高褒扬。

> 本文录自夏阳（夏朗云）：《"是无等等"匾额说明》，载林声主编《中华名匾》，沈阳：辽宁人民出版社，1992年。正文有修订，增加了注释，补充了图片。

金刚台·紫金台·金台
——由大足石窟到麦积山石窟再到单铺背屏式造像的观察

一 大佛湾第5窟三大立像形态略述

大足石窟宝顶山大佛湾造像，为南宋淳熙至淳祐年间（1174～1252年）所开凿[1]。其第5窟三大立像（图1）位于南岩东段，高6米多，为大佛湾代表作品之一，但无古代题记表明此三大立像的身份。

图1 宝顶山大佛湾三大立像

---

[1] ①"宝顶造像为南宋大足人赵智凤一手所经营，历数十年，未竟全功而殁。"杨家骆：《大足宝顶区石刻记略》，载世界学院中国学典馆、大足石刻考察团《考察记略》之二，上海：《文物周刊》1947年第21期；后载于刘长久、胡文和、刘永翘编著《大足石刻研究》上编，第25页，成都：四川省社会科学院出版社，1985年。②"1174～1252年，淳熙至淳祐年间。铸造宝顶山摩崖造像，主持僧赵智凤。"邓之金：《大足石刻年表》，载重庆大足石刻艺术博物馆、大足县文物保管所《大足石刻研究文集》，第395页，重庆：重庆出版社，1993年。③"（宝顶山大佛湾第5窟）年代，南宋淳熙至淳祐年间（1174～1252年）。"载大足石刻研究院编、黎方银主编《大足石刻全集》第7卷《宝顶山大佛湾石窟15～32号考古报告》上册"附录·宝顶山大佛湾石窟造像一览表"，第429页，重庆：重庆出版社，2018年。

中立大像，螺发，低圆肉髻，前露肉髻珠，着双领下垂式袈裟，为立佛。双手结印于腹前，左手掌心向右前方仰掌，右手掌心基本向正前方仰掌，手指为半握半舒展状。

左、右[2]两大立像，各戴七化佛冠，冠下额头处，露出分绺状向上梳理的长发，着双领下垂式袈裟。因为额头长发，应梳理向头上方，于顶部结发髻，其形象应为立菩萨。两菩萨双手各执持一塔形建筑物。

左菩萨所执塔形建筑物（图2），平面正六边形，其基座呈现3层高基座状（中层为莲花状，其他正六边状），基座以上的主体部分为单层六柱的六角亭状。六角攒尖顶盖上有较高耸的装饰。六角柱后有回廊，回廊围绕中间的正六棱柱。故主体方面的每面两柱间为敞开状。每两柱间回廊中有一立佛，立佛头光为浮雕凸起状。顶盖上的装饰呈现为，莲台托八角座上加三层叠置的宝瓶葫芦状相轮。

右菩萨所持塔形建筑物（图3），平面正方形，七层高楼阁状，基座不突出，四角攒尖顶盖上的装饰稍低。每层四面，每面为封闭状，设中圆门（或龛）和左右窗。圆门（或龛）内有一坐佛，坐佛头光无明显浮雕状凸起。顶盖上的装饰为，分瓣状坐垫上有两层叠置的宝瓶葫芦状相轮。

图2　左大立菩萨所持塔形建筑物（金刚台）　　图3　右大立菩萨所持塔形建筑物（紫金台）

---

[2]　"左右"，指主尊佛自身的左右。

三大立像各立于莲台上，背后壁面及莲台下雕刻有云纹，再下基座部分所雕刻石纹的中部也有云纹。

右菩萨像莲座前下方，雕刻一蹲跪状狮子，头顶着供养物（图4），未与莲台下的一圈云纹接触。此狮身材上窄下宽，肥臀扭腰，腹下未见雄性特征，亦无雄狮宽肩瘦臀的威猛状，应是雌狮。虽然雄狮有长鬃毛、雌狮基本无长鬃毛，但宋代雕塑的雌狮已有长鬃毛，如麦积山石窟第191窟右侧宋代泥塑雌狮[3]，已雕有长鬃毛；此右侧雌狮对应的左侧是长鬃毛的雄狮。又明清故宫狮子雕塑中，雌狮雕塑[4]也有长鬃毛。大佛湾南宋石雕狮子，尽管有长鬃毛，亦是雌狮[5]。

左菩萨像莲座前下方，雕刻一兽，残损，曾被认为是狮子[6]。现据右侧雌狮，判断此左兽为雄狮。

图4　3大立像前右下的供养雌狮

三大立像背后，于云气缭绕壁面上凿有众多小圆龛，每龛一身坐像。少数坐像的面部隐于云气未显露；大多数为露面者，为80身坐佛和1身着袈裟佛衣并披卷发的尊者，共81身。

---

[3]　此狮有明显的雌性生殖器。

[4]　多以足抚按幼狮的姿态，表示为雌狮。雄狮多为玩绣球状。

[5]　黎方银主编，大足石刻研究院编：《大足石刻全集》第6卷《宝顶山大佛湾石窟1~14号考古报告》上册，第6节，"第5号"，第110页，重庆：重庆出版社，2018年。描述此狮"身前"的"绣球"，原应为雌狮浑圆的左后腿膝盖部分。左后腿膝盖部分，经后人刻画出绣球般花纹，但不规范，且未刻全，稍显随意。如果原是绣球，则其左后腿就没有位置安放了，不符合力学原理。且雌狮正全心恭敬，注意力向上供养，不应出现于身前玩绣球的小动作，否则会有不恭之感，南宋开窟时，不会设计这样玩绣球的小动作。雌狮原着披巾，下绕左膝，并不是《大足石刻全集》所谓"绣球"上所"系"的"飘带"。故此狮并不是玩绣球的雄狮，而是正在上供的雌狮。

[6]　"（左右大立菩萨身前下方）各刻有一狮.跪顶供盘。右边（即本文的左边）狮所顶供盘已残。"李永翘、胡文和执笔：《大足石刻内容总录》，载刘长久、胡文和、李永翘编著《大足石刻研究》下编，第470页，成都：四川省社会科学院出版社，1985年。

二 大佛湾第5窟三大立像以往各时段的定名

1945年，吴显齐记录[7]三大立像为"三世佛（现代佛、过去佛、未来佛）"[8]。无论证。

1947年，杨家骆记录三大立像为"三世佛"[9]。亦无论证。

1955年，陈习删记录三大立像为"三世佛"，并补充："此部造像，阐明法身佛所说之义"，"左右两像皆戴天冠，一捧宝塔，一捧金刚台"[10]。三大像中，右像所持的七层方状塔形建筑物，主体较高、较挺拔，应就是陈习删认为的宝塔。左像所持单层六棱塔形建筑物，因主体较宽、较稳定，应为金刚台。中间主尊佛为释迦佛，左右胁侍两像为戴天冠的过去、未来佛。但按形象，左右胁侍两像，应是菩萨而非佛。过去菩萨持塔、未来菩萨持金刚台的形象，陈习删并无论证。故三大像为三世佛的观点，未被普遍接受。虽然三世佛与金刚台的关系较远，但陈习删并未放弃记载金刚台。故，此金刚台记录，或是他偶闻的一种流传说法的真实记录。

1980年，大足县文物保管所记录三大立像为华严三圣[11]（毗卢佛、文殊菩萨、普贤菩萨[12]）。但无论证。

1985年，李永翘、胡文和记录三大立像为华严三圣，照录了陈习删的"此部造像，阐明法身佛所说之义"原文，将中间主尊佛记录为法身佛（毗卢

---

[7] 吴显齐：《介绍大足石刻及其文化评价》，《新中华》复刊3卷7期（罗斯福纪念号），1945年。后载于刘长久、胡文和、刘永翘编著《大足石刻研究》上编，第33页，成都：四川省社会科学院出版社，1985年。

[8] "三世佛：（名数）三世者，过去现在未来也。过去佛，为迦叶诸佛。现在佛，为释迦牟尼佛。未来佛，为弥勒诸佛。此即佛经所云三世诸佛也。"丁福保编纂：《佛学大辞典》，第146页，北京：文物出版社，1984年。

[9] 杨家骆：《大足宝顶区石刻记略》，载世界学院中国学典馆、大足石刻考察团《考察记略》之二，《文物周刊》1947年第21期。后载于刘长久、胡文和、刘永翘编著《大足石刻研究》上编，第26页，成都：四川省社会科学院出版社，1985年。

[10] 陈习删：《大足石刻志略》，1955年油印本。后载于刘长久、胡文和、刘永翘编著《大足石刻研究》中编，第281、355页，成都：四川省社会科学院出版社，1985年。

[11] 大足县文物保管所：《大足北山和宝顶山摩崖造像》，《文物》1980年第1期。

[12] "华严三圣：（名数）一、毗卢舍那佛，理智完备。二、文殊菩萨，主智门，位于佛之左位。三、普贤菩萨，主理门，位于佛之右位。转之而右为智，左为理时，则示理智之涉入，胎藏界曼陀罗之意也。""华严三圣：（术语）毗卢舍那佛为中尊，普贤文殊二菩萨为左右之胁士。"丁福保编纂：《佛学大辞典》，第169、1052页，北京：文物出版社，1984年。

佛）。[13]并第一次提出定名为"华严三圣"的依据，是陈习删所提到的"法身佛"；但对于两胁侍菩萨所捧持的塔状建筑物，则泛泛地称左者为"舍利塔"、右者为"七重宝塔"，却无此两塔的论证。

1986年，段玉明提出"关于此三尊佛像的命名，定为华严三圣"以后，即有学者表示异议。1986年4月在大足召开的第二届大足石刻讨论会上，命名问题再次提了出来。部分学者认为：此三尊佛像应定名为西方三圣[14]。其主要理由：（1）阿弥陀佛中立，两边分别为观音与大势至。背壁81个小圆龛内的81尊坐佛，为诸天之神齐来迎接。整龛造像正好是迎人上西天的瞬间图景。（2）迎面右像（即本文左像）所捧金刚座（即陈习删所记金刚台），为西方三圣所有[15]，非华严三圣之物……另一部分学者却坚持认为……既然（大佛湾第18窟[16]）已有观无量寿佛经变相龛，（于大佛湾第5窟）再造（观无量寿佛经变相内容的）西方三圣似与情理不合……由于西方三圣派的证据不足，华严三圣派的观点遂占了上风。"[17]这时（1986年4月），有学者已注意到，因左像执有金刚台，认为3大立像为西方三圣，只是缺乏论证，未能改变华严三圣的定名。

1988年，段玉明质疑华严三圣的定名，说"很难见到捧舍利宝塔、托七重宝塔的文殊、普贤……宝顶华严三圣很可能为横三世佛之误。"认为应定名三大立像为"横三世佛（中间释迦佛、东方药师佛、西方阿弥陀佛）"。[18]但按上文三大立像的状态看，其左右大立像，是菩萨而非佛，故其观点也难以成立。

2007年，陈清香："以释迦为主尊的华严三圣……此种三圣像，最具代表者，便是宝顶山5号摩崖石窟华严三圣像……是释迦五时说法最高极致，也将整个宝顶山石窟化成了华藏世界海……其中，文殊普贤手托重逾千斤的宝塔……宝塔，在印度原是供养佛舍利的所在地，后引申为佛的法身……法身也是充满法界的。"[19]认为应定名三大立像为"释迦为主尊的华严三圣"。但未结

---

[13] 李永翘、胡文和执笔：《大足石刻内容总录》，载刘长久、胡文和、李永翘编著《大足石刻研究》，第470页下编，成都：四川省社会科学院出版社，1985年。

[14] "说是语时，无量寿佛（阿弥陀佛）住立空中，观世音、大势至是二大士（菩萨），侍立左右，光明炽盛，不可具见，百千阎浮檀金色，不得为比。"（南朝宋）畺良耶舍译：《佛说观无量寿佛经》，电子佛典。

[15] "金刚台：（物名）由金刚而成之台座也。《（佛说）观无量寿（佛）经》曰：'观世音菩萨执金刚台，与大势至菩萨至行者前。'"丁福保编纂：《佛学大辞典》，第661页，北京：文物出版社，1984年。

[16] 位于大佛湾北岩西段。

[17] 段玉明：《大足宝顶山大佛湾"华严三圣"质疑》，《四川文物》1988年第6期，第56~57页。

[18] 同注[17]。

[19] 陈清香：《大足石窟中的华严思想提要》，载重庆大足石刻艺术博物馆编《2005年重庆大足石刻国际学术研讨会论文集》，第282、283页，北京：文物出版社，2007年

合两菩萨所持塔的不同，做详细论证。

2009年，胡文和："宝顶大佛湾第5龛中的一佛二菩萨的三尊大像，1986年4月在大足召开的第二届大足石刻研讨会上，或认为应定名西方三圣，或认为应是华严三圣。笔者认为应是释迦三圣。"[20]但未对释迦三圣及两菩萨所持塔的不同，做详细论证。

2016年，李静杰："学界名为华严三圣……左右胁侍菩萨分别托举舍利塔、法身塔，具有成就法身的用意，由此而言，主尊佛陀很可能是法身毗卢遮那佛，二菩萨应为文殊、普贤，三者组合成华严三圣，代表由菩萨行而成就法身的意涵。"[21]认可定名三大立像为华严三圣，但未结合两菩萨所持塔的不同做详细论证。

2018年，大足石刻研究院记录第5窟为"华严三圣龛"[22]，并记录："（三大立像的左大立菩萨下方）兽大部残，可辨直立的身躯和蹲曲的两后腿，似大象。"[23]这种三大立像下方左侧兽为象的推测，且右侧兽为狮，结合华严三圣中文殊乘狮、普贤乘象[24]，无疑这应是将三大像定名为"华严三圣"的一种依据。

也许，1980年第一次定名"华严三圣"，就有此种"兽"方面的依据，只是当时未明示。

但上文已述，因右侧兽应为雌狮，对称的左侧兽似雄狮的可能性更大，故左侧兽为象的推测不确。且右侧狮头顶着供养物，未与右大菩萨莲台及莲台下的一圈云纹接触，故应为供养狮，非菩萨所踏乘狮。因此，对称的左侧兽也应是供养兽，故理解为菩萨所踏乘象的推测不确。故，对三大立像的定名，还需要继续探索。

---

[20] 胡文和：《大足安岳宋代华严系统造像源流和宗教意义新探索》，《敦煌研究》2009年第4期，第51页。

[21] 李静杰：《大足宝顶山南宋石刻造像组合分析》，载大足石刻研究院编、黎方银主编《2014年大足学国际学术研讨会论文集》，第7页，重庆：重庆出版社，2016年。

[22] 黎方银主编，大足石刻研究院编：《大足石刻全集》第7卷《宝顶山大佛湾石窟15~32号考古报告》上册"附录·宝顶山大佛湾石窟造像一览表"，第429页，重庆：重庆出版社，2018年。

[23] 黎方银主编，足石刻研究院编：《大足石刻全集》第6卷《宝顶山大佛湾石窟1~14号考古报告》上册第6节"第5号"，第95页，重庆：重庆出版社，2018年。

[24]《佛学大辞典》："文殊：（菩萨）Mañjuśrī，文殊师利之略……驾师（狮）子以表智慧之威猛。""普贤：（菩萨）梵名邲输跋陀 Viśvabhadra，又作三曼多跋陀罗 Samantabhadra，或译曰普贤，或作遍吉。主一切诸佛之理德，定德，行德，与文殊之智德，证德相对。即理智一双，行证一双，三昧般若一双也。故以为释迦如来之二胁士。文殊驾师（狮）子侍佛之左方，普贤乘白象，侍佛之右方（今反智右理左之说者，示理智融通之义……），此理智相即，行证相应，三昧与般若全者，即毗卢舍那法身佛也。华严一经之所明，归于此一佛二菩萨之法门，故称为华严三圣。"丁福保编纂：《佛学大辞典》，第332、1047页，北京，文物出版社，1984年。

回过头来看，继续探索三大立像定名的着手处，还应是陈习删所记录的三大立像上的金刚台。因为此记录，应不是空穴来风，不能断然忽视，应关注大佛湾其他处金刚台，做统一探讨。

三　大佛湾第18窟的金刚台紫金台

陈习删《大足石刻志略》（1955年油印本）记录宝顶山大佛湾北岩西段第18窟的"观无量寿经图"，称中壁第1幕"上品上生"图有"观音持金刚台"，称第2幕"上品中生"图有"阿弥陀佛持紫金台"[25]。

《佛说观无量寿佛经》（简称《观无量寿经》或《观经》）载"三品九生"（别称"九品往生[26]"）之"上品上生"景象，有观世音菩萨执金刚台，来到行者（往生路上的行者）面前，然后行者乘金刚台，入西方净土的景象[27]。"上品中生"景象，有"阿弥陀佛与观世音及大势至、无量大众眷属围绕，持紫金台至行者前"，然后行者坐紫金台，入西方净土的景象[28]。故，金刚台、紫金台是行者往生向西方净土最高等级的两种载具。且前两生（上品上生、上品中生）景象中，阿弥陀佛与观世音和大势至菩萨，均齐集在一起，在行者面前现身，组成来迎西方三圣。在观世音和大势至菩萨执持与行者往生载具金刚台或紫金台后，阿弥陀佛与诸菩萨或与千化佛向行者授手（授以援手）。阿弥陀佛初授手时，观世音和大势至菩萨可以仍旧是处在执持金刚台或紫金台的状态，然后行者进入金刚台或紫金台，飞向西方净土。

大佛湾第18窟"观无量寿经图"的"上品上生"和"上品中生"两图中，均

---

[25] 陈习删著，胡文和、刘长久校注：《大足石刻志略校注》，载刘长久、胡文和、刘永翘编著《大足石刻研究》中编，第287、288页，成都：四川省社会科学院出版社，1985年。

[26] "佛告阿难，及韦提希，凡生西方有九品人。上品上生者……"。（南朝宋）畺良耶舍译《佛说观无量寿佛经》，电子佛典。

[27] "上品上生者……生彼国时，此人精进勇猛故，阿弥陀如来与观世音及大势至、无数化佛、百千比丘声闻大众、无量诸天、七宝宫殿。观世音菩萨执金刚台，与大势至菩萨至行者前。阿弥陀佛放大光明，照行者身，与诸菩萨授手迎接。观世音大势至与无数菩萨，赞叹行者，劝进其心。行者见已，欢喜踊跃，自见其身乘金刚台，随从佛后，如弹指顷，往生彼国。生彼国已，见佛色身众相具足，见诸菩萨色相具足。"（南朝宋）畺良耶舍译《佛说观无量寿佛经》，电子佛典。

[28] "上品中生者……命欲终时，阿弥陀佛与观世音及大势至、无量大众眷属围绕，持紫金台至行者前，赞言：法子，汝行大乘解第一义，是故我今来迎接汝。与千化佛，一时授手。行者自见坐紫金台，合掌叉手赞叹诸佛，如一念顷，即生彼国七宝池中。此紫金台，如大宝花，经宿即开。行者身作紫磨金色，足下亦有七宝莲华。佛及菩萨俱放光明，照行者身，目即开明。因前宿习，普闻众声，纯说甚深第一义谛。即下金台，礼佛合掌，赞叹世尊。"（南朝宋）畺良耶舍译《佛说观无量寿佛经》，电子佛典。

有来迎西方三圣形象。其中,"上品上生"中来迎西方三圣（图5）的阿弥陀佛,是整个"观无量寿经图"的主尊,身量最大。"上品中生"中来迎西方三圣（图6）的阿弥陀佛,身量仅次。此两尊阿弥陀佛,均双手于腹前结定印,未执持物。故,陈习删所记录的"上品中生"图中,阿弥陀佛持紫金台的具体实物图像并不存在。

陈习删所谓的"阿弥陀佛持紫金台",源于《观经》经文。《观经》"上品中生"载"阿弥陀佛与观世音及大势至、无量大众眷属围绕。持紫金台至行者前",未明示持紫金台者为谁,故可有阿弥陀佛持紫金台的理解,故陈习删据经文,并未具体对照图像,笼统套用在对第18窟"观无量寿经图"之"上品中生"的记录中了。

《观经》中,随着往生品级的降低,阿弥陀佛参与接引的程度就降低,以体现品级的区别。既然"上品上生"第一等的金刚台,阿弥陀佛未亲自执持与行者,那么,"上品中生"第二等的紫金台,也应未亲自执持与行者。当时,观世音菩萨和大势至菩萨均在场,既然"上品上生"时的金刚台,由观世音菩萨执与行者,那么,"上品中生"时的紫金台,就轮到由大势至菩萨持与行者了。

图5 大佛湾第18窟上品上生西方三圣

图6 大佛湾第18窟上品中生西方三圣

这种理解才较为符合逻辑。而确实如此，大佛湾第18窟"观无量寿经图"中，观世音菩萨主要执金刚台，大势至菩萨主要持紫金台。

首先，看观世音菩萨主要执金刚台。

第一幕"上品上生"图中，其来迎西方三圣左侧的观世音菩萨（冠上一立佛为其特征）[29]和右侧的大势至菩萨（冠上一宝瓶为其特征）[30]，各执一座上莲花形式的物体（图7）。座上莲花物体，下部为一束腰须弥座，上部为一大莲花。须弥座上沿和下基为平面方形，其束腰部分，除了外围四角柱外，内部为六棱柱（横截面为左右较窄，前后较长的六边形）。这种须弥座，应符合金刚台台座的形制。因为，金刚即金刚石，其晶体状趋于六边形。故，南宋金刚台，采用六棱形构件。这里的六棱形构件，用于须弥座的束腰部位。故，此座上莲花物体，应为金刚台。

但为什么此"上品上生"图中，大势至菩萨也执金刚台？《观经》，观世音菩萨持金刚台的景象是，观世音菩萨执金刚台，与大势至菩萨至行者前。这既可理解为，观世音菩萨亲自执金刚台，大势至菩萨是陪他一起向前；也可理解为，观世音菩萨主要执金刚台，大势至菩萨辅助他执金刚台。故，在"上品上生"图中，大势至菩萨也可执金刚台。且一铺三身造像应讲究对称，故在造像中，右侧的大势至菩萨也辅助执金刚台，与左侧的观世音菩萨执金刚台，对称地分布在阿弥陀佛两边了。

其次，看大势至菩萨主要持紫金台。

第二幕"上品中生"图中，来迎西方三圣右侧的立菩萨，冠上有一宝瓶，当是大势至菩萨。其左侧，冠上有一坐式化佛的立菩萨，因其位置与大势至菩萨对应，当是观世音菩萨。按《观经》，观世音菩萨冠也可为一坐式化佛冠[31]，故由"上品上生"的立化佛变为坐化佛（图8）。

这里，观世音菩萨所持须弥座，为方形束腰状，上沿和下基较厚；大势至菩萨所持座上莲花物体，下部为一方形束腰须弥座，上部为一大莲花；其方角处为装饰性抹角，上沿、下基稍薄，略显精巧。显然，相对观世音菩萨所持座相对朴素，大势至菩萨所持座上莲花物体或应为主角。观世音菩萨所

---

[29]"（观世音菩萨）其天冠中，有一立化佛"。(南朝宋) 畺良耶舍译《佛说观无量寿佛经》，电子佛典。

[30]"（大势至菩萨）顶上肉髻，如钵头摩华，于肉髻上，有一宝瓶"。(南朝宋) 畺良耶舍译《佛说观无量寿佛经》，电子佛典。

[31]"（观世音菩萨）眉间毫相，备七宝色，流出八万四千种光明。一一光明，有无量无数百千化佛"。按，这些化佛当可为坐式，也可分布在冠上。故观世音菩萨冠上，可以是多尊坐式化佛冠，也可以是一尊坐式化佛冠。如，大佛湾第8窟千手观世音菩萨冠便是多尊坐式化佛冠，可佐证观音菩萨出现坐式化佛冠的合理性。(南朝宋) 畺良耶舍译《佛说观无量寿佛经》，电子佛典。

持物简单，应是表示对大势至菩萨所持物的一种助力[32]。故观世音菩萨所持物，是大势至菩萨所持物的备用零件部分，具体是大势至菩萨所持座上莲花物体的另一种须弥座。且，此两种须弥座的束腰部分均大体为方柱状，区别于"上品上生"中金刚台须弥座的六棱柱状束腰部分。故，大势至菩萨所持座上莲花物体，应是紫金台（图9）；观世音菩萨所持须弥座（图10）即是紫金台另一种备用性质的须弥座。如此安排，如同大势至菩萨在"上品上生"中可执金刚台一样，观世音菩萨在"上品中生"中也可持紫金台。只是因观世音排名在大势至前，故，为着意表现观世音作为配角的助力，未设计他同样持座上莲花形式的紫金台，而只持备用性质的须弥座，以免被误认为是大势至在助力观世音。

图7　大佛湾第18窟上品上生图观音所持金刚台

图8　大佛湾第18窟上品中生图中冠上1坐佛的观世音菩萨

又，大佛湾第18窟"观无量寿经图"的"上品上生""上品中生"两图中，阿弥陀佛均表现为双手于腹前结定印的不出手形象（图5、6）。故表明，此两幕图中的西方三圣仍处在来迎过程中早期阶段，"上品上生"中观世音菩萨开始执金刚台，"上品中生"中大势至菩萨开始持紫金台，均尚未进行到阿弥陀佛授手于行者的阶段。

---

[32] 也是对应"上品上生"时，大势至菩萨对观世音菩萨的伴随助力，表示，在"上品中生"时，观世音菩萨也应该，对大势至菩萨，有伴随助力的行为。

图9　大佛湾第18窟上品中生图大势至所持紫金台

图10　大佛湾第18窟上品中生图观音所持紫金台的备用助力须弥座

四　三大立像为来迎西方三圣的设想和塔形建筑物为台的设问

1986年学者已提出第5窟三大立像为西方三圣的定名设想。现结合大佛湾第18窟的金刚台、紫金台因素，对此做一补充与设想。

大佛湾第18窟在表现《观经》来迎西方三圣的图像中，左侧观世音菩萨执金刚台，右侧大势至菩萨持紫金台。故，陈习删所记录的有捧金刚台形象的第5窟三大立像，想来也与《观经》有关，可认为此三大立像为来迎西方三圣：中间主尊是阿弥陀佛，左胁侍菩萨是执金刚台的观世音菩萨，右胁侍菩萨是持紫金台的大势至菩萨。

只是，第18窟的金刚台、紫金台是须弥座加莲花形象，与第5窟三大立像左、右两胁侍菩萨所执持的塔形建筑物形象不同。这启发我们进一步设问，塔形建筑物可否也是台呢？

五　由塔台关系初步推导三大立像符合来迎西方三圣

《佛学大辞典》："塔，又作塔婆、兜婆、偷婆、浮图等。皆梵语窣堵波（Stūpa 巴 Thūpa）之讹略也。高积土石，以藏遗骨者。又名俱攞。译言聚、高显、坟、灵庙等。别有所谓支提或制底（Chaitya），言不藏身骨者……支提云庙，庙者貌也。"[33] 故知，来源于古印度语的塔是用来藏遗骨的建筑物，在佛教中是用来藏佛骨舍利或其他大德高僧遗骨舍利的；其不藏身骨的也是奉祀功能的塔庙建筑物。

公元前后古印度的塔，主体为平面圆形的关闭状的覆钵，顶上有相轮等装饰；周边紧围有栏楯石门；各类装饰雕刻精美。故整体是一座精致的单体建筑物[34]（图11）。印度塔传到中国后，主体为多边形亭子式和楼阁式的塔才逐渐流行。

图11 古印度公元前3世纪至公元1世纪的桑志1号大塔

"塔"这个字，中国汉代《说文解字》中无，说明此字是后来为翻译古印度"窣堵波"所特意创造的。西晋《正法华经》及姚秦《妙法莲花经》，译者在翻译同一种经中，相继出现了"塔"字。经中，于出现"塔"处主要记释迦佛、多宝佛并坐于侧面开门户的塔中[35]。后来的译佛经者，均继承此"塔"字。

古代译佛经者，应曾考虑将古印度窣堵波这种精致建筑形象，与古代中国建筑中的类似者相比较来翻译，从这个意义上，就只能认为，塔与中国古代的台关系近些。

---

[33] 丁福保编纂：《佛学大辞典》，第1193页，北京：文物出版社，1984年。
[34] 国家文物局教育处：《佛教石窟考古概要》，183～191页，北京：文物出版社，1993年。
[35] "尔时佛前，七宝之塔从地踊出……吾七宝塔，踊现诸佛所说经处。其舍利身在七宝塔，赞言善哉。""于是释迦牟尼佛，以右指开七宝塔户……尔时多宝佛，于宝塔中分半座，与释迦牟尼佛，而作是言：'释迦牟尼佛，可就此座'。实时释迦牟尼佛，入其塔中坐其半座，结加跌坐。尔时大众，见二如来，在七宝塔中师子座上，结跏跌坐。"（西晋）月支国三藏竺法护译：《正法华经·七宝塔品》第11、（后秦）龟兹国三藏法师鸠摩罗什奉诏译：《妙法莲华经·见宝塔品》第11，电子佛典。

《说文解字》："台，观四方而高者也，从至，从高省，与室屋同意。"[36]故中国古代的台，其平面，当理解为正多边形，且上有顶盖如屋室。台的整体，应理解为一种正多边形平面的高屋或高楼[37]（图12）。三大立像左右菩萨各所持的平面正多边形的高亭子和楼阁形的塔，均是《说文》所谓的室屋样的台。且，由中国建筑的角度看，古代翻译者，应认为窣堵波是古印度的一种台形建筑物。

但如果要把它翻译为"台"[38]，不足以体现其供奉舍利和奉祀祖师功能的无比崇高性。为区别于原有"台"（同时区别于坟、墓、陵、庙），就按其音译取"堵波"的连读音，外造出一个"塔"字。故，在建筑形制上，塔实际上是台的另一种表述，主体形象是一样的。

因此，台与塔相通，《观经》中金刚台与紫金台的主体形象，与塔也可相同。《翻译名义集》："佛造迦叶佛塔，上施盘盖，长表轮相。经中多云相轮，以人仰望而瞻相也。"[39]并未表示相轮为佛塔所专有。因塔是平面正多边形的建筑物，适合因地制宜，于其正上方，"上施盘盖，长表轮相"。佛教中，主体与塔相同的，也是平面正多边形建筑物的台，也会因地制宜地于其正上方"上施盘盖，长表轮相"的。故，紫金台和金刚台

图12 汉代台状望楼

---

[36]（汉）许慎撰，（清）段玉裁注：《说文解字注》，第585页，上海，上海古籍出版社，1981年。

[37] 梁思成曾提到"台"，是平面"正几何形"的"楼"。如："二层或三层之望楼，殆即望候神人之台。其平面均正方形。"《梁思成文集·3》，第36页，北京：中国建筑工业出版社，1985年。三国时期的铜雀台是高屋或高楼状的建筑。曹植《登台赋》，（清）严可均校辑：《全上古三代秦汉三国六朝文·三国文》卷13《陈王植》，第1126页，北京：中华书局，1958年："见太府之广开兮，观圣德之所营。建高门之嵯峨兮，浮双阙乎太清。立中天之华观兮，连飞阁乎西城。"文中谓"台"为"太府"，有"高门"，似"飞阁"，故，此"台"即为高屋或高楼状的建筑。

[38] 梁思成曾提到，"台"与"塔"关系，认为："二层或三层之望楼，殆即望候神人之台……魏晋以后木塔，乃由此式多层建筑蜕变而成，殆无疑义。"《梁思成文集3》，第36页，北京：中国建筑工业出版社，1985年。罗哲文也曾提到，将印度的"窣堵波"翻译作中国的"台"的设想："翻译佛经的人，把窣堵波这个字与中国原有的东西相比较，没有这样的东西，也没有相应的文字。把它译作台吧！而台又不如它的高妙，于是便另外造出一个塔字来。"罗哲文：《佛塔——中国古代高层建筑的杰作》，载赵朴初倡编：《梵宫——中国佛教建筑艺术》，第126页，上海：上海辞书出版社，2006年。

[39]（南宋）姑苏景德寺普润大师法云编：《翻译名义集》卷7《寺塔坛幢篇》第59，电子佛典。

也可有相轮。因此，三大立像中两胁侍菩萨双手各执持的有相轮的塔形建筑，可以与来迎西方三圣左右菩萨各所执持的金刚台和紫金台联系起来。

或云，因《观经》"上品中生"载："行者自见坐紫金台，合掌叉手赞叹诸佛，如一念顷，即生彼国七宝池中。此紫金台，如大宝花，经宿即开。"故"此紫金台，如大宝华，经宿则开"，可表示紫金台形如大宝华，是花而非台的形象。但原文是"如大宝华，经宿则开"，前并无"形"字；"如"的喻体也不是"大宝华"这一物，而是大宝华的"经宿则开"这种时间现象。睡莲，夜里闭合，白天开放，即"经宿则开"。故《观经》中所谓"大宝华"应就是大睡莲。其"经宿则开"这种时间现象，可比喻紫金台在西方净土中的"经宿则开"的时间现象。

因"上品中生"的行者，是往生在七宝池中的，故其载具紫金台也应是降落在七宝池中。这也与池中的大宝华（大睡莲）相比较的"经宿则开"，而非指"形"如大宝华。"形"仍如前文推断，如塔。

大佛湾三大立像的两菩萨，其双手执持的可以认为是台，可以与《观经》中的金刚台、紫金台联系在一起。此三大立像，可以符合来迎西方三圣的形象要求。

六 其他方面佐证三大立像为来迎西方三圣

（一）来迎西方三圣住立空中的佐证

此3大立像背后壁面中下部，及其所乘莲台的下面，均雕刻有云纹、石纹，示意出云、山的形象，这表现了西方三圣立于空中的景象。

因《观经》中，释迦佛在为韦提希夫人说"总观想"的"第六观"后，在释迦佛补充说明时，明确记载了西方三圣现身的形象为："说是语时，无量寿佛住立空中，观世音、大势至，是二大士侍立左右，光明炽盛不可具见。"[40]故如果表现来迎西方三圣形象，自然应以住立空中状态较合适。如何表现住立空中，自然应以立在云上较合适。

于是，在三大立像莲台下，雕刻有密集云纹形成的云朵。云朵下的基座用石纹表示山，狮头在山顶部的下方，可显示山的高大。且另有云纹在山纹中间，更表明山之高。狮的雕像，未与三大像的莲台接触，且是蹲跪、头顶供物的形象，故狮不太像是三大立像胁侍菩萨的坐骑，而是供养身份。云在山上，山在狮上（图13），狮又呈蹲跪姿态供养，就更彰显三大立像住立空中的崇高和盛大气象了。

---

[40]（南朝宋）畺良耶舍译：《佛说观无量寿佛经》，电子佛典。

图 13　山顶云朵托莲台

这种着力表现三大立像住立空中的图像，更佐证了三立像来迎西方三圣的身份。

(二) 来迎西方三圣位置的佐证

此第 5 窟三大立像在大佛湾中的位置，也符合来迎西方三圣。

大佛湾第 18 窟"观无量寿经变"图，表现有西方净土。第 18 窟在大佛湾的西北部，符合西方净土相对于大足石窟（中国南方）所在的位置，当是开凿者有意设计而为之。来迎西方三圣应是从西北向东南飞来接引众生的。如设计开凿来迎西方三圣，除了可在西北部西方净土前开凿（第 18 窟中已开凿）外，还可在西北部西方净土斜对面的东南处开凿。而大佛湾的三大立像正在西方净土的东南处，亦佐证了三大立像可以为来迎西方三圣。

另外，三大立像在大佛湾中也正处于来迎或接引信众的位置。古代大佛湾的主要入口是南门，距离三大立像较近。三大立像处在入口，到大佛湾东湾的中心区域之间，是古代信众一般必经过的，会较早面对的大像。因此，三大立像符合来迎西方三圣对于前来参拜的信众所应处的位置。

这也初步从位置角度回答了 1986 年 4 月第二届大足石刻讨论会上部分学者所质疑的"既然（大佛湾第 18 窟）已有观无量寿佛经变相龛，（于大佛湾第 5 窟）再造（观无量寿经变相内容的）西方三圣似与情理不合"的问题。

（三）来迎西方三圣授手的佐证

或云，第18窟"观无量寿经变图"已有来迎西方三圣形象，不需要重复造，而质疑第5窟三大立像为来迎西方三圣。

前文已述，第18窟的"观无量寿经变图"来迎西方三圣尚未到阿弥陀佛授手阶段。而第5窟三大立像来迎西方三圣，已到了阿弥陀佛授手阶段。内容上是不重复的。

具体看，三大立像中间大佛的手印，符合来迎西方三圣主尊阿弥陀佛的授手形象。其双手在腹前，均为掌心略向前、五指半舒半握、向上的仰掌形式，基本符合与愿印[41]的仰掌舒五指而向下形式；且右手稍下略前伸，左手稍上略靠后。这种似双手施与愿印，左右手一前一后，前手稍正向、后手稍斜向的，手指半舒半握的肢体语言，有给予、接受、牵引的多重含义，符合《观经》"上品上生"和"上品中生"中的阿弥陀佛，面对往生的行者，双手皆伸出的授手状态（图14）。又前文已述，按《观经》，"上品上生"和"上品中生"中，阿弥陀佛授手时，观世音、大势至菩萨可以处在执金刚台、持紫金台的状态。故，三大立像来迎西方三圣表现的是，中间阿弥陀佛授手，左观音执金刚台，右大势至持紫金台。

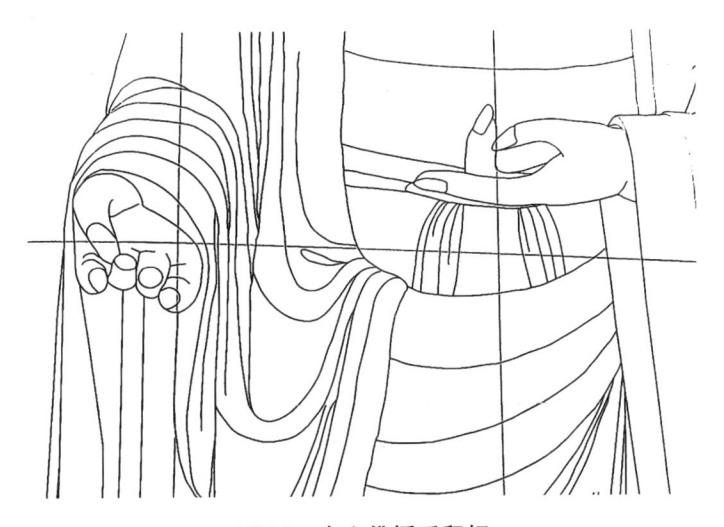

图14 大立佛授手印相

---

[41] "与愿印：（印相）又曰施愿印，满愿印。仰掌舒五指而向下，流注如意宝或甘露水之相也。为宝生如来地藏菩萨虚空藏菩萨等本誓之标帜。《求闻持法》曰：'右手复作与诸愿印，五指下垂，现掌向外，是与愿印相。'《摄真实经》曰：'第三结施诸愿印，舒右五指仰掌，想从五指间雨如意宝珠，众生一切诸乐皆令圆满，是印名为能令圆满一切众生所爱乐印。'《大日经疏十六》曰：'与愿手，舒指仰掌向下流注甘露水。'"丁福保编纂：《佛学大辞典》，第1229页，北京，文物出版社，1984年。

故，第18窟"观无量寿经图"中来迎西方三圣，与第5窟三大立像来迎西方三圣，在具体来迎的进程上并不重复"。第5窟三大立像来迎西方三圣，是对第18窟来迎西方三圣，在来迎进程上的拓展。

第18窟"观无量寿经图"的"上品上生""上品中生"中各造一铺来迎西方三圣，于是，其"上品上生"只能出现金刚台，其"上品中生"只能出现紫金台。到了第5窟中，将这前两生（前2品）整合为一铺来迎西方三圣，使得金刚台和紫金台同时出现在1铺来迎西方三圣中。故，第5窟的三大立像来迎西方三圣，比较第18窟"观无量寿经图"中的来迎西方三圣，是整合得更为成熟的作品。

又，由西北处第18窟西方净土前的接引状态，发展到东南处第5窟西方净土更外围的接引状态，也呈现出循序渐进的开凿状态。

因此，综合以上三个方面，第5窟的来迎西方三圣，比较第18窟的来迎西方三圣，应是有所发展的作品，因而判断应是时代稍晚的作品。大佛湾西北、东南两处来迎西方三圣，不是重复的作品，而是匠心独具的成系列的前后作品。

这也回答了第二届大足石刻讨论会上有学者质疑的"既然（大佛湾第18窟）已有观无量寿佛经变相龛，（于大佛湾第5窟）再造（观无量寿佛经变相内容的）西方三圣似与情理不合"的问题。

（四）来迎西方三圣菩萨冠式的佐证

又或云，大佛湾第18窟"观无量寿经图"的来迎西方三圣中，观世音菩萨和大势至菩萨的冠上分别有一立化佛和一宝瓶，这已是两大菩萨公认的特征性标志。但第5窟来迎西方三圣的两大菩萨冠上，却为七尊坐式化佛形式，有学者由此否认第5窟三大立像是来迎西方三圣。

对此的解释是，第5窟附近第8窟的千手观世音菩萨冠中，无立化佛，却有四十八尊坐式化佛。故，立化佛是否在冠上，不是判定是否是观世音的必要条件。前文已述，因《观经》载："（观世音菩萨）眉间毫相，备七宝色，流出八万四千种光明。一一光明，有无量无数百千化佛。"第18窟"上品中生"图的来迎西方三圣中，其观世音菩萨冠可为一坐式化佛样式。同样因《观经》这段经文，观世音菩萨冠式也可为多尊坐化佛样式。这里，第5窟中观世音菩萨像冠，与第8窟的千手观世音菩萨像冠，均采用了多尊坐式化佛样式。

《观经》载："此（大势至）菩萨天冠，有五百宝华，一一宝华，有五百宝台，一一台中，十方诸佛净妙国土广长之相，皆于中现。"故，大势至菩萨天冠，也可为诸佛净妙国土样的天冠。于是，宝瓶是否在冠上，也不是判定是否是大势至菩萨的必要条件。大势至菩萨天冠上的诸佛净妙国土，亦是大势至菩萨所化现。故此种天冠，在雕像上不可能一一穷尽所有化现。而化现的诸佛净妙国土中，应均有诸化佛主尊，故可用诸化佛来代表诸佛净妙国土。因此，大势至菩萨冠，也可采用多尊坐式化佛的样式了。

至于第18窟和第5窟来迎西方三圣中阿弥陀佛的手印不同，是因为第18窟稍早、第5窟稍晚。同样，两处窟中的来迎西方三圣菩萨冠式不同，也是由于早晚不同所致。故，尽管三大立像左侧菩萨冠无立化佛，右侧菩萨冠无宝瓶，但并不妨碍他们是来迎西方三圣的观世音和大势至菩萨。

（五）金刚台紫金台的做工与层数的佐证

三大立像左侧菩萨所执台，单层，外部是正六棱形，内柱也是正六棱形，显得较为稳固。顶盖上的三层相轮，做工也较精致。此台顶盖上的相轮层数为三层，高高耸立，颇显尊贵。此台与第18窟金刚台均取金刚之形。金刚即金刚石，其晶体状面貌，外观为六面体。故南宋人做正多边形平面的金刚台时，就会采用正六棱形。整体正六棱形的、壮实稳固且精致的台，符合来迎西方三圣的金刚台形制。这正六棱形，是第18窟"观无量寿经图"中金刚台的六棱形（非正多边形）束腰柱的改进型。

总之，此单层的正六棱台，符合往生西方净土行者的第一等载具的金刚台。

三大立像右侧大势至菩萨所持台，平面正四方形，7层，较高，显得较为挺拔。顶盖上的相轮为两层，整体在坚固、精致、相轮等级上，稍次于金刚台相轮。佛教的台，可为七层。《佛说文殊师利般涅槃经》载："尔时世尊，于后夜分入于三昧。其三昧名一切光，入三昧已，举身皆放金色光明，其光大盛照祇陀林，犹若金色，回旋宛转照文殊房，化为七重金台，一一台上有五百化佛台中经行。时文殊师利房前，自然化生五百七宝莲华。"[42]这里，七重金台，即七层金台。此证，七层紫金台的形象是合理的。

总之，此七层的平面正四边形台，符合往生西方净土行者的第二等载具紫金台。

（六）敞口的金刚台与闭合后重开的紫金台佐证

《观经》"上品上生"文载："（行者）欢喜踊跃，自见其身乘金刚台，随从佛后，如弹指顷，往生彼国。生彼国已，见佛色身众相具足，见诸菩萨色相具足。"这里，行者乘金刚台到西方净土后，未说金刚台开启的景象，而直接进入净土。故可以理解为，此金刚台本身就是敞口开放的，进入或出来，均不需要开启。三大立像左侧菩萨所执塔形建筑物为开放式六角亭形式，正是敞口（图2）开放形式。此种形象，即符合观音所执的金刚台。此种敞口的亭式台，是为

---

[42]（西晋）居士聂道真译：《佛说文殊师利般涅槃经》，电子佛典，2004年。

契合《观经》所述金刚台场景的着意选择。

《观经》"上品中生"文载:"行者自见坐紫金台,合掌叉手赞叹诸佛,如一念顷,即生彼国七宝池中。此紫金台……经宿即开。"这里,行者坐到紫金台内后,紫金台即应关闭,到西方净土后才会开启。这说明,紫金台是有可开关的门户的。三大立像右侧菩萨所持七层楼阁式方塔形建筑物,各层每面的两窗之间均有圆形龛状出入口,相对左、右窗,中间就应是可关闭和开启的门户(图3)。此种形式,即符合大势至所持紫金台;这种能关闭和开启的台,也是为契合《观经》所述紫金台场景的着意选择。

(七)金刚台的立佛与紫金台的坐佛佐证

三大立像左侧菩萨所执敞口金刚台,其每面敞口内有一立佛(图15),这种现象与《观经》契合,佐证了其确为金刚台。此金刚台敞口内,原是行者的位置,而在此处设置佛,故可认为是行者毕竟成佛的象征。《佛说阿弥陀经》载,极乐国土(即西方净土),众生生者,皆是阿鞞跋致。阿鞞跋致,即"(术语)Avaivart,又作阿毗跋致,或作阿惟越致,译曰不退转。不退转成佛进路之义"[43]。往生于西方净土者,便能毕竟成佛。且立姿,正是"上品上生"者成佛的特征。因为,《观经》中"上品上生"者,"欢喜踊跃,自见其身乘"金刚台,随从佛后,如弹指顷,往生彼国。这里欢喜踊跃自然是立姿,经中未见"上品上生"有坐姿等的描述,显示"上品上生"者是以立姿往生的。故在其往生载具中,以立佛来象征其毕竟成佛。立佛的姿态是敛手于腹前袖内,也符合往生者对净土的恭敬向往之态。

三大立像右侧菩萨所持的紫金台,其每层每面的门或龛内,有一坐佛(图3)。这种现象与《观经》契合,佐证了其确为紫金台。此处,原是往生者的位置,而在此处设置佛,也是往生者毕竟成佛的象征。且坐姿,正是上品中生者成佛的姿势。因为,《观经》中"上品中生者"自见坐紫金台,合掌叉手赞叹诸佛,如一念顷,即生彼国七宝池中"。这里坐紫金台自然是坐姿,经中未见"上品中生"有其他姿势的描述,显示"上品中生"者是以坐姿往生的。故在其往生载具中,以坐佛来象征其毕竟成佛。

此紫金台中坐佛,大多为结定印于腹前,符合行者对净土向往的坚定之心。其中一身坐佛(紫金台正面第3层),双手于胸前交叉,左手在外,掌心向内,右手在内斜立,施叉手礼(图16),符合"上品中生"往生者的合掌叉手赞叹诸佛的状态。这一身作为代表,表现《观经》"上品中生"的行者曾出现过的一种叉手状态。故坐佛的这种叉手姿态更符合紫金台。

---

[43](姚秦)三藏法师鸠摩罗什奉诏译:《佛说阿弥陀经》,电子佛典。丁福保编纂:《佛学大辞典》,第734页,北京:文物出版社,1984年。

图15　金刚台中的立佛　　图16　紫金台中的叉手坐佛

又金刚台中立佛的头光为浮雕凸起状，紫金台中坐佛的头光无明显浮雕状凸起，亦符合第一等和第二等往生载具在等级上的区别。

（八）千手观音持塔形建筑物的佐证

三大立像毗邻的同为南宋时的第8窟，其千手观世音菩萨手中也持6座塔形建筑物：4塔，2亭[44]。在左右两侧千手区域的中上方，有2座六角单层亭状的塔形建筑物。其顶盖下主体部分较粗似六棱，顶盖也似六角，应是六棱状的六角亭。这表明，三大立像中持六角亭状塔形建筑物的左侧菩萨，可以是观世音菩萨。进一步佐证了，三大立像可以是来迎西方三圣；六角亭状的塔形建筑物可以是观世音菩萨所执的金刚台，7层平面方形的塔形建筑物可以是大势至菩萨所持的紫金台。

故，第8窟千手观世音菩萨所持的6座塔形建筑物中，可能也包含金刚台紫金台。

左右两侧千手区域中上方两座六角单层亭状的塔形建筑物，其右侧者顶盖以上部分残存较多，现存为莲台上较粗大两层相轮状装饰残状，故相轮原应为

---

[44] 黎方银主编，大足石刻研究院编：《大足石刻全集》第6卷《宝顶山大佛湾石窟1~14号考古报告》，上册第4节"第8号·表12"，第160~161页，重庆：重庆出版社，2018年。

三层。故，这六角单层亭的两塔形建筑物，与三大像中的观音所持金刚台相似，故可能是两金刚台。台上的颜色，有表示金刚的清白色。台中的佛，也是如三大立像金刚台中的佛一样，是立佛形式（图17）。

如同第18窟"观无量寿经图"中观世音菩萨可持紫金台一样，第8窟千手观世音菩萨也可持紫金台。

故，左右两侧千手区域中下方13层平面正方形（较挺拔细高，无较粗的六棱形态，应是平面正方形[45]）的塔形建筑物，则可能是两紫金台。台上的颜色，有表示紫金的紫色。此紫金台，似三大立像中的7层平面正方形紫金台，只是进一步增加到13层。台中的佛，也是与三大立像紫金台中的佛一样，都是坐佛形式。左侧之紫金台，显示有一坐佛（图18）。右侧之紫金台，未显示坐佛（图19），可表示紫金台的门户尚未打开的状态，这符合紫金台可关闭的性能。

图17 千手观音所持右侧金刚台 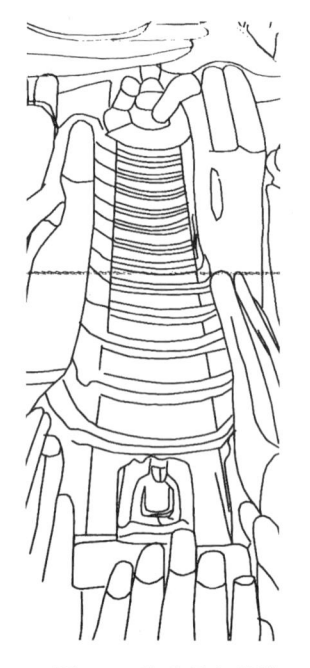　　图18 千手观音所持左侧紫金台 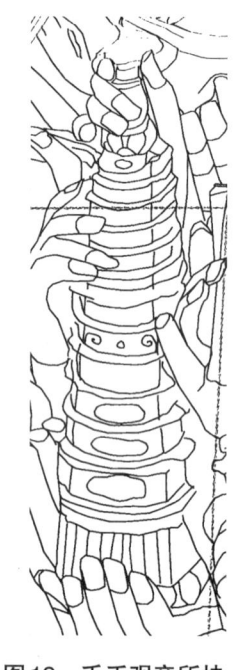　　图19 千手观音所持右侧紫金台

---

[45]《大足石刻全集》大佛湾第8窟，未叙述此观音所持"13层塔形建筑物"（包括上述的亭状的塔形建筑物）的平面形态。其线描图中，总体立面图显示此13层塔形建筑物为"平面正方形"，本文同意。"法器立面图"，却画此13层塔形建筑物作正六棱形，本文不同意。大足石刻研究院编、黎方银主编：《大足石刻全集》第6卷《宝顶山大佛湾石窟1~14号考古报告》，"图108第8号龛立面图"、"图114第8号龛法器立面及编号图"，第164、172页，重庆：重庆出版社，2018年。

此千手观音所持的金刚台紫金台，因对称的设计考虑，观音千手中增加了2台，共4台，即上为两金刚台，下为两紫金台。

因此，在所持物方面，千手观音，可与来迎西方三圣三大立像互证。

（九）第18窟到第5窟金刚台紫金台变化合理性的佐证

或云，大佛湾第18窟"无量寿经图"中的金刚台、紫金台，非塔形建筑物，故质疑大佛湾第5窟3大立像上的塔形建筑物是金刚台、紫金台。

按《说文》所载，汉代的台是平面正多边形的，有顶盖的高屋高楼形，但汉代至今，台的概念也发生了变化。现在的台，也包含无屋楼顶者，也就是说，汉代台的基础部分或台座部分，现在也可单独称作台了。现在这种无屋楼顶的台座概念，由上述第18窟台座样的金刚台紫金台看，应早在南宋甚至之前就流行了。故可理解，南宋人如不深究台的汉代具体形象，而仅仅凭借台字，容易形成台座的概念，再受到《观经》"紫金台，如大宝华"的影响，就会将紫金台、金刚台设计成须弥座上的，并安置一朵能开启和闭合大莲花的形象。

第5窟三大立像所组成的来迎西方三圣的金刚台、紫金台，之所以设计成屋楼的塔形，应当是南宋人深究《观经》中金刚台、紫金台具体形象的结果。先认识到，原来台是有屋楼的，自然也就认识到台形如塔了。然后用单层六棱和七层四棱，来主要区别两者。

故，由第18窟中台座上莲花形式的简单，到第5窟中似塔形式的复杂，是台在石窟发展的自然过程，两者不存在绝对矛盾。两者的不同，不能否认后者是来迎西方三圣造像中的金刚台和紫金台。

（十）用九数的佐证

三大立像背后壁面众多的小圆龛内各一坐像，有的未露面，露面的为佛80尊，着袈裟佛衣的修行者1尊，共81尊。此一着袈裟佛衣的修行者，能与众佛坐在一起，表明他应是化身为修行者的佛。这里，用81尊佛，配合三大立像，亦从侧面表示三大立像正是来迎西方三圣。

因为，《观经》中的"三品九生"或"九品往生"，其数突出为九。且上文已述，所有的往生于西方者，毕竟成佛。故，如果表现此种毕竟所成的众佛，在数字上，适合突出用纯九因素的数。

但如果只用九尊佛来表示，则显单薄。故，可用九九八十一数。

之所以还开凿了81尊佛之外的少量其他不露面造像，应是为了表示，此种毕竟成佛者的数量，不只81数，而是无量数，露面的81数是其代表。

七 小结

大佛湾中南宋人曾用同于塔形的台，表现了来迎西方三圣中观世音菩萨和大势至菩萨所执持的金刚台和紫金台。在表现金刚台紫金台的形状上有一个过程。先雕造出大佛湾第18窟"上品上生"和"上品中生"的台座上莲花形象的台形；后雕造出大佛湾第5窟的同是塔形的台形。南宋设计者，在对《观经》中金刚台紫金台的理解方面，有所逐渐深究。

八 麦积山石窟壁画中1座悬于中天的塔形建筑物

将金刚台和紫金台这种台，从建筑形态方面理解为同于塔形，应该不是从南宋人开始。因为接近于译经时期的南北朝人，更应当理解台如塔形。这一设想，可以在麦积山石窟中得到印证。

麦积山石窟北朝时期的第140窟[46]，主要为三壁前各一坐佛的三佛雕塑组合。

窟内顶部壁画，被烟熏较严重，但于烟熏层下，还是可以看出一些壁画图像的轮廓。在正壁中间上方窟顶部壁画中，也是正壁前主尊坐佛雕塑头顶的上方处，隐约透出一莲花基座垫上的悬于天空中的塔形建筑物。此塔形建筑物，平面正四方形，下部为束腰形，上部似为一覆钵状顶盖，顶盖上似有三股相轮，顶盖四角似有宝饰。四飞天两两相向，飞行拱卫此塔形建筑物（图20）。

这种塔形建筑物，其覆钵为顶盖，则束腰部分为其单层主体部分；最下的莲花垫为其最基础的底座。

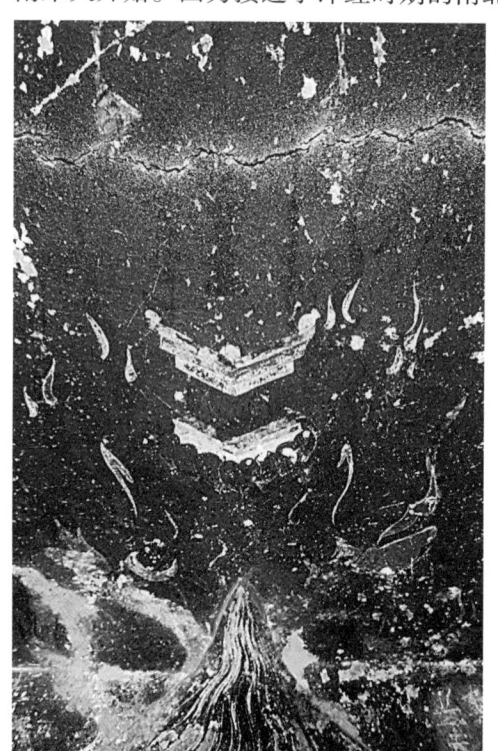

图20 第140窟顶部壁画塔形建筑物

---

[46] "第140窟，修建时代：北魏。"麦积山石窟艺术编：《麦积山石窟内容总录》，载麦积山石窟艺术研究所编著《中国石窟·麦积山石窟》，第288页，北京：文物出版社，1998年。

此建筑物，大部颜色被烟熏覆盖，在上下边缘处透出明亮的浅石绿，其他色被烟熏得较暗。

如果以塔来理解此建筑，在佛经中未找到其出处。

如果结合本文所述大足石窟中的塔形金刚台看，此塔形建筑物，似也可以被称作台。如果以台观之，鉴于其位于主尊佛的正上方，故可在佛经中找到其似乎能契合的出处。

《观经》载，释迦佛在给韦提希夫人说"西方净土"之前，有文："时韦提希，礼已，举头……尔时世尊，放眉间光。其光金色，遍照十方无量世界。还住佛顶，化为金台，如须弥山。十方诸佛净妙国土，皆于中现。或有国土，七宝合成。复有国土，纯是莲花。复有国土，如自在天宫。复有国土，如颇梨镜。十方国土，皆于中现。有如是等，无量诸佛国土，严显可观，令韦提希见。"此《观经》场景，可理解为，释迦如来佛顶正上方有一悬于中天的形如中间束腰状须弥山的金台，于其中显示诸佛净妙国土，让韦提希能目观可见。韦提希是被教导者，不可能在金台上方，只能在金台下方。她只可以看到金台的侧面和底部，金台必然是以侧面和底部来显示十方诸佛净妙国土的。此种佛国净土场景，可在侧面，由窗口（门或龛）中显示，也可在底部显示。如此，金台的整个的形象必然应为，有顶盖、侧面、底部三大部分，且其侧面、底部以其可开启来表示其能显示。

于是，可试着由此认识第140窟顶的塔形建筑物。

窟顶壁画中的塔形建筑物是中间束腰的须弥山形。故窟顶壁画中的塔形建筑物，似是表现释迦佛说《观经》时的一个场景，即此塔形建筑物是释迦佛向韦提希夫人显示诸佛净妙国土的金台。《观经》云："金台，如须弥山。"这里，以须弥座形象征须弥山形。

仔细观察此壁画中的金台，因透出明亮的浅石绿，其旁边的其他原色也应华丽明亮。其底部未显露，中部两侧面中的纹理隐约不清晰，似有图像。侧面如原有图像，可能即是表示由金台内向外示现出的诸佛净妙国土；如无图像，也不妨碍此为金台的推测，因这样做，可理解为空中生万象，万象尽显如空，不能具体一一画出的状态。

麦积山石窟某些洞窟，如南北朝时期的第133窟[47]，其窟内顶部表现《观经》的天空中往生西方净土的场景，其中多有飞翔的变化生化生。莲花苞，附

---

[47] "第133窟，修建时代：北魏。"麦积山石窟艺术研究所编：《麦积山石窟内容总录》，第287页，麦积山石窟艺术研究所编著：《中国石窟·麦积山石窟》，北京：文物出版社，1998年。麦积山石窟第133窟修建时代在西魏。夏朗云：《麦积山石窟第133窟与西魏乙弗氏寂陵》，第394~414页，《2014敦煌论坛：敦煌石窟研究国际学术研讨会论文集》，兰州：甘肃教育出版社，2016年。亦载于本书。

加底部飘动的尖尾缨穗（有的还在侧面附加飘动的忍冬叶），组成往生西方净土的载具，与诸天伴飞，载着行者。这种形象，不露行者头的为变化生，露出行者头的为化生[48]。

这里，只用了莲花来表现往生载具，没有用塔形建筑物去表现金刚台和紫金台，应该还是因《观经》"上品中生"经文中"紫金台，如大宝华"的误导，错误理解紫金台形如大莲花，于是，因"上品上生"的金刚台在经文中没有形象描述，也应跟着紫金台被错误理解为形如大莲花了。如此，即使明知台是平面正多边形的高屋楼形建筑，也只能屈从于错误理解的《观经》经文，将金刚台和紫金台努力想象认为是莲花形了。

那么，露头的化生，应是表示乘金刚台的"上品上生"状态。按《观经》，此品是唯一未说是由封闭状态中再待开启而出生的，故可以表现为在开放状态中往生的。即，行者在载具中能显露身体，能睁眼看着自己进入西方净土的。那么，不露头的变化生，即是表示其余品级的往生状态，这些品级的行者均是在莲花封闭状态中进入西方净土的。其"中品下生"，经中未明说是怎么入西方净土的。但根据其上下品级的往生状态，均是在莲花封闭状态中，再待莲花开启而出生的，"中品下生"当也是如此。[49]

麦积山第140窟窟顶壁画，亦由烟熏中透出向西方净土飞翔着的变化生（侧面

---

[48] [日] 吉村怜曾考证"天人诞生图像"，认为，飞翔在天空中的，与诸天伴飞的，飘动尖尾的莲花苞，是"天人"诞生的载具。在莲花苞中，天人露出头的称为"化生"，尚未露头的称为"变化生"。书中少量文字涉及"往生西方净土"，即认为，天人诞生图的一小部分，是往生西方净土图。吉村怜著，卞立强、赵琼译：《天人诞生图研究·东亚佛教美术史论文集》，第24、26、44页，北京：中国文联出版社，2001年。笔者参考吉村怜"天人诞生"观点，结合《观经》中的"九品往生"形象，和麦积山石窟第133窟的往生西方净土因素，认为此"变化生""化生"形象，与往生西方净土的联系更紧密，判断麦积山石窟第133窟顶部，飞翔"变化生""化生"的壁画，是往生西方净土图。夏朗云：《麦积山石窟第133窟与西魏乙弗氏寂陵》，第407页，2014敦煌论坛：《敦煌石窟研究国际学术研讨会论文集》，兰州：甘肃教育出版社，2016年。亦载于本书。

[49] ①上品上生："自见其身乘金刚台，随从佛后，如弹指顷往生彼国。生彼国已，见佛色身众相具足。"②上品中生："行者自见坐紫金台，合掌叉手弹叹诸佛，如一念顷，即生彼国七宝池中。此紫金台如大宝花，经宿即开。"③上品下生："即自见身坐金莲花，坐已华合，随世尊后即得往生七宝池中，一日一夜莲花乃开。④中品上生："自见己身坐莲花台，长跪合掌为佛作礼，未举头顷，即得往生极乐世界，莲花寻开。"⑤中品中生："行者自见坐莲花上，莲花即合，生于西方极乐世界。在宝池中，经于七日，莲花乃敷。"⑥中品下生："闻此事已，寻即命终，譬如壮士屈伸臂顷，即生西方极乐世界。生经七日，遇观世音及大势至。"⑦下品上生："见已欢喜，即便命终，乘宝莲花，随化佛后，生宝池中，经七七日莲花乃敷。"⑧下品中生："华上皆有化佛、菩萨，迎接此人。如一念顷，即得往生七宝池中莲花之内，经于六劫莲花乃敷。"⑨下品下生："命终之时，见金莲花，犹如日轮，住其人前，如一念顷，即得往生极乐世界，于莲花中满十二大劫，莲花方开。"（刘宋）西域三藏畺良耶舍译：《佛说观无量寿经》，电子佛典。

附加飘动的忍冬叶）图像（图21）。变化生与飞天伴飞，与塔形建筑物在天空中相邻。飞向西方净土的变化生，与塔形建筑物在天空中相邻的场景，也侧面佐证了塔形建筑物，与《观经》，与西方净土关系紧密。于是佐证了塔形建筑物，是《观经》中所载释迦佛在给韦提希夫人说西方净土前其白毫金光所化作的金台。

《观经》中，释迦佛是特意给韦提希夫人化现金台。麦积山第140窟正、左、右三壁壁画于烟熏和残损中可辨识的众多供养人，全是贵族女性（图22）及其随从。这也由侧面佐证窟顶壁画的塔形建筑物趋向于是金台。因为作为贵族女性的窟主（供养人），应趋向于在她们出资所造窟中选用与贵族女性关系较为紧密的题材。于是，佛亲自教化贵族女性，化现金台，开导贵族女性走向成佛之路的题材，便被特意采用了。

图21　第140窟顶部壁画变化生（仅显莲花苞底座和忍冬叶）

图22　第140窟壁画中伞盖下着大氅的贵族妇女

于是，由供养人的性别看，第140窟窟顶壁画中此塔形建筑物，也趋于是释迦佛所化现的金台。故，此窟雕塑造像的主尊佛可以是释迦佛。

总之，本文由南宋大足石窟所推断的金刚台、紫金台同为塔形的理解，可进一步提示北朝时期麦积山石窟第140窟顶部壁画中的塔形建筑物，也可能是一种台。再结合《观经》，推断为释迦佛所化现的金台。南宋大足石窟出现塔形之金刚台、紫金台，可与北朝时期麦积山石窟出现塔形之金台，互相佐证。

九　单铺造像背屏上的一座塔形建筑物

有些南北朝时期石雕或金铜铸造的单铺佛教造像上，其背屏上方正中间有一座诸天拱卫的、高悬中天的塔形建筑物。

麦积山石窟第140窟窟顶悬于中天的塔形建筑物已推测为金台，故这些单件造像背屏上的悬于中天的塔形建筑物，也可初步推断为释迦佛，在向韦提希夫人说《观经》时，白毫金光所化现的金台。

《观经》中，此金台示现了诸佛净妙国土，开导了韦提希夫人走向成佛之路。金台所示现的诸佛净妙国土，有韦提希夫人所看见并向往的西方净土，还应有弥勒净土等佛国净土。故，有的单铺造像背屏中，在金台的下方，具体地雕刻了西方净土或弥勒净土的场景。这种场景即应是金台所示。因为背屏中的金台较小，其上难以表现诸佛净妙国土宏大的场面，移到金台下的背屏空间上表现。如，西安路梁中大通二年释迦像（图23）、西安路梁大同十一年张元释迦多宝像（图24）[50]背屏上，均为金台下有弥勒净土的龙华三会场景[51]。又如，商业街梁天监十年释迦像[52]背屏上金台下的场景，应是西方净土（图25、26）[53]。

金台正下方的主尊不一定只有释迦佛，也可以与其他佛并坐；不一定有释迦佛，也可以纯是其他佛；甚至不一定是佛，也可以是菩萨。如，西安路梁大同十一年张元释迦多宝像（图24），金台在释迦佛和多宝佛之间的正上方。因为有释迦佛在，与多宝佛为共同主尊，故拥有共同的顶、共同的中天。又如，北齐天保三年赵氏造弥勒佛坐像（图27）[54]，背屏正中上方有金台；北齐河清三年

---

[50] 成都市文物考古研究所：《成都市西安路南朝石刻造像清理简报》，《文物》1998年第11期。

[51] 金建荣判断，西安路梁中大通二年释迦像、西安路梁大同十一年张元释迦多宝像，其背屏中间上方"小塔"下的浅浮雕场景，为"弥勒净土"的"龙华三会"。金建荣：《中国南北朝时期佛教造像背光研究》，第290~295页，南京：东南大学出版社，2016年。

[52] 张肖马、雷玉华：《成都商业街南朝石刻造像》，《文物》2001年第10期。

[53] 金建荣已判断，西安路梁中大通二年释迦像、西安路梁大同十一年张元释迦多宝像，其背屏中间上方"小塔"（即本文认为的"金台"）下的浅浮雕场景，为弥勒净土的"龙华三会"。金建荣：《中国南北朝时期佛教造像背光研究》，第290~295页，南京：东南大学出版社，2016年。笔者按，这当为金台所示诸佛净妙国土的诸相之一。商业街梁天监十年释迦像背屏上，金台（三层）下也有浅浮雕场景，为主佛前有2楼阙，2楼阙前，左右各有1纵向桥，纵向桥下有1横向水池。这符合"西方净土"特征之一的"双楼阙前莲花池"，故可认为，此浅浮雕场景为"金台"所示"诸佛净妙国土""诸相"之一的"西方净土"。其横向水池，虽然莲花的特征不明显或省略，但可判断池水是表示莲花池。麦积山石窟西魏第127窟西壁西魏壁画"西方净土变"，特征之一便是"双楼阙前有1横向莲花池"，可为佐证。麦积山石窟艺术研究所编：《麦积山石窟内容总录》，第286页；第127窟西方净土图版，第161页，麦积山石窟艺术研究所编著：《中国石窟·麦积山石窟》，北京：文物出版社，1998年。

[54] 北齐天保三年赵氏造弥勒佛坐像，主尊为双足下垂佛像。发愿文："大齐天保三年七月十五日，像主赵元宗、赵兰兴、赵业兴、造弥勒像一区，普为一切有形□同福。"日本仓敷市大原美术馆藏。金申：《中国历代纪年佛像图典》，第263、502页，北京：文物出版社，1994年。

弥勒菩萨交脚像（图28）[55]，背屏正中上方也有金台。说明弥勒菩萨单独为主尊，也可有金台。

图23　西安路中大通二年释迦像

图24　西安路大同十一年张元造释迦多宝像

佛教中，弥勒佛或弥勒菩萨，是释迦佛宣扬佛法继任者，也是金台所示诸佛净妙国土中的诸相之一，故当也可被设置在金台的正下方。

金台是显示器，其侧面或底部是显示屏。如，有的金台，其侧面窗口（门或龛）内，雕刻有小佛像[56]（图29）。这可理解为，小佛像是诸佛净妙国土的代表，小佛像可表示，金台所示现的诸佛净妙国土，正由金台的侧部示现而出。又如，有的金台束腰须弥形不太明显，其底部下，雕刻有小佛像（图30）[57]。小佛像全身几乎在金台外，唯有佛顶部分，尚在金台底的内部。这应表示，小佛像自金台内正在向下方透漏出。于是，这种图像可理解为，小佛

---

[55] 孔昭俤造弥勒像，山东省博兴县博物馆藏。山东省博兴县龙华寺遗址出土，背屏后刻铭文："河清三年四月八日，乐陵县孔昭俤……造弥勒像一躯……□世六事。"张淑敏：《山东博兴铜佛像艺术》，第84、86、87页，北京：文物出版社。MIHO MUSEUM：《開館10周年記念特別展・中國・山東省の仏像・飛鳥仏の面影》，第51页，MIHO MUSEUM友の會，2007年。

[56] 北魏正光年铜佛立像一铺，美国大都会博物馆藏。金申：《中国历代纪年佛像图典》，图121，第172、475页，北京：文物出版社，1994年。

[57] 北齐释迦牟尼立像（佛与座不同件），1993年台北观想佛像精品展展品。徐政大：《观想佛像》，第61页，北京：文物出版社，2008年。

图25　商业街天监十年释迦像

像是诸佛净妙国土的代表，小佛像可表示金台所示现的诸佛净妙国土，正由金台的底部示现而出。又如，有的金台侧面窗口（门或龛）至内部甚至镂空（图31）[58]。这样的做法，可理解为空中生万象，万象尽显如空，不能具体一一刻画出的状态。

这种特殊的透向外的属性，从另一种角度表达了金台的向外部显示诸佛净妙国土的特性。

但有的金台侧面和底面，为平板状。或因金台小而省略雕刻此种小佛像，或其侧面和底面原有彩绘来表示诸佛净妙国土，后脱落。或者原为素面，亦如上述金台的镂空样，此种样式，可理解为空中生万象。故，不能因其侧面和底部的平板状，而否认其为金台。

图26　麦积山第127窟壁画西方净土（杨晓东摹本）

[58] 韩国国立中央博物馆藏：曲阳北齐白石弥勒像，https：//www.163.com/dy/article/H4CVT43S0521JF6I.html，2023.5.3。

图27　北齐天保三年赵氏造弥勒佛坐像 　　图28　北齐清河三年弥勒菩萨交脚像

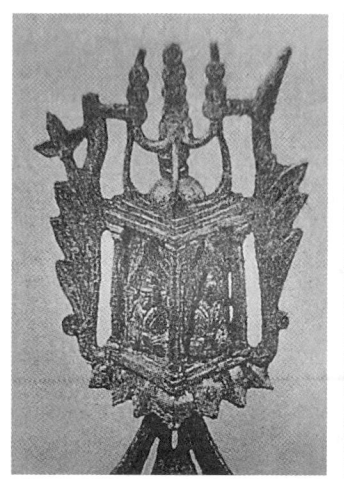

图29　金台侧面小佛像 　　图30　金台底部小佛像 　　图31　北齐半跏思惟菩萨坐像

《观经》中，金台及其所示诸佛净妙国土，能开导韦提希夫人见诸佛，走向成佛之路。当然，按照《观经》教化众生的道理，金台不但能开导一位妇女、众妇女，也能开导其他众生走向成佛之路。即，在佛教造像中注重造此金台，能开导众生见诸佛，走向成佛之路。这种造金台的功德，应是金台这种形象在

佛教图像中能够流行的具体因素。

基于上述推论，我们似可将上述大胆的假设变为小心求证后的结论，即某些单铺背屏式造像中，背屏中间正上方塔形建筑物的形象来源，也是释迦牟尼佛说《观经》时向韦提希夫人所示的金台。

结语

综上所述，据古台形，和《观经》中对金刚台、紫金台的描述，知大足石窟宝顶山大佛湾三大立像中两菩萨所持的塔形建筑物，符合《观经》中金刚台、紫金台的记述，三大立像是《观经》中的来迎西方三圣。并启示，麦积山石窟壁画上和某些单铺造像背屏上的一座悬于中天的塔形建筑物，是释迦佛为韦希提夫人说《观经》时白毫金光所化现的金台。大足石窟、麦积山石窟和一些单铺背屏式造像，三处图像和结论可互证。

本文录自夏朗云：《金刚台·紫金台·金台——大足·麦积·单铺造像》，载麦积山石窟艺术研究所编《石窟艺术研究》第7辑，北京：文物出版社，2023年。正文及注释有修订，调整了图片。

拉梢寺石窟尉迟迥为谁开凿大佛
——兼谈未在麦积山开凿并采用浅浮雕塑的原因

甘肃武山拉梢寺石窟1号窟摩崖大坐佛，净高17.75米，座高17米（图1）[1]。其左下侧铭刻发愿文："维大周明皇帝三年岁次己卯二月十四日，使持节、柱国大将军、陇右大都督、秦渭河鄯凉甘瓜成武岷洮邓文康十四州诸军事、秦州刺史、蜀国公尉迟迥，与比丘释道□（臧），于渭州仙崖敬造释迦牟尼佛一区，愿天下和平，四海安乐，众生与天地久长，周祚与日月俱永。"[2]（图2）

图1 拉梢寺大坐佛

---

[1]《水帘洞石窟群》所载拉梢寺摩崖大佛数据。甘肃省文物考古研究所、麦积山石窟艺术研究所、水帘洞石窟保护研究所编：《水帘洞石窟群》，第32页，北京：科学出版社，2009年。

[2]《羲里墨珍》所载拉梢寺摩崖大佛发愿文题记摹本。天水市政协：《羲里墨珍·书画篆刻》，第50页，甘出准006字总626号（2003）13号，2003年。

图2　大佛石刻铭文题记

一　以前相关研究及进一步讨论需要

1985年，董玉祥、臧志军《甘肃武山水帘洞石窟群》判断："拉梢寺石窟（大佛等）就是在尉迟迥（史书载武成元年〈559年〉十月）调任秦州总管后建造的。"[3] 但回避了此结论与发愿文所记大佛造于明皇帝三年（559年）二月的矛盾。

2004年，王来全《武山拉梢寺石刻新认识（摘要）》提出"拉梢寺大佛题记，与佛王政治（将帝王视作佛的化身的一种政治观念）相关"[4]。并在会议发言中提到，题记中的"周祚与日月俱永"的"日月"二字，似在为皇家或皇帝祈福时也暗示着明帝成分，但未就此继续展开论证。

2005年，杨森《跋甘肃武山拉梢寺北周造大佛像发愿文石刻碑》没有再回避上述董玉祥、臧志军文中所回避的十月与二月的矛盾，推测碑文中的月份可能有误，原月份则应是十二月。[5] 2006、2009年，有学者附议[6]。

---

[3]　董玉祥、臧志军：《甘肃武山水帘洞石窟群》，《文物》1985年第5期。
[4]　王来全：《武山拉梢寺石刻新认识（摘要）》，载云冈文物研究院编《2004年龙门石窟国际学术研讨会论文摘要》，第27页，洛阳：龙门石窟研究院，2004年。
[5]　杨森：《跋甘肃武山拉梢寺北周造大佛像发愿文石刻碑》，《敦煌学辑刊》2005年第2期。
[6]　魏文斌、吴荭：《甘肃武山水帘洞石窟北周供养题记反映的历史与民族问题》，载云冈文物研究院编《2005年云冈石窟国际学术研讨会文集》，第409页，北京：文物出版社，2006年，甘肃省文物考古研究所、麦积山石窟艺术研究所、水帘洞石窟保护研究所编：《水帘洞石窟群》，第145页，北京：科学出版社，2009年。

2013年，刘复兴《武山拉梢寺大佛造像发愿文再辨析》也没有再回避十月与二月的矛盾，但推测史书误笔。[7]

其他有关文论，有上述类似的研究状态，不一一列举。

以前对拉梢寺大佛的研究，均未具体讨论尉迟迥为谁（个人）开凿大佛的问题。王来全提到发愿文中的日月，与明帝似有关，但未继续论证是否由尉迟迥为明帝开凿大佛？杨森依据史书，推测发愿文刻错时间；刘复兴依据发愿文，推测史书有误，有分歧。

因此，有必要就大佛开凿的时间等相关元素再梳理，以期探讨发愿文是否刻错？或史书有误？或为周明帝造大佛？

二　大佛开工于明皇帝三年二月竣工于武帝继位后

发愿文中"明皇帝三年二月十四日"时，明皇帝宇文毓尚未称帝[8]，故"皇帝"一词当系追述。且"明"字是谥号，只有在皇帝去世后才有。故，这篇发愿文当在明皇帝宇文毓去世的武成二年（560年）四月武帝继位[9]之后，在给宇文毓上了"明"字谥号后才会出现。

故这篇发愿文，应是武帝继位之后所铭刻，所谓"明皇帝三年二月十四日"应当是追述的大佛开工时间，大佛应当竣工于武帝继位以后。

三　发愿文尉迟迥官爵符合史书

《周书》："（明帝）二年……冬十月……遣柱国尉迟迥镇陇右……武成元年春正月……初改都督诸州军事为总管……九月乙卯，以大将军、天水公广为梁州总管……宁蜀公尉迟迥为蜀国公……冬十月甲午……以柱国、蜀国公尉迟迥为秦州总管。"[10]

《北史》："（明帝）武成元年，（尉迟迥被）进封蜀国公，邑万户，除（授

---

[7] 刘复兴：《武山拉梢寺大佛造像发愿文再辨析》，《西北民族大学学报（哲学社会科学版）》2013年第5期。
[8] "武成元年……秋八月己亥，（宇文毓）改天王称皇帝……大赦改元（武成）。"（唐）令狐德棻：《周书》卷4《帝纪》第4《明帝》，第58页，北京：中华书局，1971年。
[9] "武成二年夏四月，世宗（明帝宇文毓）崩，遗诏传帝位于高祖（武帝宇文邕）。高祖固让，百官劝进，乃从之。壬寅，即皇帝位，大赦天下。"（唐）令狐德棻：《周书》卷5《帝纪》第5《武帝》，第63页，北京：中华书局，1971年。
[10] （唐）令狐德棻：《周书》卷4《帝纪》第4《明帝》，第56~58页，北京：中华书局，1971年。

予）秦州总管、秦渭等十四州诸军事、陇右大都督。"[11]

《周书》："（武帝）保定……二年……二月……以大将军蔡国公广为秦州总管……六月己亥，以柱国蜀国公尉迟迥为大司马。"[12]

故，明帝武成元年（559年）即明皇帝三年十月，至武帝保定二年（602年）二月宇文广接任秦州总管之间，即武帝继位（560年）前后不久，尉迟迥官爵是"柱国、蜀国公、秦州总管、秦渭等十四州诸军事、陇右大都督"，基本符合发愿文中的"使持节、柱国大将军、陇右大都督、秦渭河鄯凉甘瓜成武岷洮邓文康十四州诸军事、秦州刺史、蜀国公"。

尽管官职有出入部分，经分析也符合：史书中"秦渭等十四州"即发愿文中"秦渭河鄯凉甘瓜成武岷洮邓文康十四州"的省略。发愿文中"秦州刺史"不见于史书中对尉迟迥的记载，但《周书》却记载宇文广任秦州总管并兼秦州刺史："保定……二年（562年），除秦州总管、十三州诸军事、秦州刺史。"[13]这说明史书中任秦州总管的尉迟迥，发愿文称为秦州刺史官职，所言不虚，只是史书省略了。发愿文中未记尉迟迥的"秦州总管"官职，也应是省略。因北周武成元年（559年）"初改都督诸州军事为总管"，故发愿文中的陇右大都督、秦渭等十四州诸军事的职务，应与秦州总管职务相当秦州总管实际是都督秦渭等十四州诸军事的另一种总称。同理，史书中出现了只记载任某州总管，而省略诸州军事的情况。如《周书》"保定……二年（562年）……二月……以大将军、蔡国公广为秦州总管"[14]，就未再记宇文广的十三州诸军事之职。故，大佛发愿文中只记其都督秦渭等十四州诸军事之官职，却省略其秦州总管之职了，这并没缩小尉迟迥的职权。

史书中的尉迟迥陇右官职，无发愿文中的"使持节"，亦是省略状态。使持节来源于，古代帝王所遣使者规定持旌节，故持节者是钦差，权力极大。使持节是直接代表皇帝行使地方军政权力的官职，给以诛杀中级以下官吏之权[15]。南北朝职官基本承晋制，北周仍有使持节官职，如《周书》："保定……四年，王师东讨，朝议以西道空虚，虑羌、浑侵扰，乃授（李）贤使持节、河

---

[11]（唐）李延寿：《北史》卷62《列传》第50《尉迟迥》，第2211页，北京：中华书局，1974年。
[12]（唐）令狐德棻：《周书》卷5《帝纪》第5《武帝》，第66~67页，北京：中华书局，1971年。
[13]（唐）令狐德棻：《周书》卷10《列传》第2《邵惠公颢》附《宇文广》，第156页，北京：中华书局，1971年。
[14]（唐）令狐德棻：《周书》卷5《帝纪》第5《武帝》，第66页，北京：中华书局，1971年。
[15] "持节都督……使持节为上，持节次之，假节为下。使持节得杀二千石以下；持节得杀无官位人，若军事，得与使持节同；假节唯军事得杀犯军令者。"（唐）房玄龄：《晋书》卷24《志》第14《职官》，第729页，北京：中华书局，1974年。

州总管、三州七防诸军事、河州刺史。"[16] 上文已知，明皇帝于二年（558年）冬十月开始"遣柱国尉迟迥镇陇右"。因是皇帝遣，尉迟迥应是直接代表皇帝主要行使地方军事权力的官员。陇右是十四州的大军区，比照上文李贤以所辖的三州七防区，即被授使持节，尉迟迥更应有资格被授使持节的。且后续在明皇帝三年即武成元年（559年）九至十月，加以蜀国公、陇右大都督、秦渭等十四州诸军事、秦州总管之官爵，尉迟迥更应是被授使持节的。只是史书省略了尉迟迥的使持节官职。史书在"遣柱国尉迟迥镇陇右"一句中，其遣包含了遣使含义，故可省略记使持节。同时顺带也省略了尉迟迥当时的宁蜀公爵位，只记其本官柱国。故史书中的柱国，亦应是发愿文中，尉迟迥的柱国大将军官职的略称。

因此，发愿文中尉迟迥的官爵，完全符合史书中武帝继位前后的其官爵。这佐证了上述发愿文铭刻于武帝继位后大佛竣工之时的推断。

四 发愿文铭刻于武帝继位后不久

已知保定二年（562年）二月，宇文广任秦州总管，故此时之后，尉迟迥不再任秦州总管，也就不会任发愿文所记的"十四州诸军事"了。已知发愿文铭刻于武帝继位后，故，发愿文的铭刻，可在宇文广（保定二年二月）接任秦州总管之前的，武帝继位后不久时段中。

即使铭刻发愿文时尉迟迥已卸任"十四州诸军事"，发愿文也可能会追述记其开凿过程中的旧职"十四州诸军事"，那么发愿文的铭刻时间，也可延伸至宇文广接任秦州总管之后。

因发愿文中，尉迟迥无大司马官职，故发愿文的铭刻时间，当在尉迟迥（武帝保定二年六月己亥）任大司马之前的、武帝继位后不久的时段中。

故，大佛的工期，最短应在明帝三年（559年）二月十四日至武帝继位时的武成二年（560年）四月之间，为约1年零2个月；长则可在明帝三年（559年）二月十四日至武帝保定二年（562年）六月己亥尉迟迥任大司马之间，为约3年零4个月。

发愿文中，所记时间是追记的明帝时的开工时间，所记供养人尉迟迥的官爵则是武帝时期所称官爵，两者不处于同一时空。故不存在前文所谓同年二月与十月的矛盾。因而，不存在发愿文时间刻错、史书有误。

---

[16]（唐）令狐德棻：《周书》卷25《列传》第17《李贤》，第417页，北京：中华书局，1971年。

五　佛的巨大符合周明帝

拉梢寺大坐佛自高17.75米，加上佛座，通高达34.75米，可谓巨大。能与此大佛相匹配的，自然应是大人物。

北朝时期，在造巨大佛方面，均与国主有关，未出现为其他个人造巨大佛的记载。通过造巨大佛，比拟国主为当今佛。北魏云冈石窟的昙曜五窟，则是公认的为国主造巨大佛的著名例子。

北周高官尉迟迥，是第一供养人。第二供养人，比丘道某，其法名的后一字无草字头，似为臧字。臧有善、好之义，适合比丘名，但此僧史籍无载。尉迟迥虽然官高，但造这么一尊巨大的佛像，他却不能或不敢说为自己造。因为，官职越高，越不敢说为自己或自己家人造巨大佛，否则造巨大佛便是自己野心的象征，定会受到猜忌。

那么尉迟迥为谁造呢？发愿文明示"愿天下和平四海安乐，众生与天地久长，周祚与日月俱永"，即为天下众生，为周祚造大佛，未明确提出为个人谁造。但众生和北周这个国家的代表是个人，尉迟迥不能是代表，代表应当是国主。发愿文中明示，造大佛时的国主是明皇帝，故按照北朝时期为国主造大佛的惯例看，如果设想此巨大佛是为北周明皇帝开凿，是可以理解的。

六　发愿文某种用词暗合周明帝

发愿文文首处"明皇帝"的"明"字，与结尾处"与日月俱永"的"日月"暗合。

此"明"（朙）字从目、月，为朙字的简化。东汉许慎《说文·朙部》："（小篆）朙，照也，从月囧……（籀文）朙（日月合体象形字），古文，从日。"[17]故，"朙"字原是从日从月的。故许慎未将"朙"字放在《说文·囧部》[18]。故北周人当知，日月合体的"明"字与目月合体的"朙"字，字义相同。发愿文文首处提到明帝的"明"字，结尾处提到日月，发愿文似前后照应，暗示所开凿的巨大现代佛释迦大像，与明帝有关。故可进一步设想，此大佛像很可能是为明帝祈福所开凿，所造的释迦现代佛象征的是明帝。

---

[17]（东汉）许慎撰，（清）段玉裁注：《说文解字注》7篇上《朙部》，第314页，上海：上海古籍出版社，1981年。

[18]（东汉）许慎撰，（清）段玉裁注：《说文解字注》7篇上《囧部》，第314页，上海：上海古籍出版社，1981年。

但为什么发愿文不明说为明帝造大佛，而要暗示呢？

因上文已述，大佛发愿文铭刻在武帝继位后，此时如果明记，独为故（明）皇帝造大佛就不合时宜了，就会冷落了当今新的（武）皇帝。于是用日月来暗示与周明帝的最初因缘，且，此日月之明，因是周武帝给明帝所上的谥号，亦不得罪周武帝，正合适。

发愿文中，大佛开工时间的行文用词，特意用了大周明皇帝三年的纪年，亦是在暗示大佛的始凿与明帝的关系。因明帝于明皇帝三年（559年）八月，颁定此年的正式年号为武成元年[19]。故在史书中，如《周书》《北史》，此年八月之前的某月，也均被记作武成元年某月。那么在这篇作于武成年号之后的发愿文，其记大佛开工时间的行文，也可如史书中的纪年一样，用武成元年的纪年。仍坚持用明皇帝三年，应是为了突出暗示大佛的始凿，与明皇帝个人的直接关系。如用武成年号，大佛与明帝的关系稍间接。

七　佛座独特符合周明帝

大佛的佛座高17米，上下3层相叠。上层莲座下有9狮（原9尊，后代重修时打破4尊，现存5尊），中层莲座下有9鹿，下层莲座下有9象，皆露出其爪、趾、足，且分别为扑、卧、立姿，均未显示出尾部（图3）。

图3　大佛佛座（孙永刚摄）

---

[19] "武成元年……秋八月己亥，改天王称皇帝……大赦改元（武成）。"（唐）令狐德棻：《周书》卷4《帝纪》第4《明帝》，第58页，北京：中华书局，1971年。

佛教造像法座常见有狮座、鹿座、象座等兽座，但集三兽座为三层一体，且各层各九兽的法座较为罕见。特殊的法座必有特殊的因缘。狮子是百兽之王，在佛教的许多经论中，是代表降伏和无畏的武兽，都用狮子来比喻佛陀的无畏与伟大。佛陀于过去世曾为鹿王，为救群鹿而丧失生命，故鹿在佛教中，是代表仁义的仁兽。佛也是乘象入胎的，故大象在佛教中是代表愿行广大、任重道远精神的吉兽。

	拉梢寺大佛佛座上，其狮均有卷状浓密长鬃毛，雌狮一般无长鬃毛，未见北周时将雌狮表现为长鬃毛的，故此狮当是雄狮。其象均有长牙，雌象一般无长牙，未见北周时将雌象表现为长牙的，故此象当是雄象。其鹿均有獠牙，牙尖向下且稍弯向后，母鹿一般无獠牙，未见北周时将雌鹿表现为有獠牙的，故此鹿当是雄鹿。又，各鹿头上均生一向后弯曲的角，角顶端微变粗，为圆球状，较为特殊（图4）。

图4　大佛佛座上的独角鹿（麒麟）

	所有的成年雄狮均有长鬃毛，所有的成年雄象均有长牙，但并非所有的成年雄鹿均有獠牙。成年雄鹿中，獐子有獠牙，牙尖向下且稍弯向后生长[20]（图5）。

	古文献中载，一角、獐子身、牛尾形态的兽，为仁兽麟，或又称麒麟。

	春秋战国时期的《春秋公羊传》载："（哀公）十有四年。春，西狩获麟。……曷为获麟大之？麟者仁兽也。有王者则至，无王者则不至。有以告者曰：'（麟的形状为）有麕（麇）而角者。'"东汉何休注"麟"曰："状如麕。一角而戴

---

[20]"獐……是一种小型的鹿，比麝略大……（成年）雄獐上犬齿发达，突出口外成獠牙……被认为是最原始的鹿科动物，原产地在中国东部和朝鲜半岛。"百度百科：獐，https://baike.baidu.com/item/%E7%8D%90/804317？fromModule=search-result_lemma-recommend，2023.2.28。

肉。设武备而不为害。所以为仁也。"[21]战国至秦汉时期的《尔雅》载:"麐,麕身,牛尾,一角。"[22]西汉刘向《说苑》曰:"麒麟麕身、牛尾,圆顶一角。含仁怀义,音中律吕,行步中规,折旋中矩,择土而后践,位平然而后处,不群居,不旅行,纷兮其质文也,幽间循循如也,动则有仪容。"[23]故,约战国至西汉,人们认识到,所谓麟即麐即麒麟,形态为麕身、牛尾、一角,角端如肉,是仁兽。

图5　有獠牙的獐子

按,东汉许慎《说文》中未收录(小篆)"麐",但收录:"(小篆)'麐',麕也。从鹿,囷省声。(籀文)麐,籀文不省。"[24]故麐同于麕,指麐。

《说文》:"麕:麕属也。从鹿章声。"[25]又《王力古汉语字典》:"麕……兽名,即獐子。"[26]故知,东汉以来,麐即指獐子。古籍中,"一角、麕(獐子)身、牛尾"的兽,除了记载是麒麟外,未见是其他兽的记载。因成年雄性獐子是鹿属的有獠牙者,故拉梢寺大佛座的一角且有獠牙的鹿,符合一角麕(獐子)身的兽形。虽然未显示其尾部是否是牛尾状,也可以肯定,是一角、麕(獐子)身、牛尾的麒麟。

已述《说文》谓麐(獐子)是麕属,意指獐子是麕鹿的一种。因此,《说文》载:"(小篆)麒,麒麟,仁兽也。麕身,牛尾,一角。从鹿,其声。"[27]又

---

[21]（汉）何休学,（唐）陆德明音义:《春秋公羊传注疏》卷28《哀公14年》,第11、13、14页,《钦定四库全书》经部5。

[22]（晋）郭璞注,（唐）陆德明音义,（宋）邢昺疏:《尔雅注疏》卷11《释兽》第18,第9页,《钦定四库全书》经部10。

[23]（汉）刘向撰:《说苑》卷18《辨物》,第9页,《钦定四库全书》子部1。

[24]（汉）许慎撰、（清）段玉裁注:《说文解字注》10篇上《鹿部》,第471页,上海:上海古籍出版社,1981年。

[25]（汉）许慎撰、（清）段玉裁注:《说文解字注》10篇上《鹿部》,第471页,上海:上海古籍出版社,1981年。

[26] 王力:《王力古汉语字典》,第1757页,北京:中华书局,2000年。

[27]（汉）许慎撰、（清）段玉裁注:《说文解字注》10篇上《鹿部》,第470页,上海:上海古籍出版社,1981年。

《说文》载:"(小篆)麔,牝(雌、母)麒也。从鹿旨声。"[28]"(小篆)麟,大牝[29]鹿也。从鹿㷠声。"故,雄雌成对的麒麔,亦可称麒麟,麔与麟相通。麒麟中,麒是雄,麟是雌。

故一角、獐子身、牛尾的麒麟,约由战国时单称麟,至东汉时有麒麔麒麟双称,麒为雄,麟为雌。

因此,拉梢寺大佛佛座中一角、雄獐子身、牛尾的麒麟,应是麒麟中的雄兽麒,或俗称雄麒麟。

江苏邳州燕子埠镇尤村东汉缪宇墓出土画像石上,有阴刻铭文"騏驎"的动物(图6)[30]。其形象为独角的鹿状兽,长尾似牛尾。河南南阳邓州南北朝画像砖墓出土画像砖上有阳印铭文"騏驎"(图7)[31],其形象为(肩带有云气状翅的)独角的鹿状兽,长尾似牛尾。上述两画像,主体形象,均似文献中所记载麒麟的"獐(鹿)身、独角、牛尾"形。故知上述画像石、画像砖上的騏驎,即是麒麟,古代瑞兽的名字中,马、鹿偏旁相通。

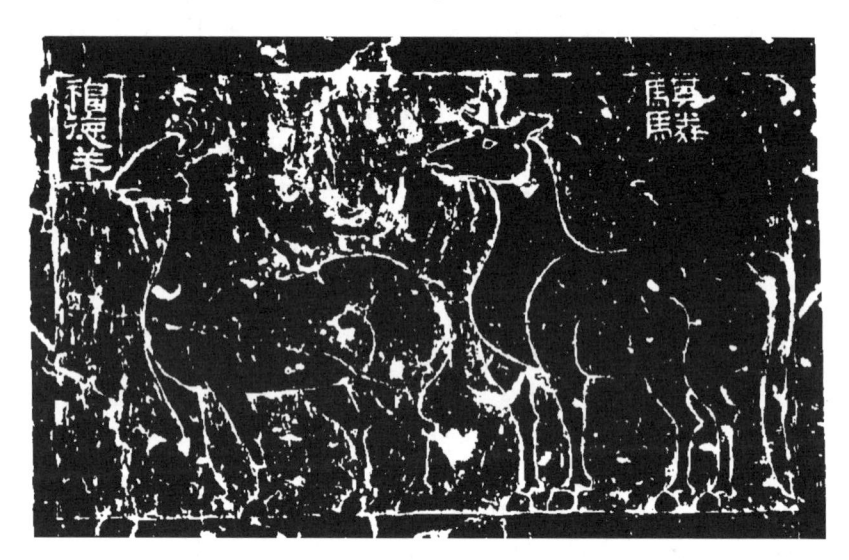

图6 东汉缪宇墓麒麟(騏驎)画像石

---

[28] (汉)许慎撰、(清)段玉裁注:《说文解字注》10篇上《鹿部》,第470页,上海:上海古籍出版社,1981年。

[29] 《说文解字注》,此"牝(雌、母)"字作"牡(雄、公)"。段注:"(《说文》)各本及《集韵》《类编》皆譌(讹、伪)为牝。"(汉)许慎撰、(清)段玉裁注:《说文解字注》10篇上《鹿部》,第470页,上海:上海古籍出版社,1981年。本文采用《说文》的原各本,将段玉裁改作的"牡"字,还原仍作"牝"字。

[30] 南京博物院、邳县文化馆:《东汉彭城相缪宇墓》,《文物》1984年第8期。

[31] 河南省文化局文物工作队:《邓县彩色画像砖墓》,第12页,北京:文物出版社,1958年。

图7 邓县麒麟（騏驎）画像砖

邓州东汉缪宇墓出土画像石上，麒麟独角为向上直立式，角顶端突然变大如桃形，顶虽存有一小尖，但桃形使得角整体变钝，如"戴肉"；邓州南北朝画像砖墓出土画像砖上，麒麟独角顺向顶后生长，角体为修长的"S"弯曲状，角的顶端回转柔软，如肉状触指。此拉梢寺大佛座上的麒麟，其"S"状弯曲式独角，亦顺向顶后生长，角顶端微变粗，如圆球肉状，似更符合东汉何休所谓"一角而戴肉"的"仁"兽麒麟形象，符合东汉以来麒麟的独角，演变至北周，所应有的更成熟的形象。故应更加肯定，拉梢寺大佛座上的独角鹿为麒麟。其形，远取邓州汉代[32]的无翅麒麟形，不取邓州南北朝画像砖的肩带云气状翅的麒麟形[33]。邓州画像石、邓州画像砖上的两麒麟均无獠牙，或是雌麒麟，或是尚未长出獠牙的雄麒麟，或是不强调或回避其雌雄性的麒麟。

拉梢寺大佛佛座上的麒麟，塑出獠牙，用意是，强调其雄性，以与雄狮雄象配套，使得大佛座上的三兽均为雄兽，用以符合大佛的阳刚特性。

上文已初步推断，大佛是为周明帝开凿。那么，周明帝的哪些明君的阳刚特征，分别符合雄狮、雄麒麟、雄象座呢？

（一）作为尚武功明君符合雄狮座

据《周书》："（明帝于西魏）大统……十六年，行华州事。寻拜开府仪同三司、宜州诸军事、宜州刺史。（西魏）魏恭帝三年，授大将军，镇陇右。孝闵帝践阼，进位柱国，转岐州诸军事、岐州刺史。""二年（558年）……冬十

---

[32] 北周有复古情结，故，此北周麒麟形态，采用汉代的古形制因素。北周复古现象，参见夏朗云：《北周佛像复古因素小考——以麦积山石窟为例》，《史学论丛》第8集，兰州：兰州大学出版社，1998年。亦载于本书。

[33] 此邓州画像砖的时段，当在北周之前，故，此画像砖上的麒麟形象，与拉梢寺人佛座上的北周麒麟有所不同。

月……遣柱国尉迟迥镇陇右。""武成元年春正月……初改都督诸州军事为总管。……三月癸巳,陈六军,帝亲擐甲胄,迎太白于东方。秦郡公直镇蒲州。吐谷浑寇边。庚戌,遣大司马、博陵公贺兰祥率众讨之……五月……贺兰祥攻拔洮阳、洪和二城,吐谷浑遁走……秋八月己亥,改天王称皇帝……大赦改元(武成)。"[34]

明帝在未即位之前,曾为武官,主持地方军事;并在始造大佛的明皇帝三年二月之前,曾派遣尉迟迥镇陇右,改都督诸州军事为总管。这均说明,在造武山大佛之前,明帝即懂军事、通武略、重视军事机构的建设,有尚武精神。后来,明帝陈六军、擐甲胄、迎太白、遣秦郡公直镇蒲州、败吐谷浑,并称皇帝并改元武成,均是其尚武精神的后续。尤其是,明帝改天王为皇帝,年号为武成,是其尚武精神的表述,是宣武、宣威于天下的表现。因为"武成"一词,源于《尚书》表现周武王伐纣并取得军事胜利的《武成》篇,意思是军事上的胜利。

明帝懂军事、通武略、重视军事机构建设的尚武精神,在建造大佛之前就已经具备,符合此武兽雄狮子座。国主即位,一般会重视武备。明帝更设元武成年号,说明重视武备,是自他初即位时的既定国策。故,在随后为明帝开始造大佛时,即已具备造武兽雄狮子座的条件。雄狮子座的设计,正是提前迎合了明皇帝的尚武精神。

(二)作为施仁政明君符合雄麒麟座

《周书》载:"帝宽明仁厚,敦睦九族,有君人之量。"大周元年,也是明皇帝元年(557年):"九月……(明帝)即天王位,大赦天下……十一月……诏曰:'帝王之道,以宽仁为大。魏政诸有轻犯未至重罪、及诸村民一家有犯乃及数家而被远配者,并宜放还'……十二月……赦长安见囚……诏曰:'善人之后,犹累世获宥,况魏氏以德让代终,岂容不加隐恤。元氏子女自坐赵贵等事以来,所有没入为官口者,悉宜放免。'"(明皇帝)二年……二月……诏曰:'王者之宰民也,莫不同四海,一远近,为父母而子之。一物失所,若纳于隍。贼之境土,本同大化。往因时难,致阻东西。遂使疆场之间,互相抄掠。兴言及此,良可哀伤。自元年以来,有被掠入贼者,悉可放免。'夏四月……降死罪一等,五岁刑已下皆原之……六月……版授(授给虚衔)高年刺史、守、令,恤鳏寡孤独各有差……遣使分行州郡,理囚徒,察风俗,掩骼埋胔……八月……诏曰:'……可大赦天下,文武官普进二级。'……十二月……大赦天下。""武成元年……六月……诏曰:'……其有致死王事,妻子无归者,朕甚

---

[34](唐)令狐德棻:《周书》卷4《帝纪》第4《明帝》,第53、56、58页,北京:中华书局,1971年。

伤之。凡是从先王向夏州，发夏州从来，见在及薨亡者，并量赐钱帛，称朕意焉。'……八月……大赦……""（武成）二年……三月……重阳阁成，会群公列将卿大夫及突厥使者于芳林园，赐钱帛各有差。"[35] 这说明，北周明帝对民众和一般官员的仁政，自初即位一直延续至武成年间。

《周书》又载："（明帝）及即位，集公卿已下有文学者八十余人于麟趾殿，刊校经史。又捃采众书，自羲、农以来，迄于魏末，叙为《世谱》，凡五百卷云。"此麟趾殿的"麟"即麒麟。《周书》载："（韦孝宽）明帝初，参麟趾殿学士，考校图籍。"[36]《北史》载："（元伟）有清才……周明帝初……受诏于麟趾殿刊正经籍。"[37]《周书》载："武成中，世宗（明帝）令诸文儒于麟趾殿校定经史，仍撰《世谱》，（萧）扔亦预焉。"[38] 这说明，明帝设麟趾殿学士的仁政，也是由明帝初即位一直延续至武成年间的。

明帝的上述仁政，契合仁兽雄麒麟座象征意义。且麟趾殿学士的仁政，更直接符合佛座中"露趾"的雄麒麟形象。此卧姿雄麒麟前腿蜷曲，使其前趾底面也向上露出，有的甚至双前趾均在图像中如此表现。相对于雄狮、雄象，更全面展示了足部。于是此种形象，应是为突出麟趾这一语境所设计。故，此雄麒麟座，除了是明帝其他仁政的象征外，更着意突出了设麟趾殿学士这一特殊的仁政。

明帝初即位至三年二月，已经颁行上述设麟趾殿学士和其他种种仁政，说明在明皇帝三年二月为明帝建造摩崖大佛之初，就已预先设计雄麒麟座了。

（三）作为致吉祥明君符合雄象座

据《周书》[39]，明帝在大周元年（557年）："孝闵帝践阼……转……岐州刺史，治有美政，黎民怀之。"明帝在未继位之前，即有政务实践，并被称美。美政的内涵，一定是其施政举措使得民众感到吉祥如意。

明帝在明皇帝元年（557年）："及孝闵帝废……九月……朝群臣于延寿殿。"明帝初即位的首次朝会群臣，有意在延寿殿，取吉祥意蕴，祝福大家健康长寿。

明帝在明皇帝二年（558年）："二年春正月……亲耕籍田……于河东置蒲州，河北置虞州，弘农置陕州，正平置绛州，宜阳置熊州，邵郡置邵州……三月……以广业、修城二郡置康州，葭芦郡置文州……夏四月……分长安为万年县，并治京城……秋七月甲午，遣柱国、宁蜀公尉迟迥率众于河南筑安乐城。"

---

[35]（唐）令狐德棻：《周书》卷4《帝纪》第4《明帝》，第53~60页，北京：中华书局，1971年。
[36]（唐）令狐德棻：《周书》卷31《列传》第23《韦孝宽》，第538页，北京：中华书局，1971年。
[37]（唐）李延寿：《北史》卷15《列传》第3《魏诸宗室·常山王遵·弟顺·子伟》，第568页，北京：中华书局，1974年。
[38]（唐）令狐德棻：《周书》卷42《列传》第34《萧扔》，第752页，北京，中华书局，1971年。
[39] 同注[35]。

亲耕籍田，是古代吉礼的一种，即孟春正月春耕之前，天子率诸侯亲自耕田的典礼，这是祈年（祈求丰收）的礼俗之一。新置的蒲、虞、陕、绛、熊、邵、康、文、万年的州县名，皆是富有生机的吉庆好名；新筑的安乐城，也是希望高枕无忧的吉利名称。这说明北周明帝勤于政事，心系国家太平，有胸怀方略，欲造福于民，致力于国家民生的远景规划、长治久安、乐业祥和。"（明帝）武成……二年春正月癸丑朔，大会群臣于紫极殿，始用百戏焉。"有意在紫极殿大会群臣用百戏，亦取吉祥意蕴，昭示国祚昌隆、与民同乐的氛围。

上述明帝的这些致吉祥的举措，由明帝初至武成年间一直延续。这种吉祥的事迹，符合大象吉兽座。尤其是新设八个州和一个直辖县，共九个行政区，符合九象形式的佛座。这是着意以九象来象征新设的九行政区。尤其是万年一词，挑明了众州县吉祥万年的美意，如果用瑞兽来表现，雄象更适合。

而新设的文、康两州，也在大佛发愿文中的十四州中。发愿文作者或大佛像的设计者，自然因十四州包含新设的文、康两州，而更注意到明帝新设的九行政区，自然会想到，用九雄象来象征新设九行政区，甚至为更讨吉祥彩头，用九雄象广义可意蕴中国九州，托意北周政权志在天下的愿景。在始建造大佛的明皇帝三年二月之前，新的九行政区就已经设立，故在造大佛之始便有设计九雄象形式佛座的因缘了。

既然三兽一体佛座中，因具体的九行政区而设计了九雄象，故其雄狮和雄麒麟也就可顺势各设计为九尊。且九是阳数之极，适合更好地表现尚武、仁政、吉祥。故以尚武功为国策之上层，施仁政为国策之中心，致吉祥为国策之基础的上下结构来如此设计大佛座了。

总之，上述明帝的尚武功、施仁政、致吉祥的大部分事迹，在始建造大佛的明皇帝三年二月之前，已经存在，故在为明帝造大佛之始，便有设计九雄狮、九雄麒麟、九雄象形式佛座的因素。此特殊的佛座，有力佐证，此大佛是为北周明帝所造。

八 大佛坐姿符合周明帝

大佛的坐式为单盘状，左足在上，露足，右足在下，不露足（图8）。其坐式为，半结跏趺坐，或半跏趺坐。《金刚顶瑜伽中略出念诵经》："若或结如来坐（［金刚智注：］全结加［跏］也），或结大菩萨坐（［金刚智注：］半结跏也）"。[40] 因此，《释氏要览》："《念诵经》云：'全加（跏）趺是如来坐，半加

---

[40]（唐）南印度三藏金刚智译：《金刚顶瑜伽中略出念诵经》卷第1，电子佛典。

（跏）趺是菩萨坐。'"[41]故知，此摩崖大佛体式应是菩萨坐式。这与周明帝宇文毓相契合。

图8　大佛坐姿

《周书》："武成元年（明皇帝三年），春正月己酉，太师、晋公护上表归政，帝始亲览万机。军旅之事，护犹总焉。"[42]他刚刚主政，可代表朝廷主持发布涉及军事的任职和措施命令，但尚未主持军旅之事（调动指挥军队作战），距离主军尚有一段距离。他主政时，不是高高在上，而是放下身段、励精图治、脚踏实地，他需要示现出苦己利众、服务世间的菩萨行为。

因此，明皇帝三年二月，以大菩萨坐式的大佛来象征新君，符合正在成长的新君谦虚的表现。大佛的坐姿，符合象征初主政的北周明帝宇文毓。

上述与周明帝暗合的大佛佛座和大佛坐姿的设计，是佛教规制和当时政局的结合，具有特殊的象征意义。其佛教方面的设计，可能来自于发愿文中特意提到的比丘道臧。比丘道臧在僧传中无闻，虽不是著名高僧大德，但负责设计大佛样式和佛座样式。此种设计，注重大佛的象征意义，非常重要，故在发愿文中为这位设计者留下了一席位置。

九　开工日子符合周明帝

大佛开工时间是"大周明皇帝三年二月十四日"。此具体到日子的时间，也恰能与北周明帝宇文毓的具体事迹有紧密联系。

周明帝是在明皇帝三年春正月己酉，开始亲政。按《二十四史朔闰表》[43]，

---

[41]（北宋）钱塘月轮山居讲经论赐紫沙门释道诚集：《释氏要览》卷中《礼数·结跏趺坐》，电子佛典。
[42]（唐）令狐德棻：《周书》卷4《帝纪》第4《明帝》，第56页，北京：中华书局，1971年。
[43] 陈垣：《二十四史朔闰表》，第77页，北京：中华书局，1962年。

明皇帝三年的正月初一是己丑日，故周明帝亲政的正月己酉日，是正月二十一日。紧接着的第24天，即二月十四日，尉迟迥便开工造此巨大佛了。24天时间，应该是紧张准备的24天。

选择二月十四日这一具体日子，且在发愿文中具体表现出来，可能有其具体意义，否则只需笼统记二月即可。佛教中，二月十五日，是释迦牟尼佛涅槃纪念日。从明帝亲政的正月二十一日至佛涅槃纪念日的二月十五日之间，再无其他与释迦佛有关的更重要节日。故，选择在此佛教节日之前一日开工，很可能与佛涅槃节日有关。应当是为了沾上佛教节日的彩头，而定于此节日前一日开工。如果选择在佛涅槃日开工，则与佛涅槃日的主题冲突，如果选择在佛涅槃日的次日，则似落后于节日的彩头。这种着意使得开工时间中，沾一个佛教节日彩头的吉祥做法，也与上述明帝着意尚吉祥的时代背景相统一。这样可在佛涅槃日中，庆祝释迦佛涅槃后，新释迦佛像的诞生，以象征和庆祝明帝这尊新佛的出世。

十　未在麦积山开凿

发愿文称，拉梢寺大佛所处悬崖，为地处陇右渭州的一处仙崖。观察此仙崖的特点是，大而平整，下部稍内凹而能避雨（图9），适合造拉梢寺大佛这样的，浅浮雕塑样式的摩崖大佛。

《周书》："（西魏）恭帝三年，（明帝曾被）授大将军，镇陇右。"[44] 故，尉迟迥在明皇帝三年（559年）二月选择在陇右为明帝造大佛，除了自己现镇陇右外，也有明帝曾镇陇右的因缘在内。

发愿文明示，尉迟迥所镇守陇右的范围，是"秦渭河鄯凉甘瓜成武岷洮邓文康十四州"，包含现在的河西地区。但是，在这广大的十四州范围内，为什么选在此拉梢寺大佛所在的仙崖？

当时的陇右自东向西已有麦积山石窟、

图9　自然内凹匀整的武山仙崖

---

[44]（唐）令狐德棻：《周书》卷4《帝纪》第4《明帝》，第53页，北京：中华书局，1971年。

炳灵寺石窟、天梯山石窟、金塔寺石窟、莫高窟等著名的石窟。且麦积山石窟已经有后秦皇家洞窟[45]和西魏皇家洞窟[46]，使得麦积山石窟成为陇右著名的皇家石窟，是陇右的佛教圣地之一。因此，镇守陇右的尉迟迥，要为明帝造大佛像，除了还可考虑上述其他石窟窟址外，应首选在陇右第一重镇秦州州治上邽城（今天水市秦城城关区）最近的麦积山造。且麦积崖面，也是呈上大下小的避雨状，自然条件也完全合适。

作为最高地方军政长官，尉迟迥也似乎最有资格选择，在其管辖地的任何地方施工，但为什么尉迟迥不在麦积山造大佛？

在拉梢寺大佛始凿的明皇帝三年（559年）二月之前，推测麦积山就已经被辟为北周皇家石窟寺的营造处了。当时，麦积山的西崖，包括现在的中区，已遍布北周之前朝代的洞窟，洞窟间所空余的崖面而不是特别大，只有东崖还有一片平整较大的崖面，可供北周皇家开凿洞窟使用。北周第一任天王，后被追尊为孝闵帝的宇文觉（孝闵帝元年为557年），已在麦积山东崖（面南，也可称南崖）的中上部，为北周实际上的开基者北周太祖宇文泰开凿七佛龛（第4窟，俗称散花楼、上七佛阁），孝闵帝宇文觉去世后，明帝宇文毓、武帝宇文邕继续开凿散花楼，直至武帝灭法时才停止。[47]这里，应以过去七佛中的最后一尊佛释迦佛象征宇文泰。

因此，北周明帝三年二月时，麦积山可用于开凿大佛的东崖面，正在被北周皇家经营。且，皇家施工面还包括上七佛阁（散花楼）的廊道部分的第3窟（千佛廊）和第168窟（东门）[48]，由地面向崖巅所搭密集脚手架，东西跨度基本涵盖整个东崖，故尉迟迥要为明帝造一尊巨大的佛，就只能在麦积山外另选一处较大的崖面。在陇右十四州的区域中，麦积山附近的仙人崖、大象山，远处炳灵寺、金塔寺、莫高窟等处崖面，或不够平整，或不够巨大能避雨，而麦积山附近不远处的此仙崖的自然条件，兼而有之，便成了不二之选。

此处不但适合造大佛像，且崖面和大佛正好面向东南，朝向处在东南方向的麦积山北周皇家石窟寺，客观上使得拉梢寺石窟成为麦积山北周皇家石窟的一个卫星石窟。这样造大佛的做法，正适合象征新君朝向太祖，正适合尉迟迥表现对新君的衷心祝颂和对北周皇家的衷心拥护态度。

---

[45] 夏朗云：《麦积山石窟考古断代研究——后秦开窟新证》，兰州：甘肃人民出版社，2010年。
[46] 本书《麦积山石窟第133窟与西魏乙弗氏寂陵》《麦积山石窟第127窟正顶部大飞行者与西魏乙弗氏》。
[47] 本书《麦积山石窟第4窟散花楼与北周闵帝明帝武帝和王父宇文泰》。
[48] 本书《麦积山石窟第4窟散花楼外檐下仿木构件再勘察》。

十一　浅浮雕塑

拉梢寺大佛所处的巨大崖面是稍平整的，经过修整后，正适合画一幅巨大的一佛二菩萨壁画，实际却选择了浅浮雕塑形式。此种浅浮雕包泥皮的彩塑形式，与壁画相似度高，相对于高浮雕和圆雕包泥皮的彩塑，又大大减少了工程量，可缩短工期。祝颂性质的献礼工程，应尽快完工。

采取此种形式，也是因为在北周浅浮塑、浅浮雕塑的造型艺术较流行。如麦积山北周皇家洞窟第4窟（散花楼、上七佛阁），在壁画中出现了薄肉塑这种浅浮塑的补充手法，补充其飞天的立体效果（图10），甚至壁画中的树木和器物采用的也是浅浮塑的形式。在彩绘雕塑中，其护法像（图11）等采用的是浅浮雕塑形式。拉梢寺大佛，是在这种流行趋势中的进一步发扬，乃至成为巨大规模的浅浮雕塑释迦三尊像。

图10　麦积山第4窟薄肉塑飞天壁画　　图11　麦积山第4窟浅浮雕塑护法

浅浮雕塑还有一种渐渐浮现的意义，这种脱壁而出的浮现，能够表现出一种动态的显影过程。这种形式用在拉梢寺大佛上，是新佛初出世、新君初亲政的象征，适合表示对明帝初亲政的拥戴。

结语

综上因素，尉迟迥开凿拉梢寺大佛，应与明帝亲政有关。他为明帝造大佛，将明帝的亲政比作当今佛出世，以示对初亲政新君的忠心。但未及完工，明帝即去世。大佛工期延伸至武帝继位后，发愿文即铭刻于武帝继位后不久。

武帝是明帝遗诏继承其事业的新君[49]，且武帝在继位后不久，同明帝亲政后未曾主军一样也未主军[50]。故，符合明帝的大佛基本形式（佛座、坐姿），也符合继位后不久的武帝。因此，大佛也暗合为继位不久的武帝祈福之意。此时的发愿文，未明示独为明帝造，即照顾到当今国主武帝，暗示原为明帝所造的大佛，亦是为继位不久的武帝造。但因为大佛原应独为明帝造，故也不宜明示亦为武帝造。故在发愿文中，明帝、武帝因素均采用暗示手法了：在明帝时，向初亲政的明帝表示拥戴；在武帝时，也向继位不久的武帝表示拥戴。

麦积山在北周初，皇家已开凿了东崖散花楼，限于崖面条件，故尉迟迥未能在麦积山开凿大佛。大佛采用浅浮雕塑，减少了工程量，可加快献礼工程进度，也符合新佛初出的吉祥寄托。开凿拉梢寺大佛的世俗核心意义是忠君。

　　　　本文录自夏朗云：《尉迟迥为谁开凿大佛》，《敦煌研究》2023年第3期。标题略改动，增加副标题，正文及注释有补充，增加了图片。

[49]"（明帝）诏曰：'……鲁国公邕（武帝宇文邕），朕之介弟，宽仁大度，海内共闻，能弘我周家，必此子也。……辅邕以主天下者，可谓有终矣。'"（唐）令狐德棻：《周书》卷4《帝纪》第4《明帝》，第59页，北京：中华书局，1971年。

[50]"保定元年春正月……以大冢宰、晋国公护为都督中外诸军事，令五府总于天官。""建德元年……三月……诛大冢宰，晋国公护。"（唐）令狐德棻：《周书》卷5《帝纪》第5《武帝》，第64、80页，北京，中华书局，1971年。诛杀宇文护之前，武帝未能主军。

仙人崖石窟王予望题楹联释读校订
——兼考定麦积山无名楹联书者

　　仙人崖石窟位于甘肃省天水市麦积区，毗邻麦积山石窟。仙人崖石窟灵应寺旧藏有一副行草书楹联（图1），原挂在观音殿的楹柱上（现藏于麦积区博物馆）。楹联上款为"癸酉端日之次"，下款为"陇西王予望敬题"，故知楹联为清代陇右著名书法家王予望（王了望）[1]所题。上联"在何所在，试参来，青莲叶底谁拜月"，下联"音实无音，聊说起，碧海潮头作甚观"。1985～2000年，《丝路丛书·甘肃史话》[2]《甘肃旅游》[3]《天水市文物志》[4]《北道揽胜》[5]均作如此释读。但此释读的楹联语义晦涩，似不通，释读者也未详加以解释，故有必要重新审视。

　　楹联"拜"字之下的那一字，作为行草书，其左上角的第一笔，明显较出头，且较重。其右下角一钩的横向取势较重，似为有意封底，起到相当于此字最下一横的作用。且此字体格稍肥，故依照其字形，此字似是"自"字，其第一笔出头部分，似当为"自"字左上角的一撇。

　　在行草书法中，"月"字体格稍瘦。且"月"字行草的第一笔，一般是不出头或少出头的，除非"月"字与上一字有萦带关系。但此楹联"拜"字的最后一笔，无论是竖还是横，均未向下萦带。其下方那一字的起笔，也并非由轻入重的渐入式萦带入纸，而是落笔稳重入纸，其尖不锐，钝如伸出的手指尖。故"拜"字之下难说是"月"字。

　　是否王予望在书写中，个人习惯将"月"字，或"月"字偏旁的起笔，写得较突出且较重呢？并非如此。如，此楹联下联中的"潮"字，其偏旁"月"

---

[1]　"王公原名家柱……后改名予望，字胜用，一字荷泽，号绣佛头陀，甘肃巩昌陇西人……其于诗，天分特高，生气欲飞……至今藏数行书者，珍为拱璧云。"同里后学吴之斑乾玉顿首撰：《王荷泽先生传》，（清）吴之斑：《襄武人物传》，转载于赵正：《王了望书法研究》，第24页，兰州：甘肃人民美术出版社，1995年。"予望"草书连体签名似"了望"，故世人多俗称"王予望"为"王了望"。

[2]　马天彩：《丝路丛书·甘肃史话》，第134页，兰州：甘肃人民出版社，1985年。

[3]　马天彩：《甘肃旅游》，第41页，兰州：甘肃人民出版社，1988年。

[4]　左峰、王彦俊主编：《天水市文物志》，第223页，天水：天水市文化出版局，1998年。

[5]　石胜利等：《北道揽胜》，第66页，兰州：甘新出006字总516号（2000）022号。

的写法非如此，其首笔撇画含蓄，处在第2笔横折画的横画下方。

王予望所书《此册乃余姻家》[6]中的"乃自壬子至此""今春余自天水归"句里的2个"自"字（图2），同仙人崖石窟楹联中"拜"字之下那一字如出一辙。虽然"乃自壬子至此""今春余自天水归"句里的两个"自"字的最后一钩较轻，封底意味较弱，但仍不失为"自"字。仙人崖石窟楹联中"拜"字之下那一字的最后一钩较重，封底意味较强，故更似"自"字。

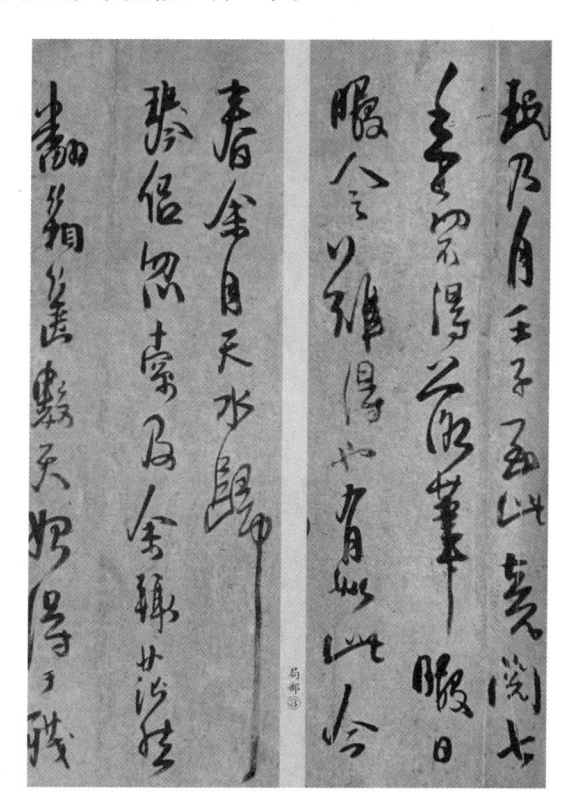

图1　仙人崖王予望题楹联　　**图2　王予望书《此册乃余姻家》两"自"字片段**

王予望所书《此册乃余姻家》中有"康熙己未年春二月初五日"句（图3），其"月"字较瘦长，首笔撇画虽有萦带，萦带的出尖高于第二笔横折，但萦带出尖不作大幅度出头状，与仙人崖石窟楹联中"拜"字之下那一字首笔的大幅度出头，明显不同。

麦积山石窟瑞应寺旧藏（现藏于麦积山石窟艺术研究所）有一副无名款楹联拓片，据书风疑似王予望所书，其上下联为："面背既无，何复有名象分殊，一

---

[6]　赵正：《王了望书法研究》三，《附图·王了望墨迹选·此乃余姻家》，第100～106页，兰州：甘肃人民美术出版社，1995年。

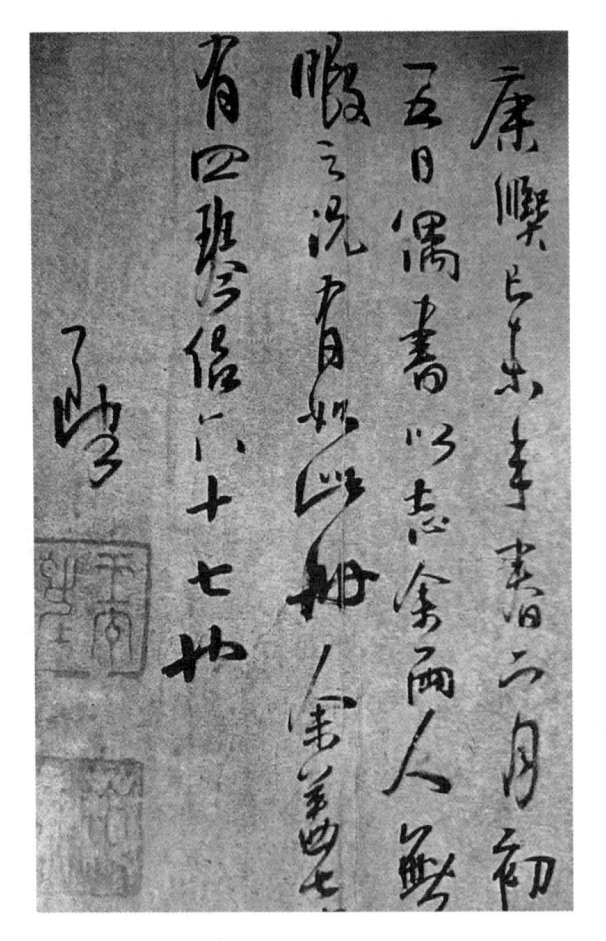

图3 王予望书《此册乃余姻家》"月"字片段

缕香中观绀发；去来自在，岂真谓月潭掩映，万缘息处见青莲。"（图4）[7] 其下联"月潭掩映"中的"月"（图5）字较瘦长，且首笔不作大幅度出头状，与仙人崖石窟楹联中"拜"字之下那一字明显不同。其下联"去来自在"中的"自"字（图6），与王予望所书《此册乃余姻家》中的"乃自壬子至此""今春余自天水归"句里的两个"自"字，与仙人崖石窟王予望

图4 麦积山无名楹联拓片

---

[7] 麦积山石窟艺术研究所编：《瑞应遗珍》，第154、155页，图版138，兰州：甘肃人民出版社，2008年。

所题楹联中"拜"字之下那一字形态一致,佐证了"拜"字之下那一字是"自"字,也佐证了麦积山此楹联为王予望所书无疑。

图5 "月潭掩映"之"月"　　图6 "取来自在"之"自"

作为严谨的书法家,王予望将"月""自"字写法,有特定的区别,区别主要在于首笔轻重。因此,仙人崖石窟楹联中"拜"字下那一字,当释读为"自"字,不应释读为"月"字。

如果仙人崖石窟楹联上联中"拜"字下那一字释读为"月"字,很难理解上联的"在"同"月"的必然关系。是否"拜月"了就能找到所在?似没有根据。但佛教有自在[8]之说,那么,"在"同"自"就有了特殊的必然关系,"拜自"了就能找到所在。这种理解与参禅的见性、直指人心[9]有异曲同工之妙,甚至可以说是一回事。而上联正好有"参"字,此"参"字即参禅之义,也正表明了这一点。故"拜"下当为"自"字。

此外,佛教中还有"自在观音"[10]之说,而此上下联的尾字和首字正好可联

---

[8] "(术语)进退无碍,谓之自在。又心离烦恼之系缚,通达无碍。谓之自在。法华经序品曰:'尽诸有结,心得自在。'唯识演秘四末曰:'施为无拥,名为自在。'"丁福保编:《佛学大辞典》,第518页,北京:文物出版社,1984年。

[9] "见性:(术语),禅家之常语,彻见自心之佛性也。达磨之《悟性论》曰:'直指人心,见性成佛,教外别传,不立文字。'《黄檗传心法要》曰:'即心是佛,上至诸佛,下至蠢动含灵,皆有佛性,同一心体。所以达摩从西天来,唯传一法。直指一切众生本来是佛,不假修行。但如今识取自心,见自本性,更莫别求。'《血脉论》曰:'若欲见佛,须是见性,性即是佛。若不见性,念佛诵经,持斋持戒,亦无益处。'"丁福保编:《佛学大辞典》,第567页,北京:文物出版社,1984年。

[10] "观在萨埵:(菩萨),观自在菩提萨埵之略。菩提萨埵者,菩萨之具名。(观自在菩提萨埵)即观音菩萨也。"故有"自在观音"之说。丁福保编纂:《佛学大辞典》,第1494页,北京:文物出版社,1984年。

成"自在观音"。这也进步说明"拜"下为"自"字。而事实上，此楹联正好原挂在观音殿的楹柱上。王予望由佛学角度，应该是按照"自在观音"一词来发挥出此联的。

故此楹联正文释读应为："在何所在，试参来，青莲叶底谁拜自；音实无音，聊说起，碧海潮头作甚观。"上联提醒求自性的实践，下联补充不执着的观点，体现了明清时期流行的禅宗思想。

> 本文录自夏朗云：《仙人崖王予望楹联》，《天水日报》2001年7月9日"天水历史文化"。标题有改动，正文有修订，增加了注释、图片。拓片由孙永刚拍摄。

崇祯皇帝御押考释

1994年9月4日，朱家潽先生在《中国文物报》上发表《待解之谜——崇祯皇帝御押释文的问题》，文中否认了张珩、郭沫若先生过去提出的"由检""国姓大木"的释文，将此御押列为待考，并发表御押图像（图1），向广大读者征集合乎情理的释文。

图1　崇祯皇帝御押

2003年10月29日，《中国文物报》刊登了胡寄樵先生的《崇祯御押试解》一文，并转登朱文，及崇祯御押和宋徽宗署押的拓本图像。胡先生不赞同"国姓大木"的释文，将此御押解读为"国主由检"。

2004年1月21日，《中国文物报》刊登了娄家云先生的《崇祯皇帝御押诠读》，认为应诠读为大明国天子。

笔者认为，此御押应当解读为"万国之主"。笔者采用郭沫若先生的"国"字释文，采用胡寄樵先生的"主"字释文，再加以考订扩展。

具体分析如下：

1. 笔者赞同朱先生不把画押的左边释读为所谓"国姓大木"中"姓"字的"女"旁，因为此画押并非国姓爷郑成功的。那么此处应当如何解释呢？此处应当是草字头两竖加一横的行草形象。此草字头的横画延伸回环再画横，复向上，竖下，提起，再行笔向右，向左下回环撇出，再加画押右上的一点，乃一草书"万"字局部夸张繁化的形状。此两横之间的回环以便围成国字的框，框中的扭曲部分合乎繁体"国"字中间"或"的一部分，同时也合乎繁体"萬"字中，"禺"部下段的，比草书较具体地多了一竖和一横的行草写法。

2. 御押右边的一点除是"国（國）"字、"万（萬）"字的共享点外，同时又是"之"字的上点。"之"字的下部位于御押的中下部，乃为"萬"字草书下部横、撇部分再加其下的，向上挑钩紫带的一横构成，也即"主"字下部两横和其间的撇状紫带构成。

3. 如果无"万（萬）""之""国（國）"三字的点公用，单纯"国"字的点则不必或不许于右上角超出"国"字的边框。此点一半在"国"内一半在"国"外，正是说明此点不只是为一"国"所用，御押中有"万"和"之"字。

4. 繁体"國"字内"或"部的左下露出了回环框一角。如果御押单纯只画"国"字，则不必露出此一角，说明在此处出颖的笔画必有多字互用的情况，于是又证明了"万""之"字的存在，当然也更证明了胡先生所释出的"主"字的存在。因为此处为"万（萬）""之"和"主"三字左下部的出头处。

5. "主"字位于画押中部，其上部一点乃中竖之出头，高高在画押之上，有君临万邦之感，且"万国之主"符合皇帝的身份。而单纯的"国主"可理解为一国或某国之主，可能为王及其以下级别如公、侯之类，就不符合皇帝的身份了。

6. 笔者赞同朱先生的"皇帝不会用御名画押"的判断，御押不释读为"万国之主朱由检"，而释读为"万国之主"。

7. 至于娄先生所释"大明国天子"，作为正式的诠读不太合适。首先，在御押中，天子字样的位置屈居于左侧而不是中轴处，且"天"字从头到脚是斜的，"大"字从头到脚也是斜的，这不应在要求严格的御押中出现。其次，其用词也并非无懈可击，作为天朝大国来说，天子只能是"天下一人"的唯一概念，大明国天子之词，小概念放在大概念之前，有种种误解之嫌。

因此，"天子""大明国"字样应是御押中所包含的次要因素，最重要的是"主"。或许崇祯认为，从历史上看，从当时国际国内的实际情况看，谁也不能限制万国中别人称"帝"称"天子"的野心，限制别人具体自我使用"天子"等词语，或者有多个"天子"的存在，关键是谁能作主要者，故所谓"天子"一词也并不重要，"主"字才是御押中最主要的，突出于一切用词之上。所以，崇祯御押选用"万国之主"为御押的正式或中心释读用词，由此，即使"大明国""天子"等非正式释读的掺入，堂堂皇帝御押，也不会在释读理解上以及形象观感上出现偏差和歪斜了。

8. 由宋徽宗御押的"天下一人"释文看，崇祯御押"万国之主"的解读，符合中国皇帝御押释文以四字为主，表示天朝皇帝身份的传统形式。虽两御押释文的意义基本一致，但"万国之主"由前者的下变为在上，由人变为主，有所改进了，增加了皇帝崇高的意象，同时也是具体地将容易被潜用的天子改进为众主，以示区别和始终高人一等。

本文录自夏朗云：《崇祯皇帝御押考释》，《中国文物报》2004年4月21日。

麦积山寻古
——答天水电视台《行游天水》访谈

主持人：说起麦积山，我们天水人不无骄傲自豪。它不仅是中国四大石窟之一，闻名世界的艺术宝库，被誉为"东方雕塑馆"，更是天水历史文化的缩影，那么究竟是什么在吸引着全世界的目光呢，今天我们就为您揭开麦积山神秘的面纱。麦积山是闻名世界的艺术宝库，我们现在最熟知的麦积山名字的由来是因为它的外形犹如农家麦垛，那么麦积山最初因何命名？它又有什么别样的含义呢？我们邀请麦积山艺术研究所考古研究室主任夏朗云研究员为我们解读一下麦积山的历史渊源。

答：现在的名字叫作麦积山，顾名思义，这个名字，它就是因为像农家的麦垛，所以就叫作麦积山。但是，这个麦积山最初的时候，它应该不叫麦积山。因为它是一个悬崖，这个悬崖比较浑圆，它就是上圆下缩状。这样的话，最初给人的感觉并不像，或不感受到是麦垛状。后来，才叫麦积山的。因为什么呢？因为后来，在历史上有一些地震或风化，把这个浑圆崖面震掉或风化掉一部分，那么它的这个垂面就显得更垂直陡峭了一些，这样的话，就显得像农家的麦垛了。农家的麦垛一般就是上面圆，周边呢，是一个向下向内缩的纵向切面或者向下向内缩的比较垂直的面，它不是个滚圆的面，是下边稍微内缩一点，上面稍微前倾一点的纵向直面，横向的面仍基本保留圆形。这悬崖后来像农家的麦垛，这个形象认知，是随着农业生产，在天水地区，或者是麦积山区，或这个麦积山沟里边比较普遍的情况下才产生。有了农业生产后，产生麦垛的概念，才有把这个悬崖比作麦垛的条件，才有这个麦积山名称。那么这个山名的发展呢，还是有一定的历史变化在里面的。

主持人：原来是这样，在漫长的历史长河中，其名称是如何演变的？

答：麦积山名称演变，刚开始的话，因为是一座自然的悬崖，应该是，老百姓见了它，就叫它大石崖，或者叫作太石崖。就悬崖来说悬崖，就石头来说石头，它像一个巨大的石头而得名。这是原始的第一命名阶段。

那么第二个命名阶段，是渔猎经济命名阶段。在这个阶段中，当时古人认为麦积山形，它像一种生物"蝌蚪"。它反映了当时这个山区的渔猎经济时期的意识。于是麦积山当时的名称呢，应该是叫"蝌蚪崖"。请看，现在麦积山的旁边还有一座山梁，山梁就围绕我们这个广场和寺院，把广场和寺院包围起来。山梁实际上是连接麦积山这一个巨大圆石头的一个山梁。这个巨大的圆石头，就像一个头一样，山梁像长尾部，那么头连着这个尾，很像一个蝌蚪，那么古代人就把麦积山叫作蝌蚪崖。蝌蚪，在天水，土话音叫"guǒ zōu"，字面义意即"疙鲰"，即像疙瘩一样的小鱼。如今，天水有一种著名小吃，即锅中所煮熟食再凉调出的面鱼个体，形似蝌蚪状，故面鱼即指蝌蚪状面食，也称疙鲰或锅鲰。所以说，当时老百姓可能就叫麦积山为蝌蚪崖，即疙鲰崖。

那么这个名称呢，后来又被文人弃用了，于是进入第三个命名阶段，即文人加工的命名阶段。因为文人认为这个蝌蚪或疙鲰名，比较土一点，要加工一下。加工一下的这个名称叫什么呢？实际加工成了嶓冢。因为在古代，地理学家要对名山大川命名，怎么命名这里的一片山区呢，那么他们就看到了这个蝌蚪崖，这座蝌蚪崖实际上是这片山区中最富有特征、最有代表性的一处悬崖。他们就认为，应把这座悬崖"蝌蚪崖"，作为这片山区的一个标志，来命名这片山区。因此，古地理学家如果想命名的话，直接利用的话，只能说这片山叫作蝌蚪山，但是蝌蚪山又不太文雅，所以说，古地理学家就结合这片山区的其他人文特点，来重新把其名称文雅化。文雅化的结果，就是嶓冢山这个名称。为什么叫嶓冢山呢？因为这片山区还安葬着先秦时期秦朝的祖先。其祖先曾在这里放马，秦人祖先的墓也埋在这个山区。结合秦人祖墓，把这个"冢"字放进山名中去了。冢就是坟墓的意思。那么"嶓"呢，是一种层叠且偏西部的大山区含义。"嶓冢"的发音与"蝌蚪"的土话发音"疙鲰"比较近，因此古代地理学家是借"蝌蚪山"的土话发音，加上秦祖先墓所依托的大山之意，来命名这片山区，叫作"嶓冢山"，这样，原山名"蝌蚪山"既文雅化了，也使得原山名"蝌蚪山"的发音，基本不变，便于推广。这片嶓冢山，在古代地理典籍《禹贡》《山海经》里已经记载了，是一个著名的大山，可以与敦煌莫高窟旁的三危山，洛阳龙门石窟所在的龙门山，永靖炳灵寺石窟所处的积石山相媲美，后三山也均是古代典籍中明文记载下来的名山。那么嶓冢山它的命名的原始发祥地，就是这个蝌蚪崖。

嶓冢山名之后，才有麦积山这个山名。于是进入了第四个命名阶段，即农业文明命名阶段。刚才说是渔猎经济环境中产生的这个蝌蚪崖、蝌蚪山名称。蝌蚪崖，经过先秦的地理学知识分子的演绎，与嶓冢山产生了联系，然后，到了农业经济发展的时候才产生了麦积山名称。那么，到了农业经济发展的什么时候产生了麦积山名呢？应该说是在南北朝时期，此时此地，已进入麦作农业经济大发展时期，农家普遍有了麦垛这种概念，然后产生了麦积山的这个名字。《高僧传》里，最早记载了麦积山的这个名称。那么要说具体的人，就要提到《高僧传》的作者，是南朝梁的僧人叫慧皎的，他首次提到麦积山这个名称。

但是虽然当时提到这个麦积山的名称，但和现在的概念还不一样。当时的麦积山的概念，如同刚才所提到的嶓冢山一样，也是广大山区的概念。就是说，应该是有方圆几百里地的山区，统叫作麦积山。后来，麦积山的概念，才逐渐缩小到这座崖体，即麦积崖。南北朝时期当时的麦积山概念，根据后来五代时期《玉堂闲话》一文的记载，就是方圆五百里地的山区，麦积崖是处在中间，即在五百里地的中间，麦积崖是标志性的存在。后来，宋代开始，到了大约明代的时候，才固定为，麦积山的概念指的就是麦积崖。一直到现在都是这样的概念。但是在大约明代之前，它多指的是广大的山区的概念。

主持人：麦积山在四大石窟中可以说是自然风景最美的一处，那么您给我们说说它现在的地理特点。

答：中国所有的石窟中，麦积山自然的风光应该是较美的。因为什么呢？麦积山正好处在这么一个点上。这个点是在秦岭山区，秦岭山区又属于中国的南北交接的一个中心线的地方。这个地方四季分明，它所呈现出来的自然面貌是最丰富的，它可以有长时间春的粉红、夏的烟雨、秋的彩叶、冬的白雪。从它的区域来说的话，它应该说是处在关天一体之地域，即关中和天水一体地域。天水东连关中，西通羌中和河西，南接巴蜀，北倚崆峒。从自然资源和人文资源交汇来说，麦积山石窟艺术，能达到这种荟萃的地步。

主持人：应该说咱们这个麦积山它是一个自然景观和人文景观相结合的，应该说是完美结合的地方。

答：因为有这个自然景观的资源，也支撑了文化方面的资源丰富，这是一个大的方面。小的方面可谈一下丹霞地貌，它是处在秦岭一片葱郁的山区和黄土高原之间的丹霞地貌。红色的丹霞地貌，是绿色和黄色中间加上了一片红色，这种小地貌就感觉非常的鲜明，给人一种赏心悦目、眼前一亮的感觉。这是一种比较有特点的地貌，在别的地方少见，所以被国家命名为麦积山国家地质公园。另外可谈一下林区，麦积崖处在林区的氛围中，于是产生了"麦积烟雨"这种特殊的景观。雨季的时候，基本在夏秋两季，屡屡见云丝从葱郁的林木中缕缕地抽出来，然后汇集在麦积山前，变化多端，让人产生非常丰富的联想，形成"秦州八景"之首的景观。这是它风景上的一个大特点。

主持人：对，这也正是我们非常希望看到的"秦州八景"之首的"麦积烟雨"，也是一种仙境的感觉。

答：这并不是孤立点，它和仙人崖、石门这两个风景单元东西连成一片，就好像一个有机体一样，如果说把石门布满长松的诸山峰，比作绿色的莲叶的话，那么仙人崖丹霞诸崖组合，就是盛开的莲花，麦积山丹霞一秀崛起，就是莲子，是精华部分。这种崛起的面貌，非常给人一种震撼的感觉。它可以说是长安西望的第一座文化名山，第一处自然名胜。

主持人：麦积山风景名胜区内佛教寺庙众多，佛事活动历史悠久，麦积山佛教遗迹的起源是从何时开始呢？

答：最早的佛教遗迹应该是从东晋十六国时期的。对于麦积山佛教遗迹，我们主要介绍的是人工开凿的洞窟。其实，在人工开凿之前，麦积山早就有一些自然洞窟，里面常往外渗水，古代的人们可能就把这个奇特的山视为圣山，自然流出来的水视为圣水。因此，这个地方开始流行佛教的时候，就把这个水命名为佛教的三泉圣水，即"观音、文殊、普贤"三泉圣水。这个自然洞窟是最早的佛教洞窟遗迹，古代人在这里头可能会供奉一些佛教小像，然后烧香，来礼拜。我们现在仍看到附近的武山水帘洞石窟，有一些自然洞窟里面，古代和现代也持续供奉一些佛教小造像，实际上跟以前的麦积山最早自然洞窟的景象是类似的。

主持人：那么我们能不能这样理解，在仙人崖石窟的西崖，它也是一个自然形成的这样一个凹进去的崖壁，它那里应该也算是自然形成的这样一个洞窟。

答：仙人崖就显得比较自然或者是原始一些，在最早的麦积山也是这样的，这之后，古人才开始大规模的在麦积山悬崖上开一些洞窟。这些人工洞窟一般比自然洞窟要稍微高一些。因为自然洞窟偏低，而且还有渗水流出，造不成大型的塑像和壁画，因为水会破坏，所以只能是造或放置一些小型的雕塑和绘画，窟内主要体现的是民间的雕塑和绘画艺术。那么后来有一些帝王注意到了麦积山佛教圣地，才在麦积山进行了大规模的开窟造佛像。最早的就是东晋十六国时期的后秦帝王姚兴，他作为供养人，在这里进行了第一次大规模的开窟造佛像活动，形成了一座皇家石窟，内容就是一组洞窟。包括现在的西崖大佛窟，即西崖的大立佛所在的第98窟，还包括第90、165、74、78、51窟。这样一组六个大窟龛，便是后秦皇家石窟。第98窟是无量寿摩崖大立佛，也称阿弥陀接引佛，是后秦皇帝姚兴效仿当时东晋庐山佛教界所造。庐山当时已流行供奉阿弥陀接引佛，姚兴在麦积山造的更大，现在看来，应是中原北方地区最大最古老的摩崖大立佛。第90、165、74、78、51窟为一组窟，我称为"姚秦五龛"，为后秦的五位统治者连续各造一龛。后秦也称姚秦。

主持人：那您刚才从遗迹就说到了窟龛，我刚才听到了它和皇家之间也是慢慢有了联系，那么麦积山石窟和皇家石窟有什么样的关系，它和民间石窟又有什么样的关系？

答：第一批所造的大规模洞窟，就是东晋十六国时期后秦帝王姚兴所造的洞窟，有六个大龛，形成了后秦的皇家石窟。开凿的时间比较早，在中国中原北方地区来说，应该是第一批的皇家石窟。它就是中国石窟中皇家石窟的初祖。那么在麦积山，除了后秦开凿一批皇家石窟，后来还有其他皇家在这里开凿，形成了一个皇家连续开窟的传统。因为后秦的帝王是在当时的长安地区（现在的西安）称帝的，他的首都在那儿。接下来，东晋十六国时期不远的南北朝时期，凡是在长安称帝的帝王，他们都会把目光关注到这个麦积山。因为麦积山以前曾经是皇家石窟，那么后来的皇家，肯定会注意到以前的皇家在那里开凿石窟，而且比较注意那个地方的风光，也对那里比较心仪，神往，也希望自己也能够在那里开窟造佛像，能够祈福，弘扬佛法，这是很正常的心理。

紧接其后的一个皇家，就是西魏的皇家。西魏定都在长安，皇家自然就会把目光投到了麦积山，如果要弘扬佛法并为自己祈福的话，必然要到麦积山来，因为麦积山是当时西魏石窟的第一圣地，已有皇家道场的背景。那么麦积山石窟第二个皇家石窟的高潮，就在西魏时期了。西魏刚开国的大统元年，就在这里进行投资，即作为供养人进行佛事活动，这在古代碑文中有所记载。后来，西魏又有一个著名的皇后，就是乙弗氏，曾经到天水地区出家，依附他的儿子。她的儿子就是天水地区古代称秦州的刺史，最高军事加行政长官。既然要出家，作为皇室的一个重要人物，她必然会把目光投到麦积山，那么在麦积山必然持续有所供养营建。这样，麦积山石窟也就成为西魏的皇家石窟。另外，古史记载乙弗氏，还被密令蓄发，仍实际以皇后身份对待；且在她死后，实际以皇后身份葬于麦积崖，崖墓后来又追加尊号为寂陵，那就更能证明这个麦积山石窟是西魏时期的皇家石窟。如果麦积山石窟不是西魏皇家所供养的皇家石窟，选择葬于麦积山石窟是不可能的，也是不可想象的。所以说，西魏皇室必然先已对麦积山石窟寺进行了一段时间的供养或投资了的。事实是皇后乙弗氏葬于麦积崖，则麦积山石窟必然是皇家石窟。所以说，西魏皇家石窟的开凿，是第二个开凿高潮，造了一些大窟，比如说第133、127、135窟，都是比较大的洞窟，无法想象是其他人所造，应是标准的皇家洞窟。而且第133窟，是皇后乙弗氏的陵墓，第127窟是祈愿皇后乙弗氏"上品上生"于西方极乐世界的超度窟。

十六国至南北朝时期第三个长安皇家是北周皇家。第4窟（散花楼）是大都督李允信奉为北周皇家，为北周立基者宇文泰所造的洞窟，是麦积山石窟最宏伟的崖阁式洞窟。以此窟为代表的北周皇家石窟，形成麦积山石窟的第三个高潮。

第四个长安皇家是隋代皇家。第5窟（牛儿堂）是隋代皇家洞窟，是最高处的一座洞窟，是隋独孤皇后及其女儿杨丽华所出资开凿的。另外，原曾认为是西魏乙弗氏墓的第43窟，现在看来是隋文帝下诏开凿的神尼舍利窟。以此二窟为开端的隋代皇家石窟，形成麦积山石窟的第四个高潮。

隋代皇家洞窟中，又更多出现了女性的因素，说明古代皇家女性同石窟的关系密切。在麦积山以西魏皇后乙弗氏为显著开端和代表。

主持人：对，西魏第133、44窟的西魏佛像，是根据乙弗氏的外形来造的。

答：有乙弗氏的影子在造像里头，我们现在不知道乙弗氏长什么样，但是根据造像有些女性化的特征来看，应该是有乙弗氏美丽的影子在里头。第133窟比较大，这个非常符合皇家陵寝的特点。而且，造的是双后室墓，在古代是夫妻合葬墓的形制。巨大的双后室墓，就应该是皇室的夫妻合葬陵墓。那么为啥造出这样双后室墓？它是有一定寓意的，乙弗氏和西魏文帝非常恩爱，只不过是被迫分开的。那么乙弗氏死了以后，为她造了一个双室墓，就是预设着以后要和文帝合葬，有这种情感寄托在里面，是一种恩爱的表现，所以说第133窟就是乙弗氏的寂陵。现在看，原在第133窟中，后移入邻近第135窟中的石立佛，其背后肘部又发现了乙弗氏的姓氏题记。此题记就是精雕细凿刻出的其姓氏"乙"字。这个"乙"字，是她原胡人姓氏"乙弗"汉化并简化的姓氏。在古代，讲究对尊者名字的避讳，一般来说，不会刻上皇后乙弗氏具体名字的尊讳，只能用这个"乙"字来代表乙弗氏。这个"乙"字，正好对应着石立佛前面，位于石立佛手背之下，且花瓣向上托着佛手背的莲花。在此佛手心上方，在拇指前部和中指跟部之间，还捻着一枚莲子。此处位于五指间捻物的中心位置，可表示莲子被捻于佛手中最尊贵处。这一形态，就寓意着乙弗氏如同莲花结子一样，取得了最上等品位的果报，应是以"上品上生"的果位往生到西方极乐世界的。第135窟的这座石立佛像，实际上是接引佛像，即阿弥陀佛立像，是接引众生到西方极乐世界去的。在这尊立佛背后部刻这个"乙"字，按照佛经《观无量寿佛经》"跟在接引佛后上品上生"的记载，就是来着重提示乙弗氏的往生的，是对乙弗氏"上品上生"西方极乐世界的一种寄托，说明这是着重为乙弗氏造这尊接引佛像的。当然，接引佛同时也会普度众生。

主持人：看来咱们麦积山石窟的背后都有很多的故事，尤其咱们刚才一直说到的这个皇后乙弗氏。我们都知道咱们天水有一部大型的秦腔剧目《麦积圣歌》，就是根据乙弗氏的故事改编而来的。我想，除了这一个故事，在麦积山还有很多很多的故事，我们都很想知道。您再给我们说一说，主要作为皇家石窟的麦积山石窟，和民间石窟之间有着什么样的关系呢？

答：麦积山石窟，应该说也有一些民间石窟。所谓民间石窟，应该是跟皇家石窟相对而言的——皇家之外都是民，其他的人都是皇家的臣民嘛——应该就是除了皇家石窟之外的一些石窟。麦积山石窟也有一些民间洞窟，不过这些洞窟都比较小，比如说第115窟，平面才1.5平方米大小，这就很小了，进去只能容一个人，连腰都直不起来，只能坐下来。这实际上是一个不小的官员出资开凿建造的，他应该相当于现在的天水市一个中高级领导。他才开那么小的窟，那么可想而知，麦积山石窟上所开的那些大窟，比第115窟大很多的窟，可以说是更高级的贵族和皇家所开。因为有皇家所开洞窟，那么皇家石窟应该说是麦积山石窟的主流，麦积山石窟总体来说应该叫皇家石窟，而不应该叫民间石窟。它有民间的成分，但是不应该叫民间石窟。而且从民间石窟的角度来说呢，也不能很好地解释麦积山石窟艺术为什么那么高超。你只说艺术是工匠造的，是民间的人造的，不能说明为什么高超艺术集中在此呢？背后出钱的是谁呢？因为工匠本身没有钱，那么老百姓也没有钱，那么出钱的人就是贵族和皇家。那么皇家出钱，一定用的是高手，一定用全国最好的工匠来造。麦积山石窟艺术的高超，其中所体现的生动，还有咱们常说的很世俗化，或者是很有表情生动感的生活化的艺术表现，应当都来源于最高级的工匠。但是，最高级工匠的汇集于麦积山工作，背后应有皇室的推手，其艺术工作应有皇家的支撑，是在皇家巨大财力支撑中进行的。所以说，麦积山石窟总体上应该叫皇家石窟。那么只就具体劳动和技艺方面，才可以说是由民间工匠的巧手把它建造起来的，咱们可以这么理解。

主持人：咱们麦积山石窟，它实际上是一座皇家石窟，但是它里面也融入了一小部分民间石窟的成分，其艺术有民间的影子，因为它的工匠是来源于民间，但不管是皇家还是民间，其信仰应该是相通的或基本相同的，能再谈一下麦积山石窟反映的主要信仰吗？

答：净土宗是佛教里面的一个大宗，就麦积山来说我们主要是谈它的净土信仰，净土信仰在麦积山是应该着重谈到的。净土宗的发源地是东晋的庐山，更具体点，是慧远的东林寺。那么麦积山，实际上在最初开凿洞窟的时候，即后秦皇家开凿第一批洞窟的时候，就已经与净土宗的信仰源头就已接上了。麦积山石窟西崖开凿的第98窟大立佛，就是早期净土信仰的窟龛造像代表。它主要开凿塑造出的是接引佛，即阿弥陀佛或者又称无量寿佛，旁边还同时凿塑出观世音、大势至造像，合称为西方三圣造像。接引佛是来接引众生到西方极乐世界去的，它就是古人净土信仰的一种具体表现。接引佛是一尊巨大的造像，高达12米多。如此摩崖大佛，是经后秦皇帝推手才造出来的。而且这种造像的规模，是东晋十六国时期中原北方地区甚至整个中国最为高大的，是当时一尊最大的无量寿佛造像。迄今为止，这尊造像实际上就是净土宗或者是净土信仰最早的遗迹。净土宗或者是净土信仰最早的遗迹，就在麦积山，直到现在，我们在全国还找不到其他的净土宗或者是净土信仰的更早期遗迹。在庐山和东林寺也未找到这种早期遗迹，只有古代的历史记载，现在基本找不到早期净土信仰方面遗迹了，也许以后能找到，但是目前还没有找到。故目前来看，麦积山应该是这个净土信仰的最早最大的遗迹。如果要看早期古代净土信仰的遗迹的话，那么请你到麦积山来。这个遗迹是有代表性的，应大书特书而宣传的。

主持人：民间流传着这样一句话"砍完南山柴，修起麦积崖"或"堆起万丈柴，修出麦积崖"，其中的南山柴我想被用于架设悬崖上的凌空栈道了。说起麦积山的凌空栈道，攀登的游客无不称奇，我第一次攀登栈道，感觉真是惊心动魄，可想当时修建时一定很艰难。

答：你刚才说的"砍完南山柴，修起麦积崖"，也有说"砍尽南山柴，堆起麦积崖"，这就涉及麦积山这种惊险的栈道，是如何修起来的问题。那么这句流传下来的话，实际上也包含了修栈道的情况在里面，它并不是完全反映这种情况，它是一种夸张的表现。因为当时用的支撑方面的建筑材料，基本上都是以木头为主的，那么"砍完南山柴"，意思是说主要修这些栈道，包括少量的用于修造像、壁画，要用很多木材，数量比较巨大。"砍完南山柴，修起麦积崖"，应是一种夸张的说法。古人也应是像现在人一样搭脚手架，一层一层搭脚手架上去，来开窟造像的。就是先在崖体的阳面上开一些小孔，然后安装上木桩，固定住，然后再把脚手架一层一层的搭上去。那么最初为什么要说"砍完南山柴"，就因为麦积山石窟的脚手架搭的非常高。为什么要搭这么高，这就涉及我们刚才说的皇家石窟。因为皇家石窟要造的时候，不会造得小，要造得规模巨大，而且造得非常的高。那么现在看，应该造得大半个悬崖那么高，应该离地面有几十米高。那么工匠必须搭成几十米高的脚手架，搭到设计石窟窟口上沿位置的最高处，从最高处开始开窟造像。然后再沿着脚手架，一层一层往下造。造好洞窟后，然后再在一层一层的脚手架中，拆下去一部分，留一部分作为栈道，好通行。

主持人：所以说当时不是从下往上造的，而是从上往下造的。

答：对，应该是这样，因为这样的话才能符合"砍完南山柴"这种大规模的情况。从远处看，这个巨大的脚手架就像一座柴山一样，所以说它应该是"砍完南山柴"的一个最好的注脚。从上朝下造，而且造的规模巨大。古代有记载，其文意就是：把木柴累积到接近麦积山巅的地方，然后由上向下层层开窟造像，再层层地拆除脚手架，再旋旋地造栈道，使人能登上石窟。最初大规模开窟时，由上朝下造洞窟就是这样的意思。

主持人：所以我们现在还能在麦积山的崖壁上看到很多的小孔，就是当时在建造的时候留下来的这个搭脚手架的这个孔，是这样吗？

答：很多是这样子，所以说造窟非常艰难，但是也充满了智慧。并不是密集堆柴上去，那样的说法将古人表述得太愚蠢了。

主持人：麦积山石窟大多数开凿在悬崖峭壁之上，那么石窟和洞窟是一样的概念还是不同呢？

答：这是一个名词概念的区别。一般来说，我们说石窟的概念稍微大一点，洞窟的概念小一些。石窟相当于我们说的石窟群或洞窟群，有许多洞窟，那么有许多洞窟组成了一个石窟群，那么我们把这个许多洞窟群或石窟群就叫作"某某某石窟"，这个"某某某石窟"的话就是指的是石窟群的概念。比如我们说的麦积山石窟，应该是有很多洞窟的石窟，是一个石窟群的概念。特殊情况下，一个洞窟也可称为一处石窟，但一处石窟不一定只有一个洞窟。

主持人： 麦积山石窟洞窟大多数开凿在悬崖峭壁之上，它有自己什么样的建筑特色？

答： 麦积山石窟的建筑特色，首先直观的感觉，在位于高高的悬崖之上，密如蜂房。这个凌空的情况比较惊险。这是表面的情况，我们看到的是麦积山石窟的各个洞窟的窟口。洞窟有窟口，个别窟口大、窟内小，大多窟口比较小、窟内比较大。我们在外看到的是它的窟口部分，那么它里面的部分，有比较多的形式，有方形的，马蹄形的等，方形又分为基本正方形和长方形，长方形也分为横长方形和纵长方形。还有我们刚才说的第133窟，是一个墓葬一样的平面，有前面横长方形的前室，然后连着后边的是，两个纵长方形的后室，这是比较复杂的。还有一种状况，就是洞窟的顶部，顶部也是有差别的。有的顶部比较平，有的顶部微微隆起，是穹隆顶，有的顶部凿成四角攒尖顶，有的顶部凿成覆斗盝顶，有的顶部还凿有套斗藻井和平棊样式。另外，窟口外的状况也有一些变化的。最早的时候，比如说后秦的皇家石窟，是比较原始一点，开凿出敞口大龛形式，整个窟口是朝外边敞着的，窟口是最大最敞处。后来就是到了南北朝时期，比较多的就是一个种类，收口的，有一个口，比较小了，里面肚子大，宽敞一点。还有的状况是，一般来说不开明窗。但是第135窟，是唯一一个开明窗的窟，开了三个较大的明窗，采光比较好，形成窟里面比较明亮的感觉，所以说那个窟又叫天堂洞，天堂比较明亮。另外还有一个窟口方面变化的状况，就是早期在窟口外面的开凿，基本没有做什么装饰，后来随着汉化程度的加深，木构建筑的某些特点被移到石窟上去了，于是在窟口处凿造了一些仿木结构的大屋顶、柱子、斗拱之类的结构，有代表性的就是第4窟散花楼。散花楼比较巍峨雄伟，它像是一个巨大的木结构宫殿一样，旁边还开凿了廊道即千佛廊，廊道内也是仿木结构的。

主持人： 麦积山建筑雄伟壮观，是世界建筑史上的奇迹，它的价值和意义是什么呢？

答： 刚才我已经谈到了麦积山石窟巨大的崖阁式建筑，就是窟口悬崖上造出巨大的仿木结构的大屋顶宫殿式建筑。第4窟散花楼，便是石窟中仿木结构宫殿式建筑的代表，面阔达35米，高达17米，前廊加后室进深达8米，前面有8根八棱石柱。其巨大的规模，在中国甚至世界的崖阁式石窟中是首屈一指的，属世界之最。这样的话，它在中国建筑史上就占有一席之地。其具体结构上，保存有北周时期重楣结构的巨大庑殿顶宫殿，重楣在唐代流行。这里是先声，足以在中国古代建筑史上占有很重要的地位了。

主持人： 麦积山是我国四大石窟之一，被誉为"东方雕塑馆"，请您来给我们介绍一下麦积山石窟雕塑。

答： 雕塑应该说是麦积山石窟一个比较重的内容。麦积山石窟馆藏有一副民国时期的对联，是大书法家于右任先生手书的"艺并莫高窟，文传庾子山"。麦积山石窟怎么能被描述为与莫高窟艺并呢？主要是用雕塑优势能够与莫高窟相媲美。莫高窟主要是以壁画闻名，麦积山石窟主要是以雕塑闻名，是不分伯仲的。麦积山石窟的雕塑，泥塑占绝大多数，有少部分石雕。有比较大的雕塑，有小的影塑，总体统计下来，过去说是7200余尊，主要指的是较大的雕塑，现在加上一些小的和漏掉的一起统计，已经达到10600多尊了。题材则有佛像、菩萨、弟子、飞天等。高12余米的西崖大佛，高近13米的东崖大佛，这是巨大的，小的雕塑只能以厘米计。雕塑手法也是多样的，有一种是石胎泥塑，比如西崖大佛就是石胎泥塑，先在崖壁上凿出石头的胎坯，形成大的模样再用泥细塑。麦积山崖上的粗砂砾岩不太适合于石雕，雕不细，只能造粗坯。因此，在石粗坯外面包泥塑造。先包粗泥，再包细泥，然后再收拾细部，这是石胎泥塑的一种雕塑。另外的一种雕塑，是完全是泥塑，不凿石胎，直接做木头骨架，然后绑上芦苇稻麦草之类，在外面再敷泥塑造。再另外一种雕塑是石雕，因为麦积崖砂砾岩是不适于石雕的，那么麦积山石窟的石雕都是从外地运过来的，也就是在外地雕好，运过来，放入洞窟中。比如说，第133窟有很多石造像碑，第135窟有石立像，都是从外地雕好运来的，可能大部分在关中地区（现在的西安周边地区）雕好运来的，是定做好的，然后放入乙弗氏寂陵，用于超度乙弗氏的。因为乙弗氏是从长安首都地区过来的，那么这些雕像很有可能大多是从长安地区运过来的，麦积山本身不产这些。这些石造像也证明了麦积山是皇家石窟，这些石造像也多为关中地区或长安周边地区的风格。麦积山雕塑题材方面，有各种不同的组合，有三世佛的组合，有一佛二菩萨的组合，还有一佛二菩萨加上弟子、力士的组合，还有加上天龙八部的组合，加上飞天散花的组合。在技艺方面，尤其是散花楼的薄肉塑，其精美形式给人一种脱壁而出的感觉。古人把飞天表现得更加立体，有一种脱壁而出向外飞的感觉，好像从水面中浮出来一样的效果。这也是受到了西域凸凹花绘画手法影响的结果，西域绘画讲究非常立体感，那么学习这种立体感，除了在绘画外，麦积山的古人觉得还不够，应该把这个立体感做得更立体，那么只能求助于雕塑了，那么就把散花楼壁画飞天的面部、手臂部、足部做成浮塑，那就更有立体感了，形成补充绘画的雕塑即薄肉塑，其精美程度，也是中国古代此类艺术中最好的。

　　主持人：麦积山石窟特点、特色又是什么呢？

　　答：麦积山石窟是中国佛教皇家石窟的初祖。皇家均是长安皇家，故麦积山石窟是长安模式石窟的代表，且是中国拥有朝代数最多（后秦、西魏、北周、隋四朝）的皇家石窟。其他皇家石窟如云冈、龙门，没有这样多朝代的皇家洞窟。

　　麦积山石窟以雕塑闻名。其雕塑的主要特点就是保留了古代比较多的高级艺术颜值的原作。尤其是南北朝时期的泥塑占大部分的雕塑原作，这在其他石窟中比较少见。麦积山石窟之所以叫古代雕塑馆的话，就在于此。一方面，是早期雕塑的数量多，还是原作。所谓原作，是没有经过后代人重修的原作。不像有的石窟，虽然保留了一些原作，但是很多雕塑，经过后代人的一重修，就难看了。比如敦煌莫高窟许多早期雕塑，可惜的是被清代人又重新修了一下，就反而难看了。麦积山石窟是因为洞窟位置比较高，古代曾经有段时间人上不去。人迹罕至有一个好处，就是把南北朝时期雕塑原作保留下来了，让我们现在能够一睹南北朝时期雕塑的真面目，有一种纯正古色古香的感觉。另外一方面，是此雕塑艺术特别高超。是请了很专业的高级工匠，即国家工匠或者是相当于现在的中央美院艺术家一级的那些工匠来造的，当然也包括那些学徒学生们参与，他们是作为助手的。于是，此雕塑造得非常生动，很精细，手法非常高超。那么，麦积山古代南北朝时期雕塑，就代表了古代一个高级水平，也就是代表了皇家级别的艺术，而不是低级的民间水平。这种古代顶级水平的雕塑，在麦积山能够看到，非常生动。这种生动，会在皇家洞窟及其周边的洞窟中得以保存，比如第121窟中的著名雕塑"窃窃私语"，为什么那么感人？雕塑得细腻，细腻就很传神，就好像是活起来。保存了很多古代南北朝时期高级雕塑原作，这是麦积山石窟的特色所在。

主持人：在麦积山尽管各代塑像同处一山，但都具有各自的时代特色，同时反映了我国泥塑艺术的发展、演变过程。其中的代表作品还有哪些呢？

答：每个朝代都有它的时代风格，时代风格是由各个朝代所决定的。代表作就是麦积山石窟的一张张名片，名片是以雕塑为主的。最主要的名片，应该是第44窟的主佛像，西魏时代的。这尊佛像是西魏佛像的一个代表。为什么它是代表呢？不是说麦积山石窟中其他西魏佛像就不如此尊，实际上，从专业的角度上来看都差不多，应该说都不分伯仲。那么，为什么我们把第44窟专门提出来呢？因为第44窟佛像保存得比较好，而其他的洞窟佛像保存得不好。其他洞窟，古代有段时间，人能够上去，在那里烧香磕头，或者是住宿生火，佛像已经被烟熏了，显得黑黢黢的。我们只能看到它的一个美的轮廓，如果从颜色上来看，品相上就不是太好。但是第44窟的品相是最好的，它没有受到后代人的烟熏干扰，因为它所处的位置一般人上不去的。为什么上不去呢？是因为那个地方原是崖面中部较为悬出的一块，故在唐代大地震的时候震掉了一部分，第44窟前部大约有2米多进深的窟体，是被地震震掉了。现在我们所看到的第44窟正壁的中心龛里，有一尊坐佛像，其前面的一部分，包括左右壁前部和前窟口和甬道部分，都给震掉了。那么，后边正壁上的佛像，仅存一尊坐佛像。因为窟前部在唐代被震掉了，栈道也全没了，故一千多来年没人上去，所以坐佛像一直在那里安静地坐着。那么它保持着古代的原貌，保持着西魏造像的原貌，一直在哪里安静地坐着。我们现在看到，坐佛像的泥质和其上的彩绘都没有受到后代人为的熏染，泥质与彩绘色度还基本像原来一样。麦积山石窟上，某些泥塑甚至是比某些石雕保存得要好。石雕还容易风化，泥塑在麦积山窟内一般湿度大的环境里，千百年中，风化程度似没有石雕大。我们看到的第44窟坐佛像的这种泥质如新，色泽就好像不久以前那样。但是形态又不是太新，因为经过了千余年风霜的打磨，又显得特别的温润。如果太新的话，也感觉火气比较大，但是现在感觉没有火气，是超脱得不食人间烟火的那种感觉，面貌比较平和鲜活，是历经沧桑而又脱颖而出的感觉，新和旧、古和今形成统一体，这些都能体会到。所以说，坐佛像既是生的，就是比如说这个泥质如新；它又是熟的，比如说经过了古代风霜的洗礼，面部的有些颜料已经被打磨掉了，使得露出了新鲜生的泥质。如果颜料涂得多的话反而难看，就好像太浓的妆也不好。此坐佛，在千余年自然的洗礼后，是一种淡妆素抹的感觉，更加感人。且其表情是，是秀骨清像中类型中加入丰腴女性化成分的淡妆素抹者，加之泥质的温润感，且微微含笑，显得更加温婉可亲，所以说它是麦积山石窟的一张名片（图1）。

这是第一张名片的情况。还有一个代表，如"窃窃私语"。第121窟的窃窃私语雕塑，是一位袈裟装弟子和一位菩萨装弟子站在拐角处，微微向前倾的状态，这样，就有点交头接耳的感觉。但是，两位从面貌上都有一种能感染世俗人的会心微笑在里头。这样的话，两位好像有一种心心相印的感觉，似在体会、探讨一种什么问题。同时，他们手部还有一种动作，双手合掌，但是合掌合得又不是太实，稍微开启了一下。开启还不是完全开启，是手掌下部微微闭合，上部指尖处开启的状态。他们似乎在鼓掌，但又不似我们现在一般的鼓掌，他们的鼓掌不是使劲鼓掌，只是用手指头轻轻地拍动。这样的话，有一种安静的感觉，这使得整个佛堂的气氛，在佛的谆谆教诲中非常和谐，肃穆而又活泼。

第133窟第9龛小沙弥，是又一个微笑雕塑代表。面容微微含笑，是西魏时代某些雕塑的共性。此小沙弥雕塑，年龄比较小。光线角度的不同，可以看到他各个侧面的表情。眼部是细细的，嘴部有一种俏皮的向上翘的微笑感觉。鼻子稍大，更烘

图1　第44窟主尊佛

托他眼部的细和嘴角的这种微微翘起，表现出一种特别的憨态。在佛堂里，小沙弥本身因为年龄小，我们在感觉上可以更允许他不是那么太严肃，那么他可以有一些憨厚的或是顽皮的等感觉。我们可以对小沙弥心理微妙状态做各种美好的猜想，并可生出对小沙弥祝福的情感。

主持人：作为闻名世界的雕塑艺术宝库，它的艺术价值是什么？

答：它的艺术价值实际上反映了一个美学的观点，代表了古代雕塑的一种精美，即，麦积山雕塑主要是比较精美的艺术。因为主要是泥塑，且对泥质特别讲究，非常细腻，故能成其精美。泥塑比石雕可表现更多细腻的东西，那么麦积山石窟的泥塑就发挥了这个特长，有精美和生动性比较高超的特点。它又主要是古代皇家石窟的作品，代表着顶级艺术。众多的麦积山雕塑造像，有很多古代的顶级艺术的造像在里面，这就是它们的艺术价值之所在。打动我们现代人的，是特别精美的古代艺术。

主持人：麦积山现存洞窟221个，除了雕塑之外，还有1300多平方米的壁画。可以说壁画也是麦积山石窟非常重要的历史遗存，您来给我们介绍一下麦积山石窟的壁画。

答：壁画一千多平方米并不是特别巨大，在面积上其实不是太大。因为麦积山石窟受比较潮湿环境的自然破坏，还有人为的破坏，都比较严重，所以说保存的也不是太多。但是这保留下来的，都是精华。这些壁画，面积上来说，有的窟面积比较大，单幅壁画能达到十几平方米至几十平方米；有的窟则非常小，就那么一点点壁画。还有残存的零碎壁画，不是太多。题材方面，有经变故事画，有佛、菩萨、弟子、力士、神兽、莲花等题材，还有一些装饰性质的纹饰。

主持人：麦积山石窟壁画的主要内容是什么？代表作品及内涵是什么？

答：代表作品主要是皇家石窟的壁画。最早的皇家石窟中，即后秦皇家石窟壁画被破坏掉了。在北魏太武帝灭法的时候，后秦皇家洞窟的塑像、壁画全部被破坏掉了，只保留了洞窟形制，我们就无法详细谈论它的塑像和壁画了。那么，我们现在要谈的皇家石窟壁画，最具有代表性的，是麦积山石窟第二个建造高潮时期的西魏皇家石窟的壁画，是最精美的。比如，第133窟（乙弗氏寂陵）里的壁画，窟顶部壁画的飞天、青龙、白虎，还有白象，这些形象都是非常精美的，有一种清新脱俗的感觉。还有第127窟里的壁画，是最具有震撼力和感染力的。此窟壁画内容比较丰富。它可以说是麦积山石窟中最以壁画见长的壁画窟，在所有壁画窟里面，最具有代表性，四壁和一个顶部几乎全都是壁画，大部分壁画保存至今。要介绍麦积山壁画，第127窟是最具有代表性的窟。其壁画主要是经变画，经变画里面首先要介绍的是西方净土变。它是继承麦积山后秦时期西方净土崇拜所绘制的壁画。这个壁画比较大，在西魏之前，石窟中没有见过这么大的西方净土内容的壁画。这一大型的西方净土变壁画，最早是在麦积山第127窟的西魏壁画中出现的。第127窟正壁的涅槃变，内容也是比较丰富的。尤其是其顶部那个大飞天，被认为是乙弗氏"上品上生"的化身，感觉流动性和精美的程度特别强。同时期其他石窟壁画，甚至包括敦煌莫高窟的同时期壁画，也没有比它精美。敦煌莫高窟虽然号称是以壁画著名，但是如果拿同时期的西魏壁画来跟127窟的壁画比，也是处于下风的。因为莫高窟不是皇家艺术，麦积山第127窟壁画是皇家艺术，故更加精美，非常潇洒灵动。

主持人：您刚才也说到了麦积山石窟壁画当中比较有特色的几个代表作，我们也听到了这些代表作的艺术造诣也是非常高的。既然说到了代表作，那么麦积山壁画的特点是什么？它的价值又是什么呢？

答：特点还是两个字，精美。这个留存下来的是古代艺术精华，代表了古代某时期的最顶尖的壁画艺术。而且保留了绘塑结合的，最具有特色的薄肉塑飞天壁画，这就是它的特色。它是古代高级壁画艺术精美的体现。

主持人：中国四大石窟，咱们甘肃就占了两个，那么麦积山石窟壁画与敦煌壁画相比较区别在哪里？

答：麦积山石窟的壁画和莫高窟的壁画之间是既有联系又有区别的。麦积山石窟更接近于中原核心地区，接近于长安地区。十六国经南北朝乃至隋，它是长安皇家的石窟，那么它的壁画代表着当时的顶级艺术，或者是皇家艺术成分比较多一点，而且是与中原的画法也比较接近一点。那么莫高窟，离中原地区比较远，代表的是一个地方性的水平，尽管也能请到中原地区的高手参与创作。同时，敦煌受中原地区文化的影响相对晚了一步。比如说在南北朝至隋时期，麦积山率先造一个中原文化什么的题材的话，是先在麦积山流行，然后传到敦煌。

主持人：也就是通过丝绸之路传到了敦煌去，经过天水麦积山到敦煌。

答：是的，应该是隋以前时期，某些经变画先在麦积山流行过一阵，然后再传到敦煌地区的。而且麦积山的艺术水平要稍高一些。但是麦积山保留得少，敦煌保留得多。比如说西魏大型西方净土变，麦积山这里是最早的，敦煌大型西方净土变是晚了一些时间，直到隋代才出现，然后唐代逐渐多起来。总之，麦积山石窟中，早在西魏时已经是开始出现较大型的避画了，敦煌莫高窟中到了隋的时候才渐流行大型的经变画，唐宋以后更走向灿烂辉煌。区别和联系基本上是这些。

主持人：麦积山石窟是随着丝绸之路的畅通，从十六国后秦时期开始营造的，那么麦积山石窟在丝绸之路上有什么样的重要意义？

答：麦积山石窟在丝绸之路上东传西渐的文化传播过程中，拥有独特的历史地位，这体现了它的重要性。首先，它是皇家石窟的初祖，就占有一个龙头的地位。它继承了丝绸之路上传播过来的西域佛教文化，然后再进行消化。经过皇家的推动，达到了一个营造洞窟的高潮，一个高潮形成了一种皇家佛教石窟文化。由于它是皇家石窟的一种文化，对周边具有辐射作用，影响了其他石窟。它在佛教宗教与艺术的传播上就有一个重要的历史地位，这是一个方面。另外，建筑方面，它有一个独特洞窟形制，即最大的七佛崖阁建筑，也影响了周边石窟中的七佛类洞窟的建造，与周边石窟引起了共鸣共振，共同推动了丝绸之路文化的发展。还有，麦积山石窟经变画在西魏北周隋时期形成一定的相对大型的规模，然后向西传播到敦煌，使得石窟壁画发展壮大。相对于炳灵寺石窟，麦积山石窟较早开凿塑造了无量寿佛，使得西方净土崇拜在麦积山石窟兴起，然后西方净土崇拜才向西传到了炳灵寺石窟。炳灵寺石窟也在十六国时期也流行西方净土崇拜，在他的石窟造像里面反映出来，这实际上是从麦积山石窟传过去的。在丝绸之路传播上，还包括向西传播佛教的服饰，袈裟的衣着形式也有从麦积山向西传播过去的。偏袒式袈裟又在右肩上搭了一角，即半偏袒袈裟，这种形式也是在麦积山石窟先出现的，然后才向西传到了炳灵寺，然后再向西传到河西及新疆吐鲁番地区。所以说，麦积山石窟在丝绸之路佛教文化的东传西渐方面，占有重要的历史地位。

  主持人： 敦煌石窟、麦积山石窟、云冈石窟、龙门石窟被誉为我国四大石窟，麦积山与其他三大石窟有什么样的联系和区别呢？

  答： 麦积山石窟是中国四大石窟之一，这是当之无愧的。麦积山石窟跟云冈石窟、龙门石窟一样都是皇家石窟。云冈石窟、龙门石窟，都是大家公认的很重要的皇家石窟。过去我们没有深刻认识到麦积山石窟是皇家石窟，就有点稍低一等的感觉，现在麦积山石窟根据考证，它不但是皇家石窟，而且是皇家石窟的初祖，所以说，从这个角度上来说，麦积山石窟是处在四大石窟中三皇家石窟的龙头地位。龙头地位，是指刚开始开凿这个皇家石窟时，形成了一套理念和规模，深刻地影响到后面其他处的皇家石窟。麦积山石窟后秦时期开凿的"姚秦五龛"影响了云冈石窟北魏时期开凿的"昙曜五窟"，也持续影响了龙门石窟早期皇家洞窟的开凿，龙门石窟和云冈石窟都是继承了麦积山皇家石窟的一定的规范和理念进行开凿的。一定意义上讲，麦积山石窟是源，云冈、龙门石窟它们是流。这是四大石窟中三个皇家石窟的关系。敦煌石窟的代表莫高窟尚待发现皇家因素，暂不是皇家石窟，它暂算民间石窟，是民间石窟的代表，是中国最大的民间石窟，而麦积山石窟是最初的皇家石窟。最初的皇家石窟指后秦皇家石窟，后来的西魏、北周、隋的皇家也在麦积山造了大规模佛教洞窟，使得麦积山石窟是中国石窟界皇家朝代数最多共四朝的皇家石窟。民间跟皇家，在古代就不是一个级别了。古代皇家艺术有示范引领作用，于是可理解，在南北朝乃至隋时，在中原，在长安，在麦积山皇家洞窟先流行的一些经变画，过了若干年之后才在莫高窟流行。这样，古代四大石窟关系已经很明了，也就是说，麦积山石窟在文化传播上是处于相对为源的地位，麦积山石窟实际上是占据着石窟发展演进的一处制高点，这就是它的地位。

主持人：麦积山作为天水的一张名片，如何弘扬和发展天水旅游文化呢？

答：弘扬发展麦积山旅游文化，要靠研究成果来弘扬和发展。新的研究成果，可以开拓我们的视野，发展我们的旅游文化。如何开拓我们的旅游事业呢？我认为，应该根据研究成果做一些旅游品牌方面的东西。比如说，我们可以打皇家石窟的品牌。以前我们没有打皇家石窟的品牌，自然觉得低一等。用皇家石窟的品牌朝外宣传的话，自然就理直气壮，声音就更大一些，底气就更加足一些。中国四大皇家石窟，即甘肃天水麦积山石窟、山西大同云冈石窟、河南洛阳龙门石窟、河北邯郸响堂山石窟，麦积山石窟是时代最早且皇家洞窟最多的，应居首位。另外我们还可以打"大佛"品牌。四川乐山大佛很大，是古代历史上最大的大佛，它是用"大"来做品牌；我们这个大佛也可以做品牌，我们做最"古"大佛的品牌。西崖大立佛是中国北方地区最古老的大立佛，比乐山大佛的时间要早，且是中国最早的无量寿大佛。我们可以打这个"早期大佛"的品牌。

另外，还可以打"关天一体"的品牌。为什么？麦积山石窟不是皇家石窟吗？此皇家石窟实际上就是关中地区文化的石窟，关中地区是长安皇家所在地，所以麦积山石窟也就是长安文化的石窟，在考古学上是长安模式石窟。我们现在搞区域联合发展，提出"关（中）天（水）一体"口号，实际上，古代就是关天一体，关中和天水的古代佛教文化是一体的。那么我们就可以打这个"古代佛教关天一体"的品牌。我们可把麦积山石窟文化表述为：麦积山石窟实际上就是关中石窟，实际就是长安石窟，就是现在的西安石窟。这就是一张品牌，这就是从文化一体的角度来说，这就是一张品牌。这样的话，这种品牌就可以做大、做强，与关中有关联性，可跟陕西联合起来一起搞，这就是一个路子。

我们还可以打"嶓冢山"品牌，新的研究成果，麦积山就是古代的嶓冢山名字的发祥地。我们大力宣传嶓冢山，那么就跟古代名山大川就可以联系起来了。我们不能光宣传现在的名山大川，我们还可以宣传古代的名山大川，宣传古代名山大川和现在名山大川的区别和联系。这个嶓冢山，陕西省曾说嶓冢山在陕西省，实际上根据现在的考证，这个嶓冢山在甘肃省，不在陕西省。所以说我们把这个品牌争来，是我们甘肃的旅游资源。我们以前是围绕着麦积山，有"老三点"，指的是：石门、仙人崖、街亭（街子）杜甫草堂连城一线。这是个"老三点"。我们现在还可以连成"新三点"。根据前面已经提到的大的麦积山概念，由麦积山大山区视野看，我们可以把新的三点联系起来。这些点都跟大的麦积山概念有关系，比如说西垂（今礼县附近）的大堡子山，还有祁山堡，再加上街亭，这三点联系起来，这三点跟大范围概念的麦积山山区，都有历史地理方面的关联在里头，那么我们把这个新的三点可以提出来，就能扩大"老三点"。我们围绕着麦积山可以效仿文化名山庐山的大山区旅游概念，做一些"大麦积山"概念的文章，即长远目标的"陇右庐山"，把我们的旅游事业做得更大更活。

本文录自夏朗云：《旅游与文化漫谈——麦积山寻古》（节目共6集，总时长60分钟），《行游天水》周末特别策划（策划人：阎虎林，访谈主持人：刘欣），天水：天水电视台，2014年10月。内容略修订。图片由孙苑提供。

后　记

麦积崖静静禅坐在秦岭前，其侧背对着北方大路上前来的参访者。参访者回首这座悬崖上的胜迹，往往有所感慨。我作为考古参访者，一番参访后，回首时，也有诸多感慨，这实际上也是对麦积山一番考证后，以诗词歌形式的小结，因此附记在本书之后，以期有助于古今互鉴，加深对麦积山的记忆。

七律

团崖[1]凸凹赭蝌蚪[2]，舍利深藏石室幽。[3]
层栈丹霞叠巨塔，[4]丛云烟雨隐秦州。[5]
星分井鬼轩辕谷，[6]地入银河幡冢头。[7]
陇右插天基干峻，[8]长安西望第一楼。[9]

---

［1］唐安史之乱后，杜甫流寓秦州，其《秦州杂诗》中的《山寺》，多认为写麦积山（崖），有"山（崖）圆细路高"句。又五代王仁裕《玉堂闲话》有"麦积（崖）……望之团团"句。
［2］麦积山为赭色丹霞地貌，初为蝌蚪形，参见本书第1章第1节。
［3］麦积山第43窟为隋文帝敕建的舍利石室窟，参见本书第3章第1节隋窟第43窟内容。
［4］丹霞地貌的麦积山，圆崖体横围着层层栈道连通层层洞窟，在隋代曾被看作巨塔，参见本书第3章第1节第43窟内容。
［5］麦积烟雨为古"秦州八景"之首，烟雨中麦积山独特而神秘。
［6］麦积山所处之地，在古28宿星图中，分野在东井、舆鬼，简称井鬼。又据《水经注》麦积山附近有轩辕谷。
［7］麦积山所处的古天水郡，名称来自汉水的上源之地，为"天河（亦称天汉、银河）下注（入）"之地。麦积山为古幡冢山名称来历的起头发祥地，参见本书第1章第1节。
［8］北周时期《庾信铭》赞誉麦积山"镇地郁盘，基干峻极"。
［9］麦积山散花楼是长安北周皇家第一洞窟，参见本书第3章第3节。其壮丽的庑殿顶殿堂规格，在崖阁类石窟中也首屈一指。

沁园春

　　雍地[10]雍容,清渭[11]平远,秦岭崇高。溯千折之水,乱流通过,长空碧海,莽莽林涛。绚丽奇花,斑斓异木,忽把朦胧烟雨撩。渐飞雪,看头陀白首[12],万树琼瑶[13]。

　　一石[14]矗立苍霄,引杯度锡飞[15]至今朝。考昙弘友善,玄高杖策。罗什传译,慧远羽毛。[16]皇室窟龛,后秦始创,[17]西魏北周隋大凿。唐诗圣,赞佛阁远眺,百里秋毫。[18]

调寄走向共和

　　一丝丝,烟雨掠过,草木葱茏,隐现这佛国。一层层,栈道曲折,凌空十上[19],晴天塔巍峨。一孔孔,洞窟相邻,密如蜂房,考证费摸索。一尊尊,佛与菩萨,不同时代,面容各祥和。帝凿过,后葬过,[20]百姓居住过。火烧过,地震过,陇右山崩过[21]。审视这断崖残像头,原来在皇家宫殿阔。[22]走过辉煌,走过劫难,走近弥陀。

　　一朵朵,天花乱坠,如来说法,飞天迎行者。一级级,阶梯登踏,傍云舞

---

[10] 麦积山古亦属雍州。
[11] 古以为渭水清,泾水浊,杜甫有诗句:"清渭无情极,愁时独向东"。
[12] 降雪中的麦积山,如禅坐的带发头陀,渐渐白首。
[13] 琼瑶,美玉,比喻雪。宋辛弃疾《满江红·和廓之雪》词:"对琼瑶满地,与君酬酢。"
[14] 五代王仁裕《玉堂闲话》有"麦积山者……麦积(崖)……崛起一石块"句。
[15] 杯度,古代高僧,曾乘杯子渡河,故号杯度,度通渡。锡,僧人锡杖。杯度锡飞可指高僧等高士往来参访不断。
[16] 昙弘、玄高、罗什、慧远,是与麦积山有关的古代高僧。梁《高僧传》载,玄高"杖策西秦,隐居麦积山",并在麦积山与昙弘"以同业友善",罗什以在长安传译佛经著称,慧远以在庐山结莲社著名。羽毛,名望之义。麦积山的开凿曾受到名望极高的罗什和慧远的影响,参见夏朗云:《麦积山石窟考古断代研究——后秦开窟新证》,兰州:甘肃人民出版社,2010年。
[17] 参见夏朗云:《麦积山石窟考古断代研究——后秦开窟新证》,兰州:甘肃人民出版社,2010年。
[18] 杜甫的《山寺》诗,多认为写麦积山,有"上方重阁晚,百里见秋毫"句。
[19] 麦积山栈道有10多层,北周《庾信铭》描述有"石关十上,铜梁九息"句。
[20] 后秦、西魏、北周、隋皇帝敕凿,西魏皇后乙弗氏入葬。参见夏朗云:《麦积山石窟考古断代研究——后秦开窟新证》,兰州:甘肃人民出版社,2010年。
[21] 隋唐大地震中,地处陇右的麦积山石窟大规模坍塌,中崖区尤甚,亦可谓陇右山崩。
[22] 第4、5窟等皇家宫殿样洞窟的建筑和造像均有所残损。

风，回首望山河。一通通，石碑拥立，灵魂超迈，向往生极乐。[23] 一幅幅，壁画精雅，气韵生动，脱壁出山阿。[24] 风吹过，雨打过，鸟鼠攀爬过。熏黑过，涂鸦过，粗泥覆盖过。难掩此四朝长安造[25]，仍挺立列柱如玉磨[26]。走过长廊[27]，走过享堂[28]，走近生活。

2023年7月23日于公园华府

---

[23] 麦积山第133窟为往生极乐世界的极乐堂，内藏造像碑多达18通，参见本书《麦积山石窟第133窟与西魏乙弗氏寂陵》。
[24] 麦积山第4窟壁画中有薄肉塑飞天似脱壁而出。
[25] 后秦、西魏、北周、隋四朝长安皇家在麦积山造窟。
[26] 麦积山第4窟宫殿式崖阁洞窟的列柱为打磨光滑状。
[27] 麦积山崖阁式洞窟均有前廊，又第3窟为千佛长廊窟。
[28] 享堂为窟中用于上香等供奉的空间部分。隋文帝神尼舍利窟（第43窟）前廊后的前室，西魏乙弗皇后寂陵窟（第133窟）门道后的前室，为较为典型的特设享堂，参见本书《麦积山石窟第133窟与西魏乙弗氏寂陵》。